XINBIAN QIYE
JINGJIFA JIAOCHENG

新编企业经济法教程

主　编　林发新　许步国

副主编　王浩云　俞飞颖

撰稿人　(以撰写章节先后为序)

林发新　陈训敬　柳　薇　许步国
周素英　王　丹　俞飞颖　罗　云
杨建冲　刘　德　王丽燕　王浩云
翁　臻　李　莹　吴　菲　陈　丽
吴晶宇

中国政法大学出版社

2015・北京

编写说明

经济法是社会主义法律体系中的一个部门法，是对社会主义商品经济关系进行整体、系统、全面、综合调整的一个法律部门，也是作为工商经济管理专业的学生必修的一门课程。但是，如果简单采用法学专业的《经济法》的理论和体系给工商经济管理专业的学生授课，其理论太深，内容过于宏观，不符合工商经济管理专业的实际，不利于学习。为此，1989年全国部分经济管理院校法律教师自发组织联合编写了一本试用教材，取名《企业经济法》，意在以企业为主体，以依法经营管理企业为内容，帮助学生确立依法经营管理的法治理念和意识，学习和掌握一定依法经营管理的法律知识。1997年王保树教授受国家经贸委委托，为全国工商管理培训主编了一本《经济法律》的教材，虽然比经济法多了一个字，却改变了经济法课程的性质和内容，其内容与企业经济法殊途同归。2002年，为适应全国“十五”工商管理培训的需要，国家经贸委又委托北京大学蔡曙涛教授编著名为《企业经济法概论》的统编教材。此后，企业经济法得到社会的认可，成为比较适合于工商经济管理专业的教材。

阳光学院法律系十分重视这门课程的建设，曾经组织编写过《工商企业经济法简明教程》，并受到好评。2008年，阳光学院法律系教师主讲的企业经济法课程，被福建省教育厅评为省级精品课程，取得了较好的成绩。同时，我们在施教过程中还积极探索，曾经借鉴台湾科技大学给工商经济管理专业开设《企业经营管理法律实务》课程的做法，于2011年出版了《企业经营管理法律实务》教材。该教材在使用过程中得到了比较好的评价，但同时也存在其名称与工商经济管理专业的经济法课程名称不太相符的问题。加之，这几年国家对许多与企业经营有关的法律进行了修订，《企业经营管理法律实务》的内容需要进行比较多的修改。本次重新修订企业经济法教程时，考虑到课程名称要与工商经济管理专业的课程名称相对应，也结合国家深化经济体制改革的进程，以及实施自由贸易区建设的新内容，进行编写。因此，本教材取名为《新编企业经济法教程》。

本教材主编由阳光学院法律系主任林发新、福建工程学院法学院院长许步国教授担任。由阳光学院法律系王浩云副教授、福州大学工商管理学院俞飞颖副教授担任副主编。

参加本教材编写的有阳光学院、福州大学工商管理学院、福建工程学院、西南大学育才学院、南京理工学院等院校。全书设置6编共20章，各章具体撰稿人和修订人如下（按章顺序排序）：

林发新（阳光学院法律系特聘教授）负责第一、二、三、四章撰稿；

陈训敬（阳光学院法律系教授）负责第一章（与林发新共同负责）、第九章撰稿；

柳　薇（福州大学工商管理学院讲师）负责第五、八章撰稿；

许步国（福建工程学院教授、法学博士）负责第六、十九、二十章撰稿；

周素英（阳光学院法律系讲师）负责第七章撰稿及第五、九章修订；

王　丹（南京理工大学紫金学院讲师）负责第十、十一章撰稿；

俞飞颖（福州大学工商管理学院副教授）负责第十二、十三章撰稿；

罗　云（西南大学育才学院讲师）负责第十四章撰稿；

杨建冲（西南大学育才学院讲师）负责第十五章撰稿；

刘　德（阳光学院法律系讲师）负责第十六章撰稿；

王丽燕（阳光学院法律系讲师）负责第十七章撰稿；

王浩云（阳光学院法律系副教授）负责第十八章撰稿及第十、十一章修订。

其他参与教材书稿修订的教师名单如下：

翁　臻（阳光学院法律系讲师）负责第四章修订；

李　莹（阳光学院法律系讲师）负责第八、十五章修订；

吴　菲（阳光学院法律系讲师）负责第十二章修订；

陈　丽（阳光学院法律系讲师）负责第十三章修订；

吴晶宇（阳光学院法律系讲师）负责第十四章修订。

本教材最后由主编林发新主任负责对全书进行统稿和审定，为了保证书稿的质量，对于部分章节，林发新主编委托副主编王浩云副教授进行校对和审定。

本教材出版从立项、写作到最后审定、出版都得到了中国政法大学出版社各位主任、编审的关怀和指导，在此表示衷心的感谢！

在编写本教材过程中，原福州大学阳光学院经过教育部批准，更名为阳光学院，且升格为独立设置的本科高校，一并表示祝贺！

编　者

2015 年 6 月

目录

第一编 导 论

第一章 中国深化改革与企业依法经营管理 …… 1
一、中国经济体制改革与企业经济立法 …… 1
二、完善的市场经济本质上是法治经济 …… 11
三、现代企业面临着经营管理风险挑战 …… 21
四、企业依法经营管理的法律规制 …… 30

第二编 企业组织法

第二章 公司法 …… 35
【导入案例】公司法人与自然人设立公司而引发纠纷案 …… 35
一、公司法概述 …… 36
二、有关公司设立的主要规定 …… 40
三、有关公司组织机构的主要规定 …… 45
四、有关公司股份和债券的主要规定 …… 48
五、有关公司财务会计的主要规定 …… 50
六、有关公司变更、终止及清算的主要规定 …… 52
七、有关违反公司法法律责任的主要规定 …… 54

第三章　合伙企业法 ………………………………………………………… 57
【导入案例】新入伙人对原合伙企业债务是否应当承担法律责任 …… 57
一、合伙企业法概述 ………………………………………………… 57
二、合伙企业的设立 ………………………………………………… 60
三、合伙企业的内部关系 …………………………………………… 62
四、合伙企业与第三人关系 ………………………………………… 65
五、合伙企业的入伙与退伙 ………………………………………… 65
六、合伙企业的解散与清算 ………………………………………… 67

第四章　特殊企业组织法 …………………………………………………… 70
【导入案例】中外合作企业合作协议未经批准，是否发生法律效力？ … 70
一、特殊企业组织法概述 …………………………………………… 71
二、有关个人独资企业法的主要规定 ……………………………… 73
三、有关外商投资企业法的主要规定 ……………………………… 77
四、有关全民所有制企业法的主要规定 …………………………… 84
五、有关集体所有制企业法的主要规定 …………………………… 86

第三编　企业交易与产权保护法

第五章　民法总则 ………………………………………………………… 93
【导入案例】公司经营过程中导致刘某损害，其责任应该由谁承担？ …………………………………………………… 93
一、民法概述 ………………………………………………………… 93
二、有关民事主体的主要规定 ……………………………………… 95
三、有关代理制度的主要规定 ……………………………………… 99
四、有关诉讼时效制度的主要规定…………………………………… 101

第六章　合同法………………………………………………………………… 103
【导入案例】北京天人信和诊所为什么打不赢合同官司？ …………… 103
一、合同法概述………………………………………………………… 105
二、合同法总则规定的一般规则……………………………………… 106
三、合同法分则规定的合同类型……………………………………… 116

四、有关合同担保的主要规定 …… 119

第七章　物权法 …… 124

【导入案例】两份房屋买卖合同的法律效力如何认定？ …… 124

一、物权法概述 …… 125

二、有关所有权制度的主要规定 …… 125

三、有关用益物权制度的主要规定 …… 130

四、有关担保物权制度的主要规定 …… 132

五、有关占有制度的主要规定 …… 134

第八章　知识产权法 …… 136

【导入案例】"QQ"商标权争议引发的行政诉讼案 …… 136

一、知识产权法概述 …… 138

二、有关商标权的主要规定 …… 143

三、有关专利权的主要规定 …… 150

四、有关著作权的主要规定 …… 156

第九章　侵权责任法 …… 165

【导入案例】一起交通事故引发的债权赔偿案件应当如何处理？ …… 165

一、侵权责任法概述 …… 165

二、有关责任主体的特殊规定 …… 172

三、几种侵权责任的专门规定 …… 174

第四编　企业经营法

第十章　企业公平交易法 …… 184

【导入案例】骆驼公司诉被告朱红杰不正当竞争纠纷案 …… 184

一、企业公平交易法概述 …… 189

二、不正当竞争行为和垄断行为的表现形式 …… 192

三、对不正当竞争行为和垄断行为的监督检查 …… 198

四、违反反不正当竞争法和反垄断法的法律责任 …… 200

第十一章　产品质量法 …… 203
【导入案例】刘某与郑州某食品公司产品质量损害赔偿纠纷一案 …… 203
一、产品质量法概述 …… 208
二、产品质量的监督与管理 …… 210
三、生产者、销售者的产品质量责任和义务 …… 212
四、产品质量责任制度 …… 213
五、产品质量纠纷的解决 …… 215

第十二章　消费者权益保护法 …… 217
【导入案例】订制家具的板材造假，制作方是否应当承担赔偿责任? …… 217
一、消费者权益保护法概述 …… 218
二、消费者权益保护法的主要规定 …… 220
三、违反消费者权益保护法的法律责任 …… 226

第五编　企业管理法

第十三章　劳动法与劳动合同法 …… 230
【导入案例】试用期用人单位不支付工资是否合法? …… 230
一、劳动法概述 …… 230
二、劳动法规定的基本劳动制度 …… 233
三、劳动争议处理 …… 242
四、违反劳动法的法律责任 …… 243

第十四章　税收管理法 …… 247
【导入案例】长宁县地方税务局稽查局税务行政处理决定是否合法?? …… 247
一、税收法概述 …… 250
二、有关税法的主要规定 …… 254
三、有关税收征管法的主要规定 …… 264
四、有关违反税法的法律责任 …… 268

第十五章 金融法……………………………………………………………… 271
【导入案例】达洋电器诉博西家用电器票据纠纷案 ………………… 271
一、金融法概述…………………………………………………………… 273
二、有关银行业监督管理法的主要规定………………………………… 274
三、有关银行法的主要规定……………………………………………… 280
四、有关票据法的主要规定……………………………………………… 284
五、有关证券法的主要规定……………………………………………… 288

第十六章 财务管理法………………………………………………………… 296
【导入案例】吕总经理离职时带走公司财务资料，构成犯罪吗? ……………………………………………… 296
一、财务管理法概述……………………………………………………… 300
二、有关会计法的主要规定……………………………………………… 301
三、有关审计法的主要规定……………………………………………… 307

第十七章 环境资源和生产安全管理法……………………………………… 313
【导入案例】泰兴市某化工有限公司1.6亿污染环境案 ……………… 313
一、环境资源和生产安全管理法概述…………………………………… 314
二、有关环境资源法的主要规定………………………………………… 315
三、有关安全生产法的主要规定………………………………………… 321
四、有关清洁生产法的主要规定………………………………………… 324

第十八章 社会保险法………………………………………………………… 329
【导入案例】劳动者可否获得民事赔偿和工伤保险的“双赔”? … 329
一、社会保险法概述 ……………………………………………………… 329
二、养老保险法 …………………………………………………………… 332
三、医疗保险法 …………………………………………………………… 334
四、失业保险法 …………………………………………………………… 337
五、工伤保险法 …………………………………………………………… 340
六、生育保险法 …………………………………………………………… 343

第六编　企业救济法

第十九章　企业民事纠纷救济…… 346
【导入案例】仲裁委员会的裁决为什么没有被法院撤销? …… 346
一、企业民事纠纷救济概述 …… 349
二、有关仲裁法的主要规定…… 349
三、有关民事诉讼法的主要规定…… 354

第二十章　企业行政纠纷救济…… 359
【导入案例】鲁潍（福建）盐业进出口有限公司苏州分公司诉江苏省苏州市盐务管理局盐业行政处罚案 …… 359
一、企业行政纠纷救济概述…… 360
二、行政复议法的主要规定…… 361
三、有关行政诉讼法的主要规定…… 365

附　录　国务院办公厅关于印发自由贸易试验区外商投资准入特别管理措施（负面清单）的通知 …… 371

第一编　导论

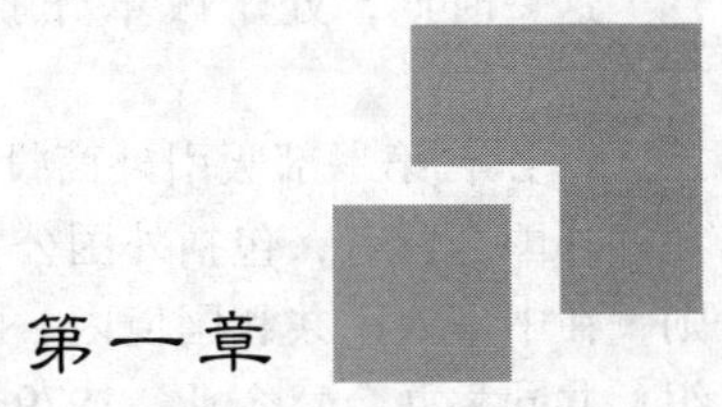

第一章

中国深化改革与企业依法经营管理

一、中国经济体制改革与企业经济立法

中国经济体制改革已经走过了35个年头，回顾这35年历程，中国经济体制各个层面均发生了巨大变化。总体上看，中国经济体制改革与发展是极其成功的，基本上实现了由传统计划经济体制向市场经济体制转变。计划经济体制下，企业没有自主权，完全依照国家指令安排生产活动的，不存在依法经营问题。市场经济体制下，企业享有经营自主权，企业在追求利润的前提下，必须依法经营。因此，《企业经济法》的产生与发展是与我国经济体制改革有着密切联系的。

回顾我国35年的经济体制改革，大体经历了计划经济体制内部引入市场机制改革、有计划的商品经济的改革、建立社会主义市场经济体制改革和完善社会主义市场经济体制改革四个阶段。企业的经营管理也是吸引外商投资而展开的，以此在吸引外商投资的同时，能够借鉴国外企业的经营管理经验，为企业适应市场经济发展做准备。中国经济体制改革大致经历了以下几个阶段：

（一）计划经济体制引入市场调节的改革阶段

时间大约是从1978年至1984年。其特征是，在理论上首次提出“计划经济为主、市场调节为辅”的新观点。1978年之前，我国实行的是计划经济体制，即国家对生产、资源分配以及产品消费事先进行计划安排的经济体制。由于几乎所有企业都依赖国家指令性计划进行生产，计划经济也被称为指令性经济。1982年，党的十二大提出了“计划经济为主、市场调节为辅”的原则，不仅肯定了市场调节作为计划调节的补充是必需的和有益的，而且把计划调节区分为指令性计划和指导性计划，指出对许多产品和企业适宜实行指导性计划。这个提法虽然突破了完全排斥市场调节的计划经济传统观念，但在理论上并没有完全树立起市场经济的应有地位。这一时期的改革主要是在计划经济体制内部引入市场调节机制，以求弥补计划经济体制的缺陷。

这一时期，处于改革开放初期，企业经济立法数量不多。主要表现以下几方面：

1. 出台第一部吸引外商投资的法律。国家为了扩大国际经济合作和技术交流，允许外国合营者，包括外国公司、企业和其他经济组织或个人，按照平等互利的原则，在中华人民共和国境内，同中国合营者，包括中国的公司、企业或其他经济组织，共同举办合营企业，1979 年制定了《中外合资经营企业法》（1990 年、2001 年两次修订）。这是我国改革开放启动以来，第一部涉及外商投资的法律，对吸引外资参与经济体制改革，以及借鉴国外先进的企业管理经验都具有重要意义。

2. 环境保护法开始试行。1979 年颁布了《中华人民共和国环境保护法（试行）》（已失效）。

3. 商标管理纳入法制轨道。1982 年国家制定了《中华人民共和国商标法》（1993 年、2001 年和 2013 年修订）。

4. 民事诉讼法律开始实施。1991 年 4 月国家通过了《中华人民共和国民事诉讼法》（2007 年、2012 年两次修订）。该法律的任务是保护当事人行使诉讼权利，保证人民法院查明事实，分清是非，正确适用法律，及时审理民事案件，确认民事权利义务关系，制裁民事违法行为，保护当事人的合法权益，教育公民自觉遵守法律，维护社会秩序、经济秩序，保障社会主义建设事业顺利进行。

（二）发展有计划商品经济的经济体制改革阶段

时间是从 1984 年至 1992 年。1984 年 10 月，党的十二届三中全会通过的《中共中央关于经济体制改革的决定》，第一次突破了把计划经济与商品经济对立起来的传统观念，正式提出了社会主义经济是公有制基础上有计划的商品经济的思想。1987 年党的十三大在有计划的商品经济理论的基础上，对社会主义市场机制问题进行了新的概括和说明。报告指出："社会主义有计划的商品经济的体制，应该是计划与市场内在统一的体制"。同时提出了"国家调节市场，市场引导企业"的经济运行机制模式。概括地说，这一时期，国家提出了"有计划的商品经济"的改革理论。改革的内容、范围十分广泛，涉及生产关系的许多方面和部分上层建筑，主要包括：①通过所有制方面的改革，调整了所有制结构。从过去的单一公有制经济结构逐渐改变成为以公有制为主体、多种经济成分并存的所有制结构，允许私营经济和民营经济的存在。②通过体制改革和运行机制的转变，为实行社会主义市场运行机制准备了体制基础。计划体制、投资体制、财政体制、流通体制、价格体制、分配体制和社会保障制度都进行了以引进市场机制为主要内容的改革。

这一时期，国家重点制定了吸引外商投资的法律，保障全民所有制经济的发展，保障城镇、乡村集体所有制企业的合法权益，以及环境保护和知识产权保护等方面的法律，具体包括以下几个方面：

1. 制定扩大对外经济合作和技术交流的法律。为了扩大对外经济合作和技术交流，促进中国国民经济的发展，国家允许外国投资者，包括外国的企业和其他经济组织或者个人在中国境内举办外资企业，保护外资企业的合法权益，1986 年 4 月，国家制定了《中华人民共和国外资企业法》（2000 年修订）；同时，为了扩大对外经济合作和技术交流，促进外国合作者，包括外国的企业和其他经济组织或者个人，按照平等互利的原则，同中国合作者，包括中国的企业或者其他经济组织，在中国境内共同举办中外合作经营企业，1988 年，国家制定了《中华人民共和国中外合作经营企业法》（2000 年修订）。

2. 制定保障全民所有制经济发展的法律。为保障全民所有制经济的巩固和发展，明确全民所有制工业企业的权利和义务，保障其合法权益，增强其活力，促进社会主义现代化建设，1988 年国家制定了《中华人民共和国全民所有制工业企业法》2009 年部分修订，其中明确规定，企业依法取得法人资格，以国家授予其经营管理的财产承担民事责任。由于这部法律是在改革开放初期制定，社会主义市场经济体制还没有建立，该法律具有明显的计划经济体制的特征，如第 3 条规定："企业的根本任务是：根据国家计划和市场需求，发展商品生产，创造财富，增加积累，满足社会日益增长的物质和文化生活需要。"这个立法精神与国家发展有计划商品经济的经济体制改革的思路相吻合。

3. 制定保障乡村和城镇集体所有制企业合法权益的法律。为了保障乡村集体所有制企业的合法权益，引导其健康发展，国务院于 1990 年 6 月发布了《乡村集体所有制企业条例》（2011 年部分修订）。为了保障城镇集体所有制经济的巩固和发展，明确城镇集体所有制企业的权利和义务，维护其合法权益，1991 年 9 月，国家发布了《城镇集体所有制企业条例》2011 年部分修订等法律。

4. 保护环境的法律正式出台。1989 年 12 月 26 日第七届全国人民代表大会常务委员会（以下简称全国人大常委会）第十一次会议通过了《中华人民共和国环境保护法》（1989 年、2014 年两次修订）。

5. 完善知识产权保护的立法。1984 年 3 月全国人大常委会审议通过了《中华人民共和国专利法》（1992 年、2000 年和 2008 年三次修正）；1990 年 9 月全国人大常委会审议通过了《中华人民共和国著作权法》（2001 年和 2010 年作了两次修正）。同时，我国于 1984 年 11 月 14 日经第六届全国人大常委会第八次会议决定加入《保护工业产权巴黎公约》。

6. 出台第一部行政诉讼法。1989 年 4 月 4 日，第七届全国人大常委会第二次会议通过《中华人民共和国行政诉讼法》（2014 年 11 月修正）。

（三）提出建立社会主义市场经济体制的改革阶段

时间是从 1992 年至 2003 年。1992 年，邓小平南方巡视谈话，明确指出："计划经济不等于社会主义，资本主义也有计划；市场经济不等于资本主义，社会主义也有市场。计划和市场都是经济手段，计划多一点还是市场多一点，不是社会主义与资本主义的本质区别。”邓小平南方巡视谈话结束了理论界关于姓“资”与姓“社”的区分，为国家建立社会主义市场经济体制的改革奠定了思想基础。党的十四大报告明确提出，我国经济体制改革的目标是建立社会主义市场经济体制。至此，人们对社会主义的认识就从传统的计划经济思想中彻底摆脱出来，市场经济开始与社会主义基本制度相结合，成为中国经济改革的基本目标。1993 年党的十四届三中全会通过的《中共中央关于建立社会主义市场经济体制若干问题的决定》，进一步提出了中国社会主义市场经济体制的基本框架。总之，这一时期，国家确立了“建立社会主义市场经济体制”的改革理论。

这一时期，国家立法重点放在如何促进和保障社会主义市场经济体制建立的法律上。立法的重点包括：①以建立现代企业制度为核心的微观基础的转型。通过建立现代企业制度，使企业成为独立的商品生产者和经营者，全面参与市场竞争，成为真正的市场主体。②以配套改革为内容的宏观制度的创新。对财政、税收、外汇、金融、投资、外贸以及流通体制等综合配套体系进行改革，取得良好效果。③以市场流通和社会保障为主的宏观体制改革。通过市场流通领域改革，健全市场规则、整顿市场秩序；社会保障制度改革迈出了重要步伐，探索建立了多层次的社会保障制度。国家立法涉及企业经济立法的内容包括：

1. 规范现代企业制度的法律出台。①规范公司的法律制度出台。公司法的制定和完善，对建立社会主义市场经济起到重要作用。在党的十四届三中全会《中共中央关于建立社会主义市场经济体制若干问题的决定》的推动下，全国人大加快了我国公司法的立法步伐，于 1993 年 12 月 29 日通过了《中华人民共和国公司法》（以下简称《公司法》）（1999 年、2004 年、2005 年和 2013 年四次修正），正式确立了我国公司的法律地位，使《公司法》成为我国建立社会主义市场经济体制和建立现代企业制度的重要法律依据。与此同时，全国人大及国务院先后颁布了各种配套的法律、法规，如《公司登记管理条例》、《股票发行与交易管理暂行条例》等。此外，还有大量的适应社会主义市场经济体制建立的法律出台。②规范合伙企业的法律颁布。1997 年 2 月 23 日第八届全国人大常委会第二十四次会议通过和颁行了《中华人民共和国合伙企业法》，成为我国规范合伙企业的一部重要企业法律制度，也成为建立和完善我国社会主义市场经济法律体系的重要组成部分。

2. 扶持乡镇企业健康发展的法律出台。1996 年 10 月 29 日，第八届全国人大常委会第二十二次会议通过了《中华人民共和国乡镇企业法》，该法自 1997 年 1 月 1 日起施行。其立法目的是，为了扶持和引导乡镇企业持续健康发展，保护乡镇企业的合法权益，规范乡镇企业的行为，繁荣农村经济，促进社会主义现代化建设。

3. 规范公平竞争和市场交易秩序的法律出台。1993 年 9 月 2 日，第八届全国人大常委会第三次会议通过了《中华人民共和国反不正当竞争法》。这表明，国家采取分别立法的体例，揭开了我国反不正当竞争立法和反垄断立法的序幕。1999年3月15日，第九届全国人民代表大会第二次会议通过了《中华人民共和国合同法》。其立法目的是保护合同当事人的合法权益，维护社会经济秩序，促进社会主义现代化建设。《中华人民共和国合同法》第2条明确规定，合同是平等主体的自然人、法人、其他组织之间设立、变更、终止民事权利义务关系的协议。

4. 制定保护消费者权益的法律。1993年10月31日，第八届全国人民代表大会第4次会议通过了《中华人民共和国消费者权益保护法》，自1994年1月1日起施行（2009、2013年修订）。同时，1993年2月22日，第七届全国人大常委会第三十次会议通过《中华人民共和国产品质量法》（2000年修订）。

5. 劳动合同制度开始形成。1994年7月5日，全国人大常委会通过了《中华人民共和国劳动法》。这是我国第一部关于专门保障劳动者合法权益的基本法律，是我国劳动保障法制建设中一个重要的里程碑，使我国劳动立法进入一个崭新阶段。为了进一步规范劳动合同关系，2007年6月29日，第十届全国人大常委会第二十八次会议通过了《中华人民共和国劳动合同法》（2012年修正），加上之前的一大批与劳动法典相配套的劳动行政法规出台，由此形成了一个独立的、系统的、完整的、具有我国社会主义特色的劳动法律体系，为建立和完善我国具有中国特色的社会主义法律体系的社会法的重要法律部门奠定了坚实的基础。

6. 建立和完善了金融法律制度。1995年3月18日，第八届全国人民代表大会第三次会议审议并通过了《中华人民共和国中国人民银行法》（2003年修正）。1995年5月10日，第八届全国人大常委会第十三次会议通过了《中华人民共和国商业银行法》（2003年修正）。1995年5月10日，第八届全国人大常委会第十三次会议通过了《中华人民共和国票据法》（2004年修正）。1998年12月29日，第九届全国人大常委会第六次会议通过了《中华人民共和国证券法》，1999年7月1日起施行（2004年、2005年、2013年和2014年修订）。这些立法对于明确银行职责、规范金融监管、规范票据行为、规范企业的证券发行与交易行为，促进我国金融业的健康发展发挥了重要作用。

7. 出台第一部仲裁法。我国现行仲裁法是1994年8月31日由第八届全国人大常务委员会第九次会议通过的《中华人民共和国仲裁法》（2009年修正）。该法全面规定了我国仲裁活动的适用范围与原则、仲裁协议、仲裁组织、仲裁程序、仲裁裁决及执行等内容，成为确立我国仲裁法律制度的基本依据。

（四）完善社会主义市场经济体制改革的新阶段

时间是从2003年至2013年。2003年党的十六届三中全会通过了《中共中央关于完善社会主义市场经济体制若干问题的决定》（以下简称《完善体制决定》），对建立完善的市场经济体制进行了全面部署。《完善体制决定》从12个方面提出深化经济体制改革的重要性和紧迫性。其中，与企业经济立法有关的内容包括：①要求进一步巩固和发展公有制经济，鼓励、支持和引导非公有制经济发展。它包括：

其一，推行公有制的多种有效实现形式。坚持公有制的主体地位，发挥国有经济的主导作用。其二，大力发展和积极引导非公有制经济。个体、私营等非公有制经济是促进我国社会生产力发展的重要力量。其三，建立健全现代产权制度。②完善国有资产管理体制，深化国有企业改革。③完善市场体系，规范市场秩序。其中包括：其一，加快建设全国统一市场。强化市场的统一性，是建设现代市场体系的重要任务。其二，大力发展资本和其他要素市场。积极推进资本市场的改革开放和稳定发展，扩大直接融资。建立多层次资本市场体系，完善资本市场结构，丰富资本市场产品。④完善财税体制，深化金融改革。⑤深化涉外经济体制改革，全面提高对外开放水平。⑥推进就业和分配体制改革，完善社会保障体系

《完善体制决定》指出："改革的不断深化，极大地促进了社会生产力、综合国力和人民生活水平的提高，使我国经受住了国际经济金融动荡和国内严重自然灾害、重大疫情等严峻考验。同时也存在经济结构不合理、分配关系尚未理顺、农民收入增长缓慢、就业矛盾突出、资源环境压力加大、经济整体竞争力不强等问题，其重要原因是我国处于社会主义初级阶段，经济体制还不完善，生产力发展仍面临诸多体制性障碍。为适应经济全球化和科技进步加快的国际环境，适应全面建设小康社会的新形势，必须加快推进改革，进一步解放和发展生产力，为经济发展和社会全面进步注入强大动力。"《完善体制决定》还指出，完善社会主义市场经济体制的主要任务是："建设统一开放、竞争有序的现代市场体系；完善宏观调控体系、行政管理体制和经济法律制度；健全就业、收入分配和社会保障制度；建立促进经济社会可持续发展的机制。"

值得一提的是，经过多年的不懈努力，2010 年中国特色社会主义法律体系如期形成。党的十五大报告在提出"依法治国，建设社会主义法治国家"这一治国基本方略的同时，提出"加强立法工作，提高立法质量，到 2010 年形成有中国特色社会主义法律体系"的立法目标。2002 年党的十六大报告重申到 2010 年形成中国特色社会主义法律体系的立法目标，2007 年党的十七大报告继续提出形成和完善中国特色社会主义法律体系的要求。在过去历届立法工作的基础上，又经过九届、十届、十一届全国人大及其常委会的努力，2010 年中国特色社会主义法律体系如期形成。2012 年党的十八大报告，把中国特色社会主义法律体系作为中国特色社会主义制度的重要组成部分。对中国特色社会主义法律体系的如期形成，习近平总书记指出："这是我国社会主义民主法制建设史上的重要里程碑，是中国特色社会主义制度逐步走向成熟的重要标志，具有重大的现实意义和深远的历史意义。"

这一时期，涉及企业经济立法的内容包括：

1. 制定预防和制止垄断行为的法律。为了预防和制止垄断行为，保护市场公平竞争，提高经济运行效率，维护消费者利益和社会公共利益，促进社会主义市场经济健康发展，第十届全国人大常委会第二十九次会议于 2007 年 8 月 30 日通过了

《中华人民共和国反垄断法》。

2. 制定物的归属和发挥物的效用的法律。为了维护国家基本经济制度，维护社会主义市场经济秩序，明确物的归属，发挥物的效用，保护权利人的物权，《中华人民共和国物权法》已由中华人民共和国第十届全国人民代表大会第五次会议于2007年3月16日通过，自2007年10月1日起施行。物权是指权利人依法对特定的物享有直接支配和排他的权利，包括所有权、用益物权和担保物权。

3. 出台制裁侵害民事权益行为的法律。为保护民事主体的合法权益，明确侵权责任，预防并制裁侵权行为，促进社会和谐稳定，2009年12月26第十一届全国人大常委会第十二次会议通过了《中华人民共和国侵权责任法》。民事权益，包括生命权、健康权、姓名权、名誉权、荣誉权、肖像权、隐私权、婚姻自主权、监护权、所有权、用益物权、担保物权、著作权、专利权、商标专用权、发现权、股权、继承权等人身、财产权益。

4. 第一部社会保险法出台。2010年10月28日，第十一届全国人大常委会第十七次会议通过《中华人民共和国社会保险法》，自2011年7月1日起施行。它是中国特色社会主义法律体系中起支架作用的重要法律，是一部着力保障和改善民生的法律。它的颁布实施，是中国人力资源社会保障法制建设中的又一个里程碑，对于建立覆盖城乡居民的社会保障体系，更好地维护公民参加社会保险和享受社会保险待遇的合法权益，使公民共享发展成果，促进社会主义和谐社会建设，具有十分重要的意义。

5. 完善公司立法和合伙企业法。为了适应我国经济社会的发展需要，2005年10月27日，全国人大对《中华人民共和国公司法》进行了全面的修订，增加了法人人格之否认、公司的社会责任、一人有限责任公司等内容。之后，2013年12月，全国人大再次对其进行修订，其内容见“深化社会主义市场经济体制的改革阶段”部分。2006年8月，全国人大常委会对《中华人民共和国合伙企业法》进行了全面修订，增加了有限合伙等内容，使合伙企业法律制度更趋于完善。

（五）深化社会主义市场经济体制的改革阶段

时间是从2013年至今。2013年，党的十八届三中全会审议通过《中共中央关于全面深化改革若干重大问题的决定》（以下简称《深化改革决定》）。《深化改革决定》指出：全面深化改革的总目标是完善和发展中国特色社会主义制度，推进国家治理体系和治理能力现代化。必须更加注重改革的系统性、整体性、协同性，加快发展社会主义市场经济、民主政治、先进文化、和谐社会、生态文明，让一切劳动、知识、技术、管理、资本的活力竞相迸发，让一切创造社会财富的源泉充分涌流，让发展成果更多更公平惠及全体人民。决议中明确全面深化改革的五大体制，包括经济体制、政治体制、文化体制、社会体制和生态文明体制。

《深化改革决定》提出深化经济体制的要点有：①经济体制改革是全面深化改革的重点。其核心问题是如何处理好政府和市场的关系，使市场在资源配置中起决定性作用和更好地发挥政府作用。②坚持和完善基本经济制度，加快完善现代市场体系、宏观调控体系、开放型经济体系，加快转变经济发展方式，加快建设创新型国家，推动经济更有效率、更加公平、更可持续发展。③以经济建设为中心，发挥经济体制改革牵引作用，推动生产关系同生产力、上层建筑同经济基础相适应，推动经济社会持续健康发展。

2014 年是中国全面深化改革的元年。这一判断已经成为中国社会的共识，也反映了中国社会的期待。在深化经济体制、市场体系和政府职能改革方面，国家提出了以下改革方案：

1. 深化经济制度改革。改革的核心内容是“公有制经济和非公有制经济都是社会主义市场经济的重要组成部分”，具体措施有：①完善产权保护制度，提出公有制经济财产权不可侵犯，非公有制经济财产权同样不可侵犯；②积极发展混合所有制经济，推动国有企业完善现代企业制度，支持非公有制经济健康发展。

2. 深化市场体系改革。改革的核心内容是“凡是能由市场形成价格的都交给市场，政府不进行不当干预”，具体措施有：①建立公平开放透明的市场规则：实行统一的市场准入制度；②推进石油、天然气、电力、交通、电信等领域价格改革，放开竞争性环节价格；③允许农村集体经营性建设用地出让、租赁、入股，实行与国有土地同等入市、同权同价；④允许具备条件的民间资本依法发起设立中小型银行等金融机构。

3. 深化政府职能改革。改革的核心内容是“增强政府公信力和执行力，建设法治政府和服务型政府”，具体措施有：①最大限度减少中央政府对微观事务的管理，市场机制能有效调节的经济活动，一律取消审批；②理顺部门职责关系，积极稳妥实施大部门制；③优化行政区划设置，有条件的地方探索推进省直接管理县（市）体制改革；等等。

总体上说，国家在全面深化经济体制改革过程中，建立开放型经济体制是深化改革的重要内容，其重点是“放宽投资准入，统一内外资法律法规，保持外资政策稳定、透明、可预期”，具体措施有：①在上海自由贸易区试点基础上，选择若干具备条件的地方发展自由贸易园（港）区；②支持内陆城市增开国际客货运航线，发展多式联运；③允许沿边重点口岸、边境城市、经济合作区在人员往来、加工物流、旅游等方面实行特殊方式和政策；④扩大对香港特别行政区、澳门特别行政区和台湾地区开放合作。

全面深化经济体制改革，建立自由贸易试验区是建立开放型经济体制的亮点。

2013 年 8 月，中国国务院正式批准设立中国（上海）自由贸易试验区扩展区。在上海自由贸易试验区实践 1 年之后，2014 年 12 月 12 日，国务院决定，中国将在广东、天津、福建特定区域再设 3 个自由贸易园区。

自由贸易区，通常指两个以上的国家或地区，通过签订自由贸易协定，相互取消绝大部分货物的关税和非关税壁垒，取消绝大多数服务部门的市场准入限制，开放投资，从而促进商品、服务和资本、技术、人员等生产要素的自由流动，实现优势互补，促进共同发展。它也用来形容一国国内，一个或多个消除了关税和贸易配额，并且对经济的行政干预较小的区域。自由贸易区从自由港发展而来。13 世纪法国开辟马赛港为自由贸易区。1547 年，意大利正式将热那亚湾的里窝那港定名为世界上第一个自由港。截至 2013 年 6 月 19 日，全球已有 1200 多个自由贸易区，其中 15 个发达国家设立了 425 个，占 35. 4%；67 个发展中国家共设立 775 个，占 64. 6%。我国建立的四个自由贸易区，具有以下不同的特点。

上海自由贸易区的改革试点涉及贸易、投资、金融、行政管理等几大方面。它包含贸易的自由化、投资的自由化、金融的制度创新、政府的行政管理职能转变等。其中，金融改革作为上海自由贸易区改革试点的重点。经过近两年的实践，上海自贸试验区取得了四个方面的成效：①以负面清单管理为核心的外商投资管理制度基本建立；②以贸易便利化为重点的贸易监管制度有效运行；③以资本项目可兑换和金融服务业开放为目标的金融制度创新有序推进；④以政府职能转变为核心的事中事后监管制度初步形成。〔1〕

天津自由贸易区的特点主要来自三个方面：①服务京津冀协同发展和“一带一路”国家战略〔2〕；②发展实体经济；③壮大融资租赁业。定位上挂钩京津冀协同发展这一国家战略，将成为天津自由贸易区的一大特色。

广东自由贸易区的特点体现在三个方面：①构建粤港澳金融合作新体制；②构建粤港澳服务贸易自由化；③通过制度创新推动粤港澳交易规则的对接。

福建自由贸易区包括厦门、福州、平潭 3 个片区，面积达 118. 04 平方公里。福建自由贸易区突出了对接台湾自由经济区以及建设 21 世纪海上丝绸之路的两大战略。福建作为大陆与台湾距离最近的省份，对接台湾地区经济是福建自由贸易区最大的特色。

在全面深化经济体制改革过程中，国家立法也有新的举措，涉及企业经济立法的内容包括：

1. 进一步完善公司立法，推进公司注册资本登记制度改革。2013 年 10 月 25 日国务院召开常务会议，部署推进公司注册资本登记制度改革进程，降低创业成本，激发社会投资活力。会议提出，改革注册资本登记制度，放宽市场主体准入，

---

〔1〕 2015 年 4 月 22 日，国务院副总理汪洋在第十二届全国人大常委会第十四次会议举行第二次全体会议上作《关于自由贸易试验区工作进展情况的报告》。

〔2〕 京津冀协同发展，核心是京津冀三地作为一个整体协同发展，以疏解非首都核心功能、解决北京“大城市病”为基本出发点，调整优化城市布局和空间结构，构建现代化交通网络系统，扩大环境容量生态空间，推进产业升级转移，推动公共服务共建共享，加快市场一体化进程，打造现代化新型首都圈，努力形成京津冀目标同向、措施一体、优势互补、互利共赢的协同发展新格局。“一带一路”是“丝绸之路经济带”和“21 世纪海上丝绸之路”的简称，2013 年 9 月和 10 月由中国国家主席习近平分别提出建设“新丝绸之路经济带”和“21 世纪海上丝绸之路”的战略构想。

创新政府监管方式，建立高效透明公正的现代公司登记制度，是新一届政府转变职能总体部署和改革方案中又一项重要举措，目的是进一步简政放权，构建公平竞争的市场环境，调动社会资本力量，促进小微企业特别是创新型企业成长，带动就业，推动新兴生产力发展。推行注册资本登记制度改革，就是要按照便捷高效、规范统一、宽进严管的原则，创新公司登记制度，降低准入门槛，强化市场主体责任，促进形成诚信、公平、有序的市场秩序。

根据深化体制改革的需要，2013 年 12 月，全国人大常委会再次对《公司法》进行修订，于 2014 年 3 月 1 日起施行。本次修订主要内容包括：①将注册资本实缴登记制改为认缴登记制；②放宽注册资本登记条件。除法律、行政法规以及国务院决定对公司注册资本最低限额另有规定外，取消了有限责任公司最低注册资本 3 万元、一人有限责任公司最低注册资本 10 万元、股份有限公司最低注册资本 500 万元的限制等；③简化公司设立登记事项。有限责任公司股东认缴出资额、公司实收资本不再作为公司登记事项。

2. 商事登记和商事管理更加便民。商事登记方面，国家将企业年检制度改为年度报告制度，任何单位和个人均可查询，使企业相关信息透明化。建立公平规范的抽查制度，克服检查的随意性，提高政府管理的公平性和效能。国家按照方便注册和规范有序的原则，放宽市场主体住所（经营场所）登记条件，由地方政府具体规定。推进注册资本由实缴登记制改为认缴登记制，降低开办公司成本。

3. 自由贸易区的外商投资实行负面清单管理模式。2015 年 4 月 8 日，国务院办公厅以国办发［2015］23 号印发《自由贸易试验区外商投资准入特别管理措施（负面清单）》，并规定此措施适用于上海、广东、天津、福建 4 个自由贸易试验区。所谓“负面清单管理”，是指针对与外商投资相关的管理措施，均以清单方式列明。简言之，现行的“正面清单管理”是规定企业“只能做什么”，而“负面清单管理”是仅限定企业“不能做什么”，并以“清单”方式进行列示，体现了“放权”的改革思路。负面清单是国际上重要的投资准入制度，目前，国际上有 70 多个国家采用“准入前国民待遇和负面清单”管理模式。具体来说，就是政府以清单的方式明确列出禁止和限制投资经营的行业、领域、业务，清单之外的，各类市场主体皆可依法平等进入。

4. 自由贸易试验区暂时实施相关行政审批的决定。全国人大常委会《关于授权国务院在中国（广东）、中国（天津）自由贸易试验区、中国（福建）自由贸易试验区以及中国（上海）自由贸易试验区扩展区域暂时调整有关法律规定的行政审批的决定》，自 2015 年 3 月 1 日起施行。《中华人民共和国外资企业法》、《中华人民共和国中外合资经营企业法》、《中华人民共和国中外合作经营企业法》、《中华人民共和国台湾同胞投资保护法》，以上法律规定的有关行政审批内容附有目录，但是国家规定实施准入特别管理措施的除外。上述行政审批的调整在 3 年内试行，对实践证明可行的，修改完善有关法律；对实践证明不宜调整的，恢复施行有关法律规定。

二、完善的市场经济本质上是法治经济

党的十八届四中全会指出：社会主义市场经济本质上是法治经济。要让市场在资源配置中起决定性作用和更好发挥政府作用，必须以保护产权、维护契约、统一市场、平等交换、公平竞争、有效监管为基本导向，完善社会主义市场经济法律制度。健全以公平为核心原则的产权保护制度，加强对各种所有制经济组织和自然人财产权的保护，清理有违公平的法律法规条款。创新适应公有制多种实现形式的产权保护制度，加强对国有、集体资产所有权、经营权和各类企业法人财产权的保护。国家保护企业以法人财产权依法自主经营、自负盈亏，企业有权拒绝任何组织和个人无法律依据的要求。加强企业社会责任立法。完善激励创新的产权制度、知识产权保护制度和促进科技成果转化的体制机制。加强市场法律制度建设，编纂民法典，制定和完善发展规划、投资管理、土地管理、能源和矿产资源、农业、财政税收、金融等方面法律法规，促进商品和要素自由流动、公平交易、平等使用。依法加强和改善宏观调控、市场监管，反对垄断，促进合理竞争，维护公平竞争的市场秩序。

自 1978 年党的十一届三中全会决定全党、全民把工作重点转移到经济建设之后，开创了我国社会主义经济建设和法制建设新的局面，特别是 1992 年党的十四大报告，提出并确立了建立和完善社会主义市场经济体制的战略目标，促进我国的经济体制、政治体制改革不断地深入开展，我国社会主义法制建设步伐更加稳步地推进，迎来了崭新的局面和形势。因此，充分认识我国社会主义市场经济体制和社会主义法制建设的密切关系，提高认识，我们就能更加自觉地搞好企业法制建设，确保企业依法经营管理顺利进行。

（一）建立和完善社会主义市场经济体制，必须高度重视社会主义法制建设

党的十四大报告，不仅提出在我国建立和完善社会主义市场经济体制这一重大问题，而且要求进一步推进我国政治体制改革，促进社会主义民主和法制建设，特别强调必须高度重视社会主义法制建设。此后，国家领导人在多次讲话中反复强调和论述社会主义市场经济和社会主义法制建设的关系，指出没有完备的社会主义法制，就不可能建立完善的社会主义市场经济体制。这是因为，市场经济实质上是一种法治经济。这一论断，已经在理论上和历史实践中得到充分的证明。首先，从经济学、法理学的理论层面看，市场经济是商品经济的高度发展阶段和现代形态，是市场作为资源配置的基础性方式的一种经济体制。市场的基础性作用，使市场运行的基本规律，即价值规律、供求规律、竞争规律得以充分发挥和体现，市场经济的自由经济、大众经济、竞争经济、损益经济等本质，也充分表现在市场主体多元性、决策自主性、交易契约性、经营竞争性、后果分化性等基本特征上，这决定了市场经济必然产生两种截然不同的功能和作用：一方面，市场经济体制产生了巨大的激励作用，鼓舞和推动着千千万万的市场竞争主体为了实现自身的经济利益，努

力开发市场，加强经营管理，发展新技术、新产品、新服务项目，积极参与市场竞争，从而不断地推动市场经济蓬勃发展，使市场经济充满生机和活力；另一方面，市场的消极作用也会助长一些投机者、不法者，为了谋取巨额的非法利益而不择手段，作出种种损害国家利益、社会公共利益以及其他经营者、广大消费者利益的不法行为，严重扰乱和破坏市场经济的正常秩序。这是市场经济的消极作用的一面。因此，必须通过政府的适度干预手段，加强对市场经济的宏观调控和管理，实现对市场经济积极作用的肯定和鼓励，对消极作用的限制和制裁，确保市场经济的正常运行和发展，这也是市场经济规律的客观要求。为了实现这一宏观调控和管理的目标，建立和健全与市场经济体制相适应的法律制度，从而对其加以规范、引导、制约和保障是十分必要的。所以，市场经济总是和一定法制结合在一起，二者相辅相成、相互促进、相得益彰。其次，从近现代经济史、法制史发展实践看，现代商品经济、市场经济发展的数百年的历史都有力证明了这一点。被恩格斯誉为“商品生产者社会的第一个世界性法律”的罗马法，就是资本主义前罗马帝国简单商品经济充分发展的产物。被称为“典型的资产阶级社会的法典”的《拿破仑法典》（《法国民法典》），同样是资本主义商品经济充分发展的产物。总结历史发展的实践经验，当今世界经济发展和法制发展的历史都充分地证明：商品经济发展的成熟程度总是同其法制建设的完备状况相适应的。可以这样说，今天世界上所有现代市场经济发达的国家，没有一个不是法制比较完备的国家，反之，没有一个现代市场不发达的国家已经发展为健全的法制国家。我国正在搞社会主义市场经济，这些历史经验不会对我们没有借鉴的意义。

（二）全面推行“依法治国，建设社会主义法治国家”基本方略对社会主义法制建设的巨大影响

1997年，党的十五大报告，第一次把依法治国确立为党领导广大人民治理国家的基本方略，使依法治国从理想、口号变为具体实施的行动和社会实践，表明了我国治国的方略、手段从“人治”开始走向“法治”，这是一个重大的转变和进步，我们应当充分认识到这一转变对我国社会主义法制建设的巨大影响。1999年3月，第九届全国人大第二次会议将“依法治国”载入《宪法》，从而使“依法治国”从党的意志转化为国家意志。2012年10月，党的十八大报告，在十五大、十六大和十七大关于依法治国要求和精神的基础上，提出“全面推进依法治国”，“加快建设社会主义法治国家”，将依法治国方略提到了一个更新的高度。2014年10月，党的十八届四次会议审议通过了《中共中央关于全面推进依法治国若干重大问题的决定》，全会提出，全面推进依法治国的总目标是：“建设中国特色社会主义法治体系，建设社会主义法治国家。”

1. 我们要充分认识到确立依法治国基本方略的历史客观必然性。我们党之所以选择和确立把依法治国作为党领导广大人民治理国家的基本方略，这是我们党和国家几代领导人领导全国人民经历了数十年的不断改革、探索，才逐步认识、选择

到最后确立的过程，这是社会发展客观规律的必然要求，并以一定理论认识和实践经验作为基础和依据。

从社会科学理论上看，法律是实现对国家和社会管理最权威、最有力的工具。马克思主义法的理论认为，法律作为社会规范、社会现象，是统治阶级实现阶级统治的武器，也是统治阶级进行国家和社会管理的工具，它是掌握政权的统治阶级意志的集中体现，又是由统治阶级赖以生存的物质生活条件所决定，使法律具有突出的阶级性、社会性、普遍性、规范性、强制性及权威性等特征，并起着特殊的社会政治作用、一般社会公共作用及普遍社会规范作用。法律这种特殊作用决定了法律规范明显不同于政策、道德、伦理、纪律等其他社会规范，它是由国家机关制定或认可的，是国家意志的体现，并以国家强制力保证其实施的行为规范。众所周知，道德规范具有感召力，纪律规范具有约束力，政策规范具有规范力，只有法律规范才具有震撼力和强制力，具有要求全社会成员一体遵行的效力。因此，法律形式、法律手段无一例外地成为现代国家治国的最普遍、最有效的措施。当然，治理国家是一项十分复杂的管理活动，涉及政治、经济、军事、文化、教育、外交等方面的内容，不可能只使用一种方法，人们通过政策的引导、道德的教化、纪律的约束等方法，仍然对社会的调控和管理起着十分重要的作用，说明了实行法治并不排除其他治理国家的方法，它们之间是一种相辅相成的关系。

从历史社会实践上看，法治是古今中外统治阶级普遍选择的治国方略。搞法治，资产阶级国家是老手，也是我们最好的老师。认真学习、借鉴其他国家法制建设经验，可以使我们尽量少走弯路。因为我们所说的法治，是相对于民主制而言，它是民主政治的规范化、制度化、法律化，并使其得到全面的实施。所以，资本主义国家是最早实行法治的国家，这不是资产阶级统治手段的高明，而是社会发展规律的客观要求。建立在私有制基础上的资本主义商品经济向着现代市场经济过渡时，为协调各个生产者、经营者之间的关系，实现对市场秩序的有效管理和维护，他们选择了法治这个最简单、最权威的方法；特别是资本主义市场经济向着国际化方向发展时候，为协调国家间的关系，解决国际争端，为在更大范围内进行国际经济技术交流，同样需要依靠法律来规范。资本主义就是在其实现现代市场经济发展的过程中，不断地发展和健全与其相适应的法制，逐步走上法治社会。

历史是一面最好的镜子，我国几千年的历史经验也充分证明：奉法者强则国强，奉法者弱则国弱，法制同样总是与国家、社会的繁荣昌盛紧密连结在一起，总是成为促进“盛世”的一个重要条件和保证。如周朝的“成康之治”、汉初的“文景之治”、唐朝的“贞观之治”以及清朝的“康乾之治”等我国古代历史“四大盛世”，无不同那些朝代的统治阶级重视法制、厉行吏治相关联。我国的历史经验也告诉我们：我国一旦重视法制建设，那么不仅社会稳定，而且经济发展步伐快、秩序好；而一旦忽视法制建设，或者重人治、轻法治，或者肆意让法制遭受践踏，那么我国的社会经济发展就会受到不同程度的影响和破坏。所以。邓小平同志强调："还是搞法制靠得住些。" 这是对十年"文革"惨痛历史教训的总结，也是对我国几十年国家治理的经验教训的总结。从邓小平同志"一手抓建设，一手抓法制"、"两手抓，两手都要硬" 到江泽民同志提出依法治国的基本方略，这是历史的必然、时代的选择，也是社会进步、国家富强的征兆。我们了解它的历史发展过程，就会更加自觉地按照邓小平理论指引的方向坚定不移地走法制建设道路。

2. 我们要深刻认识到全面推行依法治国对我国社会主义法制建设的巨大影响。从党的十五大报告明确提出"依法治国、建设社会主义法治国家"基本方略以来，法治成为推进政治体制改革的核心关键词。党的十八大报告中重视法治的精神贯穿始终，"法治思维" 等新提法引发法学界和社会公众广泛关注。党的十八届四次会议审议通过的《中共中央关于全面推进依法治国若干重大问题的决定》（以下简称《依法治国决定》)，不仅提出全面推进依法治国的总目标，而且还筹划了全面推进依法治国的"五个体系"，明确了全面推进依法治国的"六大任务"。[1]

"依法治国，就是广大人民群众在党的领导下，依照宪法和法律规定，通过各种途径和形式管理国家事务，管理经济文化事业，管理社会事务，保证国家各项工作都依法进行，逐步实现社会主义民主的制度化、法律化，使这个制度和法律不因领导人的改变而改变，不因领导人看法和注意力的改变而改变。" 十五大报告对依法治国的表述，高度概括了我们党领导人民治理国家的基本方略，指明了改革和完善政治体制的基本方向，明确了"法治" 在国家政治、经济和社会生活中的地位和作用；同时，还具体阐明了依法治国的基本内涵、基本原则问题：

（1）明确了依法治国的主体。党的十五大报告明确指明依法治国的主体是广大人民群众。人民群众是国家真正的主人，我国《宪法》第2条规定："中华人民共和国的一切权力属于人民。人民行使国家权力的机关是全国人民代表大会和地方各级人民代表大会。人民依照法律规定，通过各种途径和形式，管理国家事务，管理经济和文化事业，管理社会事务。" 这一规定确定了"主权在民" 的原则，明确了只有人民群众才是实现依法治国的真正主体，而具体行使管理职能的国家机关和公务人员，只是人民管理国家事务的执行者，他们根据人民的授权，代表人民行使管理国家的职权，对人民负责，并接受人民的监督，国家法律切实保障广大人民群众依法参与管理国家和社会事务的权利。这就必须加大力度，加强行政法制、经济法制、司法法制的建设，以适应依法治国的要求。

（2）确立了依法治国的目标。党的十五大报告明确指出，依法治国，就是……

---

〔1〕"法治五个体系" 即指坚持中国特色社会主义制度，贯彻中国特色社会主义法治理论，形成完备的法律规范体系、高效的法治实施体系、严密的法治监督体系、有力的法治保障体系，形成完备的党内法规体系。全国推进依法治国的"六大重要任务"：完善以宪法为核心的中国特色社会主义法律体系，加强宪法实施；深入推进依法行政，加快建设法治政府；保证公正司法，提高司法公信力；增强全民法治观念，推进法治社会建设；加强法治工作队伍建设；加强和改进党对全面推进依法治国的领导。

保证国家各项工作都依法进行，逐步实现社会主义民主的制度化、法律化，使这个制度和法律不因领导人、领导人的看法和注意力的改变而改变，最后实现建设社会主义法治国家的政治目标。建设社会主义法治国家同依法治国是一种完整的、密切的、不可分割的关系，依法治国是方略、方针、方法，建设社会主义法治国家是目标，也是结果，它要求立法机关按照严格的法定程序制定能够集中体现和反映广大人民群众利益和意志的法律，并形成完备的法律制度体系；政府机关和公职人员必须严格依法行使职权，依法办事，依法管理国家事务和社会事务；司法机关必须严格执法，公正司法，坚决维护法律的严肃性和权威性，确保法律在全国范围内的统一实施，做到有法可依、有法必依、执法必严、违法必究；全体公民具有良好的法律意识和法律素质，学法、懂法成为整个社会的良好风尚，自觉守法成为广大公民的良好习惯，广大公民能够自觉运用法律武器来规范自身的行为，维护自身的合法权益，调整社会成员相互之间的关系，同各种违法犯罪行为做斗争。

（3）明确了依法治国的依据。党的十五大报告明确指出依法治国的方法，就是广大人民群众在党的领导下，依据宪法和法律规定，通过各种途径和形式管理国家事务、管理经济文化事业、管理社会事务。这里，十分明确确立依法治国的依据是宪法和法律规定，其方法是通过各种途径和形式，其内容是管理各项国家和社会事务，保证国家各项工作都依法进行，都纳入社会主义法制、法治轨道。因此，确立“宪法至上”、“法律至上”原则，处理好法律与政策关系是至关重要的。

（4）明确了依法治国的保证。实行依法治国，既要处理好广大人民群众和国家机关、公职人员的关系，也要处理好党的领导和依法办事的关系。党的十五大报告强调指出：“党领导人民制定宪法和法律，并在宪法和法律范围内活动。依法治国把坚持党的领导、发扬人民民主和严格依法办事统一起来，从制度和法律上保证党的基本路线和基本方针的贯彻实施，保证党始终发挥总揽全局，协调各方的领导核心作用。”党的十八届四中全会《依法治国决定》指出，党的领导是全面推进依法治国、加快建设社会主义法治国家最根本的保证。必须加强和改进党对法治工作的领导，把党的领导贯彻到全面推进依法治国全过程。

（三）贯彻全面推进依法治国的总体部署

党的十八大提出，法治是治国理政的基本方式，要加快建设社会主义法治国家，全面推进依法治国。其总体目标是，到2020年，依法治国基本方略全面落实，法治政府基本建成，司法公信力不断提高，人权得到切实尊重和保障。党的十八届三中全会进一步提出，建设法治中国，必须坚持依法治国、依法执政、依法行政共同推进，坚持法治国家、法治政府、法治社会一体建设。全面贯彻落实这些部署和要求，关系加快建设社会主义法治国家，关系落实全面深化改革顶层设计，关系中国特色社会主义事业长远发展。为了贯彻党的十八大会议精神，党的十八届四次会议审议通过了《中共中央关于全面推进依法治国若干重大问题的决定》（以下简称《法治重大问题决定》），对全面推进依法治国作出了战略部署，包括七个方面的内容：坚持走中国特色社会主义法治道路，建设中国特色社会主义法治体系；完善以宪法为核心的中国特色社会主义法律体系，加强宪法实施；深入推进依法行政，加快建设法治政府；保证公正司法，提高司法公信力；增强全民法治观念，推进法治社会建设；加强法治工作队伍建设；加强和改进党对全面推进依法治国的领导。其主要内容包括[1]：

1. 坚持走中国特色社会主义法治道路，建设中国特色社会主义法治体系。依法治国，是坚持和发展中国特色社会主义的本质要求和重要保障，是实现国家治理体系和治理能力现代化的必然要求，事关我们党执政兴国，事关人民幸福安康，事关党和国家长治久安。全面建成小康社会、实现中华民族伟大复兴的中国梦，全面深化改革、完善和发展中国特色社会主义制度，提高党的执政能力和执政水平，必须全面推进依法治国。目前，中国特色社会主义法律体系已经形成，法治政府建设稳步推进，司法体制不断完善，全社会法治观念明显增强。全面推进依法治国，总目标是建设中国特色社会主义法治体系，建设社会主义法治国家。

《法治重大问题决定》，首次提出了建设中国特色社会主义法治体系的目标：在中国共产党的领导下，坚持中国特色社会主义制度，贯彻中国特色社会主义法治理论，形成完备的法律规范体系、高效的法治实施体系、严密的法治监督体系、有力的法治保障体系，形成完善的党内法规体系，坚持依法治国、依法执政、依法行政共同推进，坚持法治国家、法治政府、法治社会一体建设，实现科学立法、严格执法、公正司法、全民守法，促进国家治理体系和治理能力现代化。

《法治重大问题决定》指出，实现这个总目标，必须坚持以下几项原则：坚持中国共产党的领导、坚持人民主体地位、坚持法律面前人人平等、坚持依法治国和以德治国相结合和坚持从中国实际出发。

2. 完善以宪法为核心的中国特色社会主义法律体系，加强宪法实施。法律是治国之重器，良法是善治之前提。建设中国特色社会主义法治体系，必须坚持立法先行，发挥立法的引领和推动作用，抓住提高立法质量这个关键。要恪守以民为本、立法为民理念，贯彻社会主义核心价值观，使每一项立法都符合宪法精神、反映人民意志、得到人民拥护。要把公正、公平、公开原则贯穿立法全过程，完善立法体制机制，坚持立改废释并举，增强法律法规的及时性、系统性、针对性、有效性。其主要任务如下：

（1）健全宪法实施和监督制度。宪法是党和人民意志的集中体现，是通过科学民主程序形成的根本法。坚持依法治国首先要坚持依宪治国，坚持依法执政首先要坚持依宪执政。全国各族人民、一切国家机关和武装力量、各政党和各社会团体、各企业事业组织，都必须以宪法为根本的活动准则，并且负有维护宪法尊严、

---

〔1〕 以下内容摘录自《法治重大问题决定》。

保证宪法实施的职责。一切违反宪法的行为都必须予以追究和纠正。完善全国人大及其常委会宪法监督制度，健全宪法解释程序机制。加强备案审查制度和能力建设，把所有规范性文件纳入备案审查范围，依法撤销和纠正违宪违法的规范性文件，禁止地方制发带有立法性质的文件。

（2）完善立法体制。党中央向全国人大提出宪法修改建议，依照宪法规定的程序进行宪法修改。法律制定和修改的重大问题由全国人大常委会党组向党中央报告。健全有立法权的人大主导立法工作的体制机制，发挥人大及其常委会在立法工作中的主导作用。依法建立健全专门委员会、工作委员会立法专家顾问制度。加强和改进政府立法制度建设，完善行政法规、规章制定程序，完善公众参与政府立法机制。重要行政管理法律法规由政府法制机构组织起草。明确立法权力边界，从体制机制和工作程序上有效防止部门利益和地方保护主义法律化。对部门间争议较大的重要立法事项，由决策机关引入第三方评估，充分听取各方意见，协调决定，不能久拖不决。加强法律解释工作，及时明确法律规定含义和适用法律依据。明确地方立法权限和范围，依法赋予设区的市地方立法权。

（3）深入推进科学立法、民主立法。加强人大对立法工作的组织协调，健全立法起草、论证、协调、审议机制，健全向下级人大征询立法意见机制，建立基层立法联系点制度，推进立法精细化。健全法律、法规、规章起草征求人大代表意见制度，增加人大代表列席人大常委会会议人数，更多发挥人大代表参与起草和修改法律的作用。完善立法项目征集和论证制度。健全立法机关主导、社会各方有序参与立法的途径和方式。探索委托第三方起草法律法规草案。

（4）加强重点领域立法。依法保障公民权利，加快完善体现权利公平、机会公平、规则公平的法律制度，保障公民人身权、财产权、基本政治权利等各项权利不受侵犯，保障公民经济、文化、社会等各方面权利得到落实，实现公民权利保障法治化。增强全社会尊重和保障人权意识，健全公民权利救济渠道和方式。

3. 深入推进依法行政，加快建设法治政府。法律的生命力在于实施，法律的权威也在于实施。各级政府必须坚持在党的领导下、在法治轨道上开展工作，创新执法体制，完善执法程序，推进综合执法，严格执法责任，建立权责统一、权威高效的依法行政体制，加快建设职能科学、权责法定、执法严明、公开公正、廉洁高效、守法诚信的法治政府。其具体要求包括以下几点：

（1）依法全面履行政府职能。完善行政组织和行政程序法律制度，推进机构、职能、权限、程序、责任法定化。行政机关要坚持法定职责必须为、法无授权不可为，勇于负责、敢于担当。行政机关不得法外设定权力，没有法律法规依据不得作出减损公民、法人和其他组织合法权益或者增加其义务的决定。推行政府权力清单制度，坚决消除权力设租寻租空间。

（2）健全依法决策机制。把公众参与、专家论证、风险评估、合法性审查、集体讨论决定确定为重大行政决策法定程序，确保决策制度科学、程序正当、过程公开、责任明确。建立行政机关内部重大决策合法性审查机制，未经合法性审查或经审查不合法的，不得提交讨论。

(3) 深化行政执法体制改革。根据不同层级政府的事权和职能，按照减少层次、整合队伍、提高效率的原则，合理配置执法力量。

(4) 坚持严格规范、公正文明执法。依法惩处各类违法行为，加大关系群众切身利益的重点领域执法力度。完善执法程序，建立执法全过程记录制度。明确具体操作流程，重点规范行政许可、行政处罚、行政强制、行政征收、行政收费、行政检查等执法行为。严格执行重大执法决定法制审核制度。

(5) 强化对行政权力的制约和监督。加强党内监督、人大监督、民主监督、行政监督、司法监督、审计监督、社会监督、舆论监督制度建设，努力形成科学有效的权力运行制约和监督体系，增强监督合力和实效。

(6) 全面推进政务公开。坚持以公开为常态、不公开为例外原则，推进决策公开、执行公开、管理公开、服务公开、结果公开。各级政府及其工作部门依据权力清单，向社会全面公开政府职能、法律依据、实施主体、职责权限、管理流程、监督方式等事项。重点推进财政预算、公共资源配置、重大建设项目批准和实施、社会公益事业建设等领域的政府信息公开。涉及公民、法人或其他组织权利和义务的规范性文件，按照政府信息公开要求和程序予以公布。推行行政执法公示制度。推进政务公开信息化，加强互联网政务信息数据服务平台和便民服务平台建设。

4. 保证公正司法，提高司法公信力。公正是法治的生命线。司法公正对社会公正具有重要引领作用，司法不公对社会公正具有致命的破坏作用。必须完善司法管理体制和司法权力运行机制，规范司法行为，加强对司法活动的监督，努力让人民群众在每一个司法案件中感受到公平正义。其具体要求包括以下几点：

(1) 完善确保依法独立公正行使审判权和检察权的制度。各级党政机关和领导干部要支持法院、检察院依法独立公正行使职权。建立领导干部干预司法活动、插手具体案件处理的记录、通报和责任追究制度。任何党政机关和领导干部都不得让司法机关做违反法定职责、有碍司法公正的事情，任何司法机关都不得执行党政机关和领导干部违法干预司法活动的要求。对干预司法机关办案的，给予党纪政纪处分；造成冤假错案或者其他严重后果的，依法追究刑事责任。

(2) 优化司法职权配置。健全公安机关、检察机关、审判机关、司法行政机关各司其职，侦查权、检察权、审判权、执行权相互配合、相互制约的体制机制。完善司法体制，推动实行审判权和执行权相分离的体制改革试点。完善刑罚执行制度，统一刑罚执行体制。改革司法机关人财物管理体制，探索实行法院、检察院司法行政事务管理权和审判权、检察权相分离。

(3) 推进严格司法。坚持以事实为根据、以法律为准绳，健全事实认定符合客观真相、办案结果符合实体公正、办案过程符合程序公正的法律制度。加强和规范司法解释和案例指导，统一法律适用标准。

（4）保障人民群众参与司法。坚持人民司法为人民，依靠人民推进公正司法，通过公正司法维护人民权益。在司法调解、司法听证、涉诉信访等司法活动中保障人民群众参与。完善人民陪审员制度，保障公民陪审权利，扩大参审范围，完善随机抽选方式，提高人民陪审制度公信度。逐步实行人民陪审员不再审理法律适用问题，只参与审理事实认定问题。

（5）加强人权司法保障。强化诉讼过程中当事人和其他诉讼参与人的知情权、陈述权、辩护辩论权、申请权、申诉权的制度保障。健全落实罪刑法定、疑罪从无、非法证据排除等法律原则的法律制度。完善对限制人身自由司法措施和侦查手段的司法监督，加强对刑讯逼供和非法取证的源头预防，健全冤假错案有效防范、及时纠正机制。

（6）加强对司法活动的监督。完善检察机关行使监督权的法律制度，加强对刑事诉讼、民事诉讼、行政诉讼的法律监督。完善人民监督员制度，重点监督检察机关查办职务犯罪的立案、羁押、扣押冻结财物、起诉等环节的执法活动。司法机关要及时回应社会关切。规范媒体对案件的报道，防止舆论影响司法公正。

5. 增强全民法治观念，推进法治社会建设。法律的权威源自人民的内心拥护和真诚信仰。人民权益要靠法律保障，法律权威要靠人民维护。必须弘扬社会主义法治精神，建设社会主义法治文化，增强全社会厉行法治的积极性和主动性，形成守法光荣、违法可耻的社会氛围，使全体人民都成为社会主义法治的忠实崇尚者、自觉遵守者、坚定捍卫者。其具体要求包括以下几点：

（1）推动全社会树立法治意识。坚持把全民普法和守法作为依法治国的长期基础性工作，深入开展法治宣传教育，引导全民自觉守法、遇事找法、解决问题靠法。坚持把领导干部带头学法、模范守法作为树立法治意识的关键，完善国家工作人员学法用法制度，把宪法、法律列入党委（党组）中心组学习内容，列为党校、行政学院、干部学院、社会主义学院必修课。把法治教育纳入国民教育体系，从青少年抓起，在中小学设立法治知识课程。

（2）推进多层次、多领域依法治理。坚持系统治理、依法治理、综合治理、源头治理，提高社会治理法治化水平。深入开展多层次、多形式法治创建活动，深化基层组织和部门、行业依法治理，支持各类社会主体自我约束、自我管理。发挥市民公约、乡规民约、行业规章、团体章程等社会规范在社会治理中的积极作用。

（3）建设完备的法律服务体系。推进覆盖城乡居民的公共法律服务体系建设，加强民生领域法律服务。完善法律援助制度，扩大援助范围，健全司法救助体系，保证人民群众在遇到法律问题或者权利受到侵害时获得及时有效的法律帮助。发展律师、公证等法律服务业，统筹城乡、区域法律服务资源，发展涉外法律服务业。健全统一司法鉴定管理体制。

（4）健全依法维权和化解纠纷机制。强化法律在维护群众权益、化解社会矛盾中的权威地位，引导和支持人们理性表达诉求、依法维护权益，解决好群众最关心、最直接、最现实的利益问题。构建对维护群众利益具有重大作用的制度体系，建立健全社会矛盾预警机制、利益表达机制、协商沟通机制、救济救助机制，畅通群众利益协调、权益保障法律渠道。把信访纳入法治化轨道，保障合理合法诉求依照法律规定和程序就能得到合理合法的结果。健全社会矛盾纠纷预防化解机制，完善调解、仲裁、行政裁决、行政复议、诉讼等有机衔接、相互协调的多元化纠纷解决机制。加强行业性、专业性人民调解组织建设，完善人民调解、行政调解、司法调解联动工作体系。完善仲裁制度，提高仲裁公信力。健全行政裁决制度，强化行政机关解决同行政管理活动密切相关的民事纠纷功能。

6. 加强法治工作队伍建设。全面推进依法治国，必须大力提高法治工作队伍思想政治素质、业务工作能力、职业道德水准，着力建设一支忠于党、忠于国家、忠于人民、忠于法律的社会主义法治工作队伍，为加快建设社会主义法治国家提供强有力的组织和人才保障。其具体要求包括以下几点：

（1）建设高素质法治专门队伍。把思想政治建设摆在首位，加强理想信念教育，深入开展社会主义核心价值观和社会主义法治理念教育，坚持党的事业、人民利益、宪法法律至上，加强立法队伍、行政执法队伍、司法队伍建设。抓住立法、执法、司法机关各级领导班子建设这个关键，突出政治标准，把善于运用法治思维和法治方式推动工作的人选拔到领导岗位上来。畅通立法、执法、司法部门干部和人才相互之间以及与其他部门具备条件的干部和人才交流渠道。

（2）加强法律服务队伍建设。加强律师队伍思想政治建设，把拥护中国共产党领导、拥护社会主义法治作为律师从业的基本要求，增强广大律师走中国特色社会主义法治道路的自觉性和坚定性。构建社会律师、公职律师、公司律师等优势互补、结构合理的律师队伍。提高律师队伍业务素质，完善执业保障机制。加强律师事务所管理，发挥律师协会自律作用，规范律师执业行为，监督律师严格遵守职业道德和职业操守，强化准入、退出管理，严格执行违法违规执业惩戒制度。加强律师行业党的建设，扩大党的工作覆盖面，切实发挥律师事务所党组织的政治核心作用。

（3）创新法治人才培养机制。坚持用马克思主义法学思想和中国特色社会主义法治理论全方位占领高校、科研机构法学教育和法学研究阵地，加强法学基础理论研究，形成完善的中国特色社会主义法学理论体系、学科体系、课程体系，组织编写和全面采用国家统一的法律类专业核心教材，纳入司法考试必考范围。坚持立德树人、德育为先导向，推动中国特色社会主义法治理论进教材、进课堂、进头脑，培养造就熟悉和坚持中国特色社会主义法治体系的法治人才及后备力量。建设通晓国际法律规则、善于处理涉外法律事务的涉外法治人才队伍。

7. 加强和改进党对全面推进依法治国的领导。党的领导是全面推进依法治国、加快建设社会主义法治国家最根本的保证。必须加强和改进党对法治工作的领导，把党的领导贯彻到全面推进依法治国全过程。其具体要求包括以下几点：

（1）坚持依法执政。依法执政是依法治国的关键。各级党组织和领导干部要深刻认识到，维护宪法法律权威就是维护党和人民共同意志的权威，捍卫宪法法律尊严就是捍卫党和人民共同意志的尊严，保证宪法法律实施就是保证党和人民共同意志的实现。

（2）加强党内法规制度建设。党内法规既是管党治党的重要依据，也是建设社会主义法治国家的有力保障。党章是最根本的党内法规，全党必须一体严格遵行。完善党内法规制定体制机制，加大党内法规备案审查和解释力度，形成配套完备的党内法规制度体系。

（3）提高党员干部法治思维和依法办事能力。党员干部是全面推进依法治国的重要组织者、推动者、实践者，要自觉提高运用法治思维和法治方式深化改革、推动发展、化解矛盾、维护稳定能力，高级干部尤其要以身作则、以上率下。

（4）推进基层治理法治化。全面推进依法治国，基础在基层，工作重点在基层。发挥基层党组织在全面推进依法治国中的战斗堡垒作用，增强基层干部法治观念、法治为民的意识，提高依法办事能力。加强基层法治机构建设，强化基层法治队伍，建立重心下移、力量下沉的法治工作机制，改善基层基础设施和装备条件，推进法治干部下基层活动。

（5）深入推进依法治军、从严治军。党对军队绝对领导是依法治军的核心和根本要求。紧紧围绕党在新形势下的强军目标，着眼全面加强军队革命化、现代化、正规化建设，创新发展依法治军理论和实践，构建完善的中国特色军事法治体系，提高国防和军队建设法治化水平。

（6）依法保障"一国两制"实践和推进祖国统一。坚持宪法的最高法律地位和最高法律效力，全面准确贯彻"一国两制"、"港人治港"、"澳人治澳"、高度自治的方针，严格依照宪法和基本法办事，完善与基本法实施相关的制度和机制，依法行使中央权力，依法保障高度自治，支持特别行政区行政长官和政府依法施政，保障内地与香港、澳门经贸关系发展和各领域交流合作，防范和反对外部势力干预港澳事务，保持香港、澳门长期繁荣稳定。

（7）加强涉外法律工作。适应对外开放不断深化，完善涉外法律法规体系，促进构建开放型经济新体制。积极参与国际规则制定，推动依法处理涉外经济、社会事务，增强我国在国际法律事务中的话语权和影响力，运用法律手段维护我国主权、安全、发展利益。

三、现代企业面临着经营管理风险挑战

（一）新时期，企业面临着新的经营管理风险

现代企业，作为市场经济最重要的市场经营主体，其经营管理的状况如何，既关系着企业自身的生存和发展，也直接影响到市场经济的运行秩序。企业的经营管理，既包括企业的一般经营管理，即企业在市场经济体制下依照市场运行规律进行科学、合理、有效的经营管理；还包括企业经营风险管理，这是现代企业面临的必

须认真研究和应对的问题，也是现代社会经济发展出现的新课题，已引起企业界及全社会各方面密切的关注和高度的重视。

1. 提高对风险的基本认识。企业经营风险管理，20 世纪 30 年代起源于美国，目前在欧美经济发达国家都已把企业风险管理看作企业经营管理中的一项重要内容和专门职能。要弄清楚企业风险管理，首先要搞懂什么是风险。所谓风险，本是经济学、保险学、社会学等众多学科研究的对象，近年来成为国际学术界研究的热点问题。但对于风险的概念，学术界和实务界尚无一致的意见。有学者综述并列举出各种具有代表性的风险概念：①早在 19 世纪，西方古典经济学家就提出了风险的概念，认为风险是经营活动的副产品，经营者的收入是其在经营活动承担风险的报酬。②1901 年美国学者威雷特认为：风险是关于不愿发生的事件发生的不确定的客观体现。③1964 年美国教授小威廉和汉斯把主观因素引入风险分析，认为虽然风险是客观的，对任何人都一样程度地存在；但不确定性则是风险分析者主观的判断，不同的人对同一风险可能存在不同看法。④20 世纪 80 年代初，日本学者武井勋在吸收前人研究成果基础上，认为风险是特定环境中和特定期间内自然存在的导致经济损失的变化。[1] 也有学者把以上各种主张归纳为风险客观说、风险主观说以及风险因素综合说三大类，而且在各学说中又分为不同学派。并最后给风险定义为：风险是指客观存在的，在特定情况下，特定期间内，某一事件导致的最终损失的不确定性。[2] 因此，他们认为风险包含潜在损失、损失的大小、损失的不确定性的三项因素；具有自然、社会、经济三大属性；表现为风险存在的客观性、普遍性、某一具体风险（事故）发生的偶然性、大量风险发生的必然性以及风险的可变性五大特征；在全面分析的基础上，进一步划分了风险的各种类型：①根据损失产生的原因可分为自然风险、人为风险、行为风险、经济风险、政治风险、技术风险等；②根据风险的性质可分为纯粹风险和投机风险；③根据损失的环境可分为静态风险和动态风险；④根据风险的对象可分为财产风险、人身风险及责任风险；⑤根据人的承受能力可分为可接受的风险和不可接受的风险；⑥根据风险形成的原因可分为主观风险和客观风险；⑦根据风险发生的范围可分为局部风险和全局风险；⑧根据风险控制的程度可分为可控风险和不可控风险；⑨根据风险的程度可分为轻度风险、中度风险及高度风险；⑩根据风险存在的方式可分为潜在风险、延缓风险及突发风险；⑪根据风险责任的承担者可分为国家风险、企业风险及个人风险；⑫根据风险的来源可分为特殊风险和基本风险。[3] 基于对风险原理的基本认

---

〔1〕 李中斌：《风险管理解读：来自管理前沿的案例与分析》，石油工业出版社 2000 年版，第 2 页。

〔2〕 刘新立：《风险管理》，北京大学出版社 2006 年版，第 7 ~ 10 页。

〔3〕 李中斌：《风险管理解读：来自管理前沿的案例与分析》，石油工业出版社 2000 年版，第 4 ~ 14 页。

识，就为人们更好地研究风险、识别风险、评估风险，更加有效地进行风险管理打下了坚实基础。

2. 明确企业风险管理的基本内容。所谓企业风险管理，是指企业通过对风险的识别和衡量，采取合理的经济、技术措施和法律手段对风险加以处理，以最小的成本获得最大的安全保障。通过风险管理，可以对威胁到企业资产和盈利能力的风险进行识别、分析，并选择最经济的办法加以控制，从而一方面把不固定的风险变为固定的风险费用支出，以保证企业的稳定运营；另一方面尽可能减少风险发生的可能性，缩减风险费用开支。

但对于风险管理中所指的企业经营管理的风险都包括哪些内容和范围，学术界和企业界多有不同的理解和主张。第一种主张认为，从目前市场环境来看，企业经营管理大致面临有七种风险，即投资风险、经济合同风险、产品市场风险、存货风险、债务风险、担保风险、汇率风险等。[1] 第二种主张认为，近年来全球政治动荡，经济发展面临着更多障碍，而全球化使得这些危害被放大，因此，风险管理的国际化正成为当今社会发展趋势。国内企业遭遇到诸如国际化风险、外资进入风险、国企改制风险以及在外贸、海外扩张中经常遭遇政策保护、政治敌视等政治风险。所以认为，现代企业风险管理有八大关注点，即COSO风险管理整合框架[2]、央企全面风险管理、金融期货交易风险管理、税务风险管理、法律风险管理、审计风险管理、外汇风险管理以及危机公关风险管理，等等。[3] 第三种主张认为，企业面临的风险主要有危害性风险和金融风险两大类。危害性风险是指对安全和健康有危害的风险，即所谓纯粹风险，是传统意义上“企业风险管理”的类型，包括财产损毁风险、法律责任风险、员工损害风险及员工福利风险等内容；金融风险是企业面对的更加重要的风险，是任何一个企业都会面临的商品价格、利率、汇率、法律、信用、经营或流动性等方面的风险，都可能给企业带来损失或收益。[4] 第四种主张认为，企业面临的风险主要有自然风险、商业风险和法律风险三大类，其中自然风险、商业风险分别是以不可抗力和市场因素为特征的，而法律风险则是以势必承担法律责任为特征的。法律风险造成损失和损害的原因通常包括企业违反相

---

〔1〕 佚名：“企业风险管理的七种方法”，载 http：//www. iyccn. 2006 - 10 - 31 10：17：34.

〔2〕 COSO是全国反虚假财务报告委员会下属的发起人委员会（The Committee of Sponsoring Organizations of the Treadway Commission）的英文缩写。1985年，由美国注册会计师协会、美国会计协会、财务经理人协会、内部审计师协会、管理会计师协会联合创建了反虚假财务报告委员会，旨在探讨财务报告中的舞弊产生的原因，并寻找解决之道。两年后，基于该委员会的建议，其赞助机构成立COSO委员会，专门研究内部控制问题。1992年9月，COSO委员会发布《内部控制整合框架》，简称COSO报告，1994年进行了增补。

〔3〕 万吉杰：“当前企业风险管理关注点”，载 http：//www. onlyit. cn/bbs - html/artde - 10 - 4942. htm.

〔4〕 刘新立：《风险管理》，北京大学出版社2006年版，第27页。

关法律法规、侵犯第三方合法权益、未履行或不当履行合同义务、未采取有效措施以获得、保护或行使其合法权益等。由此往往带来相当严重的后果，有时甚至是颠覆性灾难。[1] 对于以上四种主张，前两种系采取“列举式表述法”，列出七种、八种企业经营风险和风险管理的内容及范围，是否做到一网打尽，不好确定，难免会有遗漏之处，而且随着社会经济发展和变化还会有新的经营管理风险的发生和出现；而后两种系采取“概括式表述法”，虽然只列出两大类或三大类，但只要大门类正确，具体内容由人们自己去研究、概括、表述和理解，虽也有过于抽象、笼统之嫌，但这一表述的有可取之处，可以避免挂一漏万的可能，是值得我们借鉴的。

（二）几种特别值得关注的经营风险管理

1. 企业风险管理——整合框架（即 COSO 风险管理）。这是由美国 COSO 组织委员会发起、国际公认的制定内部控制标准的权威机构，也称为全面风险管理（ero）框架，其 1992 制定、并于 1994 年作出局部修正的《内部控制——整合框架》已成为世界通行的内部控制权威文献和普遍认可的标准，被国际和各国审计准则制定机构、银行监管机构和其他方面所采纳。2004 年 9 月，COSO 正式的最终文本发布之后，对内部控制标准进行了延伸，提出了《企业风险管理——整合框架》，迅速得到了推广。这一风险管理，其核心理念是将企业的风险管理融入企业的战略、组织结构、经营管理流程等各个环节，并将风险管理第一责任人锁定为从事经营活动的第一行为人，从而将风险管理渗透到企业经营、管理的方方面面。[2]

2. 央企全面风险管理。近年来，中央企业在海外扩张、金融衍生品投资、财务审计等方面屡屡出现问题，造成国有资产的流失，引起了国家对央企风险管理的关注。为此，国资委借鉴发达国家有关企业风险管理的法律法规以及国外企业在风险管理方面的通行做法，于 2006 年出台了《中央企业全面风险管理指引》，包括中央企业开展全面风险管理工作的总体原则、基本流程、实现目标等内容。要求确保内外部，尤其企业与股东之间实现真实、可靠的信息沟通；确保企业遵守有关法律法规；确保企业有关规章制度和为实现经营目标而采取重大措施的全面执行、保障经营管理的有效性；确保企业建立针对各项重大风险发生后的危机处理计划，保护企业不因灾害性风险或人为失误而遭受重大损失。该规章还规定，具备条件的企业，董事会下可设风险管理委员会，具体负责对风险管理各重大事项的决策、处理。其他央企可先选择发展战略、投资收购、财务报告、内部审计、衍生产品交易、法律事务、安全生产和应收账款管理中的一项或多项业务开展风险管理工作，逐步建立健全全面风险管理体系。虽然这一规定只适用于央企，却开启了我国企业

---

〔1〕 姚钟炎、高立贵：“论公司法律风险防范体系的构建”，载《浙江能源》2006 年第 1 期。

〔2〕［美］COSO 制定发布：《企业风险管理——整合框架》，方红星、王宏译，东北财经大学出版社 2005 年版，第 144 ~ 148 页。

风险管理的先河，必将对我国企业全面开展风险管理产生积极而深远的影响。[1]

3. 企业法律风险管理。所谓企业法律风险，是指由于企业外部的法律环境发生变化，或由于包括企业自身在内的主体未按照法律规定或合同约定有效行使权利、履行义务，而对企业造成负面法律后果的可能性。法律风险存在于企业设立、经营、发展的各个环节，如不加以重视防范和及时规避，一旦风险出现，其后果往往是企业难以控制的，会给企业带来极大的损失甚至是颠覆性的灾难。正如美国通用电气公司（GE）原总裁杰克·韦尔奇在回答别人问他最担心的问题时说："其实并不是GE的业务使我担心，而是有什么人做了从法律上看非常愚蠢的事而给公司的声誉带来污点，并使公司毁于一旦。""公司法律风险是一种商业风险，商业管理人员有责任像管理企业商业经营的其他风险一样管理法律风险。"所以，建立健全公司法律风险防范体系，是公司商业风险管理最基本要求，也是公司可持续健康发展的重要保障。特别是在我国建立和完善社会主义市场经济体系、全面推行依法治国基本方略、我国加入世贸组织后对我国市场化、法制化进程的进一步要求的环境下，这一切的变化，既给企业增加了许多商机，也必然会给企业带来更多的风险，特别是法律风险。如在企业设立过程中，是否做好市场需求的充分调查论证？是否认真审查合作者的资信、财力等真实情况？是否为企业设立做好各项准备工作；在企业经营的各个环节中，选择项目是否正确？营销举措是否适当？合同订立的整个过程是否适法？代理人的选择、委托授权是否规范？合同履行过程是否得到有效控制？经营过程资金筹措、使用是否合法？在企业管理内外关系上，外部管理是否发生违背国家宏观调控、管理有关法律政策？内部管理各项规章制度是否符合国家政策法律规定要求？管理的举措和手段是否违反国家法律强制性的规定？在企业出现了法律风险之后，企业如何应对？是否有预警、预防计划和措施？是否有补救、规避的对策？所有这些都是企业面临的法律风险的重点地方，企业只有做到事前有准备、事中有对策、事后有补救，才能做到规避风险，减轻风险可能造成的损失。

4. 危机公关风险管理。所谓危机公关风险管理，是指企业遭遇危机时采取的一系列自救行动，包括消除影响、恢复形象等。如宝洁化妆品、博士伦隐形眼镜、肯德基食品被查出含有对人体有害的微量元素之后，这些企业既没有惊慌失措，也没有听之任之，而是及时地采取了危机公关风险管理措施，把问题消灭在刚刚发生阶段，最终化解了危机，转危为安，避免了可能受到的更大的损失。可见，危机公关风险管理何等重要、何等威力。而反观国内一些企业，如阳澄湖大闸蟹在台湾市场、山东多宝鱼在上海市场出现问题后，由于缺乏危机公关风险管理这方面的意识和处理能力，没有能够及时有效地消除危机而使企业蒙受很大损失。

---

〔1〕 万吉杰："当前企业风险管理关注点"，载 http://www.onlyit.cn/bbs-html/artde-10-4942.htm.

（三）依法经营管理是实现企业风险管理的锐利武器

在当今市场经济体制下，不仅要求企业善于借助科学管理知识和科技的开发、进步，实现“管理兴企”、“科技兴企”目标，使企业在市场经济中具有很强的综合竞争能力，始终立于主动不败地位；而且还要求企业不断地加强依法经营管理，使企业在市场环境下，既可以有效地保护自身的合法权益，又可以及时地与来自外部各种侵权行为进行有效的斗争，这里，企业风险管理既是企业科学管理的重要内容，又是企业科学管理的有力保障。特别在新的历史时期、经济发展的新形势下，企业要适应建立和完善社会主义市场经济体制的要求和全面推行依法治国基本方略后，面临法治建设新环境以及我国加入世贸组织后对加快市场化、法制化进程的客观需要，更要重视依靠科学经营管理和依法经营管理，使自己的经营管理行为得到法律全面的确认和保障。所以，科学经营管理和依法经营管理就成为现代企业全面实现新的一轮创业和可持续发展的两大重要的目标和举措。

科学经营管理是现代企业制度的基本特征。现代企业在经营管理中，要摸清市场大的脉搏，按照市场运行的客观规律进行经营管理，这是企业以科学管理取胜，规避经营管理市场风险的基础；同时，在不断实现企业经营管理科学化、规范化的进程中，国家立法机关也努力使企业经营管理向着制度化、法律化方向发展，并先后制定了一大批有关企业经营管理的法律法规，借以给现代企业经营管理增加新的形式、新的手段，并赋予国家最高的权威。因此，现代企业在实现科学管理的过程中，除了要十分注意社会风险、市场风险管理外，还要密切关注依法经营管理，加强法律风险管理，把其列入科学管理范畴，成为科学管理的重要内容，将其置于非常重要的位置上。因此，为了防范企业经营管理中可能发生的各种法律风险，强调企业依法经营管理是必要的，这不仅是现代企业实行科学管理的重要内容和必然选择，而且也是企业为全面实现“依法治国，建设社会主义法治国家”基本方略的一项重要任务和社会责任。江泽民同志曾在党中央第十次企业法制讲座上对企业法制建设发表了重要讲话，强调：“国有企业能否依法经营管理，关键在企业领导班子。要采取切实有效的措施，加强对履行企业经营者的法律培训，增加他们的法律知识和依法经营管理能力。”“特别要注意培养懂法律、善经营的企业管理人才，进一步健全企业法律顾问制度，以利提高企业依法经营管理的水平。”这一论断和指示，已为今天许多正反面事实所证明。尤其是在今天，由于全球政治动荡，经济发展面临着更多的风险和障碍，特别在我国入世后，面对着更加激烈的市场竞争，企业经营管理风险也面临着更加严峻的考验，企业领导防范风险意识如不加强，稍有疏忽就可能蒙受市场风险和法律风险的惩罚。如中航油新加坡公司涉足原油期货交易不慎，给国家带来巨大损失，也破坏了国企的海外形象，并且折射出国际化中的海外公司监管问题，还集中反映了作为中航油前总裁陈久霖由于企业经营管理风险意识存在“大赌才能大赢”的心态，以石油衍生品期货作为赌注，不顾客观上存在的企业经营风险和法律风险，导致企业巨亏破产。[1] 又如2011年2月，武汉市中级人民法院依法作出裁定，终结东星航空有限公司破产清算程序。至此，国内首例航空公司破产案宣告终结。国外企业类似案例也很多。例如，雷曼兄弟公司自1850年创立以来，已在全球范围内建立起了创造新颖产品、探索最新融资方式、提供最佳优质服务的良好声誉。2008年9月15日，由于公司经营不善，公司出现巨额亏损，申请破产保护。这是美国破产申请史上最大的一家公司，也是引发2008年美国经济衰退的重要起因。雷曼兄弟公司影响力遍及全球，所以其破产程序比较复杂，80家小型子公司因此关闭。以上事实教育我们，面对新形势下企业各种经营风险、法律风险，企业领导人决不能熟视无睹，而是应该增强风险管理意识，采取积极的态度和应对措施，努力做到事前防范、事中控制、事后救济，把企业经营风险、法律风险降低到最低的程度，以追求和实现企业经营的最佳目标。这是当前各类企业务必十分关注并应积极面对的问题。

企业依法经营管理，是指在企业日常经营管理活动中，除了十分关注市场风险、经营风险外，还要十分注意按照现行法律规定进行各项经营管理活动，把自己的经营管理全面纳入法制轨道。这就要求所有企业经营管理活动，既要受到法律严格的规范，也应得到法律全面的保障。因此，依法经营管理不仅是市场经济对现代企业搞好经营管理的客观要求，同时也是现代企业确保自身的生存、发展的必然选择和必由之路。所有企业经营管理者务必充分认识到这一点，并从观念上重视依法经营管理、从制度上确立依法经营管理、从人员配置上确保依法经营管理、从经营后果上体现依法经营管理，使依法经营管理成为企业真正的科学经营管理行为，成为企业的有力的保护神。

（四）建立和完善企业法律风险防范体系

1. 企业法律风险的概念。企业法律风险是指基于法律规定或合同约定，由于企业外部法律环境发生变化或法律主体的作为及不作为，而对企业产生法律责任或其他负面后果的可能性。或者说，在法律实施过程中，由于行为人做出的具体法律行为不规范而导致的、与企业所期望达到的目标相违背的法律不利后果发生的可能性。法律风险不等于违法风险，但所有导致法律风险的行为都具有不规范性。法律风险的成因包括违法行为、自愿冒险行为、法律的不确定性、法律环境的不完善性以及法律监控活动的不规范性等。可见，构成企业法律风险应当具有三个基本要

---

〔1〕 从2003年起，陈久霖掌控的中国航油经董事会批准后，开始从事石油衍生品期权交易，初期小有斩获。但由于美国攻打伊拉克等国际突发事件的发生，国际石油期货价格走势出现变化。在2004年末石油期货价格迅速攀升之时，交易员纪瑞德作出错误判断，出售大量看涨期权（即所谓多头），最终导致5.5亿美元的巨额亏损。面对巨亏，中国航油及其母公司——中国航油集团曾竭力试图力挽狂澜。2004年10月，中国航油集团决定把所持75%上市公司股份的15%折价配售给机构投资者，将筹得的1.11亿美金暗中用于补仓。这后来被外界普遍指责为母公司明知上市公司巨亏却隐瞒公众投资者并完成“内幕交易”，也是导致陈久霖后来入狱的主要原因。

素：①风险存在的前提条件。它是指法律或者合同对其有相关行为的规定或者约定。②引发风险的直接原因。它包括企业外部法律环境发生变化，即企业本身或其他主体的作为或不作为。③引发的法律责任。风险发生后会给企业带来法律责任。一个风险只要同时具备了这三个要素，就可以被认定为企业法律风险。

2. 企业法律风险的分类。[1] 根据法律风险所产生的结果是否具有单一性，可以分为纯粹法律风险和投机法律风险。所谓"纯粹法律风险"，是指只能产生法律意义的不利后果的法律风险。所谓"投机法律风险"，是指从法律意义上可能产生有利结果和不利结果的法律风险。投机法律风险是一种机会性风险，它从一定意义上鼓励人们的冒险行为。根据引发法律风险的因素来源，可以分为外部环境法律风险和企业内部法律风险。所谓"外部环境法律风险"，是指由于企业以外的社会环境、法律环境、政策环境等因素引发的法律风险。由于引发因素不是企业所能够控制的，因而不能从根本上杜绝外部环境法律风险的发生。所谓"企业内部法律风险"，是指企业内部管理、经营行为、经营决策等因素引发的法律风险。由于引发因素是企业自身能够掌控的，所以企业内部法律风险是防范的重点。

3. 企业法律风险的表现。企业法律风险主要是由不规范行为引起的，其多数表现在以下几种行为，即企业设立、合同签订、企业并购或分立、知识产权运用、人力资源调动、税收等。

（1）企业设立的法律风险。在设立企业的过程中，企业的发起人是否对拟设立的企业可行性进行充分的调研论证，是否对法律风险进行分析，是否对企业设立过程将遇到的风险有了充分的认识，是否完全履行了设立企业的义务，以及发起人本人是否具有相应的法律资格，这些都直接关系到拟设立企业能否具有一个合法、规范、良好的设立过程。

（2）签订合同的法律风险。它是指合同当事人在合同订立、生效、履行、变更和转让、终止及违约责任的确定过程中，一方或双方当事人的利益损害或损失的可能性。合同作为一种实现合同当事人利益的契约，具有自愿性和强制性，双方当事人通过合同确定的权利实现和义务履行，最终需要确定某种财产关系或者与财产关系有关的权利与义务的变化。而在签订合同或履行合同的过程中，可能受各种因素影响而导致合同关系不能成立或不能得到履行，最终，当合同利益的取得或者实现出现障碍，一种根源于合同利益的损失风险就展现出来。

（3）企业并购或分立的法律风险：并购是兼并与收购的总称。从法律风险的角度看，企业收购并没有改变原企业的资产状态，对收购方而言，法律风险并没有变化。因此，企业并购的法律风险主要表现在企业兼并中。企业兼并涉及公司法、竞争法、税收法、知识产权法等法律法规，且操作复杂，对社会影响较大，潜在的法

---

〔1〕 管荣齐："企业法律风险防范体系的建立与完善"，载 http：//www. law - lib. com/w/lw_view. asp？ no = 7453.

律风险较高。企业分立是指一个企业依照有关法律、法规的规定，分立为两个或两个以上的企业的法律行为。企业分立分为新设分立和派生分立。新设分立，又称解散分立，它指一个公司将其全部财产分割，解散原公司，并分别归入两个或两个以上新公司中的行为。派生分立，又称存续分立，它是指一个公司将一部分财产或营业依法分出，成立两个或两个以上公司的行为。在存续分立中，原公司继续存在，原公司的债权债务可由原公司与新公司分别承担，也可按协议由原公司独立承担。新公司取得法人资格，原公司也继续保留法人资格。企业分立过程中，应当遵守相关的法律规定的程序。例如，公司分立应当自作出分立决议之日起10日内通知债权人，并于30日内在报纸上公告。再如，公司清算，应当编制资产负债表及财产清单，清算组应当自成立之日起10日内通知债权人，并于60日内在报纸上公告。债权人应当自接到通知书之日起30日内，未接到通知书的，自公告之日起45日内，向清算组申报其债权等。

（4）知识产权的法律风险。知识产权是指民事主体对智力劳动成果依法享有的专有权利。或者指“权利人对其所创作的智力劳动成果所享有的财产权利”。各种智力创造，比如发明、文学和艺术作品，以及在商业中使用的标志、名称、图像和外观设计，都可被认为是某一个人或组织所拥有的知识产权。知识产权是蕴涵创造力和智慧结晶的成果，其客体是一种非物质形态的特殊财产，要求相关法律给予特别规定。多数企业没有意识到或没有关注知识产权的法律保护问题，从法律风险的解决成本看，避免他人制造侵权产品比事后索赔更为经济。

（5）企业人力资源管理的法律风险。企业人力资源管理是指企业通过招聘、甄选、培训、报酬等管理形式，对企业内外相关人力资源进行有效运用，满足企业当前及未来发展的需要，保证企业目标实现与成员发展的最大化的一系列活动的总称。它是预测企业人力资源需求并作出人力需求计划、招聘选择人员并进行有效组织、考核绩效支付报酬并进行有效激励、结合企业与个人需要进行有效开发以便实现最优组织绩效的全过程。我国的企业经济法与人力资源关联的法律，主要是《劳动法》、《劳动合同法》以及国务院制定的相关行政法规及部门规章。在企业人力资源管理过程的各个环节中，从招聘开始，面试、录用、使用、签订劳动合同、员工的待遇问题直至员工离职这一系列流程中，都有相关的劳动法律、法规的约束，企业的任何不遵守法律、法规的行为都有可能给企业带来劳动纠纷，并造成不良影响。

（6）企业税收的法律风险。企业税收是指以国家为主体，为实现国家职能，凭借政治权力，按照法律规定，向企业无偿取得一定货币或实物的特定分配形式。税收作为一种特定的分配形式，是具有经济和法律的两重属性。税收法律风险指企业的涉税行为因未能正确有效遵守税收法规而导致企业未来利益的可能损失或不利的法律后果，具体表现为，企业涉税行为影响纳税准确性的不确定因素，结果就是企业多交了税，或少交了税，或者逃避税收行为而引发的纳税人所享有的退税权利，或承担补缴纳税义务，或要承担的相应的法律责任。

依照建立社会主义市场经济体制的要求，且在依法治国背景下，对现代企业来说，建立企业法律风险防范体系是十分重要的，也是非常必要的，这应成为现代企业依法经营管理的重要内容。因为，建立企业法律风险防范体系，首先是企业参与市场竞争的客观需要；其次也是企业自身发展壮大的重要保障；同时还是构建和谐社会的重要组成部分和企业的应尽责任。所以，企业领导层及所有管理人员和全体员工都要高度重视企业法律风险防范工作，共同把这项工作落到实处。

4. 企业法律风险防范机制的主要工作：

（1）强化法律风险意识。强化法律风险意识是识别和化解风险的前提，也是建立健全企业法律风险防范机制的思想基础。增强企业法律风险防范意识，尤其是企业高管人员的法律风险意识，更是决定和影响着整个企业法律风险防范体系的建立和完善以及整个功能作用的发挥。

（2）建立专门法务机构，配备专职企业法律顾问。企业有很多法律事务，如合同管理、经营决策涉法问题、企业规章制度的规范化及合法化问题、企业改制投资、企业登记、商标专利和商业秘密的使用保护，以及经营纠纷、劳资纠纷处理、保险索赔等事务，无一不需要专业法律人员协助处理，使企业法律风险防范机制有专人具体抓，即使发生纠纷、打起官司，法律顾问在维护企业权益上也是一把好手。

（3）建立和完善企业规章制度。这是有效防范企业法律风险的重要内容和有力举措。企业应当根据自身参与市场竞争的内外部环境，对涉及法律风险的重要事项，都要以企业规章制度的形式依法对事前预防、事中控制和事后补救作出明确的规定。同时还要根据企业的发展、市场环境的变化，适时作出修改和调整，确保企业规章制度合法化和适应性。

（4）完善企业人力资源管理体系。企业经营、运转要依靠企业的管理人员和员工的素质和工作态度，由此决定了企业人力资源管理的重要性和风险性。加强企业人力资源管理的系统化、人性化及科学化，注意从法律风险预防的角度，加强对企业中高级管理人员的培训、规范和考察，并对其管理行为的法律后果予以评价。

（5）企业应及时、优化、全面地处理法律纠纷。企业作为市场主体，要经营，纠纷是难以避免的；要管理，矛盾也是客观存在。问题是在企业发生潜在的法律纠纷时，应该及时研究对策、化解纠纷、减少损失；对已发生的企业纠纷，要支持法务人员全力应对，全面地维护企业的合法权益；企业纠纷处理完毕后，应认真总结经验教训，举一反三，用最有说服力的事实教育企业管理人员和员工，并认真检查、评价企业法律风险防范机制建设的问题，不断提高企业法律风险防范机制建设水平。

四、企业依法经营管理的法律规制

（一）中国特色社会主义法律体系与企业经济立法

1. 中国特色社会主义法律体系的形成。法律体系是指由一国现行的全部法律规范按照不同的法律部门分类组合而形成的一个呈体系化的有机联系的统一整体。中国特色社会主义法律体系是指一个立足中国国情和实际、适应改革开放和社会主义现代化建设需要、体现中国特色，以宪法为统帅，以宪法相关法、民法、商法等多个法律部门的法律为主干，由法律、行政法规、地方性法规与自治条例、单行条例等三个层次的法律规范构成的一个呈体系化的有机联系的统一整体。

建立中国特色社会主义法律体系是中国人民多年的愿望。1997 年 9 月，党的十五大明确提出，到 2010 年形成有中国特色社会主义法律体系的立法工作目标。这一立法目标已经如期实现了。2011 年 3 月 10 日，全国人大常委会委员长吴邦国在十一届全国人民代表大会四次会议作全国人大常委会工作报告时庄严宣布，一个立足中国国情和实际、适应改革开放和社会主义现代化建设需要、集中体现党和人民意志的，以宪法为统帅，以宪法相关法、民法、商法等多个法律部门的法律为主干，由法律、行政法规、地方性法规与自治条例、单行条例等三个层次的法律规范构成的中国特色社会主义法律体系已经形成。这表明中国已在根本上实现从无法可依到有法可依的历史性转变，各项事业发展步入法制化轨道。

2. 中国法律体系与企业经济法。中国特色社会主义法律体系是中国特色社会主义永葆本色的法制根基，是中国特色社会主义创新实践的法制体现，是中国特色社会主义兴旺发达的保障，是企业开展经营活动过程中享有权利的依据，也是企业开展经营活动所要遵守的行为规范。中国的法律体系大体由在宪法统领下的宪法及宪法相关法、民商法、行政法、经济法、社会法、刑法、诉讼与非诉讼程序法等七个法律部门所构成。如果按照法律的表现形式划分，中国特色社会主义法律体系包括法律、行政法规、地方性法规三个层次。其中，中国法律体系与企业经济法联系密切的法律是民商法、经济法、行政法、社会法、诉讼与非诉讼程序法等五个法律部门。例如，民商法包括《民法通则》、《合同法》、《物权法》、《担保法》、《债权责任法》、《知识产权法》、《公司法》、《证券法》、《票据法》、《破产法》、《个人合伙企业法》、《外商投资企业法》等法律。经济法包括《反不正当竞争法》、《反垄断法》、《产品质量法》、《价格法》、《税收管理法》、《消费者权益保护法》等法律。

（二）企业依法经营管理与法律规制

1. 深化经济体制改革对企业经营管理者的新要求。企业要实现依法经营管理，除了企业领导要解决经营管理观念的转变、法律意识的培养、依法经营管理制度的设计以及相关人才的配备等工作外，还必须全面了解企业依法经营管理都涉及哪些法律规范？对于企业经营管理者必须掌握哪些法律知识？因此，加强对在任企业领导者法律知识培训和注意对未来企业经营管理人才培养既懂得科学管理知识，又懂得法律知识的各类管理专业人才就成为非常重要的工作。回顾改革开放以来，国家十分重视通过立法的形式为企业经营管理先后制定了相关法律法规，中国特色社会主义法律体系已经形成，企业经营管理完全有法可依。

党的十八届三中全会的《深化改革决定》提出，经济体制改革是全面深化改革的重点，核心问题是处理好政府和市场的关系，使市场在资源配置中起决定性作用和更好发挥政府作用。在深化经济体制改革的历史背景下，企业经营管理者应当认真领会决定精神，在深化经济体制改革中有所作为。2014 年 5 月 18 日，福建省 30 位企业家致信习近平总书记，信中建言倡议：十八届三中全会提出的“市场在资源配置中起决定性作用和更好发挥政府作用”这一新的战略决策，为企业改革发展指明了前进方向。同年 7 月 8 日，习近平总书记给福建省企业家回信，希望企业家继续发扬“敢为天下先，爱拼才会赢”的闯劲，为国家经济社会持续健康发展发挥更大作用。习总书记在回信中希望广大企业家深刻领会、深入贯彻党的十八届三中全会精神，为国家经济社会发展发挥更大作用。同时，习总书记在一系列讲话中，在讲到政府和市场的关系、多种所有制经济发展时强调，要处理好政府和市场的关系，要切实发挥市场在资源配置中的决定性作用。坚持和完善公有制为主体、多种所有制共同发展的基本经济制度，毫不动摇地巩固和发展公有制经济，毫不动摇地鼓励、支持、引导非公有制经济发展，积极发展混合所有制经济，促进各种所有制资本取长补短、相互促进、共同发展。发挥好政府和市场“两只手”的作用，统筹把握、优势互补、有机结合、协同发力，切实把市场和政府的优势都充分发挥出来。

可见，在新的历史时期，在国家提出深化经济体制改革的历史潮流中，企业经营管理者不仅应当学习相关的经济学知识，更应当学习相关的法律知识，知道如何运用法律法规，规范企业经营活动。特别是要认真学习和领会《深化改革决定》的精神，不论是在完善产权保护制度方面，还是在积极发展混合所有制经济方面，不论是在推动国有企业完善现代企业制度方面，还是在发展非公有制经济方面，都应当熟悉国家的法律、法规和政策的规定，在企业生产经营第一线，努力推动我国经济体制的进一步完善。作为经济体制改革排头兵的企业经营管理者，应当在加快完善现代市场体系方面有所作为，应当熟悉规范现代市场体系方面的法律、法规。根据《深化改革决定》的要求，建设统一开放、竞争有序的市场体系，是使市场在资源配置中起决定性作用的基础。必须加快形成企业自主经营、公平竞争，消费者自由选择、自主消费，商品和要素自由流动、平等交换的现代市场体系，着力清除市场壁垒，提高资源配置效率和公平性。例如，国家建立公平、开放、透明的市场规则，要求实行统一的市场准入制度，在制定负面清单基础上，各类市场主体可依法平等进入清单之外领域。探索对外商投资实行准入前国民待遇加负面清单的管理模式。推进工商注册制度便利化，削减资质认定项目，将先证后照改为先照后证，把注册资本实缴登记制逐步改为认缴登记制。推进国内贸易流通体制改革，建设法治化营商环境。以上的新制度和新要求，国家都是通过制定规范性文件或修订法律来加以实施的。作为企业经营管理者，必须知道什么是统一的市场准入制度，什么是负面清单，什么是外商投资实行准入前国民待遇加负面清单的管理模式，负面清单有哪些规定，等等。再如，《深化改革决定》的提出完善金融市场体系。具体要求包括：扩大金融业对内对外开放，在加强监管的前提下，允许具备条件的民间资本依法发起设立中小型银行等金融机构；推进政策性金融机构改革；健全多层次资本市场体系，推进股票发行注册制改革，多渠道推动股权融资，发展并规范债券市场，提高直接融资比重；完善保险经济补偿机制，建立巨灾保险制度；发展普惠金融；鼓励金融创新，丰富金融市场层次和产品。作为企业经营管理者，不仅要熟悉金融市场体系运行规律，更要熟悉规范金融市场体系运行的法律、法规。只有这样，企业才能在激烈的市场竞争立于不败之地。

企业经营管理者认真学习法律，也符合党的十八届四中全会关于"推进多层次、多领域依法治理"的精神实质。十八届四中全会的《法治重大问题决定》指出，推进多层次、多领域依法治理。坚持系统治理、依法治理、综合治理、源头治理，提高社会治理法治化水平。深入开展多层次、多形式法治创建活动，深化基层组织和部门、行业依法治理，支持各类社会主体自我约束、自我管理。发挥市民公约、乡规民约、行业规章、团体章程等社会规范在社会治理中的积极作用。

2. 企业经济法的教材改革。要培养既懂得企业经营管理，又懂得法律知识的专业人才，这在专业课程设计和教材选择上是大有讲究的。早期的企业经济法教材，选用王家福教授主编的《经济法》和杨紫烜教授主编的《经济法学》等教材，后来也曾选用王保树教授主编的《市场经济法》、《经济法律》等教材，但在使用过程中总觉得权威有余，实用不够，离企业依法经营管理的需求和现实有点远。为此，如何设计一个与企业法制建设相适应的法律课程和选择一本与其适用的法律教材，成为管理院校法律教师们殷切追求的目标。所以在 1989 年全国有 25 所经济管理院校法律教师自发地走到一起，他们联合起来，共同研讨，一起合编出版了一本《企业经济法教程》，作为全国管理院校试用法律教材。经过多年的使用，取得了很好的教学效果。后几经修订，先后作为福州大学管理学院、原福州大学阳光学院、福建经济管理干部学院各个经营管理专业使用的教材和福建省企业工商管理培训首选的法律教材。2008 年 6 月，该课程经原福州大学阳光学院推荐、被福建省教育厅评为省级精品课程。之后，在 2009 年 5 月，曾经担任福州大学阳光学院法律系主任的陈训敬教授考察台湾中国科技大学时，受到中国科技大学启发，他们给各管理专业开设一门《企业经营管理法律实务》课程。为此，以原福州大学阳光学院法律系教师为主，联合相关院校法律专业的教师共同编写了《企业经营管理法律实务》。该教材在使用过程中受到比较好的评价，同时也存在其名称与工商经济管理专业的经济法课程名称不太相符的问题。加之，这几年国家对许多与企业经营有关的法律进行了修订，《企业经营管理法律实务》的内容需要进行比较多的修改。本次重新修订《企业经济法教程》时，考虑到课程名称，也结合国家实施自由贸易区建设的新内容，因此取名为《新编企业经济法教程》。本教材在体例上和内容上进行了较多的修改和补充，使之更适合新时期各类新型经营管理人才培养的需要。

（三）企业法律体系及内容

企业法律体系，即企业经济法体系，是指作为国家规范企业的组织、行为的重要法律，其内容必然涉及企业根据在市场经济活动中所发生的组织、经营、管理、保障、争讼等各个环节的社会关系，使其法律涵盖企业组织法、企业交易与产权保护法、企业经营法、企业管理法、企业救济法等诸多法律规范，因而成为庞大的企业经济法律体系。本教材的企业经济法主要包括以下内容：

1. 企业组织法。这是规范企业组织，明确企业权利和义务，确立企业法律地位的重要法律制度，包括公司法、合伙企业法、个人独资企业法和其他特殊企业法（包括外商投资企业法、全民所有制企业法、集体企业法等），以及公司、企业登记管理法、企业破产法等内容。

2. 企业交易与产权保护法。这是规范企业作为民商事主体开展生产经营过程中所产生的民事权利与义务以及物权、知识产权保护和侵权责任追究的法律规范总称。涉及的法律制度包括民法总则、合同法、担保法、物权法、知识产权法、侵权责任法等。

3. 企业经营法。这是规范企业各项经营活动中所应当遵守市场秩序的义务性规范的法律规范总称，主要包括遵守公平交易义务、保证产品质量义务和不得侵犯消费者权益的义务。这三部分内容涉及的法律制度包括反不正当竞争法、反垄断法、产品质量法和消费者权益保护法。

4. 企业管理法。这是规范国家对企业的宏观调控和管理以及企业内部各项管理的重要法律制度，包括劳动法、劳动合同法、税收管理法、金融法、银行法、票据法、证券法、会计法、审计法、环境资源法、安全生产法、清洁生产法、社会保险法等内容。

5. 企业救济法，也称为企业争讼法。这是规范企业在市场经济活动中处理和解决各种经济纠纷、行政纠纷，进行法律救济，维护自身合法权益的重要法律制度，包括有仲裁法、民事诉讼法、行政复议法、行政诉讼法及国家赔偿法等内容。

思考题

1. 中国经济体制改革与企业经济立法之间有什么必然联系？
2. 建立社会主义市场经济体制对企业法制建设提出哪些新的要求？
3. 深化经济体制改革，对企业经营管理提出什么新要求？
4. 中国自由贸易试验区的现状及特殊管理规定是什么？
5. 全面推进依法治国的总体部署有哪些具体内容？
6. 中国特色社会主义法律体系的建立对企业依法经营管理有什么意义？
7. 企业法律风险的含义及其表现形式有哪些？
8. 请用列表的形式表现企业法律体系和内容。
9. 结合我国当前社会实际，你认为企业法制建设存在什么问题？应该怎样搞好企业法制建设？

第二编　企业组织法

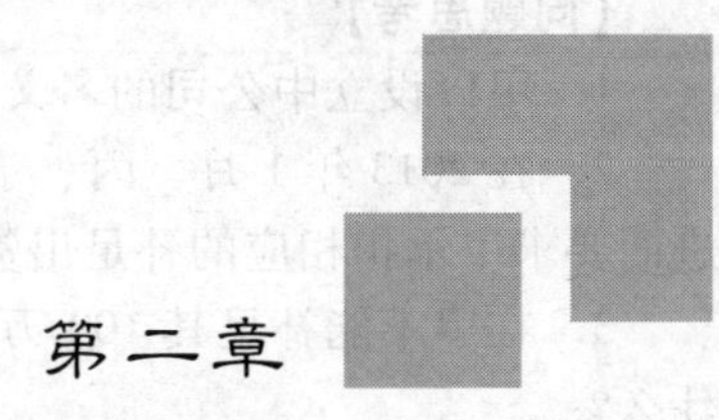

第二章

公司法

导入案例

公司法人与自然人设立公司而引发纠纷案

2012年5月，兴平家装有限公司（以下简称兴平公司）与甲、乙、丙、丁四个自然人，共同出资设立大昌建材加工有限公司（以下简称大昌公司）。在大昌公司筹建阶段，兴平公司董事长马玮被指定为设立负责人，全面负责设立事务，马玮又委托甲协助处理公司设立事务。

2012年5月25日，甲以设立中公司的名义与戊签订房屋租赁合同，以戊的房屋作为大昌公司将来的登记住所。

2012年6月5日，大昌公司登记成立，马玮为公司董事长，甲任公司总经理。公司注册资本1000万元，其中，兴平公司以一栋厂房出资；甲的出资是一套设备（未经评估验资，甲申报其价值为150万元）与现金100万元。

2013年2月，在马玮知情的情况下，甲伪造丙、丁的签名，将丙、丁的全部股权转让至乙的名下，并办理了登记变更手续。乙随后于2013年5月，在马玮、甲均无异议的情况下，将登记在其名下的全部股权作价300万元，转让给不知情的吴耕，也办理了登记变更等手续。

现查明：①兴平公司所出资的厂房，其所有权原属于马玮父亲；2011年5月，马玮在其父去世后，以伪造遗嘱的方式取得所有权，并于同年8月，以该厂房投资设立兴平公司，马玮占股80%。而马父遗产的真正继承人，是马玮的弟弟马祎。②甲的100万元现金出资，系由其朋友满钺代垫，且在2012年6月10日，甲将该100万元自公司账户转到自己账户，随即按约还给满钺。③甲出资的设备，在2012年6月初，时值130万元；在2013年1月，时值80万元。

【问题思考】

1. 甲以设立中公司的名义与戊签订的房屋租赁合同，其效力如何？为什么？

2. 在2013年1月，丙、丁能否主张甲设备出资的实际出资额仅为80万元，进而要求甲承担相应的补足出资责任？为什么？

3. 在甲不能补足其100万元现金出资时，满钺是否要承担相应的责任？为什么？

4. 马祎能否要求大昌公司返还厂房？为什么？

5. 乙能否取得丙、丁的股权？为什么？

6. 吴耕能否取得乙转让的全部股权？为什么？

一、公司法概述

（一）公司的概念、特征

公司是指依照公司法规定而设立的，以营利为目的的企业法人。公司作为现代企业制度的基本组织形态，不同于我国在计划体制下的企业形态，也有别于合伙、独资企业，而具有独特的法律特征：

1. 公司是营利性的经济组织。公司作为一种现代企业，其设立宗旨是通过各种生产经营或其他服务性活动，以满足社会各种需求并获取营利。因此，以营利为目的是公司的基本特征，以此区别于公益法人、机关事业法人以及一些行政性公司。公司的营利性特征集中表现在：获取超出投资的收益并将其分配给投资者是设立公司的宗旨。

2. 公司是典型的企业法人。企业法人是法人的一种，是指能以自己名义享有民事权利，承担民事义务的企业组织。企业是否属于法人，学界历来就有争论：有认为企业“对外是一个经济法人”，也有认为“企业不一定都是法人”。根据我国现行《企业法》的规定，企业不一定都是法人，例如，合伙企业就不是法人。但是对于公司，各国公司法均规定为社团法人或营利法人、企业法人。这是公司最重要的法律特征，是公司法通过法律形式确立其法律地位，使之成为具有独立的商事主体资格和能够独立地承担民事责任的企业法人主体和合格的市场竞争主体。我国《公司法》第3条明确规定，公司是企业法人。

3. 公司是典型的社团法人。社团法人是指以社员的结合为其成立基础，因社员的结合而取得独立权利主体的资格。这里的社员是指人，即股东。除法律特许“一人公司”外，一般要求公司须由法定数量的股东组成。公司是社团法人，具有“人合”属性，表明公司是股东的集合，具有集合性特征。

4. 公司是依法设立的市场经营主体。尽管各国对公司的设立采取了不同的原则和做法，但法律都明文规定，必须依照公司法或商法典规定的条件和程序成立公司，否则，均不得组织、登记和成立公司。这表明了各国立法不仅对公司设立规定了实质条件，而且还规定了形式条件和程序上的要求，以保证公司成为合法的市场经营主体。同时，公司法对公司的类型及设立条件和程序等内容，均作出明文规定，成为设立公司的法定条件，决定了公司具有标准性的特征。

5. 公司具有自由性等“三性”特征。公司作为商品经济组织形式，必然享有择业、营业和竞业的自由，虽然近代各国法律有加以约束趋势，但并未完全改变自由性的特征。因此，公司的集合性、标准性和自由性的“三性”特征使之成为真正的市场竞争主体。

（二）公司的基本分类

公司可以从不同角度、按不同标准进行分类：

1. 按公司的信用基础作为划分标准，公司可分为人合公司、资合公司以及人合兼资合公司。人合公司是以股东个人的信用、地位和声望作为基础而结合的公司，如无限公司；资合公司是以资本的结合作为基础的公司，如股份有限公司；而人合兼资合公司则是一种兼具以股东的信用和资本结合的双重属性的公司，如有限责任公司、两合公司、股份两合公司等。

2. 按公司股东承担责任方式划分，公司可以分为无限公司、有限责任公司、两合公司、股份有限公司和股份两合公司等。无限公司是指由两个以上的股东组成，所有股东对公司的债务承担连带无限清偿责任的公司；有限责任公司是指由法定数额的股东组成的，股东仅以出资额为限对公司承担责任，公司以其全部资产对公司债务承担责任的公司；两合公司是指由一个以上的有限责任股东和一个以上的无限责任股东组成的，有限责任股东承担有限责任，无限责任股东承担无限责任的公司；股份有限公司是指由法定数量以上的发起人发起的，公司的全部资本分为等额的股份，每一个股东仅以其持有的股份为限对公司承担责任，公司以其全部资产对公司债务承担责任的公司；股份两合公司是指由一个以上无限责任股东和一个以上股份有限股东共同组成的，股份有限股东以其所认购的股份对公司债务承担有限责任，无限责任股东对公司债务承担连带无限清偿责任的公司。此外，近几年英美国家还出现保证有限责任公司等形式。

3. 按公司的管辖关系或控股关系，公司可分为总公司与分公司、母公司和子公司。总公司，也称为本公司，是指在组织上可以管辖若干个分公司的公司；分公司是指归属于总公司管辖或控制，成为总公司不可分割的构成部分，并不具有独立的法人资格，不能独立承担民事责任的公司；母公司，也称为控股公司，是指拥有另一个公司大部分股份的公司；子公司，亦称为被控股公司，是指虽然在母公司控制下，但自己并不是作为母公司的组成部分或分支机构，而是具有独立的法人资格，能独立承担民事责任的公司。

4. 按公司的国籍归属划分，公司可分为本国公司与外国公司。本国公司是指按照所在国的公司法设立的，其国籍属于所在国的公司；外国公司是指经所在国确认而按外国公司法设立的、国籍属于外国的公司。

5. 按公司的开放性程度划分，公司可分为开放性公司和封闭性公司。开放公司是指股票可以公开发行、上市和转让的公司；而封闭公司是指不公开发行股票的公司。

此外，学理上还可以从公司所有制角度分为国有公司、集体公司、私营公司、合营公司、联营公司；从股东关系可分为家族公司和团体公司；从股东的责任又可分为单元组织公司和复元组织公司等。

（三）公司法性质及立法意义

公司法是指调整公司在设立、组织、经营、解散、清算及其对内对外所发生各种经济关系的法律规范的总称。从这一概念看，我们可以清楚地看出公司法的特有性质：

1. 公司法是公司组织法。公司作为现代经济的基本细胞和现代企业的重要形态，是独立的企业法人和合格的市场经营主体，能够自主地参与市场经济各种活动，为自己取得权利并承担义务。因此，国家通过制定公司法，确立公司的法律地位和市场经营主体资格，具体规定了公司的设立、变更和终止，公司的章程、权利能力和行为能力，组织机构的设置以及股东的权利义务等内容，使公司法成为规范公司组织地位的行为准则。

2. 公司法是公司行为法。公司作为企业法人，其设立的目的就是要直接参与社会商品流通，从事商品生产经营活动，发生各种对外经济关系。其表现主要有两种：①与公司组织直接相关的行为，如公司股票、债券的发行、交易和转让等；②公司对外发生各种交易和服务行为，如订立商品买卖合同、技术转让合同、借款合同、货物运输合同等。后者是由民法、合同法等法律具体调整的，而前者则是由公司法直接加以规范，使公司法也成为规范公司行为的行为规则。

3. 公司法是公司管理法。公司作为现代企业的主要组织形式，在社会经济生活中越来越占据重要的地位。公司的组织状况及经营状况如何，不仅直接关系着公司自身的生存和发展，而且还直接影响着市场经济运行状况和秩序，对整个国民经济的发展起着举足轻重的作用。因此，国家应把管理公司事务看作是整个国家经济管理工作的有机组成部分，予以高度的重视，并通过制定公司法，实现对公司制企业的有效管理，把社会各类公司的组织和行为都纳入法制管理范围，促使公司的各项经营管理活动规范化、制度化、法制化，从而保证我国社会主义市场经济顺利、健康地发展。

4. 公司法是一种制定法。无论是大陆法系国家还是英美法系国家，公司法的存在形式都以制定法形态出现，表现了它作为组织法和行为法统一、实体法和程序法、任意法与强制法结合的形式要求。认真研究公司法的历史沿革和发展过程会发现，商品经济比较发达的国家，不仅十分重视通过立法形式制定完备的公司法，而且能够根据本国以及世界的商品经济发展的形势要求，不断地、适时地修订公司法，更好地发挥制定法的规范、引导、制约和保障作用。

从我国公司立法情况看，由于我国商品经济发展迟缓，使得我国公司立法比较迟缓。最早制定公司法是在清光绪二十九年，即1904年清政府起草《公司律》，该律共131条，但没有正式颁行。我国第一部正式颁行的公司法是1929年12月30日国民党政府制定的《中华民国公司法》，共设9章449条，仍为今天台湾地区所沿用。

新中国成立后，公司作为我国企业的一种组织形式是客观存在的，但由于经济体制原因，长期以来我国实行单一的企业形式，从未确立公司的法律地位。而随着我国经济体制改革的深入发展，公司作为发展市场经济的主要的企业形式，越来越受到人们的重视，至1993年底，全国注册登记各类公司已超过100万。在这种形势下，国家体改委于1992年5月印发了《有限责任公司规范意见》和《股份有限公司规范意见》，但仅仅依靠这两部层次不高的规章去规范市场经济重要主体公司的组织行为，显然是不够的。因此，在党的十四届三中全会《决定》的推动下，全国人大加快了公司法的立法步伐，于1993年12月29日通过了《中华人民共和国公司法》（以下简称《公司法》），正式确立了我国公司的法律地位，使之成为我国建立现代企业制度的重要法律依据。与此同时，全国人大及国务院先后颁布了各种配套的法律、法规，如《关于惩治违反公司法的犯罪的决定》、《公司登记管理条例》、《股票发行与交易管理暂行条例》、《企业债券管理条例》等。为了适应我国经济的发展需要，2005年10月27日，全国人大常委会对《公司法》进行了全面修订，增加了法人人格之否认、公司的社会责任、一人有限责任公司等内容。2013年12月28日，第十二届全国人大常委会第六次会议对《公司法》再次进行修订，于2014年3月1日起施行。本次修订主要涉及三方面内容：①将注册资本实缴登记制改为认缴登记制。除法律、行政法规以及国务院决定对公司注册资本实缴另有规定的外，取消了关于公司股东（发起人）应当自公司成立之日起2年内缴足出资，投资公司可以在5年内缴足出资的规定；取消了一人有限责任公司股东应当一次足额缴纳出资的规定。②放宽注册资本登记条件。除法律、行政法规以及国务院决定对公司注册资本最低限额另有规定的外，取消了有限责任公司最低注册资本3万元、一人有限责任公司最低注册资本10万元、股份有限公司最低注册资本500万元的限制；不再限制公司设立时股东（发起人）的首次出资比例；不再限制股东（发起人）的货币出资比例。③简化公司设立登记事项。有限责任公司股东认缴出资额、公司实收资本不再作为公司登记事项。公司登记时，不需要提交验资报告。

总之，《公司法》作为建立社会主义市场经济体制的一部重要法律，其制定和公布充分体现了党和国家的改革决策与立法决策紧密结合，用法律引导、推进和保障改革顺利进行的精神，它对于我国建立适应现代企业制度的需要，规范公司的组织和行为，保护公司、股东和债权人的合法权益，维护社会经济秩序，促进社会主义市场经济的完善和发展，都产生极为重要的意义。特别是2013年12月28日，第十二届全国人大常委会第六次会议对《公司法》再次进行修订，放宽了设立公司的条件，简化设立公司程序，不仅适应了深化经济体制改革的需要，也激发了投资主体创业的热情。

二、有关公司设立的主要规定

（一）有限责任公司的设立

1. 有限责任公司设立的条件和程序。有限责任公司，作为我国公司制度最典型的组织形式，《公司法》对其设立规定了一般条件和程序，使之成为组建有限责任公司的基本法律依据。2005年修订《公司法》时，增加了一人有限责任公司。

（1）有限责任公司设立条件。《公司法》第23条规定，有限责任公司设立必须具备五个条件：①股东符合法定人数，即由50人以下的股东组成。②股东出资达到公司章程规定的全体股东认缴的出资额。这是2014年实施的新《公司法》的一项重大修改，即取消了法定最低注册资本，改由公司章程自行规定。之前《公司法》中关于有限公司最低3万元注册资本和一人公司最低10万元的注册资本的规定不再适用，也就使得所谓的“一元公司”成为可能。在新《公司法》实施后，北京已经成功设立两家注册资本为一元的公司，分别是“琴岛科技（北京）有限公司”和“北京瑞风商贸有限公司”。此外，根据新《公司法》第25条的规定，有限责任公司股东的出资缴纳期限，由股东通过公司的章程自由约定。有限责任公司股东的出资不再有“2年内缴足、投资公司5年内缴足”的限制，也取消了关于首次出资的法定要求，即不再要求“公司全体股东的首次出资额不得低于注册资本的20%，也不得低于法定的注册资本最低限额”。此外，对于一人有限公司也放宽了准入门槛，废除之前“一人有限责任公司的注册资本最低限额为人民币10万元，股东应当一次足额缴纳公司章程规定的出资额”的规定，一人有限公司注册资本、出资期限也是由公司章程规定，法律不再有强制性规定。当然，此次修改只针对《公司法》的规定。有关其他法律对公司注册资本有法定最低要求或者对缴纳期限有要求的，应当从其规定。这里主要指的是金融类公司，比如，《证券法》要求证券公司最低注册资本为5000万元至5亿元，且为实缴资本；《保险法》要求保险公司最低注册资本为2亿元，且为实缴资本；《商业银行法》要求商业银行最低注册资本为5000万元至10亿元，且为实缴资本。此外，股东可以用货币出资，也可以用实物、知识产权、土地使用权等可以用货币估价并可以依法转让的非货币财产作价出资；但是，法律、行政法规规定不得作为出资的财产除外。原《公司法》规定，“全体股东的货币出资金额不得低于有限责任公司注册资本的30%”，也就是非货币出资最多不得超过注册资本的70%。新修订的《公司法》废止了上述条款，也就是对股东货币出资比例不再有法律强制规定，而交由公司章程自行约定。③股东共同制定的公司章程。要求公司章程按照《公司法》第25条规定的有关事项制定，并经全体股东一致同意，由股东在公司章程上签名盖章方为有效，以此作为公司申请登记注册的基本文件。④有公司名称，建立符合有限责任公司要求的组织机构。公司名称是公司区别于其他公司的标志或符号，也是公司成为企业法人的基本条件，因此，《公司法》要求有限责任公司必须有自己的名称，并在公司名称上标明“有限责任公司”字样，记载于公司章程上，经登记机关登记在册取得公司名称权。同时，《公司法》还规定公司要建立符合有限责任公司的组织机构，包括股东会、董事会、经理和监事会，并依照《公司法》规定或公司章程规定各自行使其职权，以保证公司的正常运行。⑤有公司的住所。公司的住所是公司的主要经营场所，即有固定的生产经营场所和必要的生产经营条件。这同样是组建有限责任公司的必备条件，要求设立有限责任公司时必须具备该项条件后方可登记注册。

（2）设立登记法定程序。公司设立登记是有限责任公司取得企业法人资格的法定程序。为了保证公司设立规范，《公司法》规定了有限责任公司设立的具体程序：①须提出公司设立登记的申请。规定设立有限责任公司的股东应按照公司章程规定缴足全部认购的应缴出资额，由股东会作出设立公司的决议，并由指定的代表或共同委托的代理人向公司登记机关提出申请登记。申请时，应提交公司登记申请书、公司章程等文件；如法律、行政法律规定需要经有关部门审批，应于申请时提交批准文件。②须经公司登记机关审核批准。规定公司登记机关依照法定程序受理公司设立登记申请，并根据《公司法》规定的条件对有关申请文件进行审核，对符合法定条件的予以登记，发给有限责任公司的营业执照，公司即告成立；对不符合法定条件的，公司登记机关应明确表示不予登记。此次《公司法》修改删除了之前《公司法》第29条“股东缴纳出资后，必须经依法设立的验资机构验资并出具证明”的规定。这是实缴制改为认缴制的必然要求，由此产生的连锁反应包括：取消验资环节，申请登记时也无需提供验资证明，工商管理部门颁发的营业执照中，也不再载明公司的实收资本。

2. 一人有限责任公司的特别规定。一人有限责任公司，是指只有一个自然人股东或者一个法人股东的有限责任公司。

一个自然人只能投资设立一个一人有限责任公司。该一人有限责任公司不能投资设立新的一人有限责任公司。一人有限责任公司应当在公司登记中注明自然人独资或者法人独资，并在公司营业执照中载明。

一人有限责任公司章程由股东制定。一人有限责任公司不设股东会。股东依照《公司法》第37条第1款规定作出所列决定时，应当采用书面形式，并由股东签名后置备于公司。一人有限责任公司的股东不能证明公司财产独立于股东自己的财产的，应当对公司债务承担连带责任。

3. 国有独资公司设立的法律要求。国有独资公司，是指国家单独出资、由国务院或者地方人民政府授权本级人民政府国有资产监督管理机构履行出资人职责的有限责任公司。由于国有独资公司的资产单一，并统归国家所有，由此决定它属于一人公司性质。但这一形式仅适用于特定的范围，即国务院规定的生产特殊产品的公司或者属于特定行业的公司组建或改制时可采取的特定形式，而一般的国有企业不能组建或改组为国有独资公司。据此，《公司法》还对其设立及组织机构设置作了某些特别的规定：

(1) 国有独资公司章程由国有资产监督管理机构制定，或者由董事会制订报国有资产监督管理机构批准。

(2) 国有独资公司不设股东会，由国有资产监督管理机构行使股东会职权。国有资产监督管理机构可以授权公司董事会行使股东会的部分职权，决定公司的重大事项，但公司的合并、分立、解散、增加或者减少注册资本和发行公司债券，必须由国有资产监督管理机构决定；其中，重要的国有独资公司合并、分立、解散、申请破产的，应当由国有资产监督管理机构审核后，报本级人民政府批准。

(3) 国有独资公司设立董事会，其成员为3～13名，其中应当有公司职工代表。董事会成员由国有资产监督管理机构委派；但是，董事会成员中的职工代表由公司职工代表大会选举产生。董事会设董事长1人，可以设副董事长。董事长、副董事长由国有资产监督管理机构从董事会成员中指定。

(4) 国有独资公司设经理，由董事会聘任或解聘，经国有资产监督管理机构同意，董事会成员可兼任经理。

(5) 国有独资公司监事会主要由国有资产监督管理机构委派；但是，监事会成员中的职工代表由公司职工代表大会选举产生。监事会主席由国有资产监督管理机构从监事会成员中指定。国有独资公司监事会成员不得少于5名，其中职工代表的比例不得低于1/3，具体比例由公司章程规定。监事会行使《公司法》第53条第1～3项规定的职权和国务院规定的其他职权。

(二) 股份有限公司的设立

1. 股份有限公司设立的条件、方式及程序。股份有限公司，作为我国公司制度的最重要的组织形式，以其完备的组织结构和雄厚的资本实力在社会经济生活中占有重要地位。为此，《公司法》对其设立规定了更加严格的条件、方式和程序。

(1) 股份有限公司的设立条件。《公司法》第76条规定，设立股份有限公司有六个条件：①发起人符合法定人数。设立股份有限公司应当有2人以上200人以下的发起人，其中还必须有半数以上的在中国境内有住所。②有符合公司章程规定的全体发起人认购的股本总额或者募集的实收股本总额。取消了之前股份公司注册资本不得低于最低限额500万元人民币的要求。法律、行政法律对最低注册资本另有规定的，从其规定。③股份发行、筹办事项符合法律规定。对此，《公司法》第五章对股份发行的条件、形式及程序作有具体规定，要求发起人严格按照法律要求进行股份发行工作。④发起人制订公司章程，采用募集方式设立的经创立大会通过。发起人应按照《公司法》规定的事项制定公司章程草案，并提交创立大会经出席会议的认股人所持表决权的半数以上通过。⑤有公司的名称，建立符合股份有限公司要求的组织机构。公司的名称应标明“股份有限公司”的字样，公司的组织机构应设置比较健全的股东大会、董事会、经理及监事会，以适应公司的组织经营活动的需要。⑥有公司的住所。即有固定的生产场所和必要的经营条件。

（2）股份有限公司的设立方式和程序。《公司法》规定，股份有限公司的设立可选择发起设立和募集设立的两种方式，并分别采取不同的程序要求：①发起设立。发起人以书面认足公司章程规定发行的股份后，应当按照公司章程规定的期限缴纳股款。采取发起设立方式设立的，注册资本为在公司登记机关登记的全体发起人认购的股本总额。新《公司法》同样取消了股份公司最低注册资本即500万以及两年内缴足，投资公司5年内缴足的法定要求，也不再有首次出资不得低于注册资本20%的要求。但是，为保障社会公众利益，仍保留了在缴足股款前，不得向他人募集股份的规定。股东可以用货币出资，也可以用实物、知识产权、土地使用权等可以用货币估价并可以依法转让的非货币财产作价出资；但是，法律、行政法规规定不得作为出资的财产除外。股东以货币出资的，应当将货币出资足额存入有限责任公司在银行开设的账户；以非货币财产出资的，应当依法办理其财产权的转移手续。发起人交付全部出资后，应当选举董事会和监事会。由董事会向公司登记机关申请办理公司登记手续。②募集设立。以募集方式设立股份有限公司的，须按照以下程序办理：发起人认购的股份不少于公司股份总额的35%，但是，法律、行政法规另有规定的，从其规定。其余的股份应当向社会募集；公开募集的股份须申报国务院证券管理部门审查批准；公告招股说明书，制作认股证，通过招股形式向社会公开募集股份；发行股份的股款缴足后，发起人须在30天内召开创立大会，对是否设立公司作出决议；董事会根据创立大会关于设立公司的决议，于会后30天内向公司登记机关申请设立登记。符合条件的，公司登记机关予以登记，发给营业执照，公司即告成立。

2. 上市公司的条件及管理。所谓上市公司，是指其股票在证券交易所上市交易的股份有限公司。上市公司是股份有限公司中少数的出色的公司，其股票面向社会公众公开发行和募集；股份转让采取在法定证券交易所内进行公开交易转让。

（1）股票上市的条件。股票上市条件原来由《公司法》规定，经过修订后，现由《证券法》规定，依据《证券法》的规定，股份有限公司申请股票上市必须符合四项条件：①股票经国务院证管部门批准已向社会公开发行；②公司股本总额不少于人民币3000万元；③公开发行的股份达到公司股份总数的25%以上；公司股本总额超过人民币4亿元的，公开发行股份的比例为10%以上；④公司最近三年无重大违法行为，财务会计报告无虚假记载。证券交易所可以规定高于前款规定的上市条件，并报国务院证券监督管理机构批准。

（2）股票上市的审批。股份有限公司申请其股票上市交易的，必须报经证券交易所核准，并依照《证券法》第52条的规定报送有关文件；经批准后，须公告其股票上市报告，并将其中申请文件存放在指定的地点供公众查阅。

（3）股票上市的管理。经批准上市公司的股份，依照《证券法》规定上市交易；并按照规定定期公开其财务状况和经营状况，在每会计年度内，每半年公布一次财务会计报告；如果有下列之一情形的，由证券交易所决定暂停其股票上市：①公司股本总额、股权分布等发生变化不再具备上市条件；②公司不按照规定公开其财务状况，或者对财务会计报告作虚假记载，可能误导投资者；③公司有重大违法行为；④公司最近三年连续亏损；⑤证券交易所上市规则规定的其他情形。上市公司有下列情形之一的，由证券交易所决定终止其股票上市交易：①公司股本总额、股权分布等发生变化不再具备上市条件，在证券交易所规定的期限内仍不能达到上市条件；②公司不按照规定公开其财务状况，或者对财务会计报告作虚假记载，且拒绝纠正；③公司最近三年连续亏损，在其后一个年度内未能恢复盈利；④公司解散或者被宣告破产；⑤证券交易所上市规则规定的其他情形。

（三）外国公司分支机构的设立及其法律要求

所谓外国公司，是指依照外国法律在中国境外登记成立的公司。外国公司是外国法人，它是以公司法人的国籍不同而区别于中国法人的。外国公司是否可以在我国设立分支机构，从事各种生产经营活动，这是公司立法必须解决的问题。我国《公司法》第191条规定："本法所称外国公司是指依照外国法律在中国境外设立的公司。"第193条规定，"外国公司在中国境内设立分支机构，必须在中国境内指定负责该分支机构的代表人或者代理人，并向该分支机构拨付与其所从事的经营活动相适应的资金"。同时，《公司法》还规定了外国公司分支机构的设立、经营以及撤销、清算的法律要求。

1. 外国公司的分支机构的设立须符合我国《公司法》规定的条件和程序。在设立条件方面，要求须在中国境内指定负责该分支机构的代表人或代理人，并向该分支机构拨付与其所从事的经营活动相适应的资金；对外国公司分支机构的经营资金需要规定最低限额的，由国务院另行规定；其名称应标明该外国公司的国籍及其责任形式，并应当在本机构中设置该外国公司的章程。在设立程序上，必须由外国公司向中国主管机关提出申请，并提交其公司章程、所属国的公司登记证书等有关文件，经批准后，向公司登记机关依法办理登记，领取营业执照。外国公司分支机构的审批办法由国务院另行规定。

2. 外国公司分支机构的经营权利和义务。经批准设立的外国公司分支机构，在中国境内从事业务活动，必须遵守中国的法律，不得损害中国的社会公共利益，其合法利益受中国法律保护。外国公司的分支机构应当在本机构中置备该外国公司章程。外国公司在中国境内设立的分支机构不具有中国法人资格，外国公司对其分支机构在中国境内进行经营活动承担民事责任。

3. 外国公司分支机构的撤销和清算。外国公司可以因某种法定事由的出现而终结其分支机构业务和撤销其主体资格。但必须严格按照《公司法》规定的方式进行：①从清算人的选任、了结业务、清查财产、清理债权债务等全部过程，都应由外国公司负责主持，不得推卸责任；②分支机构的经营活动的全部后果和民事责任应由外国公司承担，如在我国境内尚有清算未了的债务，仍应由外国公司继续清偿；③分支机构在我国境内所有的财产，在未清偿债务之前，均不得将财产转移至中国境外，以保证清算工作正常进行；④外国公司所指定分支机构的负责人，对分支机构的债务同外国公司一起负有连带责任。

三、有关公司组织机构的主要规定

无论是有限责任公司还是股份有限公司，作为现代企业制度的基本组织形式，均以建立一套科学的、合理的公司法人治理结构为特征，尽管我国《公司法》对上述两类公司组织机构分别作出规定，但对其主要形式、结构及职能等规定基本上是相同的，即由股东会或股东大会的权力机构、董事会决策机构和监事会的监督机构组成，并形成相互之间各司其职、权责明确、互相制衡的新型公司治理结构或领导体制。

（一）公司组织机构的设置及其职权

1. 公司的权力机构——股东会或股东大会。有限责任公司的股东会和股份有限公司的股东大会，是由全体股东组成的、代表股东利益的、必要的、非常设的形成公司意志的最高权力机构。它作为公司的最高意思表示机关，决定着公司的各项重大事务。《公司法》对其类别、职权及其行使方式作了具体规定。

（1）股东会或股东大会的类别。股东会或股东大会，按其召集的不同情况分为股东年会与股东临时会两种：前者也称股东常会，是股东按规定每年召开一次全体会议，多在年终决算时召开；后者是股东、董事会或监事认为必要时，按照规定召集的临时会议，以解决公司面临的紧急问题。

（2）股东会或股东大会的职权。《公司法》规定有限责任公司的股东会和股份有限公司的股东大会职权是相同的，共同有11项，归纳起来主要包括人事决定权、重大事项的审议批准权、作出各项决议权以及公司章程修改权等四个方面内容。

（3）股东会或股东大会行使职权的方式。股东会的职权行使主要是通过会议表决方式来进行的。其会议由董事长按照公司章程规定的程序和要求召集和主持。董事长因特殊原因不能履行职务时，由其指定副董事长或其他董事主持。股东会对于一般事项的决议，必须由出席会议的股东所持表决权的半数以上通过，但对于公司合并、分立或解散以及修改公司章程作出决议，须经出席会议的股东所持表决权的2/3以上通过，始生效力。

2. 公司的决策机构——董事会。这是由公司的股东会或股东大会推选的一定数额的董事组成的，代表全体股东利益和执行公司业务的必要常设机构。《公司法》规定了董事会的组成、职权及议事规则等内容。

（1）公司董事会的设置及职权。①董事会的组成。《公司法》对不同公司规定了董事会的不同组成数额：有限责任公司为3～13人，包括国有独资公司同样是3～13人。但是，股东较少或规模较小的可不设董事会，而设1名执行董事；股份有限公司为5～19人。董事会设董事长1人；可以设副董事长1～2人，其产生办法由《公司法》或公司章程具体规定。董事长为公司的法定代表人，不设董事会的，执行董事为公司的法定代表人。②董事会的职权。董事会作为公司的决策机构，对股东会负责，执行股东会决议，对外代表公司行使法定代表权，对内决定公司重大事项。《公司法》对两类公司董事会的职权都规定为11项，其内容基本上是相同的。如负责召集股东会，并向股东会报告工作；执行股东会的决议；决定公司的经营计划和投资方案；制定公司的年度财务预算方案、决算方案；制定公司的利润分配方案和弥补亏损方案；制定公司增加或者减少注册资本的方案（股份公司包括发行公司债券的方案）；拟订公司合并、分立、变更公司形式、解散的方案；决定公司内部管理机构的设置；聘任或者解聘公司经理（总经理），根据经理提名，聘任或者解聘副经理、财务负责人，决定其报酬事项；制定公司的基本管理制度。③董事会议事规则。董事会会议由董事长召集和主持；董事长不能履行职务或者不履行职务的，由副董事长召集和主持；副董事长不能履行职务或者不履行职务的，由半数以上董事共同推举一名董事召集和主持。《公司法》对股份有限公司的议事规则规定得更加具体，主要内容有以下几个方面：董事会分为常会与临时会两种。在必要时，代表1/10以上表决权的股东、1/3以上的董事可以提议召开董事会会议；董事会的议事方式和表决程序除《公司法》已有规定外，由公司章程规定；召开董事会会议，应当于会议召开10日前通知全体董事；董事会应当对所议事项作成会议记录，出席会议的董事应当在会议记录上签名。规定董事会每年度至少召开两次会议，每次会议于会议召开10日以前通知全体董事；召开临时会，可另定通知方式和时限。董事会会议应由1/2以上的董事出席方可举行。董事会作出决议，必须由全体董事本人出席；董事因故不能出席，可以书面委托其他董事代为出席，委托书中应载明授权范围。董事会应对会议所议事项的决定作成会议记录，出席会议的董事和记录员在会议记录上签名。董事会的决议如违反法律、行政法规或者公司章程，致使公司遭受严重损失的，参与决议的董事对公司负赔偿责任。但经证明在表决时曾表明异议并记载于会议记录的，该董事可免除责任。

（2）经理的设置及职权。公司经理是由董事会聘任的，对董事会负责，从事公司日常经营管理活动的自然人。经理是公司行政管理的总负责人，受董事会委托，秉承董事会意志，负责管理公司的业务工作和行政工作，处理日常生产经营活动。经理在其执行职务的范围内为公司负责人。《公司法》规定，经理行使的职权主要有：主持公司的经营管理工作，组织实施董事会决议；组织实施公司年度经营计划和投资方案；拟订公司内部管理机构设置方案和基本管理制度；制定公司的具体规章；提请聘任或者解聘公司副经理、财务负责人；聘任或者解聘应由董事会聘任或者解聘以外的负责管理人员；列席董事会会议以及公司章程和董事会授予的其他职权。

3. 公司的监督机构——监事会。这是指由股东会或股东大会推选的一定数额的股东代表组成，负责对公司财务及生产经营活动进行监督的、必要的、常设的公司监督机构。《公司法》对其组成、职权及议事方式等内容作了规定。

（1）监事会组成。股份有限公司和规模较大的有限责任公司设立监事会，其成员不少于3人，由两方面人员组成：①股东代表；②由职工民主选举产生的职工代表，其比例由公司章程规定。如有限责任公司的股东人数较少或经营规模较小的，可以设1~2名监事，但董事、经理及财务负责人不得兼任。监事任期每届为3年，任期届满，连选可以连任。监事会应在其组成人员中推选1名召集人。

（2）监事会职权。监事会对股东会或股东大会负责，并报告工作。其行使的职权主要有：检查公司的财务；对董事、经理执行公司职务时违反法律、法规或者公司章程的行为进行监督；当董事、经理的行为损害公司的利益，要求董事和经理予以纠正；提议召开临时股东大会；公司章程规定的其他职权。而且监事可以列席董事会会议，要求监事应当依照法律、行政法规、公司章程的规定，忠实履行监督职责。

（3）监事会议事方式和表决的程序，规定由公司章程具体确定。

（二）董事、监事、高级管理人员的任职资格及法定义务

我国《公司法》不仅对公司组织机构的设置、职权作了全面规定，而且还对各类公司机构人员任职资格的具体条件和义务作出明确的规定。这些规定，有利于保证公司各类任职人员的基本素质，以确保公司正常运行和发展。其中高级管理人员是指公司的经理、副经理、财务负责人，上市公司董事会秘书和公司章程规定的其他人员。

1. 有关公司机构人员任职资格的规定。《公司法》对公司的董事、监事、高级管理人员的任职资格通过规定消极条件的形式予以限制。一方面，原则地规定国家公务员不得兼任公司的董事、监事和高级管理人员。以保证政企分开，防止行政权力进入公司；另一方面，还采取列举式具体地规定了禁止五类人员担任公司的董事、监事和高级管理人员。这五类人员是：①无民事行为能力人或者限制民事行为能力人；②因犯有贪污、贿赂、侵占财产、挪用财产罪或者破坏社会经济秩序罪，被判处刑罚，执行期满未逾5年；③担任因经营不善破产清算的公司、企业的董事或者厂长、经理，并对该公司、企业的破产负有个人责任的，自该公司、企业破产清算完结之日起未逾3年；④担任因违法被吊销营业执照的公司、企业的法定代表人，并负有个人责任的，自该公司、企业被吊销营业执照之日起未逾3年；⑤个人所负数额较大的债务到期未清偿。公司违反以上规定选举、委派董事、监事或者聘任高级管理人员的，其选举、委派或聘任无效。

2. 有关公司任职人员法定义务的规定。《公司法》对公司的董事、监事、高级管理人员在履行职责中应承担的义务，以禁止性规范的形式作了具体规定，其主要

包括以下几项内容：

（1）董事、监事、高级管理人员应当共同遵守的规范：①董事、监事、高级管理人员应当遵守法律、行政法规和公司章程，对公司负有忠实义务和勤勉义务，不得利用职权收受贿赂或者其他非法收入，不得侵占公司的财产；②董事、监事、高级管理人员执行公司职务时违反法律、行政法规或者公司章程的规定，给公司造成损失的，应当承担赔偿责任。

（2）董事、高级管理人员应当共同遵守的规范。董事、高级管理人员不得有下列行为：①挪用公司资金；②将公司资金以其个人名义或者以其他个人名义开立账户存储；③违反公司章程的规定，未经股东会、股东大会或者董事会同意，将公司资金借贷给他人或者以公司财产为他人提供担保；④违反公司章程的规定或者未经股东会、股东大会同意，与本公司订立合同或者进行交易；⑤未经股东会或者股东大会同意，利用职务便利为自己或者他人谋取属于公司的商业机会，自营或者为他人经营与所任职公司同类的业务；⑥接受他人与公司交易的佣金归为己有；⑦擅自披露公司秘密；⑧违反对公司忠实义务的其他行为。董事、高级管理人员违反上述规定所得的收入应当归公司所有。

四、有关公司股份和债券的主要规定

公司的股份和债券的发行及转让是公司的重要融资行为，直接涉及公司各方当事人的权益和社会经济秩序的稳定。对此，我国《公司法》有两章专门的规定，把股份有限公司的股份发行和转让以及公司债券的发行和转让纳入法制轨道。

（一）股份有限公司的股份发行和转让

股份是由股份有限公司发行的，用以计算公司资本的最小等额单位。它是股份有限公司的构成要素，是公司资本的一部分，体现着股东的权利义务关系，并通常是通过发行股票形式来实现的。股份按股东所享有权利之不同可分为普通股与优先股，按是否记载股东姓名可分为记名股份与无记名股份，按股份发行的先后可分为原有股与新股，按投资主体不同可分为国家股、法人股、个人股与外资股，按股份发行的对象可分为 A 股、B 股与 H 股。股份的发行和转让是一种公司行为，涉及股东、债权人及公司的权益问题，为此，《公司法》对股份发行与转让的原则、条件及程序都作有具体规定，要求股份有限公司严格遵行。

1. 股份发行的原则。股份的发行，坚持实行“二公四同”原则，即实行公平、公正原则，做到同股同权、同股同利的要求。根据《公司法》的规定，股份的发行，实行公平、公正的原则，同种类的每一股份应当具有同等权利。同次发行的同种类股票，每股的发行条件和价格应当相同；任何单位或者个人所认购的股份，每股应当支付相同价额。

2. 股份发行的条件。按照新《证券法》的规定，股份发行分为公开发行和非公开发行。这里介绍的股份发行是指股份公开发行。《证券法》第 12 条第 1 款规定，设立股份有限公司公开发行股票，应当符合《公司法》规定的条件和经国务

院批准的国务院证券监督管理机构规定的其他条件。因此，股票公开发行主要是以募集方式设立股份有限责任公司发行股份和股份有限公司增资发行新股份的行为。

（1）募集设立股份公司公开发行股份的条件。募集设立股份公司的条件包括《公司法》规定的条件和证券监督管理机构规定的其他条件：①《公司法》规定的条件，主要包括以下几个方面：发起人应当为2人以上200人以下；除法律、行政法规另有规定外，发起人认购的股份不得少于股份公司股份总数的35%；还要制定公司章程、有公司名称、建立符合股份公司的组织机构、有公司住所、公告招股说明书、制作认股书等。②证券监督管理机构规定的其他条件。除了《公司法》外，国务院证券监督管理机构也可以就股票发行作出具体规定。目前，这方面的主要内容规定在《股票发行与交易管理暂行条例》中，其中第8条对股票发行作出了具体规定。

（2）股份公司公开发行新股的条件。股份公司公开发行新股是指股份公司根据生产经营的需要，扩充公司资本的行为。《证券法》第13条规定，股份有限公司公开发行新股，应当符合下列条件：①具备健全且运行良好的组织机构；②具有持续盈利能力，财务状况良好；③最近三年财务会计文件无虚假记载，无其他重大违法行为；④经国务院批准的国务院证券监督管理机构规定的其他条件。

3. 股份发行的价格。可以按票面金额等价发行，也可以超过票面金额溢价发行，但不得低于票面金额发行。以超过票面金额为股票发行价格的，须经国务院证管部门批准，发行所得溢价款列入公司资本公积金。

4. 股份发行的形式。可采取纸面形式或国务院证管部门规定的其他形式。

5. 股份的转让问题。股份转让属于股东权让渡的一种法律行为，必须在依法设立的证券交易场所进行，并对不同种类股份允许采取不同的转让方式：记名股票，由股东以背书方式或法律、行政法规规定的其他方式进行；无记名股票，规定股东可在法定证券场所内进行交割。为了维护公司、股东及债权人合法权益，《公司法》对股份转让作了某些限制性规定，如限制发起人自公司成立之日起1年内不得转让；董事、监事、高级管理人员所持的股份，应向公司申报，并在任期内每年转让的股份不得超过其所持有本公司股份总数的25%。此外，《公司法》还对公司回收本公司股票作有限制性规定。

（二）公司债券的发行

公司债券，是指由公司依照法定程序发行的，约定在一定期限内还本付息的一种有价证券。它是公司筹集短期资金的重要方式，因涉及公司、股东及债权人各方权益问题，因此，《公司法》规定了有关公司债券发行和转让的各项法律要求：

1. 公司债券发行的主体。《证券法》对公司债券发行的主体作出较大的修改。新《证券法》规定，股份有限公司和有限责任公司都可以发行公司债券。而旧《公司法》规定只有股份有限公司、国有独资公司和两个以上的国有企业或者其他两个以上的国有公司才可以发行债券。《公司法》经过修订后，也规定了股份有限公司和有限责任公司都可以发行公司债券。投资主体投资设立的有限责任公司，为筹集生产经营资金，可以发行公司债券，其他公司不得发行债券。

2. 公司债券发行的条件。发行公司债券必须具备下列各项条件：①股份有限公司的净资产额不低于人民币3000万元；有限责任公司的净资产额不低于人民币6000万元。②累计债券总额不超过公司资产额的40%。③最近三年平均可分配利润足以支付公司债券1年的利息。④筹集的资金投向符合国家产业政策。⑤债券的利率不得超过国务院限定的利率水平。⑥国务院规定的其他条件。同时还规定有下列情形之一的，不得再次发行公司债券：①前一次发行的公司债券尚未募足的；②对已发行的公司债券或者其债务有违约或者延迟支付本息的事实，且仍处于继续状态的；③违反《证券法》规定，改变公开发行公司债券所募资金的用途。这样从正、反两方面对公司债券发行的条件加以规定，有利于保证公司债券的发行工作更加完备和周全。

3. 公司债券发行的程序。①规定股份有限公司、有限责任公司发行公司债券，由董事会制订方案，股东会作出决议。②公司向国务院授权的部门申请批准发行公司债券，应提交公司营业执照、公司章程、公司债券募集办法、资产评估报告和验资报告等文件，以及国务院授权的部门或者国务院证管部门规定的其他文件。国务院授权的部门对符合规定申请条件的予以批准。③发行公司债券的申请经批准后，应当按照法律规定的事项，向社会公告公司债券募集办法和制作公司债券，并确定公司债券的性质，如为记名债券或无记名债券或可转换股票的公司债券等。④对于已作出批准发行的公司债券，如发现不符合《公司法》规定条件的，由国务院授权的部门或国务院证管部门予以撤销；尚未发行公司债券的，应停止发行；已经发行公司债券的，发行的公司应当向认购人退还所缴款项并加算银行同期存款利息。

五、有关公司财务会计的主要规定

《公司法》规定，公司应当依照法律规定建立本公司的财务会计制度，以保证公司正常生产经营活动的需要，这不仅是反映建立现代企业制度的客观要求，而且对于健全公司经济核算制，有效地筹集和运用公司的资金，维护公司各方当事人的合法权益，及时总结和反映公司的财务状况和经营成果，发挥公司资金的作用，保障公司决策科学化和资产、交易安全，促使公司资产不断增值及事业不断发展，都具有极为重要的意义。为了实现这一目标，《公司法》对公司财务会计制度的各项具体要求作了明确的规定，成为公司财务会计管理的重要法律依据。

（一）公司的财务会计制度的基本要求

公司应当依照法律、行政法规和国务院财政部门的规定建立本公司的财务、会计制度。财务会计报告应当依照法律、行政法规和国务院财政部门的规定制作。公司应当在每一会计年度终了时编制财务会计报告，并依法经会计师事务所审计。

公司的财务会计报告是反映公司财务状况和经营成果的书面文件，它不仅是公司进行各种生产经营决策和活动的依据，而且也是公司相关当事人及社会公众对公司经营状况的了解和掌握的依据，以维护公司各方的合法权益。所以，我国《公司法》还就公司的财务会计报告的使用作出明确的规定，要求有限责任公司应当按照公司章程规定的期限将财务会计报告送交各股东；股份有限公司的财务会计报告应当在召开股东大会年会的20日以前备置于本公司，供股东查阅；公开发行股票的股份有限公司还必须向社会公众公告其财务会计报告。

（二）公司的公积金提取

在公司的财务会计制度管理中，公司公积金的提留成为非常重要的内容，要求公司在分配当年税后利润时，按照法律规定的标准提留公积金，以满足公司不断地扩大再生产、弥补公司的经营性亏损、转增公司资本的需要以及不断提高和改善公司职工的福利待遇水平的需要。

公积金是指公司在决算时，从公司所获利润中提存一部分盈余，以备将来用于弥补公司亏损及其他特定用途的资金。

1. 公积金的种类。公积金以其提取的依据可分为法定公积金和意定公积金两种。法定公积金，是指依照法律规定强制公司提取的公积金。法定公积金又分为盈余公积金和资本公积金：前者是指从公司决算盈余中提取的公积金，通常是在公司决算时，纳税后有盈余，按一定比例提取；后者是指从公司盈余之外的财源中提取的公积金，如超票额发行股票所得的溢价、处分财产所得的溢价收入等，均可提留资本公积金。意定公积金，是指依照公司章程或股东会的决议，在法定盈余公积金之外，特别提取的盈余公积金。因为这种公积金的提留与否、提留多少是完全按照股东会的意志确定的，所以也有称为任意公积金。

2. 公司公积金的提留和使用。①公司公积金的提留。公司分配当年税后利润时，应当提取利润的10%列入公司法定公积金。公司法定公积金累计额为公司注册资本的50%以上的，可以不再提取。公司的法定公积金不足以弥补以前年度亏损的，在依照上述规定提取法定公积金之前，应当先用当年利润弥补亏损。公司从税后利润中提取法定公积金后，经股东会或者股东大会决议，还可以从税后利润中提取任意公积金。股份有限公司以超过股票票面金额的发行价格发行股份所得的溢价款以及国务院财政部门规定列入资本公积金的其他收入，应当列为公司资本公积金。②公司公积金的使用。公司的公积金用于弥补公司的亏损、扩大公司生产经营或者转为增加公司资本。但是，资本公积金不得用于弥补公司的亏损。法定公积金转为资本时，所留存的该项公积金不得少于转增前公司注册资本的25%。

（三）公司的利润分配

公司的利润分配，是公司财务会计工作的一项极为重要的内容，它是公司在进行年度决算后，对于公司所获取的利润，按照公司法规定进行分配的一种行为。公司利润分配是一项政策性、法律性很强的工作，而且直接涉及公司、股东以及国家、公司债权人各方的权益，要求必须严格按照公司法的规定进行。我国《公司法》对于公司的利润分配作了原则的规定，归纳各有关条款，主要有以下几方面要点：

1. 公司在每年度分配税后利润时，应当按照《公司法》的规定提留公积金。

2. 公司如有亏损，应先用法定公积金弥补，如公司的法定公积金不足以弥补上一年度公司亏损的，在依照《公司法》规定提取法定公积金之前，应当先用当年利润弥补亏损。

3. 公司弥补亏损和提取法定公积金后所余利润，有限责任公司按照股东的实缴出资比例分配红利，但是，全体股东约定不按照出资比例分取红利或者不按照出资比例优先认缴出资的除外。股份有限公司按照股东持有的股份份额分配。由此确定了公司利润分配的法定顺序：①缴纳所得税；②弥补上一年度公司的亏损；③提取法定公积金；④按不同公司特点向股东分配股息及红利。要求所有公司都要严格地按照《公司法》规定的这一原则和顺序进行利润分配，不得违反。如股东会、股东大会或者董事会违反这一规定，在公司弥补亏损和提取法定公积金之前向股东分配利润的，股东必须将违反规定分配的利润退还公司。公司持有本公司股份不得分配利润。

此外，为了保证公司财务会计管理规范化，保证公司资金正常流转和使用，禁止和杜绝各种借财务会计工作之名进行的违法活动，《公司法》还对公司的财务会计账册的设立和账户开立作了专门规定，要求公司除法定的会计账册外，不得另立会计账册；对公司资产，不得以任何个人名义开立账户存储。同时，《公司法》还规定，公司聘用、解聘承办公司审计业务的会计师事务所，依照公司章程的规定，由股东会、股东大会或者董事会决定。公司向聘用的会计师事务所提供真实、完整的会计凭证、会计账簿、财务会计报告及其他会计资料，不得拒绝、隐匿、谎报。

六、有关公司变更、终止及清算的主要规定

（一）公司变更

公司变更，是指公司在不违反公司法的规定和社会经济秩序的情况下，根据公司的生产经营活动需要，经股东会的决议而进行公司的合并、分立及资产变动等情况。公司变更是各类公司适应社会经济形势发展变化需要而作出调整自身法律关系某些要求的行为，它涉及公司各个方面的权益以及社会经济秩序的稳定，要求公司必须严格依照公司法规定进行。我国《公司法》第九章对公司的合并、分立及资产增减作了具体规定，为公司各种变更活动提供了法律依据。

1. 公司的合并。这是指两个以上公司，依照法律规定，通过订立合并协议而组成一个公司的民事法律行为。其形式主要有吸收合并和新设合并两种。吸收合并是一个公司吸收其他公司而发生的合并，其结果是吸收方公司存续，被吸收公司解散；新设合并是由两个以上公司基于合并协议而合并设立一个新的公司，其结果是合并的各方公司解散，合并的新公司设立。在进行公司合并时，应注意以下几个问题：①公司合并的提出，须由公司的权力机构即股东会或股东大会作出特别决议。②公司的合并须由合并的各方公司遵循平等自愿、公平诚信、等价互利的原则，就

公司合并的有关事项达成一致协议，以此作为公司合并的法律依据。③做好合并的各项准备工作，如清产核资、编制合并各方资产负债表，并在各方作出合并决议之日起10日内通知债权人，并于30日内在报纸上公告，债权人有权在法定期限内要求公司清偿债务或提供相应的担保。④公司合并后，其合并各方的债权债务应由合并后存续或新设的公司承担，并按规定分别向工商行政管理部门进行变更、终止或设立登记。

2. 公司的分立。这是指一个公司依照法律的规定分设为两个以上公司的民事法律行为。其分立形式，主要有解散分立和存续分立两种：前者是原公司解散而分设两个以上新公司；后者是原公司不变，而将其部分财产分出并设立一个以上新公司。公司的分立是以共同法律行为作为依据，而无须签订协议，使之明显区别于公司的合并，但公司分立的程序及后果基本上与公司合并的法律要求相同或相近，可参照执行。

（二）公司的终止

公司的终止，是指已成立的公司，因公司章程规定或法定事由发生而解散，停止公司生产经营活动，依法定程序处理未了事务，消灭公司法人资格的一种法律行为。公司的终止，主要事由有公司破产和公司解散两类，但无论是哪一种原因引起的公司终止，都必然产生严重的法律后果，并且直接涉及债权人的权益保障及社会经济秩序稳定等重要问题，因此，法律要求必须严格依法进行公司的终止行为。《公司法》第十章对公司的解散和清算作了专门的规定，为公司的终止和清算提供了法律依据。

公司的解散，是指公司因出现某种法定事由而发生终止公司法人资格的行为。引起公司解散的原因是多种多样的，如因公司章程规定的营业期限届满或者因公司章程规定的其他解散事由出现而解散，因股东会或股东大会决议而解散，因合并、分立而解散，因违法经营被撤销或被吊销执照而解散，因经营不善或经营效果不佳被主管机关者吊销营业执照、责令关闭或者被撤销而解散等。前三种情况属依自愿程序解散，后两种皆为依强制程序解散。但不管哪一种解散，其解散程序较之破产程序要简单得多，除强制程序解散由主管机关组织清算工作外，其余均由公司自行安排和组织清算。但是，因公司章程规定的营业期限届满或者因公司章程规定的其他解散事由出现面临解散的，可以通过修改公司章程而存续。

（三）公司的清算

公司的清算，是指公司因法定事由解散时，按照法律规定的程序，对公司的财产、债权债务以及应了结的事务，选派清算人进行处理分配的行为。公司的清算，都要按照法律规定的程序，选派清算组负责对公司的财产、债权债务进行清理并作出处理分配。但根据我国《公司法》的规定，公司解散清算，应在解散事由出现之日起15日内成立清算组，开始清算。有限责任公司的清算组由股东组成，股份有限公司的清算组由董事或者股东大会确定的人员组成。逾期不成立清算组进行清算的，债权人可以申请人民法院指定有关人员组成清算组进行清算。人民法院应当受理该申请，并及时组织清算组进行清算。清算程序为：①通知债权人并进行债权登记。清算组应当自成立之日起 10 日内通知债权人，并于 60 日内在报纸上公告。债权人应当自接到通知书之日起 30 日内，未接到通知书的自公告之日起 45 日内，向清算组申报其债权。债权人申报债权，应当说明债权的有关事项，并提供证明材料。清算组应当对债权进行登记。在申报债权期间，清算组不得对债权人进行清偿。②组织清理资产和清偿债务。规定清算组首先应对公司财产进行清理，并分别编制资产负债表和财产清单，然后制定清算方案，并报股东会、股东大会或者人民法院确认；清算组在清理公司财产、编制资产负债表和财产清单后，应当制定清算方案，并报股东会、股东大会或者人民法院确认。公司财产在分别支付清算费用、职工的工资、社会保险费用和法定补偿金，缴纳所欠税款，清偿公司债务后的剩余财产，有限责任公司按照股东的出资比例分配，股份有限公司按照股东持有的股份比例分配。清算期间，公司存续，但不得开展与清算无关的经营活动。公司财产在未依照前款规定清偿前，不得分配给股东。公司清算结束后，清算组应当制作清算报告，报股东会、股东大会或者人民法院确认，并报送公司登记机关，申请注销公司登记，公告公司终止。

（四）公司破产的申请

清算组在清理公司财产、编制资产负债表和财产清单后，发现公司财产不足清偿债务的，应当依法向人民法院申请宣告破产。公司经人民法院裁定宣告破产后，清算组应当将清算事务移交给人民法院。公司破产程序适用《中华人民共和国破产法》。

七、有关违反公司法法律责任的主要规定

为了保障公司的债权人权益和社会公众利益，防止公司负责人和国家有关机关或社会中介组织滥用权利，监督公司依法经营管理，维护社会主义市场经济秩序，《公司法》对违反《公司法》的行为规定了严格的法律责任，其条款规定之多、责任形式之全、立法体例之新、惩罚制度之严、规范范围之广、可操作性之强，都是过去制订的各种法律法规所未曾见过的，由此构成了我国公司法立法的新特色。

（一）违反《公司法》民事责任

在《公司法》各有关章节里，对公司各类主体不履行《公司法》规定的义务，规定了应承担的各种民事责任。其主要内容有：

1. 股东的违约责任。股东应当按期足额缴纳公司章程中规定的各自所认缴的出资额。股东以货币出资的，应当将货币出资足额存入有限责任公司在银行开设的账户；以非货币财产出资的，应当依法办理其财产权的转移手续。股东不按照上述规定缴纳出资的，除应当向公司足额缴纳外，还应当向已按期足额缴纳出资的股东承担违约责任。有限责任公司成立后，发现作为设立公司出资的非货币财产的实际价额显著低于公司章程所定价额的，应当由交付该出资的股东补足其差额；公司设

立时的其他股东承担连带责任。

2. 发起人的返还和赔偿责任。股份有限公司发起人对于募股行为被依法撤销，或按法定期限未募足股份，或股款募足后未能按规定召开创立大会的，均应承担返还所募股款及利息的责任；如公司不能成立，对其设立行为所生债务和费用负连带责任，并对因其过失致公司利益所受损害承担赔偿责任。

3. 董事、监事、高级管理人员的损害赔偿责任。公司的董事、监事、高级管理人员在执行职务时违反法律、行政法规或公司章程的规定，给公司造成损害的，应承担赔偿责任；董事对董事会的决议承担责任，董事会的决议违反法律、行政法规或公司章程致使公司遭受严重损失的，参与决议的董事对公司负赔偿责任，但经证明在表决时曾表明异议并记载于会议记录的，该董事可以免责。另外，董事会、股东会、股东大会的决议违反法律、行政法规，侵犯股东合法权益的，应承担停止侵害的民事责任。

4. 清算组的损害赔偿责任。清算组成员在清算过程中不能忠于职守、依法履行义务，因故意或重大过失给公司或债权人造成损失的，应当承担赔偿责任。

（二）违反公司法行政责任和刑事责任

利用公司进行违法犯罪活动，是当前公司组织管理中的突出问题。为了维护社会经济秩序，惩治违反公司法的违法犯罪行为，《公司法》对违反公司法的行政责任和刑事责任作了专章规定，《刑法》对公司犯罪有专节共12条规定。其主要内容有：

1. 公司违反组织行为规定的责任。规定公司设立登记中以虚报注册资本、提交虚假证明文件或采取其他欺诈手段隐匿重要事实的；或公司采取虚假手段或未经法定主管部门批准而擅自发行股票或债券的；或公司搞账外账、以个人名义存储公司资产，或向股东和社会公众提供虚假的财务会计报告的；或不按规定提留法定公积金的；或在公司合并、分立、增资、清算时，不按规定通知或公告债权人；或未依法登记而冒用有限责任公司或股份有限公司名义的；或公司成立后无正当理由超过6个月未开业或开业后自行停业已超过6个月的；或将国有资产低价拆股、出售或无偿分给个人；或在进行清算时隐匿财产、虚假记载或未清偿债务前就分配公司财产等行为，应依据《公司法》的规定分别处以罚款、责令改正、撤销登记、没收非法所得、对主要责任者给予行政处分等行政责任。如情节严重构成犯罪，分别处以3年或5年以下的有期徒刑或拘役，可以并处法定比例或数额的罚金等刑事责任。

2. 公司负责人违反履行职责规定的责任。公司的发起人、股东未按规定交付财产或未转移财产权，虚假出资，欺骗债权人和社会公众的；或董事、监事、高级管理人员利用职权接受贿赂、其他非法财产，或侵占公司财产的；或董事、高级管理人员挪用公司资金或将公司资金借贷给他人，以公司资产为本公司股东或其他个人提供担保的；或违反《公司法》的规定，自营或为他人经营与其所任职公司同类的营业等行为，应依据《公司法》的规定分别处以没收违法所得、责令退还财产或资金、取消担保、将其所得收入收归公司、给予行政处分等行政责任；构成犯罪的，区别其违法数额较大或巨大的不同情况，分别处以5年或3年以上5年以下有期徒刑，或拘役，可以并处没收财产等刑事责任。

3. 国家机关违反行政管理职能规定的责任。国务院授权的有关主管部门，对不符合法定条件设立公司的申请予以批准，或对不符合法定条件的股份发行的申请予以批准，情节严重的；或国务院授权的部门、国务院证券管理部门，对不符合法定条件的募集股份、股票上市和债券发行的申请予以批准，情节严重的；或公司登记机关对不符合法定条件的登记申请予以登记，情节严重的；或公司登记机关的上级部门强令公司登记机关对不符合法定条件的登记申请予以登记的，或对违法登记进行包庇等行为，应按照《公司法》的规定，分别对直接负责的主管人员和其他直接责任人员，依法给予行政处分；构成犯罪的，按照《刑法》有关贪污、贿赂、渎职的规定追究相应的刑事责任。此外，依照《公司法》的规定履行审批职责的有关部门，对符合法定条件的申请，不予批准的，或登记机关对符合法定条件的申请不予登记的，当事人可以依法申请行政复议或提起行政诉讼。

4. 公司清算组和社会中介机构违反监督规定的责任。清算组不按规定向公司登记机关报送清算报告，或报送清算报告隐瞒重要事实或有重大遗漏的，或其成员利用职权徇私舞弊、谋取非法收入或侵占公司财产的；或承担资产评估、验资的机构提供虚假证明文件的，或因过失提供有重大遗漏的报告的，应按照《公司法》的规定分别给予退还财产、罚款、没收违法所得、责令停业、吊销资格证照等行政处罚；构成犯罪的，对于有关人员、直接负责的主管人员和其他直接责任人员处以5年以下有期徒刑或拘役，可以并处法定数额的罚金。

思考题

1. 公司是什么性质的企业？它与一般企业有什么不同之处？

2. 什么是有限责任公司？设立有限责任公司必须具备什么条件？

3. 怎样组建股份有限公司？应当注意哪些法律问题？

4. 公司的组织机构设置有何特点？

5. 为什么说发行股票和债券是公司的重要融资行为？应怎样依法规范发行和转让行为？

6. 公司的变更、终止及清算应注意哪些法律问题？

7. 我国《公司法》对违反《公司法》的行为规定了哪些法律责任？其立法上有何突出的特点？

第三章

合伙企业法

新入伙人对原合伙企业债务是否应当承担法律责任

王某、姚某、崔某经营一家加工棉纺织品的合伙企业。2013 年初，棉纺织业形势一路上扬。3 月，翟某向 3 人表示希望能够加入该合伙企业。王某、姚某、崔某 3 人表示同意，将企业的经营状况、资产、负债及面临的形势向翟某作了介绍，并与翟某签订了入伙协议。协议约定：翟某以现金 50 万元加入合伙企业，入伙后参与企业的经营管理，但对入伙前合伙企业的债务不承担责任。之后，由于各种原因，该合伙企业资不抵债，4 个合伙人被债权人要求承担无限连带责任。诉讼中，翟某以入伙协议中明确约定自己对入伙前合伙企业的债务不承担责任为由提出抗辩。

本案在审理中有两种不同的意见：第一种意见认为，翟某入伙时与原合伙人签订的入伙协议中明确约定对原来合伙企业的债务不承担责任，这一约定是当事人意思自治的表现，应该予以尊重。第二种意见认为，翟某应对入伙前该合伙企业的债务承担连带责任。

【问题思考】

1. 合伙协议对于合伙关系的确立具有哪些意义？
2. 根据《合伙企业法》规定，新合伙人对原合伙人的债务如何承担？
3. 你认为上述两种意见哪种正确，为什么？

一、合伙企业法概述

（一）合伙的概念和特征

对于合伙概念，立法上、学理上多有不同的主张，因而具有不同的法律特征。

1. 强调合伙的契约形式。认为合伙首先是一种契约联结。例如台湾地区“民法”规定：“称合伙者，谓二人互约出资以经营共同事业之契约。”法、德、日民法典也有同样规定。其特征表现为：①合伙是基于合伙协议，并依法经核准登记后成立的。②合伙是基于信任性。合伙人之间存在一种受托信任关系。③合伙具有共同性。合伙人的财产关系是合伙人按份集合的共有关系，形成利益、风险、责任的共同体。④合伙具有连带性。合伙人之间的财产责任负有连带无限责任。⑤合伙具有非法人性。合伙不具有法人资格。

2. 强调合伙的组织性。认为合伙是两个以上的人联合起来从事一种共同事业必然结合成为一种团体和组织。例如，我国《民法通则》第30条、《合伙企业法》第2条的规定。合伙的组织性，其特征具有以下几点：①合伙具有独立性。合伙可以注册登记后的商号名义从事经营和诉讼活动。承认合伙为独立的行为主体但非独立的责任主体。②合伙具有授权性。合伙可以授权他人经营。③合伙的有限性。有些国家承认合伙中存在承担有限责任的合伙人。我国新修订的《合伙企业法》也规定了有限合伙人。④合伙具有延续性。合伙虽具有强烈的人合性，但是如果进行合伙清退后，原合伙人的继承人或剩余合伙人表示继续经营的，可以维持合伙关系。

（二）合伙企业的概念和特征

我国《合伙企业法》规定，合伙企业是指自然人、法人和其他组织依法在中国境内设立的普通合伙企业和有限合伙企业。

普通合伙企业，是指由普通合伙人组成，合伙人对合伙企业债务承担无限连带责任的企业。《合伙企业法》对普通合伙人承担责任的形式有特别规定的，从其规定。

有限合伙企业，是指由普通合伙人和有限合伙人组成，普通合伙人对合伙企业债务承担无限连带责任，有限合伙人以其认缴的出资额为限对合伙企业债务承担责任的企业。

合伙企业是介于独资企业与公司制企业之间的一类独立的企业形态。作为企业，具有其突出法律特征：

1. 合伙企业性质属于一种商事合伙。合伙，依其性质可分为商事合伙和民事合伙两类。所谓商事合伙，也称为商业合伙，是指以营利为目的从事商事活动的一种合伙。其主要特征是以营利为目的，从事商品生产经营活动，经过商事登记注册而设立，有其商号和较多资金；而民事合伙则是不以营利为目的，合伙人为实现某种共同利益而进行一种合伙活动。例如，医生、律师、会计事务所等合伙，皆不从事商事活动。我国《合伙企业法》规定的合伙企业是一种营利性组织，因此，其性质应属商业合伙范畴。

2. 合伙企业设立是基于合伙人的合伙契约。合伙是一种契约关系，这是合伙的基本特征。合伙企业是由合伙人根据《合伙企业法》的规定订立合伙协议而设立，这种合伙协议属于共同契约（法律）行为，与买卖、租赁等合同的双方契约行为明显不同：合伙人订立合伙契约，不但其目的相同，而且合伙人所享有的权利和承担的义务也是相同的。这些共同的契约行为成为设立合伙企业的前提条件。

3. 合伙企业关系是全体合伙人的共同关系。合伙企业是基于合伙人订立的合伙协议而发生的一种共同关系，在共同的合伙关系中，合伙人须遵循共同出资、合伙经营（即共同经营）、共享收益、共担风险的“四共”原则，由此确立了合伙人之间的权利义务关系。合伙企业的合伙人共同出资、合伙经营的特征，使之也明显区别于隐名人只出资而不参加经营的隐名合伙关系。

4. 合伙企业责任是实行无限连带的财产责任。在合伙企业的财产关系中，内部是实行按股份或者按比例出资，并按出资比例分享收益和分担亏损责任。但由于合伙企业的财产关系是一种按份集合起来的共有关系，合伙人的出资财产不能随意抽走，因而决定了在合伙企业的外部，每一合伙人对合伙企业的债务都负有连带责任和无限责任。但是，有限合伙人以其认缴的出资额为限对合伙企业债务承担责任。

（三）合伙企业的法律地位

合伙企业是十分古老的企业形态，是与商品经济同步发展和存在的，至今仍具有很强的生命力，成为民商法确立的重要法律制度。对合伙企业的法律地位有不同的观点：

1. 合伙企业是一种契约关系，不能成为法律上的独立主体。这是最初的学理主张。大陆法系将合伙企业作为契约形式编入民法债编；英美法系虽有合伙法，但对合伙关系没有直接约束力，合伙人的协议仍优先于合伙法适用。

2. 合伙企业具有法人资格。这是近年各国立法上的做法。例如，1978 年法国民法修订规定，合伙自登记之日起具有法人资格。美国《统一合伙法》和各州法的规定，合伙可以像法人一样以商号名义拥有动产和不动产……甚至有学者认为，合伙与公司都是法人，不过是层次不同。

3. 我国学界对合伙企业的法律地位亦有三种不同主张：①认为合伙不能作为民商事主体，民商事主体只有自然人和法人；②认为合伙应成为第三主体与自然人、法人并列；③认为合伙可以成为民事主体，但简易合伙不能成为主体，有组织和字号的合伙应成为主体。

根据我国的民商事立法，我国的合伙企业是民商事主体，但是不具有法人资格。

（四）合伙企业的分类

按照不同的标准加以划分，合伙企业可以有不同的种类。学理上对合伙企业的划分主要有以下几种类型：

1. 个人合伙与法人合伙。这是按照合伙主体加以划分的。自然人组成的合伙企业是个人合伙；法人组成的合伙企业是法人合伙。

2. 普通合伙与有限合伙。这是按照合伙人承担责任方式不同加以划分的。普通合伙是指由普通合伙人组成，合伙人对合伙企业债务承担无限连带责任的合伙方式。有限合伙是指由普通合伙人和有限合伙人组成，普通合伙人对合伙企业债务承担无限连带责任，有限合伙人以其认缴的出资额为限对合伙企业债务承担责任的合伙方式。

3. 显名合伙与隐名合伙。这是按照合伙人是否在商事登记簿上显示其姓名和出资而加以划分的。显名合伙是指合伙人在商事登记簿上显示其姓名和出资的合伙。隐名合伙是指合伙人在商事登记簿上不显示其姓名和出资的合伙。普通合伙与有限合伙都属于显名合伙。

（五）合伙企业立法

合伙企业法是指国家制定调整和规范合伙企业的组织行为的法律规范总称。合伙企业，作为商品经济社会的一种社会组织和法律形式，既古老又有生命力。各国都通过一定法律制度，对合伙企业组织加以确认和规范，例如，英美等国制定专门的统一合伙法，而法、德、日等国则由其民法典、商法典对合伙加以规定。在我国，随着经济体制改革的不断深化，社会经济生活中出现许多合伙经济关系，迫切要求在法律上予以确认和规范。我国对于合伙经济组织的立法，最早是《民法通则》对于合伙这一民事主体分别以“个人合伙”和“联营”作了两节规定，确立了公民个人合伙和企业之间或企业与事业单位之间的企业联营合伙的法律地位和适用原则，使合伙成为我国社会主义市场经济体制下新的社会关系和新的企业组织形式，也为其他合伙立法打下了基础。

随着我国市场经济体制的建立和完善，按照市场经济运行规律要求，1997 年 2 月 23 日第八届全国人大第二十四次常委会通过和颁行了《中华人民共和国合伙企业法》（以下简称《合伙企业法》），共设置 9 章 78 条，对合伙企业的地位及各种问题作了具体规定，成为我国规范合伙企业的一部重要企业法律制度，也成为建立和完善我国社会主义市场经济法律体系的重要组成部分。2006 年 8 月，全国人大常委会第二十三次会议对《合伙企业法》进行了全面修订，增加了有限合伙等内容，共设置 6 章 109 条，使合伙企业法律制度更趋于完善。

二、合伙企业的设立

（一）设立合伙企业的基本条件

《合伙企业法》第 14 条规定，设立合伙企业，应当具备下列条件：①有两个以上合伙人，合伙人为自然人的，应当具有完全民事行为能力；②有书面合伙协议；③有合伙人认缴或者实际缴付的出资；④有合伙企业的名称和生产经营场所；⑤法律、行政法规规定的其他条件。

（二）设立合伙企业的主要规定

1. 设立合伙企业的一般性规定。以下规定适用于普通合伙企业和有限合伙企业的设立，但是法律对有限合伙企业的设立另有规定的除外。

（1）合伙企业设立的条件。要求须具备三个条件：

第一，合伙主体必须合格。合伙人应当为具有完全民事行为能力人，即包括承担责任能力和具有缔约能力；法律、行政法规禁止从事营业性活动的人，如国家公务员等，不得为合伙企业的合伙人。《合伙企业法》第3条规定："国有独资公司、国有企业、上市公司以及公益性的事业单位、社会团体不得成为普通合伙人。"依此规定，上述单位不能成为普通合伙企业的合伙人，但是，法律并没有限制其成为有限合伙企业的合伙人。

第二，合伙企业设立应当具备法定条件：有两个以上合伙人，并且普通合伙企业的合伙人都是依法承担无限责任的，但是有限合伙企业中的有限合伙人除外；有书面合伙协议；有各合伙人实际缴付的出资，即合伙人按照合伙协议约定的出资方式、数额和缴付出资的期限履行出资义务而缴付的出资；有合伙企业的名称，但规定普通合伙企业在其名称中标明"普通合伙"字样；有经营场所和从事合伙经营的必要条件。

第三，合伙人的出资须符合法律规定。合伙人可以用货币、实物、土地使用权、知识产权或者其他财产权利出资；但以上出资应当是合伙人的合法财产及财产权利。对于货币以外的出资需要评估作价的，可以由全体合伙人协商确定，也可以由全体合伙人委托法定评估机构行评估；经全体合伙人协商一致，合伙人也可以用劳务出资，其评估办法由全体合伙人协商确定。

（2）订立有合伙协议。这是指应当依法由全体合伙人协商一致，就共同出资、合伙经营、共享收益、共担风险而签订的书面协议。合伙协议是设立合伙企业的前提条件，为此，《合伙企业法》规定其订立应当遵循自愿、平等、公平、诚实信用的原则。合伙协议应当以书面形式订立，并明确、具体载明以下事项：①合伙企业的名称和主要经营场所的地点；②合伙目的和合伙企业的经营范围；③合伙人的姓名及其住所；④合伙人出资的方式、数额和缴付出资的期限；⑤利润分配和亏损分担办法；⑥合伙企业事务的执行；⑦入伙与退伙；⑧争议解决办法；⑨合伙企业的解散与清算；⑩违约责任。此外，还可以载明合伙企业的经营期限和合伙人争议的解决方式。规定合伙协议经全体合伙人签名、盖章后产生法律效力，合伙人依照合伙协议享有权利，承担义务。经全体合伙人协商一致，可以修改或者补充合伙协议。

（3）合伙企业的设立登记与成立。申请合伙企业设立登记，应当向企业登记机关提交登记申请书、合伙协议书、合伙人身份证明等文件。合伙企业的经营范围中有属于法律、行政法规规定在登记前须经批准的项目的，该项经营业务应当依法经过批准，并在登记时提交批准文件。

申请人提交的登记申请材料齐全、符合法定形式，企业登记机关能够当场登记的，应予当场登记，发给营业执照。除上述规定情形外，企业登记机关应当自受理申请之日起20日内，作出是否登记的决定。予以登记的，发给营业执照；不予登记的，应当给予书面答复，并说明理由。合伙企业设立分支机构，应当向分支机构所在地的企业登记机关申请登记，领取营业执照。

合伙企业经企业登记机关审核登记，签发营业执照的日期，即为合伙企业成立的日期，合伙企业始可以在核准登记营业范围内以合伙企业名义从事经营活动。

2. 设立特殊的普通合伙企业。《合伙企业法》规定，以专业知识和专门技能为客户提供有偿服务的专业服务机构，可以设立为特殊的普通合伙企业。特殊的普通合伙企业是指合伙人依照《合伙企业法》第57条的规定承担责任的普通合伙企业。特殊的普通合伙企业名称中应当标明“特殊普通合伙”字样。

3. 设立有限合伙企业的特殊规定。有限合伙企业是指由2个以上50个以下合伙人设立的符合合伙企业条件的合伙企业。除法律另有规定外，有限合伙企业至少应当有一个普通合伙人。我国《合伙企业法》关于设立有限合伙企业有特殊规定。

（1）有限合伙人的限制。国有独资公司、国有企业、上市公司以及公益性的事业单位、社会团体不得成为普通合伙人。

（2）有限合伙企业的协议。合伙协议除符合普通合伙协议的规定外，还应当载明下列事项：①普通合伙人和有限合伙人的姓名或者名称、住所；②执行事务合伙人应具备的条件和选择程序；③执行事务合伙人的权限与违约处理办法；④执行事务合伙人的除名条件和更换程序；⑤有限合伙人入伙、退伙的条件、程序以及相关责任；⑥有限合伙人和普通合伙人相互转变程序。

（3）有限合伙人的出资。有限合伙人可以用货币、实物、知识产权、土地使用权或者其他财产权利作价出资。有限合伙人不得以劳务出资。有限合伙人应当按照合伙协议的约定按期足额缴纳出资；未按期足额缴纳的，应当承担补缴义务，并对其他合伙人承担违约责任。

三、合伙企业的内部关系

（一）普通合伙企业的内部关系

1. 普通合伙企业的财产关系。

（1）合伙企业财产的性质。合伙企业存续期间，合伙人的出资和所有以合伙企业名义取得的收益均为合伙企业的财产。合伙企业财产是全体合伙人按份集合而组成的共有财产，应由全体合伙人依法共同管理和使用。在合伙企业进行清算前，除《合伙企业法》另有规定外，合伙人不得请求分割合伙企业的财产；合伙人在合伙企业清算前私自转移或者处分合伙企业财产的，合伙企业不得以此对抗不知情的善意第三人。

（2）合伙企业财产的转让。合伙企业存续期间，除合伙协议另有约定外，合伙人向合伙人以外的人转让其在合伙企业中的全部或者部分财产份额时，须经其他合伙人一致同意；经全体合伙人同意，合伙人以外的人依法受让合伙企业财产份额的，经修改合伙协议即成为合伙企业的合伙人，依照修改后的合伙协议享有权利，履行义务。合伙人之间转让在合伙企业中的全部或者部分财产份额时，应当通知其他合伙人；合伙人向合伙企业以外的合伙人转让其在合伙企业中的财产份额的，在同等条件下，其他合伙人享有优先受让的权利。

（3）合伙企业财产的出质。合伙人以其在合伙企业中的财产份额出质的，须经其他合伙人一致同意；未经其他合伙人一致同意，合伙人以其在合伙企业中的财产份额出质的，其行为无效，或者作为退伙处理，由此给善意第三人造成损失的，由行为人依法承担赔偿责任。

2. 合伙企业的事务执行。在合伙企业中，合伙企业事务由全体合伙人决定执行，全体合伙人可以决定把合伙企业事务委托执行人执行，其他合伙人有权监督执行人，由此形成合伙企业内部的权利义务关系。主要表现为：

（1）合伙人的权利义务。各合伙人对执行合伙企业事务享有同等的权利。全体合伙人有权决定执行合伙企业的各项事务。合伙企业的下列事务，除合伙企业协议另有约定外，必须经全体合伙人同意：改变合伙企业名称；改变合伙企业的经营范围、主要经营场所的地点；处分合伙企业的不动产；转让或者处分合伙企业的知识产权和其他财产权利；向企业登记机关申请办理变更登记手续；以合伙企业名义为他人提供担保；聘任合伙人以外的人担任合伙企业的经营管理人员；依照合伙协议约定的有关事项。这是合伙人的基本权利。同时，合伙人为了解合伙企业的经营状况和财务状况，有权查阅账簿，有权委托执行人，有权对其他合伙人执行事务进行监督和提出异议，有权对委托执行人不按照合伙协议或者全体合伙人的决定执行事务的决定撤销其委托；此外，合伙人负有不得自营或者同他人合作经营与本合伙企业相竞争的业务；除协议另有约定或者经全体合伙人同意外，不得同本合伙企业进行交易；不得从事损害本合伙企业利益的活动等义务，以保证合伙企业经营活动正常进行和合伙人的合法权益得到维护。

（2）合伙企业事务的执行人和监督人。合伙企业事务可以由全体合伙人共同执行，也可以由合伙协议或者全体合伙人决定，委托一人或者数人执行，合伙企业执行人对内向全体合伙人负责，对外代表合伙企业；合伙企业执行人应当依照约定向其他不参加执行事务的合伙人报告事务执行情况以及合伙企业的经营状况和财务状况，其执行合伙企业事务所产生的收益归全体合伙人，所产生的亏损或者民事责任，由全体合伙人承担；不参加执行事务的合伙人有权监督执行事务合伙人，检查其执行合伙企业事务的情况。

（3）合伙企业的财会制度与分配。合伙企业应当依照法律、行政法规的规定建立企业财务会计制度，依法履行纳税义务；合伙企业年度的或者一定时期的利润分配或者亏损分担的具体方案，由全体合伙人协商决定或者按照合伙协议约定的办法决定；合伙企业的利润和亏损，由合伙人依照合伙协议约定的比例分配或分担；合伙协议未约定或者约定不明确的，由合伙人协商决定；协商不成的，由合伙人按照实缴出资比例分配、分担；无法确定出资比例的，由合伙人平均分配、分担。但合伙协议不得约定将全部利润分配给部分合伙人或者由部分合伙人承担全部亏损。

3. 合伙企业的继承。合伙人死亡或者被依法宣告死亡的，对该合伙人在合伙企业中的财产份额享有合法继承权的继承人，按照合伙协议的约定或者经全体合伙人一致同意，从继承开始之日起，取得该合伙企业的合伙人资格。有下列情形之一的，合伙企业应当向合伙人的继承人退还被继承合伙人的财产份额：①继承人不愿意成为合伙人；②法律规定或者合伙协议约定合伙人必须具有相关资格，而该继承人未取得该资格；③合伙协议约定不能成为合伙人的其他情形。

合伙人的继承人为无民事行为能力人或者限制民事行为能力人的，经全体合伙人一致同意，可以依法成为有限合伙人，普通合伙企业依法转为有限合伙企业。全体合伙人未能一致同意的，合伙企业应当将被继承合伙人的财产份额退还该继承人。

作为有限合伙人的自然人死亡、被依法宣告死亡或者作为有限合伙人的法人及其他组织终止时，其继承人或者权利承受人可以依法取得该有限合伙人在有限合伙企业中的资格。

（二）有限合伙企业的内部关系

1. 有限合伙企业财产关系的特殊规定。有限合伙企业的财产关系适用普通合伙企业的财产关系。但是，以下属于特殊规定：

（1）有限合伙人的自有财产不足清偿其与合伙企业无关的债务的，该合伙人可以以其从有限合伙企业中分取的收益用于清偿；债权人也可以依法请求人民法院强制执行该合伙人在有限合伙企业中的财产份额用于清偿。人民法院强制执行有限合伙人的财产份额时，应当通知全体合伙人。在同等条件下，其他合伙人有优先购买权。

（2）有限合伙人可以同本有限合伙企业进行交易，可以自营或者同他人合作经营与本有限合伙企业相竞争的业务，可以将其在有限合伙企业中的财产份额出质，但是，合伙协议另有约定的除外。

2. 有限合伙企业的事务执行。有限合伙企业由普通合伙人执行合伙事务。执行事务合伙人可以要求在合伙协议中确定执行事务的报酬及报酬提取方式。有限合伙人不执行合伙事务，不得对外代表有限合伙企业。

3. 有限合伙人的下列行为，不视为执行合伙事务：①参与决定普通合伙人入伙、退伙；②对企业的经营管理提出建议；③参与选择承办有限合伙企业审计业务的会计师事务所；④获取经审计的有限合伙企业财务会计报告；⑤对涉及自身利益的情况，查阅有限合伙企业财务会计账簿等财务资料；⑥在有限合伙企业中的利益受到侵害时，向有责任的合伙人主张权利或者提起诉讼；⑦执行事务合伙人怠于行使权利时，督促其行使权利或者为了本企业的利益以自己的名义提起诉讼；⑧依法为本企业提供担保。有限合伙企业不得将全部利润分配给部分合伙人；但是，合伙协议另有约定的除外。

四、合伙企业与第三人关系

（一）普通合伙企业与第三人关系

合伙企业在其经营活动中，经常同第三人发生经济关系，如何处理好合伙企业与第三人的关系，既注意维护合伙人的合法权益，也不得损害善意的第三人的合法权益，《合伙企业法》对此作了专章规定。

1. 处理合伙企业与第三人关系的原则。合伙企业对合伙人执行合伙企业事务以及对外代表合伙企业权利的限制，不得对抗不知情的善意第三人。这一规定是处理合伙企业与第三人关系的准则。

2. 合伙企业的债务清偿。合伙企业对其债务，应先以其全部财产进行清偿。合伙企业财产不足清偿到期债务的，各合伙人应当承担无限连带清偿责任。以合伙企业财产清偿合伙企业债务时，其不足的部分，由各合伙人按照合伙协议约定的比例分担，合伙协议未约定亏损分担比例的，按照各合伙人平均分担的原则，用其在合伙企业出资以外的财产承担清偿责任；合伙人由于承担连带责任，所清偿数额超过其应当承担的数额时，有权向其他合伙人追偿。

合伙人个人财产不足清偿其个人所负债务的，该合伙人只能以其从合伙企业中分取的收益用于清偿；债权人也可以依法请求人民法院强制执行该合伙人在合伙企业中的财产份额用于清偿；而对于该合伙人的财产份额，其他合伙人有优先受让的权利。但是，合伙人发生与合伙企业无关的债务，相关债权人不得以其债权抵销其对合伙企业的债务；也不得代位行使合伙人在合伙企业中的权利。

3. 强制执行合伙人财产。人民法院强制执行合伙人的财产份额时，应当通知全体合伙人，其他合伙人有优先购买权；其他合伙人未购买，又不同意将该财产份额转让给他人的，依照《合伙企业法》第51条的规定，为该合伙人办理退伙结算，或者办理削减该合伙人相应财产份额的结算。

（二）有限合伙企业与第三人关系

1. 对外转让财产。有限合伙人可以按照合伙协议的约定向合伙人以外的人转让其在有限合伙企业中的财产份额，但应当提前30日通知其他合伙人。

2. 对外责任承担。第三人有理由相信有限合伙人为普通合伙人并与其交易的，该有限合伙人对该笔交易承担与普通合伙人同样的责任。

有限合伙人未经授权以有限合伙企业名义与他人进行交易，给有限合伙企业或者其他合伙人造成损失的，该有限合伙人应当承担赔偿责任。

五、合伙企业的入伙与退伙

（一）合伙企业的入伙

1. 合伙企业入伙的一般规定。这是指申请加入既存合伙企业的人，经全体合伙人同意，达成入伙协议，与原全体合伙人产生合伙法律关系，取得该合伙企业的合伙人身份的法律事实。为此，《合伙企业法》规定了合伙企业入伙的程序和效力。要求新合伙人入伙时，应当经全体合伙人同意，并依法订立书面入伙协议；订立入伙协议时，原合伙人应当向新合伙人告知原合伙企业的经营状况和财务状况。

新合伙人入伙后，应重新核定合伙企业的资产和出资比例，由此引起合伙协议修改而发生变更需要重新登记的，应当于作出变更决定或者发生变更事由之日起15日内，向企业登记机关办理有关登记手续。入伙协议成立并经企业登记机关办理登记手续，合伙企业入伙即发生法律效力。入伙的新合伙人与原合伙人享有同等权利，承担同等责任，入伙协议另有约定的，从其约定；入伙的新合伙人对入伙前合伙企业的债务承担连带责任。

2. 有限合伙企业入伙的特殊规定。新入伙的有限合伙人对入伙前有限合伙企业的债务，以其认缴的出资额为限承担责任。

（二）合伙企业的退伙

合伙企业的退伙是指合伙人结束其合伙企业法律关系，消灭其合伙人身份的法律事实。《合伙企业法》对退伙各种情形和结算问题作了明确规定：

1. 合伙企业退伙的类型。退伙类型包括：约定有经营期限的退伙、未约定经营期限的退伙、当然退伙和决议退伙四种，并对每一类都具体规定了退伙的法律要求。

2. 对合伙人财产的继承。因合伙人的死亡，或被依法宣告死亡的，对其在合伙企业中财产可依照继承法规定，由其合法继承人继承。但因继承人不同的表示或情况，可发生以下情形：合法继承人表示愿意成为该合伙企业的合伙人，依照合伙协议约定或者经全体合伙人同意，从继承开始之日起，即取得该合伙企业的合伙人资格；合法继承人不愿意成为该合伙企业的合伙人的，合伙企业应退还其依法继承的财产份额；合伙人被依法认定为无民事行为能力人或者限制民事行为能力人的，经其他合伙人一致同意，可以依法转为有限合伙人，普通合伙企业依法转为有限合伙企业。其他合伙人未能一致同意的，该无民事行为能力或者限制民事行为能力的合伙人退伙。

3. 合伙人的退伙结算。合伙人退伙，其他合伙人应当与该退伙人按照退伙时合伙企业的财产状况进行结算，退还退伙人的财产份额；如退伙时有未了结的合伙企业事务的，待了结后进行结算；退还办法由合伙协议约定或者由全体合伙人决定，可以退还货币，也可以退还实物；如在其退伙前已发生有合伙企业的债务，退伙人与其他合伙人承担连带责任；如在其退伙时合伙企业财产少于合伙企业债务的，退伙人可按照合伙协议约定的比例分担，未约定分担比例的，由合伙人协商，协商不成的，由退伙人和其他合伙人平均分担；因退伙而发生变更，变更后合伙企业应履行变更登记手续。

4. 有限合伙的退伙及变更。有限合伙人有《合伙企业法》第48条第1款第1项、第3~5项所列情形之一的，当然退伙。作为有限合伙人的自然人在有限合伙企业存续期间丧失民事行为能力的，其他合伙人不得因此要求其退伙。作为有限合伙人的自然人死亡、被依法宣告死亡或者作为有限合伙人的法人及其他组织终止时，其继承人或者权利承受人可以依法取得该有限合伙人在有限合伙企业中的资格。有限合伙人退伙后，对基于其退伙前的原因发生的有限合伙企业债务，以其退伙时从有限合伙企业中取回的财产为限承担责任。

除合伙协议另有约定外，普通合伙人转变为有限合伙人，或者有限合伙人转变为普通合伙人，应当经全体合伙人一致同意。有限合伙企业仅剩普通合伙人的，转为普通合伙企业。有限合伙人转变为普通合伙人的，对其作为有限合伙人期间有限合伙企业发生的债务承担无限连带责任。普通合伙人转变为有限合伙人的，对其作为普通合伙人期间合伙企业发生的债务承担无限连带责任。

六、合伙企业的解散与清算

（一）合伙企业的解散

合伙企业解散，是指基于法定原因而产生终止合伙营业及消灭合伙关系的法律事实。《合伙企业法》规定合伙企业解散的法定原因有：①合伙协议约定的经营期限届满，合伙人不愿继续经营的；②合伙协议约定的解散事由出现；③全体合伙人决定解散；④合伙人已不具备法定人数满 30 天；⑤合伙协议约定的合伙目的已经实现或者无法实现；⑥被依法吊销营业执照；⑦出现法律、行政法规规定的合伙企业解散的其他原因。有限合伙企业仅剩有限合伙人的，应当解散。

（二）合伙企业的清算

合伙企业的解散应当依照法律规定进行清算，其清算程序如下：

1. 清算人进行清算。合伙企业解散，应当由清算人进行清算。清算人由全体合伙人担任；经全体合伙人过半数同意，可以自合伙企业解散事由出现后 15 日内指定一个或者数个合伙人，或者委托第三人，担任清算人。自合伙企业解散事由出现之日起 15 日内未确定清算人的，合伙人或者其他利害关系人可以申请人民法院指定清算人。

2. 清算人的职权。清算人在清算期间执行下列事务：①清理合伙企业财产，分别编制资产负债表和财产清单；②处理与清算有关的合伙企业未了结事务；③清缴所欠税款；④清理债权、债务；⑤处理合伙企业清偿债务后的剩余财产；⑥代表合伙企业参加诉讼或者仲裁活动。清算期间，合伙企业存续，但不得开展与清算无关的经营活动。

3. 通知和公告债权人。清算人自被确定之日起 10 日内，将合伙企业解散事项通知债权人，并于 60 日内在报纸上公告。债权人应当自接到通知书之日起 30 日内，未接到通知书的自公告之日起 45 日内，向清算人申报债权。债权人申报债权，应当说明债权的有关事项，并提供证明材料。清算人应当对债权进行登记。

4. 清算顺序及财产分配。合伙企业财产在支付清算费用和职工工资、社会保险费用、法定补偿金以及缴纳所欠税款、清偿债务后的剩余财产，依照《合伙企业法》第 33 条第 1 款的规定进行分配，即合伙企业的利润分配、亏损分担，按照合伙协议的约定办理；合伙协议未约定或者约定不明确的，由合伙人协商决定；协商不成的，由合伙人按照实缴出资比例分配、分担；无法确定出资比例的，由合伙人平均分配、分担。

5. 合伙企业的破产宣告。合伙企业不能清偿到期债务的，债权人可以依法向人民法院提出破产清算申请，也可以要求普通合伙人清偿。合伙企业依法被宣告破产的，普通合伙人对合伙企业债务仍应承担无限连带责任。

6. 注销登记。清算结束，清算人应当编制清算报告，经全体合伙人签名、盖章后，在15日内向企业登记机关报送清算报告，申请办理合伙企业注销登记，该合伙企业即告终止。合伙企业注销后，原普通合伙人对合伙企业存续期间的债务仍应承担无限连带责任。

（三）合伙企业的责任承担

1. 合伙企业的民事责任：①合伙企业对外以其全部财产承担债务，其财产不足清偿债务时，由合伙人承担无限连带责任；但是有限合伙人以其认缴的出资额为限承担责任。②合伙企业对合伙人执行事务及合伙经营人员职务行为承担民事责任。

2. 合伙人的民事责任：①合伙人的对外责任。合伙人对合伙企业的合伙债务承担无限、连带责任；有限合伙人以其认缴的出资额为限承担责任。②合伙人之间的内部责任。主要包括出资违约责任、拒绝承担无限责任的违约责任、擅自以合伙财产份额出质的赔偿责任、擅自退伙的赔偿责任、违反竞业禁止义务和与本合伙企业进行交易的赔偿责任、擅自处理合伙事务的赔偿责任、擅自执行合伙事务的赔偿责任。

3. 合伙关系中的其他责任：①合伙企业的经营管理人员超越授权范围从事经营活动，因过错给合伙企业造成重大损失的，应承担相应的赔偿责任。②合伙企业的职工非法占有合伙财产或挪用合伙资金的，应依法承担民事责任。③清算人利用职权、损害合伙人权益的，或未依法履行合伙债务清算程序，损害债权人利益的，均应依法承担损害赔偿责任。

4. 特殊的普通合伙企业的责任：特殊的普通合伙企业是指合伙人依照《合伙企业法》第57条规定："一个合伙人或者数个合伙人在执业活动中因故意或者重大过失造成合伙企业债务的，应当承担无限责任或者无限连带责任，其他合伙人以其在合伙企业中的财产份额为限承担责任。合伙人在执业活动中非因故意或者重大过失造成的合伙企业债务以及合伙企业的其他债务，由全体合伙人承担无限连带责任。"合伙人执业活动中因故意或者重大过失造成的合伙企业债务，以合伙企业财产对外承担责任后，该合伙人应当按照合伙协议的约定对给合伙企业造成的损失承担赔偿责任。

思考题

1. 什么是合伙企业？它具有什么特征？
2. 如何理解合伙企业的法律地位？
3. 合伙企业如何分类？什么是普通合伙？什么是有限合伙？
4. 如何理解普通合伙企业与有限合伙企业的不同内部关系？
5. 合伙企业对外关系如何处理？
6. 合伙企业法对入伙与退伙问题是如何规定的？
7. 合伙企业的解散与清算应当怎样进行？

第四章

特殊企业组织法

导入案例

中外合作企业合作协议未经批准，是否发生法律效力?

2012 年 5 月，香港甲公司与乙有限公司达成合作生产电子游戏机的意向书。甲公司提供零部件及游戏机软件，乙公司提供场地，双方合作生产。合作期 7 年，利润按港方 60%、中方 40% 的比例分成。在意向书签订后，香港丙公司也想参与双方的合作中。三方又约定丙公司投入 30% 的资金，三方利润分成改为港方甲 50%、丙 15%、中方乙 35%，但无论如何，只要有盈利，先保证丙公司 15% 的利润，直到其投资得到全部回收为止，合作期间不得抽回资金。三方组建联合管理办公室，由甲公司派人任主任，丙公司和乙公司各委派一人为副主任，负责合作生产的一切事宜，并协调三方的关系。在上述约定的基础上，三方签订了合作企业合同，并由乙公司备齐文件向审批机构提出申请。同年 6 月，申请被批准，领取了营业执照。三方随后开始合作生产。

2014 年 2 月，合作生产的游戏机因竞争激烈而销路不畅，基本上处于亏损状态。这时，丙公司想撤回其所投入的 30% 的资金。但遭到其他两方的强烈反对。丙公司无奈，便想将其在合作企业中的权利、义务转让出去。于是以投资为诱饵，骗取另一家中方企业丁公司的同意，接受丙公司的转让。对于转让，其他两方合作者是同意的。新的三方于是重签了一个合作协议，作为原合作合同的附件。规定由丁公司承受丙公司在原合作企业中的一切权利和义务，丙公司在退回其资金的 10 天内，丁公司将其资金注入，若违约，则承担 5% 的罚金。协议签订后，乙公司提出是不是需要报批一下，其他两方认为协议是三方内部之间的事，无需再报批，乙公司便不再坚持。2 月 15 日，合作企业退回了丙公司的投资及应分之利润。但 10

天后，丁公司并未依约注入资金，且一直拖延。原来丁公司了解到合作企业实际上已亏损，怕投出去收不回来，故不愿被套进去。乙公司与甲公司因资金被抽走，无法继续生产，债权人又上门索要25万元人民币的债务，情急之下起诉了丁公司，要求其立即投入资金，按比例承担25万元中15%的债务3.75万元，并支付违约罚金。丁公司辩称受到了丙公司的欺骗，该协议是无效的，却举不出丙公司欺骗的证据。法院受理后，查明情况，将丙公司列为第三人，进行了公开审理。

【问题思考】

1. 什么是中外合作企业？什么是中外合营企业？二者有什么区别？

2. 中外合作企业的组织形式有哪几种？本案中的合作企业属于哪一种？

3. 本案中的后一个协议是否有效？你认为丁公司有违约责任吗？

4. 如果该企业于2015年5月在上海自由贸易试验区内申请设立，有什么特殊规定？

一、特殊企业组织法概述

（一）特殊企业组织法的含义

本章所称的特殊企业组织法，是指除了《公司法》和《合伙企业法》之外的其他企业法律规范总称。特殊企业组织法的划分标准是以投资主体的所有制性质加以区分的，所以具有特殊性。在我国企业法的立法中，最初是按照不同所有制企业制定不同所有制定企业法，如《全民所有制工业企业法》、《城镇集体所有制企业条例》、《乡村集体所有制企业条例》、《私营企业暂行条例》等企业法律制度；为了引进外资，先后制定了《中外合资经营企业法》、《中外合作经营企业法》、《外资企业法》等企业法律规范；建立社会主义市场经济体制度后，立法机关于根据市场经济发展的需要，先后制定《公司法》、《合伙企业法》、《个人独资企业法》等企业法律规范；为了促进、规范和保护乡镇企业、中小企业的发展，国家先后制定《乡镇企业法》、《中小企业促进法》等法律规范。由此形成十分复杂的各类企业法律制度并存的局面。第二编“企业组织法”除重点介绍《公司法》、《合伙企业法》外，对于其各种企业法只好归在一起放以简明介绍。因此才有本章“特殊企业组织法”的称谓。但特殊企业法种类甚多，本章着重介绍个人独资企业法和外商投资企业法，即《中外合资经营企业法》、《中外合作经营企业法》、《外资企业法》等企业法律制度。

（二）特殊企业组织法的立法

特殊企业组织法的立法工作也是随着我国改革开放不断深入而得到完善的。党的十一届三中全会以来，随着我国经济体制改革的不断深化发展，我国企业体制改革也有了进一步的发展，除了国有企业在实现自身机制转换外，乡镇集体企业、私营企业、三资企业等企业形式也有很大发展，形成了以公有制为主体的多种经济成分共同发展的新态势，迫切要求通过法律形式予以确认。据此，全国人大及其常委会和国务院先后制定颁布了《中外合资经营企业法》（1979 年制定，1990 年、2001 年两次修订）、《中外合作经营企业法》（1988 年制定，2000 年修订）、《全民所有制工业企业法》（1988 年制定）、《私营企业暂行条例》（1988 年制定）、《外资企业法》（1986 年制定，2000 年修订）、《乡村集体所有制企业条例》（1990 年制定）、《城镇集体所有制企业条例》（1991 年制定）、《乡镇企业法》（1996 年制定）、《个人独资企业法》（1999 年制定）、《中小企业促进法》（2002 年制定）等十部企业法及其配套的法规和实施细则，从法律上确立各类企业的法律地位，有利于规范其组织行为，维护其合法权益，不仅有利于巩固经济体制改革成果，而且有效地推动了我国经济体制改革的全面发展。

随着中国经济体制改革的深入发展，我国正在推行自由贸易试验区的建设，加大了对外开放的力度，国家对设立在自由贸易区内的外商投资企业，给予更为宽松的规定。2014 年 12 月，第十二届全国人大常委会第十二次会议通过了《关于授权国务院在中国（广东）自由贸易试验区、中国（天津）自由贸易试验区、中国（福建）自由贸易试验区以及中国（上海）自由贸易试验区扩展区域暂时调整有关法律规定的行政审批的决定》，本决定自 2015 年 3 月 1 日起施行。其中主要内容包括，《外资企业法》、《中外合资经营企业法》和《中外合作经营企业法》三部法律，关于在外商投资企业的设立、合同变更、经营期限延长等方面给予更为便利的规定，即对相关的行政审批事项给予暂时停止实施，改为备案方式进行监督。为了适应自由贸易区建设，截至笔者截稿之时，我国将对外资投资企业法作进一步修改。

再者，在自由贸易区内对外商投资实行负面清单管理制度。它指的是一个国家在引进外资的过程中，对某些与国民待遇不符的管理措施，以清单形式公开列明，在一些实行对外资最惠国待遇的国家，有关这方面的要求也以清单形式公开列明。这种模式的好处是让外商投资企业可以对照这个清单实行自行检查，对其中不符合要求的部分事先进行整改，从而提高外资进入的效率。在我国，在设立自由贸易区之前，国家对外资进入依然实行政府审批制，这使外资企业很不适应，常常在审批过程中陷入扯皮，降低了外资进入的效率。

国家自从批准建立上海自由贸易试验区起，要求其采用外商投资准入的负面清单管理模式。因此，上海自由贸易区制定了《中国（上海）自由贸易试验区外商投资准入特别管理措施（负面清单）（2013 年）》（以下简称上海负面清单）。上海负面清单以外商投资法律法规、《中国（上海）自由贸易试验区总体方案》和《外商投资产业指导目录（2011 年修订）》等法律、法规和政策为依据，明确在中国（上海）自由贸易试验区内，对外商投资项目和设立外商投资企业采取国民待遇加负面清单的准入制度，凡是负面清单上没有禁止或限制的项目，外商投资者都可以投资。根据这一改革要求，经国务院批准，国家发展改革委、商务部于 2015 年 3 月 10 日全文公布《外商投资产业指导目录（2015 年修订）》，自 2015 年 4 月 10 日起施行。目录修订是贯彻落实党的十八届三中全会精神，推动新一轮对外开放的重要举措。通过目录修订，积极主动扩大开放，转变外资管理方式，构建开放、透明的投资环境，促进利用外资质量提升、产业结构优化升级，以开放促改革、促发展，修订后的《目录》放宽了外资准入，并将外商投资限制类条目从79条减少到了38条。

目前，四个自由贸易区实行统一的外商投资准入的负面清单管理模式。2015年4月8日，国务院办公厅关于印发《自由贸易试验区外商投资准入特别管理措施（负面清单）》的通知。通知规定：《自由贸易试验区外商投资准入特别管理措施（负面清单）》（以下简称《自贸试验区负面清单》）依据现行有关法律法规制定，已经国务院批准，现予以发布。负面清单列明了不符合国民待遇等原则的外商投资准入特别管理措施，适用于上海、广东、天津、福建四个自由贸易试验区。《自贸试验区负面清单》之外的领域，在自贸试验区内按照内外资一致原则实施管理，并由所在地省级人民政府发布实施指南，做好相关引导工作。香港特别行政区、澳门特别行政区、台湾地区投资者在自贸试验区内投资参照《自贸试验区负面清单》执行。内地与香港特别行政区、澳门特别行政区关于建立更紧密经贸关系的安排及其补充协议，《海峡两岸经济合作框架协议》，我国签署的自贸协定中适用于自贸试验区并对符合条件的投资者有更优惠的开放措施的，按照相关协议或协定的规定执行。《自贸试验区负面清单》自印发之日起30日后实施，并适时调整。《自贸试验区负面清单》具体规定见本书后的附件。

二、有关个人独资企业法的主要规定

（一）个人独资企业与个人独资企业法

个人独资企业，简称独资企业，是指在中国境内依法设立的，由一个自然人投资，财产为投资人个人所有，投资人以其个人财产对企业承担无限责任的经济组织。而规定个人独资企业组织行为的法律规范，就是个人独资企业法。《个人独资企业法》于1999年8月30日由第九届全国人大常委会第十一次会议通过并公布，自2000年1月1日起施行。该法共6章48条。个人独资企业是一种很古老的企业形式，至今仍广泛运用于商业经营中，其典型特征是个人出资、个人经营、个人自负盈亏和自担风险。

（二）个人独资企业的法律特征

1. 投资主体的限定性。个人独资企业仅由一个自然人投资设立。这是独资企业在投资主体上与合伙企业和公司的根本区别所在。我国《合伙企业法》规定的普通合伙企业的投资人尽管也是自然人，但人数为两人以上；公司的股东通常为两人以上，而且投资人不仅包括自然人，还包括法人和非法人组织。虽然，一人有限责任公司的出资人也只有一人，但是该一人包括了法人，而个人独资企业的一人只限于自然人。

2. 企业财产性质的私人性。个人独资企业的全部财产为投资人个人所有，投资人是企业财产的唯一所有者，对企业的经营与管理事务享有绝对的控制与支配权，不受任何其他人的干预。个人独资企业财产的性质属于私人财产所有权。

3. 责任承担方式的无限性。个人独资企业的投资人以其个人财产对企业债务承担无限责任。这是在责任形态方面独资企业与公司的本质区别。投资人以其个人财产对企业债务承担无限责任，包括以下内容：①企业的债务全部由投资人承担；②投资人承担企业债务的责任范围不限于出资，其责任财产包括独资企业中的全部财产和其他个人财产；③投资人对企业的债权人直接负责。即对经营中所产生的债务如不能以企业财产清偿，则投资人须以其个人所有的其他财产清偿。

4. 企业人格方面的非法人性。个人独资企业不具有法人资格，其理由：①独资企业本身不是财产所有权的主体，不享有独立的财产权利；②独资企业不承担独立责任，而是由投资人承担无限责任。这一特点与合伙企业有相同之处而根本区别于公司。独资企业不具有法人资格，但属于独立的法律主体，其性质属于非法人组织，享有相应的权利能力和行为能力，能够以自己的名义进行法律行为。

（三）个人独资企业的设立

1. 个人独资企业的设立条件。根据《个人独资企业法》第 8 条的规定，设立个人独资企业应具备以下五个方面的条件：

（1）投资人为一个自然人。个人独资企业的投资人必须是一个人，而且只能是一个自然人。此处所称的自然人只能是具有中华人民共和国国籍的自然人，不包括外国的自然人，所以外商独资企业不适用独资企业法，而适用外资企业法。

（2）有合法的企业名称。独资企业享有名称权和商号权。独资企业的名称应当与其责任形式及所从事的营业相符合。独资企业的名称中不得使用“有限”、“有限责任”字样。

（3）有投资人申报的出资。由于独资企业的出资人承担的是无限责任，而并不是仅以出资额为限承担责任，所以独资企业法不要求个人独资企业有最低注册资本金，仅要求投资人有自己申报的出资即可。这一规定便于独资企业的设立，有利于独资企业的发展。

（4）有固定的生产经营场所和必要的生产经营条件。

（5）有必要的从业人员。个人独资企业应有必要的从业人员，应该包括个人独资企业投资人本人。同时，个人独资企业可以依法招用职工。

2. 个人独资企业的设立登记程序。申请设立个人独资企业，应当由投资人或者其委托的代理人向个人独资企业所在地的登记机关提交设立申请书、投资人的身份证明、生产经营场所使用证明等文件。登记机关应当在收到设立申请文件之日起 15 日内，作出是否登记的决定。对符合规定条件的，予以登记，发给营业执照；对不符合规定条件的，不予登记，并应当给予书面答复，说明理由。

（四）个人独资企业的投资人

1. 个人独资企业的投资人。个人独资企业的投资人为自然人，该自然人必须是具有完全民事行为能力的人。同时，法律、行政法规禁止从事营利性活动的人，不得作为投资人申请设立个人独资企业。我国现行法律、行政法规所禁止从事营利性活动的人包括：①法官，即凡取得法官任职资格、依法行使国家审判权的审判人员；②检察官，即凡取得检察官任职资格、依法行使国家检察权的检察人员；③人民警察；④国家公务员。

2. 个人独资企业投资人的权利。①个人独资企业投资人对企业财产享有所有权。独资企业成立时的出资和经营过程中积累的财产都归独资企业的投资人所有。企业的财产主要是指企业的有形财产，如房屋、机器、设备、原材料等。②个人独资企业的投资人的有关权利可以依法进行转让或继承。由于独资企业投资人的人格与企业的人格密不可分，企业财产所有权均归投资人，所以投资人对于企业财产享有充分和完整的支配与处置权，他可以将企业财产的某一部分转让给他人，也可以将整个企业转让给他人。同时，当投资人死亡或被宣告死亡时，其继承人可以依继承法的规定对独资企业行使继承权。

3. 个人独资企业投资人的责任。个人独资企业投资人对企业债务承担无限责任。依照《个人独资企业法》第18条的规定，个人独资企业投资人在申请企业设立登记时明确以其家庭共有财产作为个人出资的，应当依法以家庭共有财产对企业债务承担无限责任。即以投资人个人财产出资设立的，由投资人的个人财产承担无限责任；以投资人的家庭财产出资设立的，由投资人的家庭财产承担无限责任。但由于我国目前尚无完善的财产登记制度，个人财产与家庭财产往往难以区分，实践中主要根据独资企业设立登记时在工商行政管理机关的投资登记来确定投资人是以其个人财产还是家庭财产来对企业债务承担责任。

（五）个人独资企业的事务管理

1. 个人独资企业的事务管理方式。个人独资企业投资人可以自行管理企业事务，也可以委托或者聘用其他具有民事行为能力的人负责企业事务管理。①自行管理。即指由个人独资企业投资人本人对本企业的经营事务直接进行管理。②委托管理。即指由个人独资企业的投资人委托其他具有民事行为能力的人负责企业的事务管理。③聘用管理。即指个人独资企业的投资人聘用其他具有民事行为能力的人负责企业的事务管理。

投资人委托或聘用他人管理个人独资企业事务，应当与受托人或被聘用的人签订合同，明确委托的具体内容和授予的权利范围。但投资人对受托人或被聘用的人员的限制，不得对抗善意第三人。受托人或被聘用的人员应当履行诚信、勤勉义务，按照与投资人签订的合同负责个人独资企业的事务管理，不得实施违反诚信勤勉义务、损害企业利益的行为。

2. 受托人或者被聘用的管理人的义务。受托人或者被聘用的人应当履行诚信、勤勉义务，按照与投资人签订的合同负责个人独资企业的事务管理。根据《个人独资企业法》第20条的规定，投资人委托或者聘用的管理个人独资企业事务的人员不得有下列行为：①利用职务上的便利，索取或者收受贿赂；②利用职务或者工作上的便利侵占企业财产；③挪用企业的资金归个人使用或者借贷给他人；④擅自将企业资金以个人名义或者以他人名义开立账户储存；⑤擅自以企业财产提供担保；⑥未经投资人同意，从事与本企业相竞争的业务；⑦未经投资人同意，同本企业订立合同或者进行交易；⑧未经投资人同意，擅自将企业商标或者其他知识产权转让给他人使用；⑨泄露本企业的商业秘密；⑩法律、行政法规禁止的其他行为。投资人委托或者聘用的人员违反上述规定，侵犯个人独资企业财产权益的，责令其退还侵占的财产；给企业造成损失的，依法承担赔偿责任；有违法所得的，没收违法所得；构成犯罪的，依法追究刑事责任。

（六）个人独资企业的解散、清算与注销

1. 个人独资企业的解散。个人独资企业的解散是指独资企业因出现某些法律事由而导致其民事主体资格消灭的行为。解散仅仅是个人独资企业消灭的原因，企业并非因解散的事实发生而立即消灭。根据《个人独资企业法》第 26 条的规定，个人独资企业有下列情形之一时，应当解散：

（1）投资人决定解散。这是个人独资企业解散的任意原因。只要不违反法律规定，投资人有权决定在任何时候解散独资企业。

（2）投资人死亡或者被宣告死亡，无继承人或者继承人决定放弃继承。在投资人死亡或宣告死亡的情况下，如果其继承人继承了独资企业，则企业可继续存在，只需办理投资人的变更登记，但若出现无继承人或全部继承人均决定放弃继承的情形，独资企业失去继续经营的必备条件，故应当解散。

（3）被依法吊销营业执照。这是独资企业解散的强制原因。被处以吊销营业执照的处罚原因包括独资企业提交虚假文件，以欺骗手段取得登记，情节严重的行为，涂改、出租、转让营业执照情节严重的行为，企业成立后无正当理由超过 6 个月未开业或开业后自行停业连续 6 个月以上的行为等。

（4）法律、行政法规规定的其他情形。

2. 个人独资企业的清算及注销。独资企业的清算即是处理解散企业未了结的法律关系的程序。清算结束，进行注销登记，独资企业才最后消灭。清算程序如下：

（1）清算人的产生。清算人是指清算企业中执行清算事务及对外代表者。清算企业因解散而丧失经营活动的能力，不能继续进行经营活动，而只存在清算事务。因此，企业的管理人应代之为清算人。《个人独资企业法》第 27 条规定，个人独资企业解散，由投资人自行清算或者由债权人申请人民法院指定清算人进行清算。因此，个人独资企业的清算原则上以投资人为其清算人。但经债权人申请，人民法院得指定投资人以外的人为清算人。

（2）通知与公告程序。投资人自行清算的，应当在清算前 15 日内书面通知债权人，无法通知的，应当予以公告。债权人应当在接到通知之日起 30 日内，未接到通知的应当在公告之日起60日内，向投资人申报其债权。

（3）清产偿债程序。清算人应在债权人申报债权后清理企业的债权、债务。在清算期间，个人独资企业不得开展与清算目的无关的经营活动。在清偿债务前，投资人不得转移、隐匿财产。个人独资企业及其投资人在清算前或清算期间隐匿或转移财产、逃避债务的，应依法追回其财产，并按照有关规定予以处罚；构成犯罪的，追究其刑事责任。

（4）财产清偿顺序。个人独资企业解散的，财产应当按照下列顺序清偿：所欠职工工资和社会保险费用；所欠税款；其他债务。个人独资企业财产不足以清偿债务的，投资人应当以其个人的其他财产予以清偿。

（5）责任消灭制度。个人独资企业解散后，原投资人对个人独资企业存续期间的债务仍应承担偿还责任，但债权人自独资企业解散后5年内未向债务人提出偿债请求的，该责任消灭。

（6）注销登记程序。根据《个人独资企业法》第32条的规定，个人独资企业清算结束后，投资人或者人民法院指定的清算人应当编制清算报告，并于15日内到登记机关办理注销登记。注销登记一旦完成，个人独资企业即告消灭。

三、有关外商投资企业法的主要规定

（一）外商投资企业与外商投资企业法

1. 外商投资企业的特征和类别。外商投资企业是外国的投资者与中国的投资者联合，或者外国投资者单独依照中华人民共和国法律，在中国大陆境内投资设立的各类企业的总称。外商投资企业作为我国企业的一种新形态，它具有以下基本法律特征：

（1）主体具有鲜明的涉外性。外商投资企业是外国人参与或独立投资设立的企业。因而其主体至少一方是外国人。外国人是指外国企业、其他组织或个人，包括具有外国国籍的法人和自然人。其“参与或者独立设立”包括两种情况：①参与设立，指外国人与中国人共同设立的合营企业，包括中外合资经营企业和中外合作经营企业。②独立设立，指企业的设立人仅包括外国人，企业的全部资本都由外国人提供，即我国法律所规定的外资企业。由于港、澳、台地区与中国大陆法律制度不同，规定各异，港、澳、台地区的企业、其他组织或者个人同大陆的企业或者其他组织之间设立的企业，也参照适用有关外商投资企业法的规定。

（2）发生具有明确的法定性。外商投资企业是依照中华人民共和国法律，在中国大陆境内设立的企业，使之明显不同于以下两类企业：①依照外国法律设立，但在我国境内从事非直接经营活动的外国企业的常驻代表机构或从事一定的生产经营活动的外国企业的分公司或分支机构。②我国的企业、公司或者其他组织与外国企业、其他组织或者个人在中华人民共和国境外设立的企业。

（3）投资方式具有突出的私人性。外商投资企业是外国人以私人直接投资方式设立的企业。私人直接投资方式是国际投资方式中的一种，指由各国公司、企业、个人从事的国际投资活动。这不同于政府投资，即政府间的贷款，或由各国政府共同设立的国际经济组织，如世界银行等从事的间接投资活动。

外商投资企业依其投资方式不同，可分为中外合资经营企业、中外合作经营企业与外资企业三类；依其是否具备法人资格，可分为法人型企业和合作型企业。中外合资经营企业是具有法人资格的法人型企业。中外合作经营企业和外资企业符合中国法律关于法人条件的规定的，依法取得中国法人资格，同时，也可设立合伙型的中外合作企业和外资企业；依其功能和作用，可分为产品出口企业、先进技术企业与一般外商投资企业。根据国务院《关于鼓励外商投资的规定》，国家对于产品出口企业与先进技术企业这两种类型的外商投资企业给予特别优惠，以更好地吸收外商投资，引进先进技术，扩大出口创汇。对于港、澳、台投资者来大陆投资，根据我国有关法律规定，可以参照外商投资企业法的规定适用，享有与外商投资者同等的法律地位。

2. 外商投资企业法的概念和原则。外商投资企业法是指调整外商投资企业在经济活动中所产生的各种经济关系的法律规范的总称。我国先后制定三部外商投资企业法，即《中华人民共和国中外合资经营企业法》（以下简称《中外合资经营企业法》）、《中华人民共和国中外合作经营企业法》（以下简称《中外合作经营企业法》）和《中华人民共和国外资企业法》（以下简称《外资企业法》）。外商投资企业法调整的经济关系主要包括外商投资企业出资者或合作者之间的经济关系；外商投资企业与其出资者或合作者之间的经济关系；外商投资企业与各级管理机构之间及其与职工之间的内部关系；外商投资企业与我国有关行政管理部门之间的关系；外商投资企业与国内内资企业以及其他经济组织之间发生的经济往来关系。由于外商投资企业在我国境内依照我国法律设立，因此其各种经营活动必须严格遵循我国法律所确认的各项基本原则，主要有：

（1）尊重国家主权原则。举办外商投资企业，必须从维护我国国家主权和经济独立出发，必须符合我国经济建设发展需要，不得有损我国主权。如合营企业的一切活动应遵守我国法律，合同、章程应经国家主管机关批准。对于有损中国主权的、违反中国法律的、不符合中国国民经济发展需要的、造成环境污染的、订立的协议、合同、章程显失公平，损害合营一方权益的情形，都不能被批准。

（2）坚持平等互利原则。平等，是指合营各方的法律地位平等；互利，是指合营各方在经济上要相互有利。如《中外合资企业法》规定，各方按注册资本比例分享利润和分担风险及亏损，就是这一原则的体现。

（3）参照国际惯例原则。国际惯例，是指在国际经济交往中，通常所采用并被普遍接受的传统习惯做法。这在我国的中外合资企业法中，得到了具体体现。如董事会制度、仲裁解决争议制度，都是世界各国所普遍采用的一种制度。

（二）中外合资经营企业法的主要规定

1. 中外合资经营企业的组织形式。中外合资经营企业，是指中国的公司、企业或其他经济组织与外国公司、企业和其他经济组织或个人，按照平等互利的原则，经中国政府批准，在我国境内共同举办的合营企业。合资企业是合资者共同投资、共同管理、共负盈亏、共担风险的一种特殊类型的经济组织。其企业形式为有限责任公司。我国与外国投资者共同举办合营企业，通常做法是：外国合营者以现金、先进的技术和设备、工业产权和专有技术作为投资，而中方通常是以土地使用权、厂房、原料、现金等进行投资，从而利用我国的资源和劳动力等有利条件，吸引外资、引进先进技术和设备，为加速我国国民经济发展服务。

2. 中外合资经营企业的法律地位。依照《中外合资经营企业法》规定，在中国境内设立的中外合资经营企业是中国法人。合资企业依法取得了法人资格，成为我国经济法律关系的主体。合资企业要受我国法律管辖，对该企业的合法财产权利，外国投资者的合法权益，中国法律给予充分的保护。

3. 中外合资经营企业设立的程序。中外合资经营企业必须依我国《中外合资经营企业法》及其实施条例等规定设立，基本上应采取三个步骤：①由我国合营者提出项目建议书和初步可行性研究报告，按行政隶属关系呈报主管部门，经主管部门同意转报审批机构审批；②经审批机构批准后，合资各方进行以可行性研究为中心的各项工作，在此基础上进行谈判，商签合营企业的协议、合同、章程；③由我国合营者向审批机构正式提出举办合资企业的申请，报对外经济贸易部或其委托机构审批，由对外经济贸易部发给批准证书，合资企业在收到批准证书后1个月内，向合资企业所在地的省、自治区、直辖市工商行政管理局办理登记手续，领取营业执照。合资企业的营业执照签发日期，即为该合资企业的成立日期。

4. 合资企业的资本。这是指合营各方对企业的投资。资本涉及资本构成、资本增加与转让等问题，《中外合资经营企业法》都作有明确的规定。

（1）资本构成。它也称出资方式，是指合营各方出资的种类，包括现金（货币）、实物、工业产权和专有技术、土地使用权等。依据法律、法规的规定，用作出资的现金、实物、工业产权必须为合营者自己所有，其中实物和工业产权不能设立任何担保物权，并需出具出资者拥有所有权和处置权的有效证明。同时，合资企业任何一方不得以合资企业名义取得的贷款、租赁的设备或者其他财产，以及将合营者以外他人的资产作为自己的出资；并不得以合资企业的财产和权益或合营他方的财产和权益为其出资作担保，要求合营者必须自行承担投资的风险。

（2）注册资本。这是指设立合资企业在登记管理机构登记的资本总额，应为合营各方认缴的出资额之和。中外合资企业法规定在合资企业的注册资本中，外国合营者的投资比例一般不低于25%。合营各方按注册资本比例分享利润和分担风险及亏损。

（3）投资总额。这是指按照合资企业合同、章程规定的生产规模需要投入的基本建设资金和生产流动资金的总和。投资总额是注册资本加上合资企业的借贷资金。注册资本与投资总额之间应保持适当的比例。国家工商行政管理局于1987年

3月1日公布的《国家工商行政管理局关于中外合资经营企业注册资本与投资总额比例的暂行规定》中规定，投资总额在300万美元以下（含300万美元）的，其注册资本至少应占投资总额的7/10；投资总额在300万~1000万美元（含1000万美元）的，其注册资本至少应占投资总额的1/2；投资总额在1000万~3000万美元（含3000万美元）的，其注册资本至少应占投资总额的2/5；投资总额在3000万美元以上的，其注册资本至少应占投资总额的1/3。这样规定可防止投资风险过多地由贷款方承担，并促使外方合营者对合营项目进行更多的投资。

（4）注册资本的增加、减少和转让。合资企业在合营期内不得减少其注册资本，但可以增加注册资本。增加注册资本的程序：由董事会会议通过；报原审批机构批准；向原登记管理机构办理变更登记手续。合营一方转让其出资额时，须经合营他方同意，合营他方有优先购买权。合营一方向第三方转让出资额的条件，不得比向合营他方转让的条件优惠。

5. 合资企业的组织机构。根据《中外合资企业法》的规定，合资企业的组织机构包括董事会和经营管理机构两大类：

（1）董事会。这是合资企业最高权力机构，有权决定企业中的一切重大问题。董事会成员不得少于3人，其名额的分配由合营各方参照出资比例商定。董事会设董事长，董事长为企业的法定代表人，董事长和副董事长由合营各方协商确定或由董事会选举产生。董事长由中外合营者一方担任，由他方担任副董事长。董事会会议每年至少召开一次；经1/3以上董事提议，可召开董事会临时会议。董事会会议应有2/3以上董事出席方能举行。董事会形成决议采取表决的方式。根据所需表决事项重要程度的不同，表决可采取多数通过和一致通过的方式。法律规定下列事项须由出席董事会会议的董事一致通过方可作出决议：①企业章程的修改；②企业的终止、解散；③注册资本的增加、转让；④企业与其他经济组织的合并。至于其他事项，可以根据企业章程载明的议事规则作出决议。

（2）经营管理机构。经营管理机构由总经理、副总经理及其他管理人员组成。经营管理机构与董事会的关系为执行机构与决策机构的关系。总经理、副总经理由董事会聘请，由合营各方分别担任。总经理执行董事会的各项决议，组织领导企业日常经营管理工作。总经理或副总经理不得兼任其他经济组织的总经理或副总经理，不得参与其他经济组织对本企业的商业竞争。

6. 合资企业的解散。合资企业解散的原因有：①约定合营期限的，期满解散；②企业发生严重亏损，无力继续经营；③合营一方不履行协议、合同、章程规定的义务，致使企业无法继续经营；④因不可抗力遭受严重损失无法继续经营；⑤未达到经营目的，又无发展前途；⑥合同、章程规定的其他解散原因。

7. 合资企业争议的解决。合资各方如在解释或履行合资企业协议、合同、章程时发生争议，应尽量通过友好协商或调解解决，如经协商或调解无效，可提请仲裁或司法解决。

8. 自由贸易区的特别规定。根据《关于授权国务院在中国（广东）自由贸易试验区、中国（天津）自由贸易试验区、中国（福建）自由贸易试验区以及中国（上海）自由贸易试验区扩展区域暂时调整有关法律规定的行政审批的决定》，以下规定全部暂时停止实施该项行政审批，改为备案管理。

（1）《中外合资经营企业法》第3条规定："合营各方签订的合营协议、合同、章程，应报国家对外经济贸易主管部门（以下称审查批准机关）审查批准。审查批准机关应在3个月内决定批准或不批准。合营企业经批准后，向国家工商行政管理主管部门登记，领取营业执照，开始营业。"暂时停止实施该项行政审批，改为备案管理。

（2）《中外合资经营企业法》第13条规定："合营企业的合营期限，按不同行业、不同情况，作不同的约定。有的行业的合营企业，应当约定合营期限；有的行业的合营企业，可以约定合营期限，也可以不约定合营期限。约定合营期限的合营企业，合营各方同意延长合营期限的，应在距合营期满6个月前向审查批准机关提出申请。审查批准机关应自接到申请之日起1个月内决定批准或不批准。"暂时停止实施该项行政审批，改为备案管理。

（3）《中外合资经营企业法》第14条规定："合营企业如发生严重亏损、一方不履行合同和章程规定的义务、不可抗力等，经合营各方协商同意，报请审查批准机关批准，并向国家工商行政管理主管部门登记，可终止合同。如果因违反合同而造成损失的，应由违反合同的一方承担经济责任。"暂时停止实施该项行政审批，改为备案管理。

（三）《中外合作经营企业法》的主要规定

1. 中外合作经营企业的法律地位。中外合作经营企业是指中外合作者根据《中外合作经营企业法》的规定，在中国境内依照平等互利原则共同举办的中外合作经营企业。合作企业不同于合资企业，主要表现在：①在投资方式方面，合作企业的合作各方可以提供合作条件，而合资各方则是出资；②在收益分配方面，合作企业可以按合同约定的比例进行利润分成，也可以产品分成等方式分配收益，合资企业则必须按出资比例进行利润分成；③在回收投资方面，合作企业的外国合作者可以在合作期满前先行回收其投资，合资企业的外国合资者则不能先行回收其投资；④在经营管理方面，合作企业可以采取设立董事会、联合管理机构以及委托管理等方式进行管理，而合资企业则必须采取董事会领导下的总经理负责制的方式进行管理；⑤在法人资格方面，合作企业符合中国法律关于法人条件的规定，依法取得中国法人资格。有些合作企业不具备我国法律关于法人条件的规定，可以办成合伙型企业，而合资企业皆为法人企业。

2. 合作企业的收益分配和风险或亏损分担。合作企业的收益或产品分配方式由合作各方依合同约定，其收益或产品分配方式主要有以下几种形式：①产品分成。即合作企业将企业生产的产品依照合作经营企业合同约定的比例或数额，分配给合作各方。产品由合作各方自行销往国内或国际市场。②保证合作各方或一方的收益达到某一固定值。③利润分成方式，即将企业利润按一定百分比分配给合作各方。依照《中外合作经营企业法》的规定，合作各方对合作企业的风险和亏损的分担方式也是由合作经营企业合同约定，合作各方既可以按利润分成比例、出资比例分担企业风险和亏损，也可以由合作各方另行约定亏损、风险分担比例。

3. 合作企业的资本回收。这是指在合作期满时，合作企业的全部固定资产归中国合作者所有的前提下，合作经营企业合同约定外国合作者在合作期限内先行回收其投资。无论采取什么样的资本回收方式，只要合同约定外国合作者在缴纳所得税前回收资本的，就必须向财政税务机关申请，由财政税务机关依照国家有关税收的规定审查批准。通常采取的资本回收方式主要有以下两种：①外国合作者在利润分成中先行回收投资，合作期满后，合作企业的财产全部归中方所有。②外国合作者从企业固定资产折旧费中进行资本回收，即外方每年提取企业固定资产折旧费，用于资本回收；合作期满后，全部固定资产归中方所有。

4. 合作企业的经营管理机构。中外合作者可以在合作企业中约定具体的管理方式或按照其性质之不同而采取不同的管理方式，主要有：①实行董事会领导下的总经理负责制。②实行联合管理制，联合管理机构是企业经营管理中的一个协调机构，而不是最高决策机构。中外合作者一方担任联合管理机构的主任，由他方担任副主任。联合管理机构决定任命或聘请总经理，负责日常经营管理工作。③董事会或联合管理机构委托中外合作者以外的他人经营管理。合作企业成立后，改为委托中外合作者以外的他人经营管理的，必须经董事会或联合管理机构一致同意，报审批机关批准，并向工商行政管理机构办理变更登记手续。

5. 自由贸易区的特别规定。根据《关于授权国务院在中国（广东）自由贸易试验区、中国（天津）自由贸易试验区、中国（福建）自由贸易试验区以及中国（上海）自由贸易试验区扩展区域暂时调整有关法律规定的行政审批的决定》，以下规定全部暂时停止实施该项行政审批，改为备案管理。

（1）《中外合作经营企业法》第5条规定："申请设立合作企业，应当将中外合作者签订的协议、合同、章程等文件报国务院对外经济贸易主管部门或者国务院授权的部门和地方政府（以下简称审查批准机关）审查批准。审查批准机关应当自接到申请之日起45天内决定批准或者不批准。"

（2）《中外合作经营企业法》第7条规定："中外合作者在合作期限内协商同意对合作企业合同作重大变更的，应当报审查批准机关批准；变更内容涉及法定工商登记项目、税务登记项目的，应当向工商行政管理机关、税务机关办理变更登记手续。"

（3）《中外合作经营企业法》第10条规定："中外合作者的一方转让其在合作企业合同中的全部或者部分权利、义务的，必须经他方同意，并报审查批准机关批准。"

（4）《中外合作经营企业法》第12条第2款规定："合作企业成立后改为委托

中外合作者以外的他人经营管理的，必须经董事会或者联合管理机构一致同意，报审查批准机关批准，并向工商行政管理机关办理变更登记手续。”

(5)《中外合作经营企业法》第24条规定：“合作企业的合作期限由中外合作者协商并在合作企业合同中订明。中外合作者同意延长合作期限的，应当在距合作期满180天前向审查批准机关提出申请。审查批准机关应当自接到申请之日起30天内决定批准或者不批准。”

(四) 外资企业法的主要规定

1. 外资企业的法律特征。外资企业是指依照外资企业法的规定，在中国境内设立的全部资本由外国投资者投资的企业。它不包括外国的企业和其他经济组织在中国境内的分支机构。其法律特征表现为：

(1) 外资企业是按照我国《外资企业法》设立的、属中国国籍的企业。

(2) 外资企业的全部资本由外国投资者投入，财产权归外商所有，决策权和经营管理权都为外商所掌握，企业的盈利或亏损均由外商自身承担。

(3) 外资企业是指外国的企业、其他经济组织以及个人在中国境内投资设立的公司或企业，不包括外国的企业和其他经济组织在中国境内的分支机构。

2. 设立外资企业的条件。根据《外资企业法》的规定，外资企业的设立，必须具备以下条件之一：①必须有利于中国国民经济的发展。有损中国主权或者社会公共利益的项目，可能造成环境污染的项目等，将不能得到批准。②国家鼓励产品出口或技术先进的外资项目。③国家禁止或限制设立外资企业的行业按国务院规定办理。

3. 外资企业的组织形式。根据《外资企业法实施细则》的规定，外资企业的组织形式为有限责任公司。经批准后，也可采取其他责任形式。

4. 外资企业的资本。外国投资者可以用自由兑换的外币出资，也可用机器设备、工业产权、专有技术等作价出资。经审批机关批准，外国投资者还可以用其在中国境内举办的其他外商投资企业获得的人民币利润出资。以工业产权、专有技术作为出资的，其作价金额不得超过外资企业注册资本的20%。外资企业的各种出资方式，均由我国审批机关依法进行检查。外国投资者应当按照申请书和章程中载明的出资期限缴付出资，逾期未缴或少缴的，由审批机关和工商行政管理部门依法处理。外资企业的注册资本要与其经营规模相适应，注册资本与投资总额的比例应符合中国有关规定。外资企业可以增加和转让注册资本，但在经营期内不得减少其注册资本。外资企业将其财产对外抵押、转让，须经审批机关批准并向工商行政管理机关备案。

5. 外资企业的终止。主要原因有：①经营期限届满。企业的经营期限，根据不同行业和企业的具体情况，由外国投资者在申请书中拟订，经审批机关批准。②经营不善、严重亏损，外国投资者决定解散。③因自然灾害、战争等不可抗力而遭受严重损失、无法继续经营。④破产。⑤违反中国法律、法规，危害社会公共利益被依法撤销。⑥企业章程规定的其他解散事由已出现。

6. 自由贸易区的特别规定。根据《关于授权国务院在中国（广东）自由贸易试验区、中国（天津）自由贸易试验区、中国（福建）自由贸易试验区以及中国（上海）自由贸易试验区扩展区域暂时调整有关法律规定的行政审批的决定》，以下规定全部暂时停止实施该项行政审批，改为备案管理：

（1）《外资企业法》第6条规定："设立外资企业的申请，由国务院对外经济贸易主管部门或者国务院授权的机关审查批准。审查批准机关应当在接到申请之日起90天内决定批准或者不批准。"

（2）《外资企业法》第10条规定："外资企业分立、合并或者其他重要事项变更，应当报审查批准机关批准，并向工商行政管理机关办理变更登记手续。"

（3）《外资企业法》第20条规定："外资企业的经营期限由外国投资者申报，由审查批准机关批准。期满需要延长的，应当在期满180天以前向审查批准机关提出申请。审查批准机关应当在接到申请之日起30天内决定批准或者不批准。"

四、有关全民所有制企业法的主要规定

（一）国有企业与全民所有制企业法

国有企业，也称为全民所有制企业，是指全部的生产资料归全体劳动人民所有的企业。现阶段，我国对这类企业采取国家所有制形式，即国家作为全民所有制企业财产的所有者，依法行使国家所有权，实际上，无论是国家还是全民均无法直接经营，而是采取授权的形式授权企业经营管理，因此，对这类企业不应该称为国营企业或全民所有制企业，而称为国有企业更为切合实际。根据我国《宪法》规定，国有经济是社会主义全民所有制经济，是国民经济中的主导力量。国家保障国有经济的巩固和发展。为了确立全民所有制企业即国有企业的法律地位，规范其组织行为，保障其合法权益，1988年4月13日第七届全国人民代表大会第一次会议通过了《中华人民共和国全民所有制工业企业法》（以下简称《全民企业法》，2009年部分修订），并于1992年7月23日由国务院颁布了《全民所有制工业企业转换经营机制条例》（以下简称《转机条例》，2011年部分修订），加上国务院先后颁布的《全民所有制工业企业厂长工作条例》、《全民所有制工业企业职工代表大会条例》以及《全民所有制工业企业承包经营责任制暂行条例》、《全民所有制小型工业企业租赁经营暂行条例》等法规，初步形成了全民所有制企业法律制度，为国有企业实现依法经营管理提供了重要的法律依据。

（二）全民所有制企业法的主要规定

1. 国有企业经营活动的基本原则。《全民企业法》明确规定，国有企业实行两权分离、坚持两个文明建设一起抓、坚持社会主义方向、实行科学领导体制、坚持提高经济效益、保障企业和国家合法权益等原则。《转机条例》进一步规定了转换企业经营机制必须遵循的原则，即坚持党的基本路线；坚持政企职责分开；坚持责权利相统一、坚持处理好党政工三者关系；坚持深化企业改革与推进企业技术进步、强化企业管理相结合等原则，保证国有企业沿着正确道路健康地发展。

2. 国有企业转换机制的目标。《全民企业法》第2条第1款规定：全民所有制工业企业是依法自主经营、自负盈亏、独立核算的社会主义商品生产的经营单位。《转机条例》更明确规定：企业转换经营机制的目标是：使企业适应市场的要求，成为依法自主经营、自负盈亏、自我发展、自我约束的商品生产和经营单位，成为独立享有民事权利和承担民事义务的企业法人。

3. 企业经营权。《转机条例》第6条规定："企业经营权是指企业对国家授予其经营管理的财产（以下简称企业财产）享有占有、使用和依法处分的权利。"《全民企业法》也有类似的规定，并在第三章"企业权利和义务"中具体规定了13条企业权利和9条企业义务，明确地确立了国有企业的法律地位。《转机条例》根据《全民企业法》的规定精神，不仅规定了14项企业经营权，即企业享有生产经营决策权，产品劳务定价权，产品销售权，物资采购权，进出口权，投资决策权，留用资金支配权，资产处置权，联营、兼并权，劳动用工权，人事管理权，工资及资金分配权，内部机构设置权以及拒绝摊派权等，而且更加具体、详细地规定了每项权利的内容和范围，在2011年的修订中删去了有关国家指令性计划的内容，使之符合市场经济体制的要求，也更具有可操作性，便于具体落实和实施。

4. 企业自负盈亏的责任。《全民企业法》仅仅对企业自负盈亏作了原则规定，而国有企业仍普遍存在着只负盈不负亏的问题。为此，《转机条例》对企业自负盈亏的责任作出专章规定，其主要内容有：

（1）承担民事责任和经营责任。企业以国家授予其经营管理的财产承担民事责任；企业对其法定代表人和其他工作人员，以法人的名义从事经营活动承担民事责任；厂长对企业盈亏负有直接经营责任；职工按照企业内部经营责任制，对企业盈亏也负有相应责任。

（2）建立分配约束机制和监督机制。企业必须坚持按照工资总额增长幅度低于本企业经济效益增长幅度、职工实际平均工资增长幅度低于本企业劳动生产率增长幅度的原则进行分配。同时，《转机条例》还具体规定了分配约束控制机制和政府审核制度。

（3）承担违约责任。实行承包经营或租赁经营的企业，如未能按照合同规定的标准上交利润或租金，应承担违约责任。

（4）建立和健全企业财务会计制度，严格执行国家法律、法规有关财政、税收和国有资产监督管理的规定。

5. 建立企业科学的领导体制。国有企业坚持和完善厂长（经理）负责制，厂长（经理）是国有企业的法定代表人。企业建立以厂长（经理）为首的生产经营管理系统，并对企业两个文明建设负全面责任。企业基层党组织应充分发挥其在企业中的政治核心作用，并对企业贯彻执行党和国家的方针政策实行保证监督。全心全意依靠工人阶级，维护职工主人翁地位，充分发挥工会和职代会在行使民主管理权利的重要作用。使企业党、政、工之间形成各司其职、各负其责和相互支持和制约的企业领导体制。

6. 国有企业的变更和终止。这是企业为适应产业结构和组织结构调整的需要，对自己组织形式或结构进行变动或终止的行为。《全民企业法》、《转机条例》对此都作有比较详细的规定，其主要方式有企业转产、停产整顿、合并、分立、解散、破产等，每种方式的具体实施的条件、办法以及程序，《转机条例》更为明确地作出规定，使之成为国有企业在转换经营机制中进行各种变更、终止的法律依据。

此外，《全民企业法》、《转机条例》还对企业与政府关系、企业及其他主体违反企业法应承担的法律责任作了规定，从法律上保证企业法得到全面贯彻实施。

五、有关集体所有制企业法的主要规定

（一）集体所有制企业与集体所有制企业法

所谓集体所有制企业，是指由劳动群众集体占有生产资料、共同劳动并实行按劳分配的社会主义经济组织。我国《宪法》第6条第1款规定："中华人民共和国的社会主义经济制度的基础是生产资料的社会主义公有制，即全民所有制和劳动群众集体所有制。……"第8条第2、3款规定："城镇中的手工业、工业、建筑业、运输业、商业、服务业等行业的各种形式的合作经济，都是社会主义劳动群众集体所有制经济。国家保护城乡集体经济组织的合法的权利和利益，鼓励、指导和帮助集体经济的发展。"这是用"根本大法"的形式确立了集体所有制经济以及集体所有制企业的法律地位，使之成为社会主义公有制经济的重要组成部分，成为我国传统企业形态的基本组织形式之一。

集体所有制企业与国有企业，同属于社会主义公有制企业，其性质是相同的，但在法律特征上，两者却有明显的差异：①所有权不同。国有企业的财产属国家所有，国有企业依法享有经营权，其经营权与所有权相分离。而集体所有制企业则享有完全所有权，其经营权与所有权是结合和统一的。②集体所有制企业与国有企业都是企业法人组织，但集体企业的职工既是出资者，又是劳动者，因此职工的主人翁地位和职代会的权力机构地位比国有企业体现得更加明确和充分。

具体确立集体所有制企业法律地位的法律规范，即集体所有制企业法，它是调整集体所有制企业在国民经济活动中所发生各种经济关系的法律规范的总称。其现行法律规范主要有：1990年6月3日国务院发布的《乡村集体所有制企业条例》（以下简称《乡村企业条例》）、1991年9月9日国务院颁布的《城镇集体所有制企业条例》（以下简称《城镇企业条例》，该法在2011年经过修订），以及1996年10月29日全国第八届人大常委会第二十二次会议通过的《乡镇企业法》，成为规范我国城乡集体所有制企业的组织地位的法律依据。

（二）城镇集体所有制企业法的主要规定

1. 城镇集体所有制企业的范围。城镇集体所有制企业，包括城镇的各种行业、各种组织形式的集体所有制企业。《城镇企业条例》所称劳动群众集体所有，应符

合下列任何一项的规定：①本集体企业的劳动群众集体所有；②集体企业的联合经济组织范围内的劳动群众集体所有；③投资主体为两个或者两个以上的集体企业，其中①、②项劳动群众集体所有的财产应当占主导地位，即所占比例一般情况下不低于51%，特殊情况经原审批部门批准可适当降低。

2. 城镇集体企业应遵循的原则。国家法律要求城镇集体企业应当发扬艰苦奋斗、勤俭建国的精神，走互助合作、共同富裕的道路，并在自己一切活动中遵循《城镇企业条例》规定的“40字原则”，即“自愿组合、自筹资金、独立核算、自负盈亏、自主经营、民主管理、集体积累、自主支配、按劳分配、入股分红”。除不少原则与全民所有制企业相同外，也有一些原则是城镇集体企业所独有的，如自愿组合、自筹资金、集体积累、自主支配、入股分红等原则。

3. 城镇集体企业的组织机构。

（1）城镇集体企业职工（代表）大会是集体企业的权力机构。集体企业的职工是企业的主人，依照法律、法规和集体企业章程行使管理企业的权力。集体企业依照法律规定实行民主管理，职工（代表）大会是集体企业的权力机关，由其选举和罢免企业管理人员，决定经营管理的重大问题。条例还具体规定了职工（代表）大会可以依法行使制定、修改章程；选举、罢免、聘用、解聘厂长（经理）、副厂长（副经理）；审议厂长（经理）提交的各项议案，决定企业经营管理的重大问题等六项职权。

（2）城镇集体企业实行厂长（经理）负责制。集体企业实行厂长（经理）负责制，厂长（经理）对企业职工（代表）大会负责，是集体企业的法定代表人，厂长（经理）由企业职工代表大会选举或聘任产生。其条件和行使职权，条例均作有具体规定。

（3）城镇集体企业党组织起政治领导地位。中国共产党在集体企业的基层组织是集体企业的政治领导核心，领导企业的思想政治工作，监督党和国家的方针、政策在本企业的贯彻执行。

此外，《城镇企业条例》对集体企业的设立、变更和终止、企业的权利和义务、企业与政府关系等内容还有专章规定。

（三）乡村集体所有制企业法的主要规定

1. 乡村集体所有制企业的性质。乡村集体所有制企业，按照《乡村企业条例》规定，是指由乡（含镇）村（含村民小组）农民集体举办的企业。它包括除农业生产合作社、农村供销合作社、农村信用合作社以外的所有由乡村农民集体举办的企业，承担着发展商品生产和服务业，满足社会日益增长的物质和文化生活的需要；调整农村产业结构，合理安排农村劳动力；支援农业生产和农村建设，增加国家财政和农民收入；积极发展出口创汇生产；为大工业配套和服务等主要任务。国家对乡村集体企业实行积极扶持、合理规划、正确引导、加强管理的方针。并保护其合法权益，禁止任何组织和个人侵犯其财产。

2. 乡村集体企业的所有者和经营者。乡村集体企业财产属于举办该企业的乡或者村范围内的全体农民集体所有，由乡或者村的农民大会（农民代表会议）或者代表全体农民的集体经济组织行使企业财产所有权。企业实行承包、租赁制或者同其他所有制企业联营的，企业财产的所在权不变。企业所有者依法行使决定企业的经营方向、经营形式、厂长（经理）人选或者选聘方式，依法决定企业税后利润在其与企业之间的具体分配比例，以及作出关于企业分立、合并、迁移、停业、终止、申请破产等决议的权利，并负有应当为企业的生产、供应、销售提供服务，尊重企业自主权的义务。实行承包或者租赁制的企业，企业所有者应当采取公开招标的方式或招聘、推荐等方式选择或确定符合法律规定条件的经营者。企业经营者是企业的厂长（经理）。企业实行厂长（经理）负责制，厂长（经理）对企业全面负责，代表企业行使职权。

3. 乡村集体企业的管理。《乡村企业条例》对乡村集体企业的管理作出明确的规定：

（1）民主管理。企业职工有参加企业民主管理的权利，对厂长（经理）和其他管理人员提出批评和控告的权利；企业职工（代表）大会有权对企业经营管理中的问题提出意见和建议，评议、监督厂长（经理）和其他管理人员，维护职工合法权益。

（2）劳动管理。在用工制度上，企业招用职工应当依法签订劳动合同，实行灵活的用工制度和办法，并不得招用童工；对技术要求高的企业，应当逐步形成专业化的技术职工队伍；对从事高度危险作业的职工，必须依照国家规定向保险公司投保，有条件的应参照有关规定实行职工社会保险。在分配制度上，规定企业应当兼顾国家、集体和个人的利益，合理安排积累与消费的比例，对职工实行各尽所能、按劳分配的原则，并实行男女同工同酬。对于企业发生的劳动争议，规定可以参照国有企业劳动争议处理办法有关规定处理。

（3）财务管理。企业税后利润，留给企业的部分不应低于60%，由企业自主安排，主要用作增加生产发展基金、进行技术改造和扩大再生产、适当增加福利基金和奖励基金；企业税后利润交给企业所有者的部分，主要用于扶持农业基本建设、农业技术服务、农业公益事业、企业更新改造或发展新企业。

（4）经营管理。企业应当根据国家有关规定，加强本企业的各项基础管理和合同管理，使乡村集体企业各项管理水平得到一定提高，以适应发展社会主义市场经济的需要。

（四）《乡镇企业法》的主要规定

《乡镇企业法》对乡镇企业的法律地位、产权关系、管理体制等内容作了规定。有人认为，这部法律名为《乡镇企业法》，实质上是一部促进、引导、保护和规范乡镇企业健康发展的“特殊法”、“振兴法”、“支农法”、“促进法”。

1. 乡镇企业的性质和特征。乡镇企业，按照《乡镇企业法》的规定，是指以农村集体经济组织或者农民投资为主，在乡镇举办的承担支援农业义务的各类企业。从这一法定概念看，乡镇企业具有以下特征：①投资主体特定。乡镇企业投资主体须以农村集体经济组织或农民投资为主，其投资额须超过50%，或能起到控股或者实际支配作用。②承担义务特定。乡镇企业的举办，必须以承担支援农业为义务。③企业性质特定。乡镇企业坚持以农村集体经济为主导，多种经济成分共同发展的原则，由此决定乡镇企业包括有集体企业、私人企业、合伙企业等各种类型，并要求坚持以农村集体经济为主导的原则。④企业资格特定。乡镇企业符合企业法人条件的，依法取得企业法人资格。⑤企业任务特定。乡镇企业是农村经济的重要支柱和国民经济的重要组成部分，承担着根据市场需要发展商品生产，提供社会服务，增加社会有效供给，吸收农村剩余劳动力，提高农民收入，支援农业，推进农业和农村现代化，促进国民经济和社会事业发展的主要任务。

2. 乡镇企业的经营管理。

（1）乡镇企业的设立、变更、终止。乡镇企业的设立、改变名称、住所或者分立、合并、停业、终止等，应当依法办理设立登记、变更登记和注销登记，并向当地乡镇企业行政管理部门办理登记备案手续。

（2）乡镇企业的产权关系。农村集体经济组织投资设立的乡镇企业，其企业财产权属于该企业的全体农民集体所有；农村集体组织与其他企业、组织或者个人共同投资设立的乡镇企业，其企业财产权按照出资份额属于投资者所有；农民合伙或者单独投资设立的乡镇企业，其企业财产权属于该投资者所有。具有企业法人资格的乡镇企业，依法享有法人财产权。国家保护乡镇企业的合法权益，乡镇企业的合法财产不受侵犯。

（3）乡镇企业的经营自主权。乡镇企业依法实行独立核算，自主经营，自负盈亏；投资者依照有关法律、行政法规决定企业的重大事项，建立经营管理制度，依法享有权利和承担义务；乡镇企业依法实行民主管理，有条件的地区应建立健全乡镇企业职工的社会保险制度；乡镇企业从税后利润中提取一定比例的资金用于支援农业和农村社会性支出，其比例和管理使用办法由省、自治区、直辖市的人民政府规定。除法律、行政法规另有规定外，任何机关、组织或者个人不得以任何方式向乡镇企业收取费用，进行摊派。

3. 国家对乡镇企业的扶持方针政策。在我国，乡镇企业已成为我国国民经济的“半壁江山”，现在农村社会增加值的近3/5、国内生产总值的1/4、工业增加值的近1/2，财政收入的1/4，出口创汇的1/3、农民收入的1/3都来自乡镇企业。为了保证乡镇企业持续健康发展，《乡镇企业法》规定国家对乡镇企业实行积极扶持、合理规划、分类指导、依法管理的方针，并具体规定了扶持和引导的有关政策，主要有以下七项：

（1）税收减征优惠政策。国家根据乡镇企业发展的情况，在一定时期内减征一定比例税收；国家对集体所有制乡镇企业开办初期经营确有困难的，或设立在少数民族地区、边远地区和贫困地区的，或从事粮食、饲料、肉类的加工、贮存、运销经营的，或根据国家产业政策规定需要特殊扶持的中小乡镇企业，根据不同情况实行一定期限的税收优惠。其具体减征和优惠办法由国务院规定。

（2）信贷优先优惠政策。国家运用信贷手段，鼓励和扶持乡镇企业发展。对于符合税收优惠条件并符合贷款条件的乡镇企业，国家有关金融机构可以给予优先贷款，对其中生产资金困难且有发展前途的可以给予优惠贷款。其具体办法由国务院规定。

（3）设立乡镇企业发展基金。县级以上人民政府依照国家有关规定，可以由政府拨付的用于乡镇企业的周转金，或乡镇企业每年上缴地方税金增长部分中一定比例的资金，或基金运用产生的收益设立乡镇企业发展基金，并专门用于扶持乡镇企业发展，其使用范围有以下八项：①支持少、边、贫地区发展乡镇企业；②支持经济欠发展地区、少数民族地区与经济发达地区的乡镇企业之间进行技术合作和举办合资企业；③支持乡镇企业按照国家产业政策调整产业结构和产品结构；④支持乡镇企业进行技术改造、开发名特优新产品和生产传统手工艺产品；⑤发展生产农用生产资料或者直接为农业生产服务的；⑥发展从事粮食、饲料、肉类加工、贮存、运销经营的乡镇企业；⑦支持乡镇企业职工的职业教育和技术培训；⑧其他需要扶持的项目。其具体管理办法由国务院规定。

（4）乡镇企业人才培养培训政策。国家积极培养乡镇企业人才，鼓励科技人员、经营管理人员以及大中专毕业生到乡镇企业工作，通过多种方式为乡镇企业服务。乡镇企业通过多渠道、多形式培训技术人员、经营管理人员和生产人员，并采取优惠措施吸引人才。

（5）鼓励经济技术合作政策。国家采取优惠措施，鼓励乡镇企业同科研机构、高等院校、国有企业及其他企业、组织之间开展各种形式的经济技术合作。

（6）鼓励对外合作交流政策。国家鼓励乡镇企业开展对外经济技术合作与交流，建设出口商品生产基地，增加出口创汇；具备条件的乡镇企业依法经批准可以取得对外贸易经营权。

（7）同小城镇建设结合的政策。地方各级人民政府按照统一规划、合理布局的原则，将发展乡镇企业同小城镇建设相结合，引导和促进适当集中发展，逐步加强基础设施和服务设施建设，以加快小城镇建设。

4\. 乡镇企业的职责和义务。为了有效地规范乡镇企业的行为，《乡镇企业法》规定了乡镇企业应当履行的职责和必须承担的义务，主要有以下十项：

（1）全面执行产业政策。乡镇企业应当按照市场需要和国家产业政策，合理调整产业结构和产品结构，加强技术改造，不断采用先进的技术、生产工艺和设备，提高企业经营管理水平。

（2）合理利用土地。举办乡镇企业，其建设用地应当符合土地利用总体规划，严格控制、合理利用和节约使用土地。凡有荒地、劣地可以利用的，不得占用耕地、好地；使用农村集体所有的土地的，应当依法办理有关土地批准手续和土地登记手续；已使用的土地如连续两年以上或者因停办闲置一年以上的，应当由原土地所有者收回该土地使用权，重新安排使用。

（3）依法开发自然资源。乡镇企业应当依法合理开发和使用自然资源。乡镇企业从事矿产资源开采必须依据有关法律规定，经有关部门批准，取得采矿许可证、生产许可证，实行正规作业。防止资源浪费，严禁破坏资源。

（4）建立健全财务制度。乡镇企业应当按照国家有关规定建立财务会计制度，加强财务管理，依法设置会计账册，如实记录财务活动。

（5）严格执行统计制度。乡镇企业必须按照国家统计制度，如实报送统计资料；对于违反国家规定滥发的统计调查报表，有权拒绝填报。

（6）依法申报缴纳税款。乡镇企业应当依法办理税务登记，按期进行纳税申报，足额缴纳税款。

（7）加强产品质量管理。乡镇企业应当加强产品质量管理，努力提高产品质量；生产和销售的产品必须符合保障人体健康，人身、财产安全的国家标准和行业标准；不得生产、销售失效、变质产品和国家明令淘汰的产品；不得在产品中掺杂、掺假，以假充真，以次充好。

（8）依法使用商标标志。乡镇企业应当依法使用商标，重视企业信誉；按照国家规定，制作生产经营的商品标识，不得伪造产品的产地或者伪造、冒用他人厂名、厂址和认证标志、名优标志。

（9）遵守环境保护法规。乡镇企业必须遵守有关环境保护的法律、法规，按照国家产业政策，在当地人民政府的统一指导下，采取措施，积极发展无污染、少污染和低资源消耗的企业，切实防治环境污染和生态破坏，保护和改善环境；建设对环境有影响的项目，必须严格执行环境影响评价制度；建设项目中防治污染的设施，必须与主体工程同时设计、同时施工、同时投产使用，并必须经环保行政主管部门验收合格后，方可投入生产或使用。同时，乡镇企业不得采用或者使用国家明令禁止的严重污染环境的生产工艺和设备；不得生产和经营国家明令禁止的严重污染环境的产品；排放污染物超过国家或者地方规定标准、严重污染环境的，必须限期治理，逾期未完成治理任务的，依法关闭、停产或转产。

（10）执行劳动保护法律。企业必须遵守有关劳动保护、劳动安全的法律、法规，认真贯彻执行安全第一、预防为主的方针，采取有效的劳动卫生技术措施和管理措施，防止生产伤亡事故和职业病的发生；对危害职工安全的事故隐患，应当限期解决或者停产整顿。严禁管理者违章指挥，强令职工冒险作业；发生生产伤亡事故，应当采取积极抢救措施，依法妥善处理，并向有关部门报告。

此外，《乡镇企业法》还对违反该法的行为规定了明确的法律责任，以及对行政处罚决定不服的，申请行政复议和行政诉讼的程序，从而有效地保护各方当事人的合法权益。

思考题

1. 什么是特殊企业法？本章的特殊企业之间有何不同的法律特征，请比较其主要异同之处？

2. 个人独资企业的法律特征有哪些？

3. 个人独资企业的设立条件是什么？

4. 关于个人独资企业投资人的权利与责任是如何规定的？

5. 个人独资企业的解散、清算与注销的法律规定有哪些？

6. 什么是外商投资企业？外商投资企业法具体包括哪些法律？

7. 外商投资企业有何特点？组建外商投资企业应注意哪些法律问题？

8. 中外合资经营企业的资本构成的具体要求有哪些？

9. 如何理解中外合作经营企业的法律地位？

10. 中外合作经营企业的收益分配和风险或亏损分担是如何规定的？

11. 自由贸易区设立外商投资企业有哪些特殊的规定？

12. 什么是负面清单？负面清单有什么作用？

13. 什么是全民所有制企业？什么是集体所有制企业？

第三编　企业交易与产权保护法

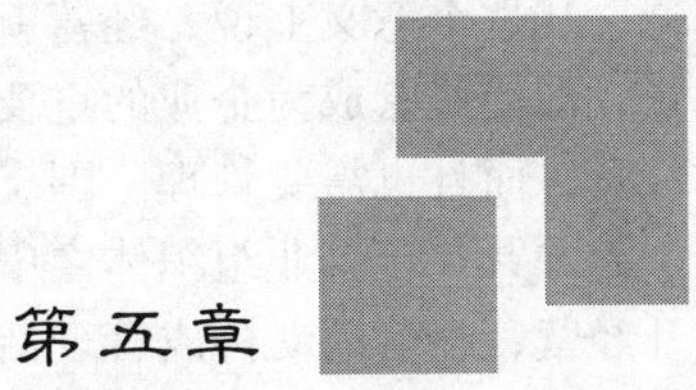

第五章

民法总则

导入案例

公司经营过程中导致刘某损害，其责任应该由谁承担?

甲、乙、丙经协商共同成立德利搬家有限责任公司，甲为董事长并担任公司的法定代表人，乙为业务经理，丙为财务负责人。公司章程约定：购置公司财产超过10万元的，应当经过三人协商同意。为更换车辆，更好地承接任务，甲未经与乙丙协商即订购了一辆价值20万元的运货车。在一次搬运的过程中，公司员工王某、李某工作中打闹嬉戏不慎将客户赵某阳台上的一盆花碰落，恰巧砸在行人刘某的头上，刘某为此支付了医疗费和其他费用8万。在购买车辆及对刘某责任的承担上，甲与乙丙产生纠纷。

【问题思考】

1. 甲所签订车辆买卖合同效力如何?
2. 刘某所受损害应该由谁承担责任？为什么?

一、民法概述

(一) 企业经营与民法

企业，作为市场经营主体，是最重要的民事主体，不管其表现形态如何，其设立、存在的目的和价值，就是要通过各种生产经营活动，获取更多的经济利益，使企业得到不断的成长和发展。因此，经营对于任何一个现代企业都是至关重要的，它是企业获取经济利益的重要途径，也是企业对外进行经济活动的重要形式。

在现代企业管理理论中，所谓经营，是指在商品生产中，一定的经济组织参与商品流通过程，根据自己的经营目标和内部条件，对社会环境、市场环境等客观情况的变化，作出相应的决策，以期保证获得尽可能大的经济效益的一系列活动的总称。从这个意义上说，经营就是企业的生产、销售等活动。这是狭义经营论者的主张，即使经营成为企业的重要经济活动。而从企业的整个活动来看，企业不仅需要经营，而且也需要管理。围绕着企业的经济活动，企业的经营和管理是密切联系在一起并共存于企业组织体之中，企业的经营活动中有管理活动，企业管理又脱离不开经营，经营活动构成管理活动的对象，管理活动又是为经营服务的。没有有效的管理，经济组织的经营目标就无法很好地实现，经营决策也达不到应有的效果。没有明确的经营目标，管理就失去方向。经营方针决定之后，管理工作就为实现这个方针服务。其两者是相辅相成的，而且都要以相应的法律、法规作为依据，使经营活动和管理活动都得到充分的规范、引导和保障，从而使企业的经营管理得到法律保护而立于不败之地。

规范企业经营活动的法律，主要是民商法。这是因为，我们所指的企业经营，专指企业的生产、销售等活动，即企业参与市场交易活动，包括企业为实现其经营目标而进行市场调查和预测、产品开发、重大经营决策以及产后销售和服务等全过程经济活动。企业这些经营活动所发生的各种经济关系基本上都是平等主体之间的横向的经济关系或财产关系，具体表现为商品交换和商品流转关系。而在商品经济、市场经济条件下，调整平等主体的或横向的经济关系的法律规范，主要是民事法律规范和商事法律规范，由此构成企业经营活动与民商法律制度之间的密切关系。本书之所以把民法作为企业经营管理的基本法，其立论根据就在于此。

（二）民法的基本特征

所谓民法，是指调整平等民事主体的自然人、法人、其他组织之间的人身关系和财产关系的法律规范总称。目前，我国尚未编撰完成统一、完整的民法典，我国现行民法主要包括民法通则、物权法、合同法、著作权法、专利法、商标法、婚姻法、收养法、继承法、侵权责任法等相关民事法律法规。按照我国现行民商事法律的立法精神，民法作为规范商品经济、市场经济的基本法，区别于经济法、行政法等法律，具有鲜明的法律特征：

1. 民法调整的主体是平等的民事主体。民法作为商品经济的基本法，规范的都是商品经济关系，而参与商品经济关系的商品生产者、销售者和消费者，在商品交换时都必须遵循商品交换的客观规律原则，平等地、自主地进行各种交换，因而要求这些主体，不管是自然人、法人还是其他组织，其在法律地位上都应该是平等的。民法就是为实现商品交换的正常、有序的进行，通过法律形式确立各类民事主体的平等法律地位，使之成为商品经济、市场经济的真正竞争主体，它与行政法、经济法调整的具有行政隶属关系、不平等的主体关系是明显不同的。

2. 民法调整的对象是平等的民事关系。它包括平等的经济关系或财产关系和平等的人身关系。前者是平等民事主体在商品交换活动中所发生的各种财产关系或经济关系，如物权关系、债权关系、知识产权关系等；后者是平等民事主体在商品经济活动中所发生的各种人身关系，如公民、法人的人格权关系和身份权关系等。从而，确定了民法所调整的商品经济、市场经济的基本范围。这些都是民事主体参加商品活动的基本条件，由民法作出明确的规定，有利于建立和维护良好的商品经济、市场经济秩序。这一特征使之与行政法调整的行政关系，经济法调整纵向经济管理关系即政府宏观管理关系、宏观调控关系相区别。

3. 民法调整的方法是平等的民事方法。不同的法律部门由于所调整的社会关系不同，因而采取了不同调整方法和制裁手段。刑法在调整其社会关系时采取的是刑事强制方法，追究犯罪分子一定刑事责任，根据不同罪名实施不同刑事制裁手段；行政法、经济法在调整其行政管理关系和经济管理关系时，采取的是行政强制方法，追究相应的行政责任、经济责任，施以一定的行政制裁手段；而民法在调整平等的民事关系中，由于其主体法律地位平等性质所决定，他们在发生民事关系时，应遵循自愿、公平、等价有偿、诚实信用的原则，同时法律还允许当事人在法律规定的范围内自由地处分自己的权利，体现商品生产经营者意思自治原则。概括地说，民法在调整民事关系时，采取了平等自愿、等价互利、自由处分的独特民事方法，违反了民事法律规定，应采取民事制裁手段，追究当事人相应的民事责任。其责任方式包括停止侵害；排除妨碍；消除危险；返还财产；恢复原状；修理、重作、更换；赔偿损失；支付违约金；消除影响、恢复名誉；赔礼道歉十类，其性质应属于补偿与救济的民事方法。

（三）民法的体系及内容

在国外，如法国、德国、日本等大陆法系国家，民法体系包括总则、物权、债权、亲属权、继承权五方面内容。我国法学理论上主张民法应包括民事主体制度、民事法律关系制度、民事法律行为制度、代理制度、时效制度、物权制度、债权制度、知识产权制度、人身权制度、继承权制度、民事责任制度等内容。但不管怎样规定，民法作为商品经济、现代市场经济的一个基本法律制度，其许多法律规定，都和现代企业的经营行为、管理行为有着密切的关系，企业要使自己的经营管理活动得到社会认可和法律保障，就必须严格按照民法规定的各项民事法律制度去规范自己的经营行为，调整各种民事关系，使自己各项经营管理活动，受到民事法律的有效保障。

二、有关民事主体的主要规定

企业的经营，不仅涉及自身的主体资格问题，而且也涉及对方的主体资格问题。为保证经营交易之安全，维护正常市场经济秩序，企业在经营中应特别注意民法有关民事主体制度的规定。

（一）自然人

1. 自然人是基于自然规律而出生和存在的生命体。公民是具有一国国籍、依据该国宪法和法律享有权利和承担义务的自然人。自然人是法人的对称。因为民法被认为是私法，自然人也就属于私法的范畴，而公民则是相对于公法而言的，是公权的主体。我国《民法通则》第二章的标题为“公民（自然人）”，似乎认为公民和自然人是同一概念。然而，公民与自然人并非同一概念，自然人的外延比公民广。公民是自然人，但自然人并非一定是公民，自然人还包括在本国的外国人和无国籍人。依我国《民法通则》的立法精神，根据第8条的规定，实质上把公民概念等同于自然人概念，而在后来制定的《合同法》，修订的《商标法》、《著作权法》都使用自然人概念。但不管使用哪一种概念，自然人或公民都是最大量、最基本的民事主体。但自然人要成为民事主体，参加民事活动，必须依法具有民事权利能力和民事行为能力。

2. 自然人的民事权利能力。这是指由法律直接规定和确认的自然人享有民事权利承担民事义务的能力或资格。民事权利能力是民事主体法律上的人格或主体资格。自然人只有具备了民事权利能力，才能参与民事活动。自然人的民事权利能力一律平等，平等性是自然人民事权利能力的首要特征；其次是不可转让性，民事权利能力与自然人不可分离，故不得转让、抛弃。自然人民事权利能力从出生时起至死亡时终止。自然人被依法宣告死亡，同样产生民事权利能力终止的法律后果。

3. 自然人的民事行为能力。这是指民事主体能够独立地行使民事权利、承担民事义务的能力或资格。具有民事权利能力，是自然人获得参与民事活动的资格，但能不能运用这一资格，还受自然人的理智、认识能力等主观条件的制约。换句话说，理智不健全而具有权利能力的自然人，若任其独立参与民事活动，可能会损害自己，也可能会损害别人。所以，有民事权利能力的自然人，不一定就有民事行为能力，两者确认的标准不同。民事行为能力的有无与自然人的意思能力有关。自然人的民事行为能力受自然人的年龄、智力状况和精神、健康情况影响，可分为三类：①完全民事行为能力人。这是指年满18周岁、智力健全能独立参与民事活动、承担民事责任的人。对于16周岁以上不满18周岁，能以自己的劳动收入为主要生活来源的，视为完全民事行为能力人，依照规定可以独立进行民事法律行为。②限制民事行为能力人。10周岁以上的未成年人和不能完全辨认自己行为的精神病人，可以进行与其年龄、智力和精神、健康状况相适应的民事活动，其他民事活动由其法定代理人代理进行或征得法定代理人同意后进行。③无民事行为能力人。不满10周岁的未成年人或完全不能辨认自己行为的精神病人，其民事活动应由法定代理人代理进行。为了保护无行为能力和限制行为能力人的合法权益，维护正常的经济秩序，民法通则还规定了监护制度，使之成为维护无行为能力人和限制行为能力人合法权益的一项重要的民事法律制度。

从以上民法有关自然人的主要规定来看，要求企业在经营活动中应当注意民事主体的民事权利能力和民事行为能力状况，从而有力保证民事主体资格的合格性和各种民事法律关系的合法性、有效性。

（二）法人

1. 法人是指具有民事权利能力和民事行为能力，依法独立享有民事权利和承担民事义务的组织。“人”在民法中意为民事主体，自然人是依自然规律产生的民事主体，而法人是与自然人对称的，是由法律创造的“人”。法人制度为大陆法系民法特有的制度。我国《民法通则》规定的法人，既可以作为民事主体享受权利，负担义务，又可以以独立财产承担责任，即出资人负担有限责任，这一制度与大陆法系基本“接轨”。《民法通则》规定法人必须具备四个条件：即依法成立；有必要的财产或经费；有自己名称、组织机构和场所；能独立承担民事责任。由此形成法人具有独立的组织、独立的财产、独立的责任三大基本特征。由此使法人成为最重要、最有能量的民事主体。

2. 法人的能力。法人作为规范的民事主体，必须依法具有民事权利能力和民事行为能力。法人的能力是一种特殊的民事权利能力和民事行为能力，它是由法律直接规定或设立法人组织章程和宗旨或依法核准的经营范围来具体确定的，而且法人的民事权利能力和民事行为能力的范围和起止相同，使之明显区别于自然人的权利能力和行为能力。同时，法律还要求法人必须依照法律规定或核准经营范围从事民事活动。

3. 法人的分类。对于法人，法律是采取分类管理的，因此，要对法人按一定标准进行分类。我国《民法通则》按法人的功能、设立方法以及财产来源的不同，把法人分为四类，即企业法人、机关法人、事业单位法人、社会团体法人。企业法人是指从事商品生产经营活动，以营利为目的法人，如公司；后三类法人则是指非从事生产经营活动，不以营利为目的的法人。这些社会组织，依其设立宗旨分别承担行政管理、社会公益或其他职责活动，为了保证其履行职责的需要，法律规定这些组织可以自己的必要财产或经费参加民事活动，以更好地完成自身的任务，但除法律另有规定外，这类法人不得从事企业经营活动。由于法人分类不同，法律对法人的设立、变更、终止规定了不同的条件、程序和后果。

4. 企业法人的责任。我国《民法通则》规定，企业法人在核准范围内从事生产经营活动受法律保护。企业法人对其法定代表人及其工作人员在经营活动中所产生的过错承担责任。其责任包括民事责任、行政责任及刑事责任三种：企业法人违反法律规定：①有超出登记机关核准登记的经营范围从事非法经营的；②向登记机关、税务机关隐瞒真实情况、弄虚作假的；③抽逃资金、隐匿财产、逃避债务的；④解散、被宣告破产后，擅自处理财产的；⑤变更、终止时不及时申请办理登记和公告，使利害关系人遭受重大损失；⑥从事法律禁止的其他活动，损害国家利益或者社会公共利益之一情形时，除企业法人要承担经济责任外，企业法定代表人还应承担相应的行政责任，构成犯罪的，应依法追究其刑事责任。这在实质上确立了法人犯罪制度（即单位犯罪制度）。

（三）其他民事主体

1. 个体工商户与农村承包经营户。个体工商户是指依法经核准登记，在法律允许的范围内从事工商业经营的个体劳动者。个体工商户构成个体经济，成为我国社会主义市场经济的重要组成部分，我国法律保护个体经济的合法权益。农村承包经营户是指在农村集体经济组织中，依照承包合同约定，在法律允许的范围内从事商品经营的农村集体经济组织成员。农村承包经营户是农村集体经济组织在新时期出现的新的组织经营形式。两户是我国改革开放中产生的新的民事主体，民法通则确立其“自然人”法律地位，并明确规定其权利义务和财产责任：个人经营的，以个人财产承担责任；家庭经营的，以家庭财产承担责任。

2. 个人合伙。这是指两个以上的自然人，按照合伙协议约定，各自提供资金、实物、技术等，合伙经营、共同劳动组成的经济组织。个人合伙是我国经济体制改革中出现的一种新的经济形式和民事主体，具有合伙发生的协议性、财产的共有性、经营的共同性、责任的无限性及连带性等法律特征。我国民法通则确立个人合伙的法律地位，确认其主体法律资格，使之成为市场竞争主体，通常称为其他组织。为此，民法通则还对个人合伙的财产关系作了原则规定，合伙企业法作有更为具体的规定。

（1）合伙财产是合伙人按份集合的共有财产。合伙人有权统一管理和使用，任何合伙人不得擅自抽取所投入的财产。合伙人在经营合伙事务中，可以指定负责人或执行人负责合伙经营活动，执行人负有向全体合伙人报告其经营状况和财产状况的义务，其他合伙人有权对合伙事务进行监督和检查。

（2）合伙盈余按照合伙协议规定进行分配。合伙经营所得的盈余，是合伙组织的共有财产，属全体合伙人共同所有。应由合伙人按照合伙协议规定的办法或各自出资额比例进行分配。如合伙协议没有规定或规定不明确，也可由合伙人平均分配盈余。

（3）合伙债务由合伙人共同负担清偿。《民法通则》规定，合伙的债务，由合伙人按照出资比例或协议的约定，以各自的财产承担清偿责任。除法律另有规定的以外，合伙人对合伙债务承担连带责任，偿还合伙债务超过自己应当承担数额的合伙人，有权向其他合伙人追偿。由此确立了在合伙债务关系中，合伙人对外承担无限及连带的财产责任，对内发生的是按份责任。

3. 联营。这是指企业之间、企业与事业单位之间，按照联营协议而发生的横向经济联合关系的一种经济形式。联营是我国经济体制改革中出现的新事物，由于联营形式多样，经济关系较为复杂，人们叫法不一。我国《民法通则》有专节规定，确立了各类联营的法律地位：

（1）法人式联营，也称为紧密型联营。这是企业之间或者企业、事业单位之间联营，组成新的经济实体，独立承担民事责任，具备法人条件，经主管机关核准登记，取得法人资格。这类联营其突出特点是：①联营体为新的经济实体，并取得企业法人资格，以企业法人对名义外独立地进行经济活动；②联营体财产系独立财产，与联营各方财产分开，并实行独立核算，独立承担财产责任。

（2）合伙式联营，也称为较紧密型联营。这是企业之间或者企业、事业单位之间联营，共同经营、不具备法人条件的，由联营各方按照出资比例或者协议的约定，以各自所有的或者经营管理的财产承担民事责任。依照法律的规定或者协议的约定负连带责任的，承担连带责任。由于这类联营属合伙性质，依照法律规定不能取得法人资格，但可以参加民事活动，以自己所有或经营管理的财产承担民事责任。至于是否负连带责任，应依法律规定或协议约定来确定。

（3）协议式联营，也称为松散型联营。这是企业之间或者企业、事业单位之间联营，按照合同的约定各自独立经营，它的权利和义务由合同约定，各自承担民事责任。这类联营组成的松散联营体，一切权利义务和责任皆由合同具体规定，并以各自独立经营为特点。

三、有关代理制度的主要规定

企业经营是企业重要行为，通常是通过企业法人机关或法定代表人的行为能力来实现的，但在现代市场经济条件下，企业经营活动范围越来越广泛，经营内容也更加丰富多样，需要通过委托众多的代理人来进行，因此，建立完善的代理制度就成为企业经营的重要手段。这涉及企业权益及社会经济秩序等重要问题，应引起企业特别重视。

（一）代理的概念

代理是指代理人在代理权限内，以被代理人的名义实施民事法律行为，由此产生的法律后果由被代理人承担的一种民事法律制度。代理涉及三方当事人：①在设定、变更或者终止民事权利义务关系时需要得到别人帮助的人，即被代理人或称本人；②能够给予被代理人帮助，代替他实施意思表示或者受领意思表示的人，即代理人；③代理关系之第三人。自然人和法人均可充当代理人，但法律有特别规定的商事代理，非经商业登记，不得从事该项代理。例如证券买卖代理，非有证券业务资格的商事特别法人，不得从事该业务。

代理有狭义广义之分。狭义代理仅指代理人以本人的名义进行的代理，即直接代理，也称显名代理；广义的代理，还包括间接代理，即代理人以自己名义实施民事法律行为，尔后将该行为效果间接归于本人的代理，也称隐名代理。我国《民法通则》规定的是直接代理，但《合同法》在“委托合同”一章中，又规定了间接委托，实质上承认了隐名代理。

代理的特征主要表现为：代理人是以被代理人的名义在代理权限范围内进行民事活动；代理实施的行为必须是有法律效果的行为；代理人进行代理活动时独立地进行意思表示；代理行为所产生的法律效果直接由被代理人承担。在现代社会经济生活中，代理适用范围十分广泛，但民事法律行为中的身份行为，因其有专属性，不得代理，如结婚、离婚、收养等身份行为，不得代理。随着社会经济发展，代理适用范围越来越加广泛，并向着代理专业化方向发展。因此，建立完善的代理法律制度十分重要。

（二）代理的种类

代理依其发生根据不同分为法定代理、指定代理和委托代理三种。法定代理是指直接根据法律规定而产生的代理；指定代理是指根据有关机关的指定行为所产生的代理；委托代理是指根据被代理人的委托授权行为而产生代理。法定代理主要是为民事法律行为能力欠缺者设计的，法律根据自然人之间的亲属关系，如父母子女、夫妻等而直接规定的代理权。如果有法定监护资格的人之间对担任监护人有争议时，则需要由指定机关指定法定代理人，故指定代理在本质上还是法定代理。企业经营中所涉及的主要是委托代理。企业代理是企业法定代表人通过委托授权或签订委托合同而发生的。因此，委托授权书必须明确、具体载明代理人的姓名或名称，代理事项、权限和期间，并由委托人签名或盖章。如因委托授权不明确，被代理人应向第三人承担民事责任，代理人负连带责任。在委托代理中因委托授权情况不同，代理又分为全权代理与部分代理、总代理与分代理、单独代理与共同代理、直接代理与间接代理、本代理与复代理等。按照《民法通则》的规定，委托代理人为被代理人的利益需要转托他人代理的，应当事先取得被代理人的同意。事先没有取得被代理人同意的，应当在事后及时告诉被代理人，如果被代理人不同意，由代理人对自己所转托的人的行为负民事责任，但在紧急情况下，为了保护被代理人的利益而转托他人的代理除外。由此确立了转代理的法律要求。

（三）代理权的行使

代理作为重要的民事法律行为，其所产生的法律后果对于被代理人和第三人都是重要的。在代理关系中，代理权最为重要，不仅代理人的地位取决于它，而且代理人代理民事法律行为的范围，也取决于代理权。因此法律上要求代理人的代理权行使须合法、正当，要求代理人尽到合法、勤勉、亲自、善意代理之义务，如果代理人不履行职责而给被代理人造成损害的，应当承担民事责任，如果代理人滥用代理权或行为人进行无权代理，同样应承担相应的民事责任。

1. 滥用代理权。所谓滥用代理权，是指代理人利用行使代理权之便，作出损害被代理人利益的行为。其表现主要有自己代理、双方代理和恶意串通三种。我国《民法通则》规定，代理人和第三人串通、损害被代理人利益的，由代理人和第三人负连带责任。

2. 无权代理。所谓无权代理，是指非基于代理权而以本人名义实施的旨在将效果归属于本人的代理。委托代理以本人授予代理权为要件，无权代理与有权代理的区别就是欠缺代理权。我国《民法通则》规定，没有代理权、超越代理权或者代理权终止后的行为，只有经过被代理人的追认，被代理人才承担民事责任；未经追认的行为，由行为人承担民事责任；本人知道他人以本人名义实施民事行为而不作否认表示的，视为同意，由本人承担责任；第三人知道行为人无代理权仍与其实施民事行为给他人造成损害的，由第三人与行为人负连带责任。但是，有一种无权代理可构成表见代理，即在无权代理中，相对人有理由相信行为人有代理权的，该代理行为有效，这就是表见代理。这是因为，无权代理有效与否，法律不仅要考虑本人的利益，还要考虑善意相对人的利益。所以，法律对无权代理区别对待：对于表见代理，趋向于保护相对人，定为有效代理；对表见代理以外的狭义无权代理，赋予本人追认权和第三人撤销权，因此可以说，狭义无权代理属于效力待定的民事法律行为。因为在狭义无权代理中，是行为人既没有代理权，也没有使第三人相信其有代理权的表征，而以本人的名义所为的代理。

四、有关诉讼时效制度的主要规定

（一）诉讼时效的概念

时效，是指一定的事实状态持续地达到一定期间而发生一定财产法律效果的法律事实。时效是一种法定期限，与一般期限由当事人约定不同。时效依其适用的权利和法律效果区分，可分为取得时效和消灭时效，取得时效也称占有时效，是适用于物权的时效，我国法律没有规定。消灭时效，即诉讼时效，是债权人怠于行使权利持续到法定期间，其公力救济权归于消灭的时效。我国《民法通则》等民事法律规范规定的时效，就是属于诉讼时效，是指权利人在法定期间内不行使权利就丧失请求人民法院保护其民事权利的一项重要法律制度。

诉讼时效制度与其他民事制度相比较，其特征表现为：诉讼时效是权利人向法院提起诉讼的法定有效期限；诉讼时效届满即发生权利人丧失胜诉权的法律效果，但权利人的民事权利并不因诉讼时效届满而消灭。因此，建立健全的诉讼时效制度，对于稳定社会正常经济关系，督促权利人及时行使其权利以及人民法院及时、正确处理民事纠纷并维护权利人的合法权益都有着积极的意义。

（二）诉讼时效的一般规定

1. 一般诉讼时效。这是由民法规定适用于一般的民事权利的诉讼时效。《民法通则》规定一般诉讼时效期间为 2 年，从行为人知道或应当知道其权利受到侵害时起计算。

2. 最短诉讼时效。这是《民法通则》规定适用于特定民事权利的诉讼时效。《民法通则》对身体受到伤害要求赔偿的、出售质量不合格的商品未声明的、延付或拒付租金的、寄存财物被丢失或毁损请求赔偿的等四种情形，其诉讼时效期间规定为 1 年。

3. 特殊诉讼时效。这是由其他法律法规规定的适用于特殊民事权利的诉讼时效。如《合同法》对国际货物买卖合同和技术进出口合同诉讼时效规定为 4 年，《铁路货物运输规程》对权利人请求赔偿诉讼时效规定为 180 日，《专利法》规定专利权诉讼时效为 2 年，《产品质量法》规定产品质量缺陷造成损害赔偿诉讼时效为 2 年。所有这些都是针对特殊的民事权利而规定的特殊诉讼时效期间。

4. 最长诉讼时效。我国《民法通则》规定，诉讼时效期间从知道或者应当知道其权利被侵害时起计算。但是，从权利被侵害之日起超过20年的，人民法院不予保护。由此确立了我国最长诉讼时效期间为20年。

（三）诉讼时效的特别规定

在一般情况下，权利人可以通过运用一般诉讼时效制度对其权利实现诉讼保护，但在特殊情况下，权利人无法在诉讼时效期间内行使诉权，为了有效地维护权利人的合法权益，我国《民法通则》规定了诉讼时效中止、中断及延长制度。

1. 诉讼时效期间中止。这是规定在诉讼时效期间的最后6个月内，由于发生不可抗力或其他障碍等事由，权利人不能行使请求权，诉讼时效期间暂停计算，从障碍事由消除之日起，诉讼时效继续计算。其他障碍事由按照最高人民法院解释主要是指权利被侵害的无民事行为能力人、限制民事行为能力人没有法定代理人或法定代理人死亡、丧失代理权，或者法定代理人本人丧失行为能力以及可以认定为其他障碍不能行使请求权的，适用诉讼时效中止。

2. 诉讼时效期间中断。这是规定在诉讼时效进行中，因出现权利人提起诉讼，当事人一方提出请求或者同意履行义务等法定事由而中断，从中断时起，诉讼时效期间重新计算，原来经过的时效期间统归无效。当事人请求，除权利人向义务人请求外，最高人民法院解释还应包括权利人向保证人、债务的代理人或者财产代管人，以及向人民调解委员会或者有关单位提出保护民事权利的请求，都可产生诉讼时效中断的效果。

3. 诉讼时效期间延长。这是规定人民法院对已经届满的诉讼时效给予适当延长的制度。我国《民法通则》规定，有特殊情况的，人民法院可以延长诉讼时效。这一特殊情况依照最高人民法院的解释，是指权利人由于客观的障碍在法定诉讼时效期间不能行使请求权的，由法院决定给予延长。但诉讼时效延长制度仅适用于最长诉讼时效期间，而不适用于一般、最短或特殊的诉讼时效期间；一般的、最短的或特殊诉讼时效可适用诉讼时效中止或中断的规定，但最长诉讼时效则不适用诉讼时效中止或中断的规定。企业在维护自己各项民事权利中，一定要特别注意诉讼时效的各项规定，千万不要发生类似“权利不用，过期作废”的现象而使企业蒙受损失。

1. 什么是民法？民法与经济法有何区别？为什么称民法是市场经济基本法律？
2. 自然人与法人有哪些区别？
3. 物权制度、债权制度、知识产权制度与搞好企业经营活动有何重要的意义？
4. 什么是委托代理？什么是表见代理？什么是无权代理？三者之间是什么关系？
5. 建立健全的诉讼时效制度有什么积极意义？企业应当如何运用时效制度保护自己的合法权益？

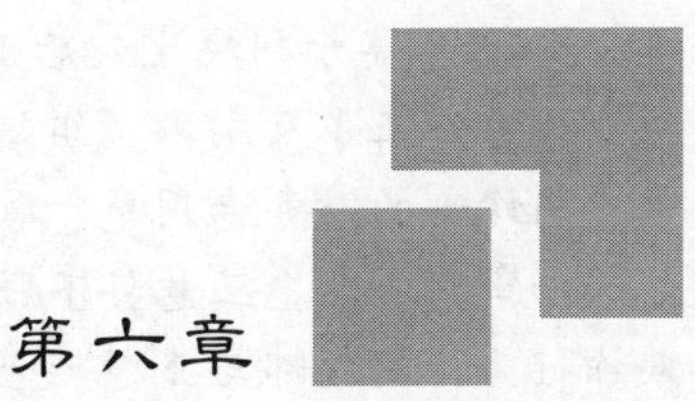

第六章

合同法

北京天人信和诊所为什么打不赢合同官司?

原告（被上诉人）：北京天人信和诊所（以下简称门诊部）

被告（上诉人）：王慧英，女，1960年1月1日出生，汉族，无业

原告门诊部诉称：2005年5月，门诊部与王慧英签订聘任协议。协议规定：在合同期间，王慧英担任门诊部的法定代表人，并且每年向门诊部的股东支付10万元的利润。但王慧英除2005年5月支付了5万元以外，拒绝按照协议规定支付第二期承包费5万元。故起诉要求终止与王慧英所签订的合同，王慧英支付5万元并退还其占有的门诊部的企业法人营业执照正本、医疗机构执业许可证正本及副本、组织机构代码书正本、税务登记证正本及副本、税控机一台、门诊部的财务专用章、收费专用章。

被告王慧英辩称：门诊部聘任王慧英为主任的合同，名为聘任，实为承包。合同实质为门诊部向王慧英出借、转让医疗机构执业许可证。上述行为是违反有关行政法规的行为，因此聘任合同是无效合同，王慧英不同意门诊部的诉讼行为。

一审法院审理认为：聘任合同含有聘任和承包经营的双重权利义务内容，并且内容并不违反法律法规的规定，为有效合同。王慧英没有按照合同的规定及时足额向门诊部交纳承包费，已构成违约，而且该违约行为已经影响到门诊部签订合同目的的实现，是根本违约。因此，根据《中华人民共和国合同法》第60条第1款、第90条第4项的规定，判决如下：

1. 解除门诊部与王慧英所签订的聘任合同。

2. 王慧英于判决生效后10日内给付门诊部承包金5万元。

3. 王慧英于判决生效后10日内退还门诊部企业法人营业执照正本、医疗机构执业许可证正本及副本、组织机构代码书正本、税务登记证正本及副本、税控机一台、门诊部的财务专用章、收费专用章。

一审判决后，王慧英不服，上诉称：门诊部不具有签订合同主体资格并且存在欺诈行为，门诊部与王慧英签订协议时，没有经营场所、工作人员及任何医疗器材，不具备医疗条件，仅向王慧英提供了医疗证照，王慧英与门诊部签订聘任协议书前与门诊部没有任何关系，门诊部的行为属规避法律的行为，因此应认定聘任协议书无效。据此，请求法院撤销一审判决，并判定聘任协议书无效，由门诊部承担合同无效的法律责任。

门诊部答辩称：门诊部具有签约主体资格，在合同履行过程中，门诊部完成了合同义务，不存在欺诈行为，聘任协议书具有聘任和承包的双重性质，其内容并无法律禁止的内容，应认定有效。据此请求本院维持一审判决。

二审法院认为，依据门诊部与王慧英签订的聘任协议书，门诊部在没有经营场所、从业人员、医疗器材及运营资金的情况下，仅向王慧英提供了医疗证照，赋予王慧英经营门诊部的相关资质，将王慧英聘为其法定代表人，使王慧英承包天人信和诊所在表面形式上合法化。从上述协议内容，应认定门诊部与王慧英之间实质是承包经营权的转让，是规避我国行政法规禁止性规定的行为，门诊部的上述行为违反了《医疗机构管理条例》第23条的规定，即“《医疗机构执业许可证》不得伪造、涂改、出卖、转让、出借”。因此，门诊部与王慧英的上述行为实质是以合法形式掩盖非法目的，双方签订的聘任协议书应认定无效。依据《中华人民共和国合同法》第52条第3项、第56条、第58条之规定，判决如下：

1. 撤销北京市西城区人民法院（2006）西民初字第07716号民事判决。

2. 门诊部与王慧英签订的聘任协议书无效。

3. 门诊部于本判决生效之日起10日内退还王慧英承包费5万元。

4. 王慧英于本判决生效之日起10日内退还门诊部名称为“北京民科门诊部”的门诊部企业法人营业执照正本、医疗机构执业许可证正本及副本、组织机构代码书正本、税务登记证正本及副本、税控机一台、门诊部的财务专用章、收费专用章。

5. 驳回门诊部的其他诉讼请求。

【问题思考】

1. 双方当事人所订立的聘任协议书应属于什么性质的合同关系？从法理上应该怎样正确把握其性质？

2. 为什么一审法院与二审法院对北京天人信和诊所与王慧英签订的聘任协议书的效力作出不同的判决？

3. 对无效合同应该如何处理？

一、合同法概述

（一）合同和合同法

合同法是调整平等主体之间合同关系的法律规范的总称，合同法是民法的重要组成部分，是最典型的私法。

合同是指平等主体的自然人、法人、其他组织之间设立、变更、终止民事权利义务的协议。它有以下法律特征：①合同是当事人之间在自愿基础上达成的协议，是双方或多方的民事法律行为；②合同当事人的法律地位平等；③合同所确立的是民事法律关系。

合同的概念非常广泛，合同法所称合同是民事合同，不包括行政合同、劳动合同等其他法律部门所规定的合同。同时，民事合同又有财产关系的和身份关系的两大类合同，合同法所称合同是指有关财产的协议，至于婚姻、收养、监护等有关身份关系的协议，适用其他法律的规定，不适用合同法。

1999年3月15日第九届全国人民代表大会第二次会议通过了《中华人民共和国合同法》（以下简称《合同法》），其法律结构是：总则8章，分则15章；共23章另加附则，计428条。

（二）合同法的基本原则

《合同法》的基本原则贯穿于整个合同法律制度和规范中，是《合同法》的根本准则，也是制定、解释和执行合同法总的指导思想。

1. 平等原则。合同当事人的法律地位平等，一方不得将自己的意志强加给另一方。平等原则要求合同双方当事人，无论是自然人还是法人，无论其所有制的性质和经济实力的强弱，他们在法律上的地位一律平等，任何一方不得把自己的意志强加给对方。法律对双方提供平等的法律保护。

2. 自愿原则。当事人依法享有自愿订立合同的权利，任何单位和个人不得非法干预。自愿原则亦称合同自由原则，是指当事人依法享有是否缔约、选择缔约伙伴、决定合同的内容和方式等方面的自由。合同的本质是当事人自由意志的结合，这种合同不仅在当事人间有相当于法律的效力，而且法院应当充分尊重当事人的意志，不得变更合同的内容或强制执行合同。因此，只要不违反法律、道德和公共秩序，当事人都享有合同自由。

3. 公平原则。当事人应当遵循公平原则，确定各方的权利和义务。公平原则是当事人缔约合同关系，尤其是确定合同内容时所应遵循的基本原则。它要求由当事人一方或第三方确定合同内容时，只有在该内容符合公平原则时，始得对他方当事人发生效力。

4. 诚实信用原则。当事人行使权利、履行义务应当遵循诚实信用原则。诚实信用要求人们在市场活动中讲究信用，恪守诺言，诚实无欺，在不损害他人利益和社会利益的前提下追求自己的利益。诚实信用是市场经济活动的道德准则，是道德准则的法律化。

5. 遵守法律原则。当事人订立、履行合同，应当遵守法律、行政法规，尊重社会公德，不得扰乱社会经济秩序、损害社会公共利益。此项原则一方面要求合同当事人应当遵守，另一方面由于它属于一般条款，不可能作出具体的禁止性规定，因此授权法院针对具体案件进行价值补充，以求获得公正裁判。建立和维护公共秩序是法律的最终目标。

（三）合同的分类

合同可以根据它们的不同特点，从不同角度按照不同标准进行分类。

1. 双务合同与单务合同。这是根据当事人所享权利及承担义务的关联性来划分的。双务合同是指双方均享有权利和承担义务的合同，如买卖合同、租赁合同、运输合同等。单务合同是指一方享有权利，另一方承担义务的合同，如赠与合同、借用合同等。

2. 有偿合同与无偿合同。这是根据当事人是否可从合同中获取某种利益来划分的。有偿合同是指双方当事人各自享有一定权利而偿付相应代价的合同。绝大多数反映交易关系的合同都是有偿的。无偿合同是指一方给付对方某种利益，对方取得该利益时并不支付任何报酬的合同，如单务合同等。

3. 诺成合同与实践合同。这是根据合同成立的时间和方式的不同来划分的。诺成合同是指双方当事人达成协议后即能发生法律效果的合同，即“一诺即成”的合同，如租赁合同、委托合同等。实践合同是指双方当事人协商一致后，尚需交付标的物才能成立的合同，故又称要物合同，如保管合同、运输合同等。

4. 要式合同与不要式合同。这是根据合同是否应以一定的形式为要件来划分的。要式合同是指必须依据法律规定的方式而成立的合同。如中外合资经营企业的合同，须经国家批准后方可成立。不要式合同是指当事人订立的合同依法不需采取特定形式，当事人可以采取口头形式、书面形式或其他形式即可是成立。

5. 有名合同与无名合同。这是根据法律上是否规定了一定合同的名称来划分的。有名合同是指法律上已经确定了一定的名称及规则的合同，合同法分则规定的15 种合同都是有名合同。这些规定是为了进一步规范合同关系，促进当事人正确订约。无名合同是指法律上尚未确定一定的名称与规则的合同。由于交易关系与当事人合意内容的复杂性，出现无名合同是在所难免的。根据“合同自由”原则，只要不违背法律和社会公共利益，当事人可自由订立无名合同。

二、合同法总则规定的一般规则

（一）合同订立规则

1. 合同订立的条件。合同订立，是指缔约人为意思表示并达成合意的过程和协议。合同的订立应具备下列条件：①合同主体合格。规定当事人订立合同，应当具有相应的民事权利能力和民事行为能力。当事人依法可与委托代理人订立合同。②合同形式适法。规定当事人订立合同，有书面形式、口头形式和其他形式。法律、行政法规规定采用书面形式的，应当采用书面形式。当事人约定采用书面形式的，应当采用书面形式。③合同内容合法。规定合同的内容由当事人约定，一般包括以下条款；当事人的名称或者姓名和住所、标的、数量、质量、价款或者报酬、履行期限、地点和方式、违约责任、解决争议的方法等，均应符合法律要求。④合同方式规范。规定合同订立应当采取要约和承诺的方式，符合合同订立的规则。

2. 要约。

（1）要约的条件。要约是希望和他人订立合同的意思表示。要约应当具备下列条件：①要约必须是特定的合同当事人所为的意思表示。要约可以由合同当事人任何一方提出，但是发出要约的人必须是特定的合同当事人。②要约必须具有缔结合同的主观目的，即要约人主动要求与被要约人订立合同。这是要约与要约邀请的主要区别。要约邀请是希望他人向自己发出要约的意思表示。如价目表、拍卖公告、招股说明书、商业广告等。③要约必须表明经受要约人承诺，要约人即受该意思表示约束。④要约内容应具体确定。要约人可以在要约中列明比较详细的合同条款，也可以比较为简明地规定合同的主要条件。⑤要约必须向要约人希望与之缔结合同的相对人发出。要约相对人包括特定的和不特定的人。

（2）要约的拘束力。要约的拘束力即法律效力，具体表现在两个方面：①对要约人的约束力。这是指要约一经生效，要约人即受要约人的拘束，不得擅自撤回、撤销或对要约加以限制、变更和扩张，其目的在于保护受要约人的利益，维护正常交易安全。②对受要约人的拘束力。这是指受要约人于要约发生效力时，取得依其承诺而成立合同的法律地位。要约到达受要约人时生效。采用数据电文形式订立合同，收件人指定特定系统接收数据电文的，该数据电文进入该特定系统的时间，视为到达时间；未指定特定系统的，该数据电文进入收件人的任何系统的首次时间，视为到达时间。

（3）要约的撤回、撤销和失效。要约的撤回，其撤回通知必须在要约送达受要约人之前或者同时送达受要约人，才能发生撤回要约的效力。要约一旦送达受要约人，即发生法律效力，不能撤回。要约的撤销，是指要约在发生法律效力后，要约人欲使其丧失法律效力的意思表示。撤销要约的通知应在受要约人发出承诺通知之前到达受要约人。但有下列情形之一的，要约不得撤销：①要约人确定了承诺期限或者以其他形式明示要约不可撤销；②受要约人有理由认为要约是不可撤销的，并已经为履行合同作了准备工作。要约的失效是指要约丧失其法律效力。《合同法》规定有下列情形之一的，要约失效：①拒绝要约的通知到达受要约人；②要约人依法撤销要约；③承诺期限届满，受要约人未作出承诺；④受要约人对要约的内容作出实质性变更。

3. 承诺。

（1）承诺的条件。承诺是受要约人同意要约的意思表示。承诺应当符合下列条件：①承诺须由受要约人作出。根据要约拘束力的原则，唯有受要约人才能获得承诺的权力。②承诺须向要约人作出。承诺是对要约的同意，必须向要约人作出，才能达到缔约的目的。③承诺的内容须与要约的内容一致。承诺是受要约人愿意按照要约的全部内容与要约人订立合同的意思表示。如果受要约人对要约的内容加以扩张、限制或变更，便不构成承诺，而是对原要约的拒绝，是一种新的要约，或称反要约。在实践中，一项合同的成立，往往要经过要约、反要约、再反要约直到承诺的讨价还价过程。④承诺应在要约有效期内作出。定有承诺期限的要约，承诺须于期限内作出方为有效。未定承诺期限的要约，如以对话方式作出的，应当即时作出承诺，如以非对话方式作出的，承诺应当在合理期限内到达。承诺应当以通知的方式作出，但根据交易习惯或者要约表明可以通过行为作出承诺的除外。

（2）承诺的生效。承诺的生效是指承诺生效的时间，即承诺什么时候产生法律效力。由于要约因承诺而使合同成立，因此承诺生效时即合同成立。《合同法》对承诺效力作了具体规定：①承诺生效方式。承诺通知到达要约人时生效。承诺不需要通知的，根据交易习惯或者要约的要求作出承诺的行为时生效。②承诺的撤回。由于承诺一经到达要约人即生效，合同也随之成立，所以撤回承诺的通知必须先于承诺到达要约人，否则不得撤回其承诺。③承诺的迟到。规定受要约人超过承诺期限发出承诺，除要约人及时通知受要约人该承诺有效的以外，为新要约。④承诺迟延。规定受要约人在承诺期限内发出承诺，按照通常情形能够及时到达要约人。但因其他原因承诺到达要约人时超过承诺期限的，除要约人及时通知受要约人因承诺超过期限不接受该承诺的以外，该承诺有效。

4. 合同的成立。

（1）合同成立的意义。合同成立是指合同订立过程，要约承诺阶段的完成，即当事人经过平等协商对合同内容达成一致意思。合同成立与合同生效往往密切联系在一起，只有使合同生效，才能实现订约的目的。但是合同成立与合同生效毕竟是两个不同的概念，两者存在着区别：①合同成立只说明合同的存在，合同生效则是合同发生效力制度；②合同成立制度主要表现当事人的意志，体现合同自由原则，而合同生效制度则体现了国家对合同关系的肯定或否定的评价；③合法合同从成立起具有法律效力。正确认识它们之间的关系，对司法实践具有重要意义。

（2）书面合同的成立。①当事人采用合同书形式订立合同的，有双方当事人签字或者盖章时合同成立。但在某些情况下，如附延缓条件和附始期的合同，合同的成立和生效时间不一致。②当事人采用信件、数据电文等形式订立合同的，可以在合同成立之前要求签订确认书，签订确认书时合同成立。确认书实际上是与承诺联系在一起。双方达成书面协议后，一方要求以其最后的确认为准，这样他所发出的确认书实际上是其对要约作出的最终的、明确的、肯定的承诺。③采用合同书形式订立合同，在签字或者盖章之前当事人一方已经履行主要义务的，对方接受的，该合同成立。④当事人采用合同书形式订立合同的，双方当事人签字或者盖章的地点为合同成立的地点。

（3）非书面合同成立。①依《合同法》的规定，法律、行政法规规定或者当事人约定采用书面形式订立合同，当事人一方未采用书面形式但一方已经履行主要义务，对方接受的，该合同有效。②不要式合同以承诺生效的地点为合同成立的地点。采用数据电文形式订立合同的，收件人的主营业地为合同成立的地点；没有主营业地的，其经常居住地为合同成立的地点。当事人另有约定的，按照其约定。

5. 格式条款。这是当事人为了重复使用而由一方预先拟定，并在订立合同时未与对方协商的条款，如车船票、保险单等。《合同法》允许使用格式条款，但规定了严格规范的要求：①采用格式条款订立合同的，提供格式条款的一方应当遵循公平的原则确定当事人之间的权利和义务，并采取合理的方式提请对方注意免除或者限制其责任的条款，按照对方的要求，对条款予以说明。②格式条款具有合同法规定的合同无效和免责条款无效情形的，或者提供格式条款一方免除其责任、加重对方责任、排除对方主要权利的，该条款无效。③对格式条款的理解发生争议的，应当按照通常理解予以解释。对格式条款有两种以上解释的，应当作出不利于提供格式条款一方的解释。格式条款和非格式条款不一致的，应当采用非格式条款。

6. 缔约责任。这是指在缔约过程中，一方因违背其依据诚实信用原则所应负的义务，而造成另一方的信赖利益的损失，并应承担的民事责任。它不同于违约责任。《合同法》规定构成缔约责任有以下两种情况：①当事人在订立合同过程中有下列情形之一，给对方造成损失的，应当承担损害赔偿责任：一是假借订立合同，恶意进行磋商；二是故意隐瞒与订立合同有关的重要事实或者提供虚假情况；三是有其他违背诚实信用原则的行为。②当事人在订立合同过程中知悉的商业秘密，无论合同是否成立，不得泄露或者不正当地使用，泄露或者不正当地使用该商业秘密给对方造成损失的，应当承担损害赔偿责任。

（二）合同效力规则

1. 合同的有效。一般情况下，合同的有效必须具备以下条件：①合同主体合格。即行为人具有相应的民事行为能力；②意思表示真实；③合同内容合法。即合同的权利义务和标的不违反法律或者社会公共利益。依法成立的合同，自成立时生效。法律、行政法规规定应当办理批准、登记等手续生效的，按照其规定。

2. 附条件、附期限的合同。规定当事人对合同的效力可以约定附条件。附生效条件的合同，自条件成就时生效。附解除条件的合同，自条件成就时失效。当事人对合同的效力可以约定附期限。附生效期限的合同，自期限届至时生效。附终止期限的合同，自期限届满时失效。

3. 效力待定的合同。①限制民事行为能力人订立的合同，其效力处于不确定状态，经法定代理人追认后，该合同有效，但纯获利益的合同或者与其年龄、智力、精神健康状况适应而订立的合同，不必法定代理人追认。②无权代理人代订的合同，在被代理人追认后，该合同生效。被代理人拒绝追认，该合同无效。但表见代理合同成立。③法人或其他组织的法定代表人、负责人超越权限订立的合同，除相对人知道或者应当知道其超越权限的以外，该行为有效。④无处分权的人处分他人财产，经权利人追认或者无处分权的人订立合同后取得处分权的，该合同有效。

4. 合同的无效。这是指合同虽然已经成立，但因违反法律、行政法规或公共利益，或严重欠缺合同有效条件，因此应被确认为无效。①合同的无效具有违法性、不得履行性、自始无效性和当然无效性等特征。②合同无效主要包括以下几种情况：一方以欺诈、胁迫的手段订立合同，损害国家利益；恶意串通，损害国家、集体或者第三人利益；以合法形式掩盖非法目的；损害社会公共利益；违反法律、行政法规的强制性规定。③免责条款，是指当事人以协议排除或限制其未来责任的合同条款。免责条款订入合同中并不表明它一定有效。合同中的下列免责条款无效：一是造成对方人身伤害的；二是因故意或者重大过失造成对方财产损失的。

5. 合同的撤销。这是指因意思表示不真实，通过撤销权人行使撤销权，使已经生效的合同归于消灭。①合同撤销的条件。一般情况下，因重大误解订立的合同，显失公平订立的合同，以及一方以欺诈、胁迫的手段或乘人之危，使对方在违背真实意思的情况下订立的合同，受损害方有权请求人民法院或者仲裁机构变更或者撤销。②撤销权的期限。规定具有撤销权的当事人自知道或者应当知道撤销事由之日起一年内没有行使撤销权的，或者具有撤销权的当事人知道撤销事由后明确表示或者以自己的行为放弃撤销权的，撤销权消灭。③撤销的效力。规定无效的合同或者被撤销的合同自始不具有法律拘束力。合同部分无效，不影响其他部分效力的，其他部分仍然有效。

6. 合同无效或被撤销后的法律责任。①合同无效或者被撤销后，因该合同取得的财产，应当予以返还；不能返还或者没有必要返还的，应当折价补偿。②有过错的一方应当赔偿对方因此所受到的损失，双方都有过错的，应当各自承担相应的责任。③当事人恶意串通，损害国家、集体或者第三人利益的，因此取得的财产应当收归国家所有或者返还集体、第三人。

（三）合同的履行规则

1. 合同履行原则。合同履行，是指债务人全面地、适当地完成其合同义务，债权人的合同债权得到完全实现。合同履行的原则，除适用合同法的基本原则外，还有专属合同履行的原则。

（1）全面履行原则。这是指当事人按照合同规定的本义务及附随义务全面地履行了自己应尽的义务的原则。本义务是指当事人在合同条款中明确约定的义务。附随义务，是指合同中虽未明确规定，但依照合同的性质、目的或者交易习惯，当事人应当遵循诚实信用的原则履行包括通知、协助、保密等义务。

（2）适当履行原则。这是当事人在订立合同时，某些条款没有约定或约定不明确，当事人在合同履行中不能达成补充协议的，或按照合同有关条款或者交易习惯仍不能确定的，当事人应当依照有关法律规定或社会普遍认可的方式适当履行，也称为正确履行原则。其具体规定：①质量要求不明确的，按照国家标准、行业标准履行；没有国家标准、行业标准的，按照通常标准或者符合合同目的的特定标准履行。②价款或者报酬不明确的，按照订立合同时履行地的市场价格履行；依法应当执行政府定价或者政府指导价的，按照规定履行。③履行地点不明确的，给付货币的，在接受货币一方所在地履行；交付不动产的，在不动产所在地履行；其他标的，在履行义务的一方所在地履行。④履行期限不明确的，债务人可以随时履行，债权人也可以随时要求履行，但应当给对方必要的准备时间。⑤履行方式不明确的，按照有利于实现合同目的的方式履行。⑥履行费用的负担不明确的，由履行义务一方负担。

（3）情势变更原则。这是指在合同有效成立之后，非因当事人双方的过错而发生情势变更，致使继续履行显失公平，因此根据诚实信用原则，当事人可以请求人民法院予以变更或解除合同的原则。

2. 合同履行规则。这是指在合同履行中针对某种特定的情形规定的可适用的具体原则。

（1）价格变动履行规则。执行政府定价或者政府指导价的，在合同约定的交付期限内国家价格调整时，按照交付时的价格计价。逾期交付标的物的，遇价格上涨时，按照原价格执行；价格下降时，按照新价格执行。逾期提取标的物或者逾期付款的，遇价格上涨时，按照新价值执行；价格下降时，按照原价格执行。其立法规则是：保护守约方，制裁违约方。

（2）代位受领以及履行规则。①代位受领规则。当事人约定由债务人向第三人履行债务的，债务人未向第三人履行债务或者履行债务不符合约定，应当向债权人承担违约责任。②代位履行规则。当事人约定由第三人向债权人履行债务的，第三人不履行债务或者履行债务不符合约定，债务人应当向债权人承担违约责任。其立法规则是：无论是代位受领还是代位履行，只要发生违约行为，都不能免除债务人违约责任。

（3）合同履行中提前履行和部分履行规则。债权人可以拒绝债务人提前履行债务，但提前履行不损害债权人利益的除外。债务人提前履行债务给债权人增加的费用，由债务人负担；债权人可以拒绝债务人部分履行债务，但部分履行不损害债权人利益的除外。债务人部分履行债务给债权人增加的费用，由债务人负担。可见，提前履行和部分履行规则是以是否损害债权人利益为原则。其立法规则是：都以债权人利益和意思为标准。

3. 合同履行中的抗辩权制度。抗辩权，是指在符合法定条件时，当事人一方对抗对方当事人的履行请求权，暂时拒绝履行其债务的权利。《合同法》规定有同时履行抗辩权、后履行抗辩权和不安抗辩权三种。

（1）同时履行抗辩权。这是指双务合同的当事人一方在对方未为对待给付以前，可以拒绝履行自己的债务之权利。《合同法》规定当事人互负债务，没有先后履行顺序的，应当同时履行。一方在对方未履行之前有权拒绝其履行要求。一方在对方履行债务不符合约定时，有权拒绝其相应的履行要求。

(2) 后履行抗辩权。这是当事人互负债务，约定有先后履行顺序的，先履行一方未履行的，后履行一方有权拒绝其履行要求，先履行一方履行债务不符合约定的，后履行一方有权拒绝其相应的履行要求。

(3) 不安抗辩权。这是指因双务合同互负债务并向他方先为给付者，如他方的财产于订约后显著减少，有难为对待给付之可能时，在他方未为对待给付或提出担保之前，可以拒绝自己给付的权利。《合同法》规定：应当先履行债务的当事人，有确切证据证明对方有下列情形之一的，可以中止履行：①经营状况严重恶化；②转移财产、抽逃资金、逃避债务；③丧失商业信誉；④有丧失或者可能丧失履行债务能力的其他情形。当事人没有确切证据中止履行的，应当承担违约责任。适用不安抗辩权中止履行时，应当及时通知对方；对方提供适当担保时，应当恢复履行。中止履行后，对方在合理期限内未恢复履行能力并且未提供适当担保的，中止履行的一方可以解除合同。

4. 合同履行中的保全制度。

(1) 债权人的代位权。这是指债务人怠于行使其到期债权，对债权人造成损害时，债权人可以以自己的名义代位行使债务人的权利。债权人代位权的行使方式是裁判方式，即债权人只可以请求人民法院以自己的名义代位行使债务人的债权。债权人行使代位权的范围，应以债务人的债权为限，不包括债务人自身的权利(如人格权、抚养权等)。债权人行使代位权的必要费用，由债务人负担。

(2) 债权人的撤销权。这是指当债务人放弃对第三人的债权、实施无偿或低价处分财产而有害于债权时，债权人可以依法请求法院撤销债务人所实施的行为。撤销权的行使范围以债务人的债权为限。债权人行使撤销权的必要费用，由债务人负担。

(四) 合同的变更和转让规则

1. 合同的变更。合同变更有广狭两义。广义的合同变更，是指合同的内容、标的和主体发生变动。主体的变更使新主体取代原主体，但合同的内容并没有发生变化。债权人变更的称债权转移，债务人变更的称债务转移。故也称为合同转让。这里所讲的是狭义的合同变更，即合同内容的变更，是指合同成立以后，尚未履行或尚未完全履行前，当事人就合同的内容达成修改和补充的协议。包括对标的数量的增减，改变交货地点、时间、价款或结算方式等局部变更。如果合同内容全部发生变化，就不是合同变更，而是原合同的消灭，新合同产生。当事人对合同变更的内容约定不明确的，推定为未变更。但法律、行政法规规定变更合同应当办理批准、登记手续的，依照其规定。

2. 合同转让。这是指合同主体的变更，实际上是合同权利义务的转让，包括合同权利的转让、合同义务的转让、合同权利义务一并转让三种。

(1) 合同转让的条件。合同转让须具备下列条件：①转让的合同须为合法的合同关系；②合同的主体发生变动；③合同的转让须依当事人协议或依法律直接规定以及法院裁决；④遵守法律要求的方式进行转让。

(2) 合同权利的转让。这是指合同债权人通过协议将其债权的全部或部分转让给第三人的行为。在权利全部转让时，受让人取代转让人成为合同当事人，原合同关系消灭，产生新的合同关系。在权利部分转让时，受让人参加原合同关系，与原债权人共同享有债权，合同之债成为多数人之债。合同转让本质上是一种交易行为，应当鼓励，但转让的范围有一定的限制：①根据合同性质不得转让，主要有四种：一是根据个人信任关系而发生的债权（如委托债权人）；二是以选定的债权人为基础发生的合同权利（如以特定演员为演出的合同）；三是内容中有针对特定当事人不作为义务的合同（如禁止某人使用某项财产）；四是从权利不得与主权利相分离而单独转让。②按照当事人约定不得转让。当事人可以在订立合同时或订立合同后约定禁止任何一方转让合同权利。任何一方违反此种约定而转让合同权利，将构成违约行为。③依照法律规定不得转让。如依照法律规定应由国家批准的合同，权利的转让必须经原批准机关批准，如不批准，则权利的转让无效。债权人转让权利的，应通知债务人。未经通知，该转让对债务人不发生效力。债务人接到债权转让通知后，债务人对让与人的抗辩，可以向受让人主张。

(3) 合同义务的转让。这是债务人将合同的义务全部或部分转移给第三人的行为。合同义务的全部转让，是债权人或者债务人与第三人之间达成协议，由第三人取代原债务人承担全部债务。此种债务的转让有两种方法：通过债权人与第三人之间的协议，或债务人与第三人之间的协议。对后一种方法发生的债务转让，应当经债权人同意。债务转让发生效力后，第三人代替债务人的地位而成为当事人，他可以原债务人的抗辩权对债权人进行抗辩，并承担与主债务有关的从债务。合同义务的部分转让，是第三人加入合同关系，与债务人共同向同一债权人承担债务。此种转让经过合同当事人的协商，可能发生两种形式，即按份债务或连带债务。

(4) 合同权利和义务一并转让。这是由原合同当事人一方将其债权债务一并转让给第三人，由第三人继受债权债务。它可以依据当事人之间订立的合同发生，也可以因法律的规定而产生。①依据当事人之间订立的合同而发生的一并转让，只能是双务合同。由于第三人已完全取代了原合同当事人一方的地位，因此原合同关系已发生消灭，而产生了新的合同关系。在合同当事人一方与第三人达成协议的，必须经另一方当事人同意后方可生效。②当事人订立合同后合并的，由合并后的法人或者其他组织行使合同权利，履行合同义务。当事人订立合同后分立的，除债权人和债务人另有约定的以外，由分立的法人或者其他组织对合同的权利和义务享有连带债权，承担连带债务。

（五）合同终止规则

1. 合同终止的意义。合同终止，是指根据法律规定，合同订立后，因某种法律事实的出现而导致合同双方当事人的权利义务归于消灭。合同的终止，应注意以下两个问题：

（1）合同终止的原因。合同的产生和终止，均基于一定的法律事实。能够引起合同终止的法律事实，即合同终止的原因有：①债务已经按照约定履行；②合同解除；③债务相互抵销；④债务人依法将标的物提存；⑤债权人免除债务；⑥债权债务同归一个人；⑦法律规定或者当事人约定终止的其他情形。

（2）合同终止的效力。①合同终止最常见、最主要的形式是债务已经按照约定履行。合同规定的双方当事人的权利义务已经履行完毕，合同即告终止，同时使合同的担保及其他权利，如抵押权、质押权、留置权等也归于消灭。②合同的权利义务终止后，当事人在必要时仍应承担因原合同关系而产生的保密、协助、通知等附随义务。当事人违反这些义务，也应承担损害赔偿责任。③合同的权利义务终止，不影响合同中结算和清算条款的效力。

2. 解除和抵销。

（1）解除。这是指合同法律效力提前消灭的情形。当事人可在合同中约定或事后协商一致解除合同，也可以由当事人一方在出现不可抗力或对方当事人违约情形下依法解除合同。①约定解除。经当事人协商一致，可以解除合同。当事人可以约定一方解除合同的条件，解除合同的条件成就时，解除权人可以解除合同。②法定解除。合同解除的法定条件是：因不可抗力致使不能实现合同目的；在履行期限届满之前，当事人一方明确表示或者以自己的行为表明不履行主要债务；当事人迟延履行主要债务，经催告后在合理期限内仍未履行；当事人一方迟延履行债务或者有其他违约行为致使不能实现合同目的；法律规定的其他情形。③解除权的行使。法律规定或当事人约定解除权行使期限的，期限届满当事人不行使的，该权利消灭。④解除的程序。当事人一方主张解除合同的，应当通知对方。根据法律规定解除合同应当办理批准、登记手续的，依照其规定。⑤解除的后果。合同解除后，尚未履行的，终止履行，已经履行的，根据履行情况和合同性质，当事人可以请求恢复原状，采取其他补救措施，并有权要求赔偿损失。

（2）抵销。这是指双方互负债务时，各以其债权充当债务之清偿，使双方债务在对等额内相互消灭。它可分为合意抵销与法定抵销两种。合意抵销不受法定抵销条件限制，只要当事人双方就抵销达成合意即可发生效力。法定抵销，由抵销权当事人根据法律规定的抵销构成要件，单方意思表示即可发生效力。抵销的法定条件主要有：①当事人互负债务、互享债权；②当事人互负债务均已届满清偿期；③当事人互负债务标的物种类、品质相同。但按照合同的性质（如与人身不可分离的债务：抚恤金、退休金等）或者依照法律规定（如法院采取民事强制措施的财物等）不得抵销时，则不能抵销。

3. 提存、免除、混同。

（1）提存。这是指由于债权人的原因而无法向其交付债的标的物时，债务人将该物提交给提存机关而使债务消灭的制度。①提存条件。提存的前提条件是债务已届清偿期，债权人迟缓受领或下落不明或死亡而未定继承人等原因，使债务人难以履行义务。②提存程序。提存通常由债务人提出申请，经主管机关批准后，将标的物交给提存机关。提存的标的，为债务人依债务的规定应当给付的标的物，并以适宜提存的为限。③提存效力。标的物提存后，毁损、灭失的风险由债权人承担。提存期间，标的物的孳息归债权人所有。提存费用由债权人负担。债权人有权依法领取提存物。

（2）免除。这是指债权人放弃自己的债权，免去债务人的全部或部分债务的单方法律行为。债权人与债务人也可通过订约免除债务人的债务。免除必须由债权人向债务人作出免除的意思表示。免除使债权人与债务人之间的合同关系依免除的范围而全部或部分消灭。免除不能撤回。

（3）混同。这是指合同的债权人和债务人因某种原因合为一人的一种法律事实。它主要有两种情况：①概括承受，如合同双方由于合并而成为一个新的法人；②特定承受，即债务人受让债权人债权或债权人承受债务人的债务时，合同的债权债务同归一人。合同因混同而消灭。但混同涉及第三人（如质权人）的债务，合同仍然具有效力。

（六）违约责任规则

1. 违约责任的含义。依《合同法》的规定包括一般违约责任和预期违约责任两类。

（1）一般违约责任。这是指合同当事人一方不履行合同义务或者履行合同义务不符合约定，依照法律的规定或者合同的约定必须承担的法律责任。其特点表现为：①违约责任的前提是一般违约行为，即当事人一方不履行合同义务或者履行合同义务不符合约定；②违约责任仅相对于本合同的特定当事人之间；③违约责任可由当事人在法律规定的范围内约定；④违约责任是民事责任的一种形式，并兼具有惩罚性和补偿性。

（2）预期违约责任。这是指当事人一方明确表示或者以自己的行为表明不履行合同义务的，对方可以在履行期限届满之前请求其承担违约责任。其特点表现为：①违约行为发生在合同依法成立之后，履行期限届满之前。其违约是一种不能履约的危险，而不是实际违约；②预期违约所侵害的客体是对方的期待利益，而不是现存利益；③预期违约须是有效合同，无效合同不存在预期违约问题；④一方主张对方预期违约，请求追究违约责任时间是在合同履行期届满之前，并由其承担举证责任；⑤预期违约是一种客观标准，必须是一方明确表示或以自己的行为明确表明。

2. 违约责任的方式。违约责任的方式主要有违约损害赔偿、继续履行、违约金责任、定金责任等。

（1）继续履行。这是指合同一方当事人不履行义务时，对方当事人可以要求继续履行，而不能以金钱赔偿来代替，债务人不继续履行的，债权人可以请求人民法院强制继续履行。

（2）违约金。这是指合同当事人一方违反合同，依法律规定或合同约定向对方当事人支付一定数额金钱的违约责任。当事人一方违约时，应根据违约情况向对方支付一定数额的违约金，也可以约定因违约产生的损失赔偿额的计算方法。约定的违约金低于或高于违约所造成的损失的，当事人可以请求法院或仲裁机构予以增加或减少。

（3）损害赔偿。这是指债务人违反合同义务而给对方造成损失，依据合同规定应承担损害赔偿责任。损失赔偿额应当相当于因违约造成的损失，包括合同履行后可以获得的利益，但不得超过违反合同一方订立合同时预见到或者应当预见到的因违反合同可能造成的损失。经营者对消费者提供商品或者服务有欺诈行为的，依照《消费者权益保护法》的规定承担损害赔偿责任。

3. 免责条件。这是指在合同履行中，因出现法定和约定的免责条件而导致合同不能履行，债务人将被免除履行义务。因不可抗力不能履行合同的，根据不可抗力的影响，部分或者全部免除责任，但法律另有规定的除外。当事人迟缓履行后发生不可抗力的，不能免除责任。当事人一方因不可抗力不能履行合同的，应当及时通知对方，以减轻可能给对方造成的损失，并且应当在合理期限内提供证明。

三、合同法分则规定的合同类型

（一）转移财产类合同

所谓转移财产合同，也称转移财产所有权合同，是指当事人一方把一定财产的占有、使用、收益和处分的权利完全转移给另一方当事人，另一方当事人予以承受的合同。在转移财产合同中，出让方必须对被转让的财产依法享有充分的支配权利和完全处分权利，可以依照转让合同将其财产权利完全转移给合同的另一方当事人，受让方依合同取得该项财产所有权。同时，转让方还须保证该项转让财产不被第三人追索。

转移财产合同，在我国既包括有偿转让财产合同，如买卖、互易、供用电、水、气、热力等合同，也包括无偿转让财产合同，如赠与合同。其共同特征表现为：

1. 转移财产的目的是满足人们对转让财产的直接占有、使用的经济需求。在转让财产合同中，出让方要把合同指定的财产完全转移给受让方长期占有、使用，以满足受让方的生产、生活某种需要。这一特征使之与提供劳务类合同有明显区别，虽然在提供劳务合同中也发生某些财产的转移，但这种转移是为了让占有财产一方为提高该项财产的价值而进行劳务性劳动，而不是让他们使用。

2. 转移财产的后果是出让人和受让人之间财产支配权的彻底转让。从表面上看，转移财产合同仅是财产的转移，而在实质上，出让人在财产转让合同中出让的是财产支配权、完全所有权，该项财产依合同一经转移，出让人就不再享有该项财产的任何权利，受让人依照合同取得该项财产全部权利。这一特征使之与租赁、借贷等财产用益类合同根本区别，在财产用益合同中，虽然也发生财产的占有、使用权利的转移，但原财产所有权人、经营权人对转移的财产并不丧失其所有权。

（二）财产用益类合同

所谓财产用益合同，是指民事主体之间，一方将自己所有或经营管理的财产交给另一方使用收益的合同。这一类合同也是调整财产流转关系的一种重要法律形式。《合同法》规定财产用益合同主要有借款合同、租赁合同、融资租赁合同三种。

财产用益合同与转让财产合同有着许多相同之处，都发生财产从一方交付另一方的事实，既可以是有偿合同，也可以是无偿合同。但财产用益合同又具有区别于财产转让合同的某些法律特征：

1. 财产用益合同仅转移财产用益权，而不发生财产所有权的转移。转让财产合同中，发生财产所有权从一方当事人转移给另一方当事人的结果，而在财产用益合同中，只发生财产使用权从一方当事人转移至另一方当事人的后果，转移财产一方仅仅让渡其财产占有权、使用权、收益权，并不改变其处分权，因此不失去其财产所有权；而使用财产一方当事人对转移的财产只享有占有，使用、收益的权利，而无处分之权利，并且还要依照合同之约定返还所转移的财产归转移方所有。

2. 财产用益合同所转移的财产为现实存在的可转移物。在转让财产合同中，作为合同的标的物可以是现实存在之物，也可以是尚未生产出来的物，只要是法律许可其流通的物即可；而在财产用益合同中，其标的物不仅要求是法律允许流通的物，而且只能是现实存在的物，现实不存在或正在生产的物是不可能转移用益的。同时，该用益之物还必须具有可转移性质。

（三）提供行为类合同

这是指民事主体之间就一方当事人为另一方当事人完成一定工作，或提供一定劳务或服务，另一方当事人接受工作成果或接受劳务服务并支付约定的报酬的合同。

提供劳务合同，或完成工作成果合同，统称为提供行为类合同，其作为合同法分则上的分类，明显不同于转让财产合同和财产用益合同，具有以下突出的法律特征：

1. 主体具有限定性。在提供行为合同中，作为合同的委托方（如承揽合同的定作人、建设工程合同的发包人、运输合同的托运人、保管合同寄托人等）是没有任何限制的，凡对劳务服务有需求的自然人、法人及其他组织都可以充当。但对合同的受托人、劳务的承担人，则有一定的限制，不可能是所有的自然人、法人或其他组织、而必须具备能够完成一定工作成果和提供一定劳务服务的能力、资格或信用的“人”，因而具有一定的人身性和信用性，使之同买卖合同的卖主不同，一般要求承担者亲自履行义务，未经同意不得将所完成的工作或承担劳务转包给其他人。

2. 标的具有特定性。买卖合同的标的，可以是特定物，但更多为种类物，而在提供劳务的合同中，合同的标的不是种类物，不是大批生产的成品，也不可能通过市场购买，只能通过完成特定的行为，提供特定的劳务或服务来实现。因此，其标的是一种特定行为，它可以是完成一定工作成果的行为，也可以是提供一般的劳务行为，还可以是提供特殊劳务服务的行为。

3. 履行具有协作性。一般合同，合同的履行完全是当事人分别独立的活动，而提供劳务合同则不同，为保证合同的全面履行，要求合同双方当事人密切协作和相互支持，由此构成了合同协作性的突出特征。《合同法》规定在承揽合同中，承揽人对定作人提供的材料应当及时检验，发现不符合约定时，应当及时通知定作人更换；承揽人发现定作人提供的图纸或者技术要求不合理的，应当及时通知定作人；同时，承揽人在工作期间，应当接受定作人的必要的监督检查；承揽工作需要定作人协助的，定作人负有协助义务。

（四）智力成果类合同

所谓智力成果合同，也称为知识产权合同，是指平等主体之间依法订立的以作品、商标、专利、非专利技术等智力成果作为标的的合同，包括技术合同、作品出版合同、商标转让及许可使用合同、专利转让及许可使用合同等。

智力成果合同作为一种新型合同，除具有一般合同的诺成、双务等特征外，还具有自己某些突出的法律特征：

1. 主体特定性。在智力成果合同中，作为合同承受方、使用方的当事人，可以是自然人、法人、其他组织，只要对该项智力成果有需求，法律许可其成为合同一方当事人，可以不受限制，使其适用范围十分广泛。但作为合同的转让方的当事人，应是该项智力成果的权利人，即智力成果权人，也称知识产权人，它包括发明人、发现人、专利权人、商标权人、作品的作者、其他科技成果权人，以及依法继受这些权利的继受人，都有权依法将自己所拥有的智力成果在法定期限内转让给他人，或者许可他人使用，除以上这些特定人以外，其他任何组织或个人均无权成为智力成果权人。

2. 标的特殊性。智力成果合同的标的是一种无形的智力成果，这一成果是人类智慧的结晶，是一种无形财产。从表面上看，智力成果本身不直接表现有经济利益或财产权益，但这种智力成果一旦转让或使用就会产生相应的经济利益，而且这种成果开发创造比较艰难，学习利用却比较容易，其成果极容易受到侵害，保护任务十分艰巨。标的特殊性使之与一般物权区别明显。

3. 类型多样性。属于智力成果合同的范畴和类型多种多样，不仅包括著作权许可使用合同，图书、报刊出版合同；表演演出合同，录音录像许可使用合同；广播电台、电视台节目播放许可合同；专利权、商标权转让合同，专利、商标许可使用合同；技术开发合同、技术转让合同、技术咨询合同、技术服务合同等；而且还包括国家主管机关为落实科研项目，推广科技成果与有关科研机构、企业、高等院校签订的研究、试制、转化科技成果合同以及科研机构、企业、大学内部实行的科研项目承包合同等。

四、有关合同担保的主要规定

（一）担保与担保法

担保，也称合同担保、债的担保，是指按照法律规定或者当事人约定，合同的双方当事人为了督促债务人履行债务，保障债权的实现而采取的担保债务履行的一种方式。合同担保，是民法上的一项重要民事法律制度，它是为保障债权而设立的，随着债的制度的产生而产生。

合同担保，作为重要的民事制度，既具有普通民事制度的一般特征，又具有不同于其他民事制度特殊的法律特征：

1. 合同担保具有从属性。担保之债是从债，与被担保之债之间是一种主从关系，是对主债效力的补充和加强，受主债效力的制约。

2. 合同担保具有自愿性。合同担保，除法定担保外，多数皆为约定担保。约定担保，是当事人通过自愿订立担保合同而设立的，采取担保形式及担保范围均由当事人商定，法律一般不加干涉。

3. 合同担保具有目的性。不论设定何种担保，当事人设定担保的目的都十分明确，都是为了确保债权人的债权能够得到实现。

担保的性质、特征及作用，决定了它在债的关系、合同关系中的地位，而规范和调整担保当事人之间的担保关系的法律规范，就是担保法。为了规范担保关系，建立完备的担保法律制度，全国人大先后在相关法律中作出了规定。最早规定担保方式的是1981年《经济合同法》和1985年《涉外经济合同法》，1986年《民法通则》对债的担保规定有四种方式，1995年《担保法》全面而具体地规定了五种担保制度，2007年《物权法》从担保物权角度规定了抵押权、质权和留置权等三类物权担保。物权担保已在“物权法”章作了介绍，这里仅就定金担保和保证担保作一介绍。

（二）担保合同

担保合同，是指债权人与债务人或者第三人约定，以担保法或合同法、物权法规定的担保方式，担保其债权实现的合同。它包括保证合同、抵押合同、质押合同、定金合同等，留置权属于法定担保方式，无须订立合同。担保合同是主合同的从合同，它以主合同的存在为前提和根据。因而，它随着主合同的履行而消灭，随着主合同无效而无效。但有两个例外情形：

1. 主合同有效而担保合同无效。这是当事人虽然订立了，但法律上不承认其效力的担保合同。构成担保合同无效的原因有二：①因主合同无效而发生担保合同无效；②因担保合同自身原因引起无效。其情况主要有：一是合同当事人无适法资格；二是合同行为违法；三是合同标的物违法；四是所有权、使用权不明或者有争议的财产；五是依法被查封、扣押、监管的财产；六是依法不得抵押的其他财产。担保合同被确认无效后，根据《担保法》的规定，债务人、担保人、债权人有过错的，应当根据其过错各自承担相应的民事责任。具体责任形式，适用《民法通则》、《合同法》有关无效民事行为、无效合同的规定。

2. 主合同无效，担保合同仍依约定有效。担保合同是从合同，但在某种情况下也可具有一定独立性，当事人可以约定主合同无效时，担保合同继续有效。如票据法上，票据保证不因所保证的债务无效而无效，除非被保证的债务是因汇票记载事项欠缺而无效外，其他均不会影响票据保证的保证效力。又如《最高人民法院关于贯彻执行〈中华人民共和国民法通则〉若干问题的意见（试行）》第111条规定，被担保的经济合同被确认无效后，如果被保证人应当返还财产或者赔偿损失的，除有特殊约定外，保证人仍应承担连带责任。

（三）有关保证担保的主要规定

1. 保证的含义。保证是保证人和债权人约定，当债务人不履行债务时，保证人按照约定履行债务或者承担责任的担保。保证作为一种从债，具有以下法律特征：

（1）保证具有从属性。这是指保证债务与所担保的主债务具有主从关系。

（2）保证具有补充性。这是指只有当债务人未履行其债务时，保证人才向债权人履行债务或者承担责任。但当债务人有履约能力时，债权人应先向债务人为履行请求，当债权人未向债务人请求其履行债务而直接向保证人请求代为履行债务时，保证人享有先诉抗辩权；当同一债权既有保证又有物的担保时，保证人仅对物的担保以外的债权承担保证责任；当债权人放弃物的担保时，保证人在债权人放弃权利的范围内免除其保证责任。

（3）保证具有伴随性。在保证期间，债权人依法将主债权转让给第三人的，保证人在原保证担保的范围内继续承担保证责任。但是，如果是主债务发生移转的，除非保证人同意，保证人的保证责任并不当然随主债务的移转而移转。因而，要求在债权人许可债务人转让债务时，应当取得保证人的书面同意，保证人对未经同意转让的债务，不再承担保证责任。

2. 保证的分类。

（1）根据保证方式可分为一般责任保证和连带责任保证。前者是指当事人在保证合同中约定，债务人不能履行债务时，由保证人承担保证责任的保证。后者是指当事人在保证合同中约定保证人与债务人对债务承担连带责任的保证。如果当事人对保证方式没有约定或者约定不明确，按照连带责任承担保证责任。这两者的主要区别是一般保证的保证人享有先诉抗辩权，但这一权利也不是绝对的，如法律明确规定某种情况出现，一般保证的保证人不得行使先诉抗辩权。

（2）根据保证所担保的范围可分为全部保证和部分保证。前者是指担保全部债务的保证。后者只对部分的债务承担担保履行的保证。保证的债务范围，保证合同应作出明确规定，合同对保证范围未明确规定的，应推定为保证全部债务。但对未经保证人同意担保的新增加的债务，保证人不承担保证责任。

(3) 有两个以上保证人的保证，按其承担保证责任的方式可分为按份保证和连带保证。前者是保证人按照合同约定的份额承担保证责任的。后者合同约定保证人是承担连带责任的。没有约定保证份额的，保证人承担连带责任。

(4) 根据保证人与主债务人的关系可分为独立的保证和从属的保证。前者是指保证债务的内容和形式与主债务相独立的保证。后者是指保证的产生以主债务的存在为前提的保证。我国担保法所规定的保证为从属的保证，但担保合同约定保证合同不因主合同无效而无效的，保证人的保证为独立的保证。

(5) 根据保证所担保的债务是否具有持续性可分为持续的保证和一时的保证。前者是指保证人为持续性债权关系中的债务人所作的保证。后者是对一次性给付的债权关系所作的保证。担保法规定的保证人与债权人就单个主合同订立保证合同，为一时的保证。

3. 保证人的资格和权利。

(1) 保证人的资格限制。保证人的主要任务是代为履行债务或承担责任，因此，充当保证人必须具有清偿债务的能力。只要具有代为清偿债务能力的法人、其他组织或者公民都可以作保证人。根据法律规定国家机关、学校、幼儿园、医院等以公益为目的的事业单位、社会团体；企业法人分支机构、职能部门均不得为保证人，但国家机关可以经国务院批准为使用外国政府或者国际经济组织贷款进行转贷而作出保证。

(2) 保证人的权利。保证人的主要责任是在债务人不履行债务时，代为履行债务或者承担责任。保证人在承担保证责任时，可行使下列权利：

抗辩权。这是债权人行使债权时，债务人根据法定理由，对抗债权人行使请求权的权利。保证人履行保证之债时，由于其是代债务人履行债务，所以债务人享有的抗辩权，保证人亦享有以对抗债权人的请求权。债务人放弃对债务的抗辩权时，不影响保证人，保证人仍享有权抗辩。

先诉抗辩权。一般保证的保证人在主合同纠纷未经审判或者仲裁，并就债务人财产强制执行仍不能履行债务前，对债权人可以拒绝承担保证责任。但是在下列情形下，保证人丧失先诉抗辩权：①债务人住所变更，致使债权人要求其履行债务发生重大困难的；②人民法院受理债务人破产案件，中止执行程序的；③保证人以书面形式放弃先诉抗辩权的。连带保证的保证人不享有先诉抗辩权。

代位权。保证人承担保证责任后，有权向债务人追偿。保证人的代位权通常是在其向债权人代为履行债务或承担责任后才能向债务人行使。但是，法律规定人民法院受理债务人破产案件后，债权人未申报债权的，保证人可以参加破产财产分配，预先行使追偿权。

(3) 保证人的免责。保证人在下列情况下，不承担保证责任：①保证人对未经其同意转让的债务，不再承担保证责任；②债权人与债务人未经保证人书面同意而协议变更主合同的，保证人不再承担保证责任；③一般保证的保证人因债权人在保证期间未对债务人提起诉讼或者申请仲裁而免责；④连带责任保证的保证人因债权人未要求其承担保证责任而免责；⑤对持续的保证，保证人可随时书面通知债权人不再承担保证责任；⑥同一债权人既有保证又有物的担保的，债权人放弃物的担保时，保证人在债权人放弃权利的范围内免除保证责任。除上述六种情况外，保证人对下列情形不但不承担保证责任，而且不承担相应的民事责任：一是主合同当事人双方串通，骗取保证人提供保证的；二是主合同债权人采取欺诈、胁迫等手段，使保证人在违背真实意思的情况下提供保证的。

4. 保证合同的内容。保证合同是保证人与债权人订立的关于债权人在债务人不履行债务时，保证人按照约定履行债务或者承担责任的书面协议。《担保法》规定，保证合同必须以书面形式订立，一般应包括以下内容：①被保证的主债权种类、数额；②债务人履行债务的期限；③保证的方式，包括一般保证和连带责任保证；④保证担保的范围，应载明保证人的保证是部分保证还是全部保证；⑤保证的期间；⑥双方认为需要约定的其他事项。《担保法》还规定，保证合同不完全具备上述六项内容的，可以补正。

（四）有关定金担保的主要规定

1. 定金的含义。定金是合同当事人的一方以确保合同的履行为目的，提前交付给他方的一定数额金钱的合同担保方式。定金作为一种担保之债，具有担保债的履行的作用，同其他担保方法比较有如下法律特征：

（1）定金的客体为金钱。它不同于其他担保，是以一定数额的金钱来担保合同的履行。

（2）定金合同属于要物合同。当事人应当以书面形式订立定金合同并在定金合同中约定交付定金的期限。定金合同自实际交付定金之日起生效。

（3）定金的性质为违约定金。定金种类包括有证约定金、履约定金、定约定金、解约定金、违约定金等种。依照我国《担保法》的规定，我国定金制度除证约定金属性外，更具有制裁违约功能的违约定金性质。

2. 定金的效力。我国《担保法》明确规定，当事人可以约定一方向对方给付定金作为债权的担保，债务人履行债务后，定金应当抵作价款或者收回。给付定金的一方不履行约定的债务的，无权要求返还定金，收受定金的一方不履行约定的债务的，应当双倍返还定金。

在定金担保适用实践中，有以下的问题应予以注意：

(1) 定金与预付款要加以区别。定金具有制裁违约的作用，而预付款没有制裁违约作用，社会活动中，有的合同使用“订金”、“风险担保金”、“担保金”概念，也不具有定金功能，因此当事人必须在合同中明确写明“定金”字样，否则不产生定金担保作用。

（2）定金的数额的限制。定金的数额的约定应当适当才合法、有制约作用。实践中以占合同总价款 10% ~20% 为适宜。担保法明确规定：定金的数额由当事人约定，但不得超过主合同标的额的20%。

(3) 定金如果与违约金同时规定在同一合同之中，一方违约时，当事人可依照《合同法》第116条规定，选择适用违约金或者定金条款。

思考题

1. 合同的订立应注意哪些法律问题？

2. 怎样认定和处理合同效力？

3. 怎样运用抗辩权、代位权、撤销权保护企业合法权益？

4. 合同终止有哪些原因？合同解除应具备哪些法定条件？

5. 什么是违约责任？什么是预期违约责任？它们具有哪些不同的特点？

6. 比较各类担保的特点及其优劣，如何选择和设定合同担保方法？

7. 定金有哪些特征？它与预付款、订金有何不同？

8. 案例分析：大兴公司与全宇公司签订委托合同，由大兴公司委托全宇公司采购500台彩电，并预先支付购买彩电的费用50万元。全宇公司经考察发现甲市W区的天鹅公司有一批质优价廉的名牌彩电，遂以自己的名义与天鹅公司签订了一份彩电购买合同，双方约定：全宇公司从天鹅公司购进500台彩电，总价款130万元，全宇公司先行支付30万元定金，天鹅公司采取送货方式，将全部彩电运至乙市S区，货到验收后一周内全宇公司付清全部款项。天鹅公司在发货时，工作人员误发成505台。在运输途中，由于被一车追尾，20台彩电遭到不同程度的损坏。全宇公司在S区合同约定地点接收了505台彩电，当即对发生损坏的20台彩电提出了质量异议，并将全部彩电交付大兴公司。由于彩电滞销，大兴公司一直拒付货款，致全宇公司一直无法向天鹅公司支付货款。交货2个星期后，全宇公司向天鹅公司披露了是受大兴公司委托代为购买彩电的情况。

问题：

(1) 天鹅公司事先并不知晓全宇公司系受大兴公司委托购买彩电，知悉这一情况后，天鹅公司能否要求大兴公司支付货款？为什么？

(2) 全宇公司与天鹅公司订立的合同中的定金条款效力如何？为什么？

(3) 大兴公司多收的5台彩电应如何处理？为什么？

(4) 如追尾的肇事车辆逃逸，20台受损彩电的损失应由谁承担？为什么？

(5) 如天鹅公司以全宇公司为被告提起诉讼后，在诉讼过程中，天鹅公司认为要求大兴公司支付货款更为有利，能否改为主张由大兴公司履行合同义务？为什么？

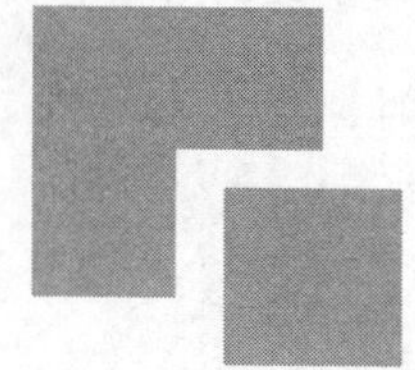

第七章

物权法

两份房屋买卖合同的法律效力如何认定?

某房地产公司与某公司就买卖房屋达成协议，双方于2013年10月签订了房屋购买合同，合同中约定某公司购买某房地产公司面积为3000平方米的写字楼，其总价款为4500万元。合同履行期届至，买方某公司于2015年1月10日交付了价款，但比约定的清偿期迟延了10天。同时，卖方某房地产公司也依合同的约定完成交付，将该楼盘移转占有给某公司，并着手办理产权过户登记手续。

在此期间，经交付已实际占有该房屋的某公司因为业务调整的需要，便将该楼盘以每平方米16 000元的价格转让给第三人某银行，双方订立了房屋买卖合同。某银行在购买时到房地产登记部门查阅登记，登记机关告知该房产过户手续已经领导批准，正在办理过户手续。某银行便向某公司支付了4800万总价款，并于2015年2月初与某公司完成该房产的交付，该房产又转由第三人某银行占有。其后，某银行要求登记机关一次性将该房产过户登记到其名下。2015年2月，某房地产公司了解到由于该楼盘所处地区将由政府规划开发为商业区，因而该处楼房房价将大幅升值，极具投资潜力。某房地产公司便以某公司迟延10天支付房款为由宣告解除购房合同，并请求该房产的占有人某银行返还房屋。

【问题思考】

1. 两份房屋买卖合同的效力如何?
2. 某房地产公司的诉讼请求能否得到法院的支持?法院应如何判决?

一、物权法概述

物权法是民法的重要组成内容，是调整平等主体的自然人、法人及其他组织之间对于物直接占有支配而产生的物的占有支配关系的法律规范的总称。因此，对物的直接占有关系、支配关系即物权关系就成为物权法的调整对象。

物权法作为重要的财产法律制度，历有广义、狭义之说。广义的物权法，也称实质意义上的物权法，是泛指调整所有物权关系的法律规范的总和，它不仅包括对一般物权作出规定的民法典的物权篇，或单行物权法，而且还包括对特别物权作有规定的其他法律、法规，如我国的土地管理法、房地产管理法、农业法、渔业法、森林法、矿产资源法、水法、文物保护法、国有资产管理法及担保法、海商法中有关物权的规定，均属于广义的物权法范畴。而狭义的物权法，也称为形式上的物权法，系专指民法典上专门规定物权制度的物权篇或单行物权法。我国很长一段时间未在法律上正式使用物权概念，但1986年颁行的《民法通则》第五章第一节规定了“财产所有权和与财产所有权有关的财产权”制度，实质上已对我国物权制度作出了原则的规定。2007年颁行的《中华人民共和国物权法》就是全面的、典型的、狭义的物权法律制度。

从物权法的调整对象的物权关系，即对物的占有关系、支配关系可以看出，物权关系首先是物的归属关系，由此构成自物权的所有权；而对物的利用关系，由在商品社会里物的商品属性所决定，物按其经济价值具有使用价值和交换价值二重性，因此对物的利用关系即产生他物权。其中，以物的使用价值为内容的产生用益物权，以物的交换价值为内容的产生担保物权。此外，作为对物的事实状态的占有关系而确立了占有制度，也成为物权法不可或缺的内容。由此形成近代民法有关所有权、用益物权、担保物权及占有的物权法律体系，成为各国物权法律的基本结构。我国《物权法》第2条第3款规定：本法所称物权，是指权利人依法对特定的物享有直接支配和排他的权利，包括所有权、用益物权和担保物权。《物权法》明确规定了物权的概念、调整对象及其包括范围，共设5篇19章247条，对我国各项物权制度作了全面、系统的规定。

二、有关所有权制度的主要规定

（一）所有权的概念

所有权作为一项重要的民事权利，依照《民法通则》第71条的规定，财产所有权是指所有权人依法对自己的财产享有占有、使用、收益和处分的权利。《物权法》第39条规定，所有权人对自己的不动产或者动产，依法享有占有、使用、收益和处分的权利。《物权法》第40条还规定，所有权人有权在自己的不动产或者动产上设立用益物权和担保物权。用益物权人、担保物权人行使权利，不得损害所有权人的权益。在社会经济生活中，所有权是一项最重要的基本民事权利，是人们进行正常生产、生活的基础条件。所有人享有所有物的所有权，因此人们可以进行买卖、借贷、赠与、继承等民事活动，或在其所有物上设定各种定限物权。同时，所有权又是某些债权发生的前提条件，而某些债权的实现，往往又是债权人取得财产所有权的手段，可见，所有权与债权、他物权、继承权等其他民事权利有着极为密切的关系。

所有权作为一种重要民事法律制度，是国家制定和认可的、确立和保护财产所有关系的民事法律规范的总和。国家通过确立所有权法律制度，具体地反映一定社会的所有制关系，特别是反映占统治地位阶级的所有制要求，并通过国家强制力手段保障其实现，以更好地为维护统治阶级实现其阶级统治、巩固和发展其赖以生存的经济基础服务。

（二）所有权的基本类型

我国《民法通则》和《物权法》立法中，更多地考虑到我国现阶段坚持公有制为主体、多种所有制经济共同发展的基本经济制度的特点，确立与之相适应的我国财产所有权制度和类型。为此，《物权法》在第二编“所有权”中第五章规定了国家所有权和集体所有权、私人所有权等所有权的基本类型，更集中反映和体现了我国现阶段社会主义所有制形式和内容的基本要求。

1. 国家所有权。所谓国家所有权，是指法律确认和保护国家对全民所有制财产依法享有的占有、使用、收益和处分的权利，即国家对国家所有的财产行使全面支配的权利。

国家所有权的主体。国家所有权的主体是国家，这是国家职能所决定，它是随着国家的产生而产生，只是不同历史形态的国家，其性质、内容有所不同而已。我国社会主义国家的国家所有权的主体是社会主义国家，虽然，在性质上与其他国家所有权有着根本的区别，但其国家所有权的法律形式却十分相似。这是因为，我国国家所有权是全民所有制在法律上的表现，国家作为社会的管理中心，代表全体人民行使全民所有制财产的所有权，因此，从实质上讲，国家作为全民财产的国家所有权主体，是全体人民的根本利益和意志的集中体现。

国家所有权的客体。国家所有权的客体是全民所有制财产，其特征具有广泛性和无限性，即无论是什么财产，都可以成为国家所有权的客体，而且有些财产，依照法律规定只能属于国家所有，其他民事主体不能取得该财产所有权。我国《物权法》规定有四种不同的国家所有权客体形态：

（1）绝对属于国家所有的客体形态。矿藏、水流、海域、国防资产、无线电频谱资源以及城市土地依照法律规定只能由国家所有。

（2）基本属于国家所有的客体形态。森林、山岭、草原、荒地、滩涂等自然资源，属于国家所有，但法律规定属于集体所有的除外。

（3）依法律规定属国家所有的客体形态。农村和城市郊区的土地、铁路、公路、电力设施、通信设施和油气管道等基础设施以及文物，野生动植物资源，依照法律规定为国家所有的，属于国家所有。

（4）国家拥有的其他不动产和动产。国家对国家机关、国家举办的事业单位、国家出资的企业拥有的不动产或者动产，享有所有权，均属于国家所有权的客体。

从以上国家所有权客体的类型可以看出，国家所有权的客体不仅是十分广泛的，包括各种不动产和动产，而且具有无限性，只要国家和社会公共利益上需要，法律作出规定，任何财产都可以成为国家所有权的客体，并没有范围上的限制。这是国家所有权区别于集体所有权和私人所有权的显著特征。

2. 集体所有权。所谓集体所有权，是指劳动群众集体组织对其所有的财产依法享有占有、使用、收益和处分的权利，又称为劳动群众集体财产所有权。集体所有权是劳动群众集体所有制在法律上的表现，同时它对巩固和发展我国集体所有制经济制度起到了积极的保障和促进作用。

集体所有权的主体。集体所有权主体以其多元性特征而区别于唯一性的国家所有权主体。集体所有权主体是集体组织成员或集体法人组织。在我国不同历史时期存在有不同形式、不同类型的集体所有权主体。

集体所有权的客体。集体所有制是社会主义公有制的重要组成部分，决定了集体所有权的客体虽不如国家所有权的客体无限广泛性，但仍具有比较广泛性，其客体范围，依据《宪法》、《民法通则》规定的精神，《物权法》第58条具体规定了对集体所有权的客体，为集体所有的不动产或者动产，包括：①法律规定属于集体所有的土地和森林、山岭、草原、荒地、滩涂；②集体所有的建筑物、生产设施、农田水利设施；③集体所有的教育、科学、文化、卫生、体育等设施；④集体所有的其他不动产和动产。

3. 私人所有权。所谓私人所有权，是指公民个人对其所有的财产依法享有占有、使用、收益和处分的权利。《物权法》第64条特别规定：私人对其合法的收入、房屋、生活用品、生产工具、原材料等不动产和动产享有所有权。私人所有权是公民个人所有制在法律上的反映和表现，法律通过私人所有权形式更加有效地实现对公民个人所有财产的规范和保护。

私人所有权的主体。依照《物权法》的规定，私人所有权的主体是私人。私人首先应当是自然人，但又不局限于自然人，还应当包括个体经济、私营经济等非公有制经济主体。这是因为，公民个人所有制包括公民生活资料所有制和公民生产资料所有制两类。公民生活资料所有制的主体应是自然人（公民），而公民生产资料所有制的主体应该包括城镇个体工商经营户和农村承包经营户。因此，私人所有权的主体，包括自然人以及个体经济、私营经济等非公有制经济主体中法人以外的主体。

私人所有权的客体。私人所有权的客体具有多样性，包括自然人以及个体经济、私营经济等非公有制经济的主体依法所有的不动产或者动产等私人的合法财产，只要法律所不禁止，都可以成为私人所有权的客体。我国《宪法》第13条、《民法通则》第75条都明确规定：公民的个人财产，包括公民的合法收入、房屋、储蓄、生活用品、文物、图书资料、林木、牲畜和法律允许公民所有的生产资料以及其他合法财产。《物权法》对私人所有权保护的范围包括合法的收入、房屋、生活用品、生产工具、原材料、投资及其收益等不动产和动产，这些都是私有权的客体。

4. 法人财产权。所谓法人财产权，是指国家、集体和私人依法出资设立的企业法人及非企业单位法人对授权其经营管理的不动产和动产依法享有占有、使用、收益、处分的权利。法人财产权不是所有权的基本类型，它是基于投资者设立企业法人或者依法设立机关、事业法人而取得法人资格的主体所享有的财产权。从企业法人的角度来看，法人财产权产生的特点是出资人享有股权，企业法人享有财产所有权。有的理论认为，出资人实质上享有企业财产的最终所有权，企业解散后，企业财产最终归属于出资人，所以是一级所有权；而企业法人享有的财产所有权是基于企业的存在才享有的权利，并可以依法对企业财产开展经营活动，依法独立行使经营管理权，故学界也有人称之为二级所有权。对此，《物权法》第67~69条明确规定法人财产权的地位，不仅集中体现了所有权和经营管理权的两权分离原则，而且对理清社会生活中各类产权关系，保证交易安全，保障各类市场主体的合法权益，维护正常市场经济秩序都具有积极意义。

（三）所有权的特殊形态

所有权的一般形态，从其自然属性看，包括有不动产所有权和动产所有权，从其社会属性（即所有制）看，包括国有所有权、集体所有权、私人所有权三种。但基于不动产所有权和动产所有权的共有和行使，可以派生出来各种所有权的特殊形态，如共有权、相邻权，以及建筑物区分所有权等，这些都是所有权衍生出来的所有权的特殊形态。《物权法》对共有、相邻关系和业主的建筑物区分所有权分三章规定，因其属性相关和相通，这里放在一起加以介绍。

1. 共有关系。所谓共有，也称共有关系，是指两个以上的自然人、法人或其他组织对同一项财产共同享有所有权的法律状态。共有是一项重要的所有权制度。所有权可以从质和量上加以分割，从质上的分割发生他物权，而从量上分割则发生共有权。共有权也是一种民事法律关系，其与其他民事法律关系有所不同，具有以下的法律特征：

（1）共有的主体具有多元性。共有关系须有两个或两个以上的权利主体对同一项财产享有所有权，因此，它既不同于单独所有也不同于分别所有。

（2）共有的客体具有同一性。共有关系的客体是共有物，它可以是独立物，也可以集合物，但它们都是特定的物，在共有关系存续期间不能分割，不能由各共有人分别对某一部分共有物行使所有权，各个共有人的权利及于整个共有财产，由此表现出共有关系客体的同一性特征。

（3）共有的内容具有特定性。共有人可以依约定对共有物按照各自份额享有权利和承担义务，也可以按照法律规定平等地享有权利和承担义务。由此发生按份共有和共同共有。但不论是哪一种共有，共有人的权利义务关系都是按约定份额或平等不分份额的享有或承担，体现了其权利义务关系的特定性特征。

(4) 共有的性质具有联合性。从性质上看，共有权不是所有权的一种类型，而是两个以上所有人联合地对同一项共有物享有所有权，因此，它是一种所有权的联合，使之成为所有权的一种特殊形态。

(5) 共有的发生具有多样性。共有是社会生活常见的所有权关系，但因不同的发生原因产生不同的共有形式。共同共有关系多基于夫妻关系或家庭共同关系的存续而发生，按份共有则发生股份制企业，依法律规定或当事人法律行为而发生。合伙关系虽然是依法律行为而发生，其性质应属按份共有还是共同共有尚有争议。但认真考究，合伙关系发生连带债务责任，因而其共有应属按份集合的共同共有的性质。

此外，《物权法》第105条还规定：两个以上单位和个人共同享有用益物权、担保物权的，参照第八章规定。

2. 相邻关系。所谓相邻关系，是指不动产的相邻各方在行使不动产的所有权或使用权时而涉及相互权益关系的一种民事法律制度。法理上亦称为“不动产的相邻权”。相邻关系作为因不动产所有权而产生的特殊形态的物权或民事法律关系，具有显著的法律特征：

(1) 相邻关系的主体是基于不动产而发生于相互的毗邻的两个以上所有权人或使用权人之间，即不动产的相邻各方，其范围十分广泛，可以是自然人，也可以是法人或其他组织；可以是财产所有人，也可以是非所有人，包括土地使用权人、承租人等各种不动产的合法使用人。

(2) 相邻关系的客体是因行使不动产权利所涉及的相互权益。相邻各方在行使权利时，既要实现自己权利，又要为邻人提供方便，尊重他人的合法权益。因此，相邻关系的客体是相邻各方行使不动产所有权或使用权所涉及的财产权益和其他利益。

(3) 相邻关系的内容是对一方权利行使的扩张，而对另一方权利行使的限制。在相邻关系中，相邻一方有权要求相邻他方提供必要的便利，他方应当给予必要的方便，这在实际上是对一方权利的扩大，另一方权利的限制。但当事人不得滥用权利，在行使权利时应当符合经济合理的原则，尽量避免和减少给对方造成损失。

(4) 相邻关系的产生是基于不动产相邻或相近关系而发生。相邻关系只能发生在相互毗邻的不动产各方，而动产的相邻不发生相邻法律关系，同时，其发生多与自然环境密切相关，因此，在大气、水流等环境相邻关系中，相近关系也是发生相邻关系的条件。

相邻关系在社会生活中到处可见，而且复杂多样，及时妥善地处理相邻关系，对于保护相邻各方的合法权益，维护社会正常稳定的经济生活秩序，保护生态环境，增进人们之间和睦团结，建设和谐社会都具有特别重要的意义。

3. 业主的建筑物区分所有权。随着多层、高层建筑物的大量出现，业主的建筑物区分所有权作为不动产物权的重要形式已经为世界各国和各地区民事立法所重视，尽管各国和各地区叫法不同，如法国称为“住宅分层所有权”，德国、奥地利称为“住宅所有权”、美国称为“单位所有权”、日本称为“建筑区分所有权”（我国台湾地区亦采此称谓）。我国《物权法》第70条规定：业主对建筑物内的住宅、经营性用房等专有部分享有所有权，就专有部分以外的共有部分享有共有和共同管理的权利。建筑物区分所有权作为复合形态的所有权新形式，兼具有共有关系和相邻关系的某些特征，与一般所有权相比较具有以下特征：

（1）权利主体身份具有多重性。业主既是建筑物的专有部分的所有权人，又是共有部分的共有权人，还是共同设施维护的共同管理人，集三种身份为一体，可谓其身份的多重性。

（2）权利客体具有多样性。业主的专有所有权和共有所有权的客体都是该建筑物内的住宅、经营性用房部分和共有部分，而共同管理权的客体则是对共有设施维护管理的管理行为。其客体包括物和行为的多样性特征有别于一般所有权以物作为客体的单一性。

（3）权利内容具有复合性。建筑物区分所有权的内容由专有权、共有权和成员权（共同管理权）三种要素构成的特别所有权，从而形成复杂的三维权利义务关系。

（4）专有权的主导性和效力的统一性。在业主区分所有权的三要素中，专有所有权是具有决定作用的主导权，业主取得专有权即同时取得共有权和成员权，专有权的大小决定其共有权、成员权大小。区分权三要素结成一体，不可分离，专有权转让、抵押、继承时其效力及于区分所有权的其他权利。

三、有关用益物权制度的主要规定

（一）用益物权的概念

所谓用益物权，是指权利人对他人所有物享有以使用收益为内容的一种定限物权。用益物权制度从最初作为所有权制度一种补充，到从从属的地位发展成为现代民法上的一项重要独立的物权制度，其产生是所有权质的分解的结果，用益物权既能充分发挥所有物的使用价值作用，也可以极大地满足社会各种财产利益的需求，使用益物权与所有权、担保物权共同构成物权法律制度的三大基石。我国《物权法》第2条明确规定：本法所称物权，包括所有权、用益物权和担保物权。《物权法》第117条规定：用益物权人对他人所有的不动产或者动产，依法享有占有、使用和收益的权利。

（二）有关用益物权的一般规定

《物权法》第十章首先规定了自然资源和特许物权等用益物权的总的法律原则。其主要内容有：

1. 确立自然资源用益物权制度。《物权法》第118条规定，国家所有或者国家所有由集体使用或者法律规定属于集体所有的自然资源，单位、个人依法可以占有、使用和收益，从基本法层面建立了自然资源用益物权的基本法律制度。

2. 确立自然资源有偿使用制度。《物权法》第 119 条规定，国家实行自然资源有偿使用制度，但法律另有规定的除外。原则确立了我国自然资源有偿使用制度，为适应社会主义市场经济发展，更好地利用、开发和保护自然资源提供了法律依据。

3. 原则确立了特许用益物权制度。《物权法》第 122～123 条规定，依法取得的海域使用权受法律保护。依法取得的探矿权、采矿权、取水权和使用水域、滩涂从事养殖、捕捞的权利，受法律保护。明确《物权法》作为特许用益物权的基本法，对特许用益物权仅作原则性规定，其他法律作出具体规定，有优先适用其规定，如没有规定，可适用物权法的有关规定。

4. 用益权人的主要权利和义务。《物权法》第 120～121 条规定，用益权人行使权利，应当遵守法律有关保护和合理开发利用资源的规定。所有权人不得干涉用益权人行使权利。不动产或者动产被征收、征用致使用益物权消灭或者影响用益物权行使的，用益物权人有权依照《物权法》第 42 条、第 44 条的规定获得相应补偿。原则地规定了用益物权人的基本用益权利和义务。

（三）有关用益物权的具体规定

1. 土地承包经营权。所谓土地承包经营权，是指个人或单位依照承包合同对于集体所有的土地或国有土地依法从事种植业、林业、畜牧业、渔业生产并获得收益的权利。《物权法》第 124 条明确规定：农民集体经济组织实行家庭承包经营为基础、统分结合的双层经营体制。农民集体所有和国家所有由农民集体使用的耕地、林地、草地以及其他用于农业的土地，依法实行土地承包经营制度。第 125 条还规定，土地承包经营权人依法对其承包经营的耕地、林地、草地等享有占有、使用和收益的权利，有权从事种植业、林业、畜牧业等农业生产。

2. 建设用地使用权。所谓建设用地使用权，是指建设用地使用权人为在土地上建造并经营建筑物、构筑物以及其他附着物依法对国家所有或者集体所有的土地行使占有、使用和收益的权利。《物权法》第 135 条明确规定：建设用地使用权人依法对国家所有的土地享有占有、使用和收益的权利，有权利用该土地建造建筑物、构筑物及其附属设施。第 151 条还规定：集体所有的土地作为建设用地的，应当依照土地管理法等法律规定办理。从法律上确立了建设用地使用权制度。它作为独立的用益物权制度，有利于对建设用地关系的规范和加强管理。

3. 宅基地使用权。所谓宅基地使用权，是指自然人在依法取得的集体的宅基地上所享有的建造房屋并居住使用的权利。《物权法》第 152 条规定：宅基地使用权人依法对集体所有的土地享有占有、使用的权利，有权利用该土地建造住宅及其附着设施。对于宅基地使用权，《物权法》仅设 4 条作原则规定，具体由《土地管理法》等其他法律规定。

4. 地役权。所谓地役权，也称为邻地利用权，是指权利人为使用其土地的方便和利益而利用他人的土地的权利。《物权法》第156条规定，地役权人有权按照合同约定，利用他人的不动产，以提高自己不动产的效益。前款所称他人的不动产为供役地，自己的不动产为需役地。地役权是一项独立的土地用益物权。

四、有关担保物权制度的主要规定

（一）担保物权的概念

所谓担保物权，是指以确保债务履行为目的，在债务人或第三人的特定 财产上设定的具有变价权和优先受偿权的一种定限物权。《物权法》第170条规定，担保物权人在债务人不履行到期债务或者发生当事人约定的实现担保物权的情形，依法享有就担保财产优先受偿的权利，但法律另有规定的除外。担保物权作为一项重要民事权利，具有物权性、价值性、担保性、从属性、不可分性、特定性、公示性、物上代位性及优先受偿性等特征，使之与其他物权等民事权利相区别。

（二）担保物权的具体规定

1. 抵押权。抵押权又称为抵押，是指债权人为保证债权实现，在债务人或第三人提供的财产上设定的担保物权，在债务人不履行债务时，有权以抵押财产折价或变价优先受偿的权利。《物权法》第179条规定：为担保债务的履行，债务人或第三人不转移对抵押财产的占有，将该财产抵押给债权人的，债务人不履行到期债务或者发生当事人约定的实现抵押权的情形，债权人就该财产优先受偿。前款规定的债务人或第三人为抵押人，债权人为抵押权人，提供担保的财产为抵押财产。抵押权是最重要、最有效力的担保物权，这是因为，债务人或第三人以其抵押物的交换价值作为担保，既最有力地保障债权人的债权实现，又能满足债务人筹集资金的需要，增强债务清偿能力，充分发挥财产的使用价值。抵押权因此被誉称为“担保之王”。抵押权除具有一般担保物权的法律特征外，还具有自身某些特征：

（1）抵押权多以不动产为客体，故称不动产抵押权，但某些重要的动产和土地使用权依照法律规定也可以设定抵押权，成为抵押权的客体。我国《物权法》明确规定七类财产可以抵押，六类财产不得抵押。

（2）抵押物占有具有不转移性。债务人或第三人不转移抵押物的占有，但依法律明确规定，不动产或某些重要动产设定抵押时应以登记为其效力要件。

（3）抵押权的效力具有不可分性和顺序性。抵押权的效力是不可分的，其担保着债权全部，效力就及于抵押物的全部，并在抵押权实现中，以抵押合同的登记或签约的先后顺序优先受偿。

2. 质权。质权又称为质押权或质押，是指债务人或第三人将其动产或特定权利移转给债权人占有，作为债权实现的担保，在债务人不履行债务时，债权人依法从该动产或权利的价值中优先受偿的一种担保物权。在质权关系中，债权人为质权人，债务人或第三人为出质人或质押人，客体包括质物和某些权利。质权作为担保物权，不仅具有物权、他物权、担保物权的一般特征，与抵押权相比较，又有某些区别之处：

（1）权利客体不同。抵押权的客体（即标的）是以不动产为主体，重要的动产和国有土地使用权为补充；而质权的主要客体为动产，形成动产质权，法律规定的某些权利也可以设定权利质权。

（2）客体转移不同。抵押权以不转移抵押物为特征，抵押物仍为抵押人占有和使用；而质权的客体不管是质物还是权利，都要转移给质权人占有，并以转移标的为成立要件。

（3）登记效力不同。法律规定以不动产设定抵押权，自登记机构登记之时起设立、动产采取自愿登记为对抗第三人主义，其效力自签约时生效；而质权的动产和一般财产权利不要求登记，只规定可转让的股票和知识产权的财产权以登记为生效要件。

（4）实行顺序不同。因抵押物不转移占有，抵押人就同一抵押物可能为多项债权设定抵押担保，由此决定其实现有个顺序问题。而质权的标的质物和权利，须转移占有为债权人控制，不发生多头出质问题，因此不存在实行顺序问题。质权在各国立法体例上和法理上均有多种分类，我国《物权法》规定有动产质权和权利质权两类。动产质权，《物权法》第208条规定，为担保债权履行，债务人或者第三人将其动产出质给债权人占有的，债务人不履行到期债务的或者发生当事人约定的实现质权的情形，债权人有权就该动产优先受偿。权利质权，是指以所有权、用益物权以外的可让与的财产权利为标的设立的质押权，在债务人不履行债务时，质权人有权就质押的权利的价值优先受偿。由此形成我国质权担保制度中的两项基本的质权方式和制度。

3. 留置权。所谓留置权，是指债权人按照合同约定占有债务人的动产，于债务人未按照合同约定的期限履行义务时，对其占有的债务人的动产予以扣留或缓付并就其变价优先受偿的权利。在留置权关系中，债权人为留置权人，被留置的动产为留置物，留置物一般限定于债务人本人的财产。《物权法》第230条规定，债务人不履行到期债务，债权人可以留置已经合法占有债务人的动产，并有权就该动产优先受偿。由此可见，留置权是担保物权的一种，但又具有不同于其他担保物权的某些法律特征：

（1）留置权属法定的担保物权。我国《物权法》把留置权规定在担保物权篇中，从立法体例上已确定其担保物权性质，使之与抵押权、质权一样，都具有从属性、不可分性、物上代位性、价值权性、优先受偿性等担保物权共同属性。但留置权又不同抵押权、质权，他们都是约定担保物权，都需要当事人通过订立抵押合同、质权合同才能设立的，而留置权是直接根据法律规定发生的，无须当事人约定。法律不仅规定了留置权的适用范围，当事人不得滥用，而且还规定当事人可以在基础合同中事先约定排除。

（2）留置权的标的物须为动产。留置权的标的物是债权人按照合同约定占有债务的动产，即该留置物是与债权处于同一合同关系之中的动产，而债权人基于合同关系占有债务人的不动产不发生留置权。

(3) 留置权的标的物与债权具有牵连性。留置权的发生以与留置标的物有牵连的债权的存在为基础，并随债权的消灭而消灭。留置权的留置物与债权的牵连关系表现在：留置物实际上就是原有债权的标的物，同为一体。

(4) 留置权为发生两次效力的权利。留置权人在行使留置权过程，法律上设定了两个履行期限，使留置权的行使产生两次的留置效力。第一次效力，是在原有债权已届满清偿期，债务人未履行清偿义务，债权人对其基于合同关系占有债务人的动产有权行使扣留或缓付的权利，这是狭义的留置权的效力。第二次效力，是在债权人留置了留置物的基础上，应及时通知债务人在不少于2个月的期限内履行债务，如逾期不履行的，债权人有权行使处置权，即将留置物折价或拍卖、变卖，并从其变价的价款优先受偿，这是留置担保债权所特有的担保效力。

五、有关占有制度的主要规定

所谓占有，是指占有人对物的实际控制和管领力的事实。占有是现代物权法的一项重要制度，传统民法称之为“类物权”。占有作为独立的物权制度，与其他物权制度比较，其主要特征表现有以下三点：

1. 占有的客体为物。占有系以物为客体，包括有体物和无体物，动产和不动产，公有物和私有物，均可成立占有。但对于不因物之占有而形成的地役权、专利权等财产权均不成立占有，而成立准占有；对于非属于权利的无体物，如电力，在未特定化之前，也不能成立占有。

2. 占有为占有人对物有事实上的控制和管领。占有属于人与物的关系，具体表现为人对物有事实上的控制力和管领力，无论这种控制是否具备为我所有的意思，只要形成客观上事实上的控制状态，即可成立占有。也就是说，在空间上表现为人与物有场所上结合关系，在时间上表现为人与物有相当的继续性的结合关系。这种事实状态本身并非权利，只是在法律赋予其一定的法律效力时，占有人才根据该事实享有一定的权利。

3. 占有应为事实。对于占有的本质，究竟为事实还是权利，理论上和立法上尚无统一的定论。罗马法认为占有是事实；日耳曼法认为占有是一种物权，是物权法的核心；德国民法典系采混合占有制度；法国、日本、韩国民法则认为占有为权利；瑞士民法认为占有为单纯的事实。我国《民法通则》未确立占有制度，物权法立法确立了占有制度，依其规定，系采取“事实说”确认占有是一种法律事实，并依此事实使非所有人取得占有权。这就是占有与权利、持有、所有等相关概念明显的区别之处。

我国是否应当在物权法中建立占有制度，在理论上是有很大分歧并在立法上持不同的认识和主张的。但我国物权法立法最后还是规定了占有制度，使之成为物权法的重要组成部分，必将在规范现实社会生活中的物权关系发挥积极的作用和意义。

思考题

1. 简述所有权的基本类型。
2. 比较建筑物区分所有权与共有权、相邻权的关系和区别。
3. 简述各类用益物权的基本规定。
4. 比较各类担保物权的具体规定。

第八章

知识产权法

导入案例

“QQ”商标权争议引发的行政诉讼案

上诉人腾讯科技（深圳）有限公司（以下简称腾讯公司）因商标争议行政纠纷一案，不服北京市第一中级人民法院（2013）一中知行初字第1518号行政判决，向本院提出上诉。本院2014年5月27日受理本案后，依法组成合议庭，于2014年6月23日公开开庭进行了审理。

二审法院经审理查明：

第4665825号“QQ”商标（即争议商标）由腾讯公司于2005年5月19日向商标局申请注册，核准注册日为2008年3月7日，核定使用在国际分类第12类1201－1210类似群组上的机车、汽车、车辆内装饰品、小型机动车、自行车、缆车、婴儿车、雪橇（车）、航空仪器、机器和设备、船、车辆轮胎等商品上，该商标专用权期限至2018年3月6日。

在争议商标申请日之前，腾讯公司曾于2001年8月31日向商标局申请注册了第1977837号“QQ鼠标图形”商标，该商标核定使用在国际分类第12类1202－1208类似群组上的摩托车、自行车、小型机动车、三轮脚踏车、缆车、轮椅、婴儿车、手推车、雪橇（车）、车辆用轮胎等商品上。该商标专用权期限经续展至2022年11月13日。

2003年3月21日，奇瑞公司向商标局申请注册了第3494779号“QQ”商标（即引证商标一），指定使用在国际分类第12类1202－1204类似群组的大客车、（长途）公共汽车、卡车、电动车辆、卧车、越野车、小汽车、汽车、野营车、小型机动车等商品上。经查，腾讯公司在该商标初审公告期间提出了异议，该商标目前仍在异议复审程序中。

2006 年 1 月 23 日，奇瑞公司又向商标局申请注册了第 5136735 号“QQ”商标（即引证商标二），指定使用在国际分类第 12 类 1201－1206、1208－1210 类似群组的陆、空、水或铁路用机动车运载器、汽车、陆地车辆动力装置、汽车车座、车轮毂、自行车、架空运输设备、手推车、车辆轮胎、摩托车等商品上。经查，该商标目前仍在驳回复审程序中。

2009 年 11 月 26 日，奇瑞公司在法定期限内针对争议商标向商标评审委员会提出了撤销申请，其主要理由为：腾讯公司在明知奇瑞公司拥有的 QQ 汽车商标在先权利和广泛公众知晓程度的情况下申请注册争议商标，损害了奇瑞公司的在先权利，请求商标评审委员会依据《商标法》第 13 条第 1 款、第 28 条、第 31 条、第 41 条第 2 款的规定撤销争议商标，并认定奇瑞公司的引证商标二为驰名商标。为支持其主张，奇瑞公司向商标评审委员会提交了一系列关于该企业基本情况、相关公众知晓程度、QQ 汽车商标的使用、宣传和被侵权情况的证据材料。

针对奇瑞公司的撤销申请，腾讯公司于 2010 年 5 月 12 日提出答辩意见称：①“QQ”商标是腾讯公司独创并申请在先的商标，未违反相关法律规定，且腾讯公司所使用的“QQ”商标已于 2009 年 4 月被商标局认定为第 38 类通讯服务上的驰名商标。②奇瑞公司引证的两枚商标均不是有效注册的授权商标，不能作为《商标法》第 28 条所规定的引证商标。③奇瑞公司多年来一直恶意盗用腾讯公司的商标，其提供的证据材料不足以证明腾讯公司注册争议商标的行为具有恶意。④奇瑞公司提供的证据材料不足以证明引证商标二在第 12 类汽车商品上构成驰名商标。

为证明其答辩主张，腾讯公司向商标评审委员会提交了两份公证书，分别为关于奇瑞公司商标来源的网络文章和奇瑞公司在沈阳车展上使用“企鹅图形”辅助宣传的网络文章，用以证明奇瑞公司抄袭腾讯公司的“QQ”商标存在主观上的恶意，其引证商标二不应被认定为驰名商标。

2010 年 8 月 12 日，腾讯公司向商标评审委员会补充提出答辩理由：①奇瑞公司对引证商标二的使用本身存在瑕疵，其提出认定该商标是未注册驰名商标的主张不能成立；②奇瑞公司推出的汽车相关商品上市时间是在腾讯公司注册的第 38 类通讯服务上“QQ”商标构成驰名商标之后，也晚于腾讯公司第 12 类 QQ 鼠标商标的注册时间；③奇瑞公司在“QQ”商标创意和产品宣传过程中明显具有傍名牌的故意，使得相关消费者对其产品与腾讯公司的关系形成误认，因此基于这种情况即便产生了知名度也不能成为撤销争议商标的理由。为支持其答辩理由，腾讯公司向商标评审委员会补充提交了“QQ 及企鹅图形”的著作权证明等 30 份证据材料。

2013 年 2 月 17 日，商标评审委员会作出第 04282 号裁定。该裁定认为：奇瑞公司引证的第 3494779 号“QQ”商标处于异议复审程序中，尚未获准注册，因此其依据《商标法》第 28 条的规定所提出的理由缺乏事实依据，对其该项主张，不予支持。根据奇瑞公司提交的相关证据，可以证明其使用在汽车产品上的“QQ”

商标于争议商标申请日前在相关公众中已具有一定影响，故争议商标的注册已构成《商标法》第31条所指的抢先注册他人已经使用并有一定影响商标的情形。奇瑞公司提交的在案证据虽可证明其“QQ”商标于争议商标申请日前在相关公众中已具有一定影响，但依据《商标法》第14条的规定，尚不足以证明该商标于争议商标申请日前在相关公众中已构成驰名商标，因而无法证明争议商标的注册构成《商标法》第13条第1款所指的不予注册的情形。腾讯公司部分答辩理由超出奇瑞公司所提评审请求的范围，对其部分主张不予支持。

综上，商标评审委员会依据《商标法》第31条、第41条第2款、第43条的规定，裁定：争议商标予以撤销。

二审法院认为：奇瑞公司为证明在汽车等商品上在先使用“QQ”商标并具有一定影响的事实，其在商标评审阶段提交了由中国汽车工业协会和全国乘用车市场信息联席会出具的两份证明，两份证据均由第三方出具，其中关于“QQ”汽车销量和市场排名情况基本一致，故具有证明力，一审法院及商标评审委员会予以采信并无不当。腾讯公司主张奇瑞公司使用“QQ”商标具有不正当性，不应受到保护，但即使腾讯公司的“QQ”商标在通讯服务上具有较高的知名度，由于汽车商品和通讯服务差距较大，二者不构成同一种或者类似商品或服务，且并非由腾讯公司最早将“QQ”两个字母作为商标使用在商品或者服务上，法律并不禁止在不相类似商品或者服务上使用相同或者近似的商标，因此，奇瑞公司在汽车商品上使用“QQ”商标的行为并不具有法律上的不正当性，其通过合法的商业使用所积累的知名度符合《商标法》第31条的规定。腾讯公司称奇瑞公司盗用腾讯公司的创意和商誉的主张没有事实和法律依据，本院不予支持。腾讯公司在汽车等商品上注册的第1977837号商标与本案争议商标不同，其先后注册的商标之间不当然具有延续关系。腾讯公司称本案争议商标为防御性商标的注册，而防御性注册行为也应当符合《商标法》的相关规定，特别是明知或者应知他人在先享有的合法权利存在的情况下，应当进行避让。因此，腾讯公司的此项主张没有法律依据，本院不予支持。

【问题思考】

1. 什么是商标专用权？商标专用权的权利内容有哪些？商标争议案件的程序？
2. 取得商标专有使用权，对企业经营有何意义？
3. 终审法院维持一审判决的主要依据是什么？
4. 最终，人民法院的判决认定，该案对市场经济中企业的经营活动有哪些借鉴意义？

一、知识产权法概述

（一）知识产权概述

1. 知识产的含义及范围。知识产权是指民事主体对智力劳动成果依法享有的专有权利。现代企业的经营，越来越依靠科技第一生产力的作用。科技兴国、兴省、兴市，科技兴企越来越深入人心，成为人们振兴经济、振兴企业的实际行动。在知识经济时代，加强对知识产权的保护显得尤为重要和迫切。世界贸易组织中的《与贸易有关的知识产权协定》（以下简称TRIPs协定）明确规定：知识产权属于私权。我国《民法通则》也将知识产权作为一种特殊的民事权利予以规定，确认知识产权包括著作权、专利权、商标权、发明权、发现权以及其他科技成果权。而其他国家法律规定的知识产权范围更加广泛。作为WTO规则重要组成部分的TRIPs协定对知识产权范围也作了明确的规定。我国已经于2001年加入WTO，这表明我国也认可WTO规则对知识产权范围的界定。但是，对于知识产权的保护实际上取决于各国对知识产权的立法和执法水平。

知识产权是不断扩张的开放体系。科学技术的发展和社会的进步，不仅使知识产权传统权利类型的内涵不断丰富，而且使知识产权的外延不断拓展。根据TRIPs协定、成立世界知识产权组织公约等国际公约和我国民法通则、反不正当竞争法等国内立法，知识产权的范围主要包括以下内容：

（1）著作权和邻接权。著作权，又称版权，是指文学、艺术和科学作品的作者及其相关主体依法对作品所享有的人身权利和财产权利。邻接权在著作权法中被称为"与著作权有关的权益"。

（2）专利权，即自然人、法人或其他组织依法对发明、实用新型和外观设计在一定期限内享有的独占实施权。

（3）商标权，即商标注册人或权利继受人在法定期限内对注册商标依法享有的专用权利。

（4）商业秘密权，即民事主体对属于商业秘密的技术信息或经营信息依法享有的专有权利。

（5）植物新品种权，即完成育种的单位或个人对其授权的品种依法享有的排他使用权。

（6）集成电路布图设计权，即自然人、法人或其他组织依法对集成电路布图设计享有的专有权。

（7）商号权，即商事主体对商号在一定地域范围内依法享有的独占使用权。

对于科技成果奖励权、地理标志权、域名权、反不正当竞争权、数据库特别权利、商品化权等能否成为独立的知识产权，在理论界存在较大分歧。

2. 知识产权的分类。知识产权从不同角度，根据不同的标准，可划分为如下类型：

（1）以权利发生的领域可划分为工业产权和文学艺术产权。这种划分方式与《保护工业产权巴黎公约》、《保护文学艺术作品伯尔尼公约》两个最早的国际公约有很大关系。《保护工业产权巴黎公约》是世界上第一个规范专利权与商标权的国际公约，专利权和商标权被统称为工业产权，而《保护文学艺术作品伯尔尼公约》是最早规范著作权的国际公约。

（2）以权利价值的来源可划分为创造性成果权与识别性标志权。创造性成果权包括发明专利权、实用新型专利权、集成电路布图设计权、植物新品种权、工业品外观设计权、著作权和邻接权、计算机软件权、商业秘密权等；识别性标志权包括商标权、商号权、地理标记权等。

（3）依据知识产权的内容是人身性的还是财产性的可划分为人身性知识产权（如著作权中的署名权）与财产性知识产权（如专利权）。

（4）依知识产权存续有无期限，可划时分为有期限知识产权（如专利权）与无期限知识产权（如商业秘密权）等。

3. 知识产权的特征。知识产权是一种与物权、债权并列的独立的民事权利，其具有如下特征：

（1）特定性。即知识产权的主体是特定的，特别是权利人都是创造智力成果并经申请取得权利的人，还包括依合同和继承方式取得权利的人。

（2）无形性。即知识产权是一种无形的财产权。这是知识产权的本质属性，是知识产权区别于物权、债权、人身权和财产继承权等民事权利的首要特征。

（3）专有性。即知识产权的权利主体依法享有独占使用智力成果的权利，他人不得侵犯。从本质上讲，知识产权是一种垄断权。这种垄断权必须符合法律规定并受到一定限制。正是由于知识产权权利主体能获得法定垄断利益，才使知识产权制度具有激励功能，促使人们不断开发和创造新的智力成果，推动技术的进步和社会的发展。

（4）地域性。即知识产权只在特定国家或地区的地域范围内有效，不具有域外效力。各国的知识产权立法基于主权原则必然呈现出独立性，各国的政治、经济、文化和社会制度的差异，也会使知识产权保护的规定有所不同。一国的知识产权要获得他国的法律保护，必须依照有关国际条约、双边协议或按互惠原则办理；

（5）时间性。即依法产生的知识产权一般只在法律规定的期限内有效。超出知识产权的法定保护期后，该知识产权权利消灭，有关智力成果进入公有领域，人们可以自由使用。须注意的是，商标权的期限届满后可通过续展依法延长保护期，少数知识产权没有时间限制，只要符合有关条件，法律可长期予以保护，如商业秘密权、地理标志权、商号权等。

（二）知识产权法的意义

知识产权法是指因调整知识产权的归属、行使、管理和保护等活动中产生的社会关系的法律规范的总称。从法律部门的归属上讲，知识产权法仍属于民法，是民法的特别法，民法的基本原则和许多法律规范大多都适用于知识产权法。

自改革开放以来，我国十分重视知识产权的立法工作。特别是我国加入 WTO 以后，立法部门根据我国加入 WTO 的有关承诺，对知识产权的有关法律、法规以及规章进行了修订和完善。尽管我国知识产权立法起步较晚，但发展迅速，至今为止，我国已建立起符合国际先进标准的知识产权法律体系。我国没有专门就知识产权制定统一的法律，而是在《民法通则》规定的总的指导原则下，根据知识产权的不同类型制定不同的单行法律、法规以及规章，这些法律、法规和规章共同构成了我国知识产权的法律体系。1986 年 4 月全国人大审议通过的《民法通则》第五章第三节对知识产权作了专节原则性规定。1982 年 8 月全国人大常委会审议通过了《中华人民共和国商标法》，该法分别于 1993 年 2 月、2001 年 10 月和 2013 年 8 月作了三次修正；1984 年 3 月全国人大常委会审议通过了《中华人民共和国专利法》，该法分别于 1992 年 9 月、2000 年 8 月和 2008 年 12 月作了三次修正；1990 年 9 月全国人大常委会审议通过了《中华人民共和国著作权法》，该法于 2001 年 10 月和 2010 年 2 月作了两次修正。根据上述法律，国务院分别制定并修改了相关的实施条例或细则，并制定了一系列的相关配套法规，如《中华人民共和国商标法实施条例》、《中华人民共和国专利法实施细则》、《中华人民共和国著作权法实施条例》、《计算机软件保护条例》、《中华人民共和国植物新品种保护条例》、《集成电路布图设计保护条例》等。

此外，我国也加强与世界各国在知识产权领域的交往与合作，先后加入了十多项知识产权保护的国际公约，如《建立世界知识产权组织公约》、《保护工业产权巴黎公约》、《保护文学艺术作品伯尔尼公约》、《商标国际注册马德里协定》、《关于集成电路知识产权保护条约》、《保护录音制品公约》、《专利合作条约》、《世界版权公约》及 WTO 有关《与贸易有关的知识产权协定》等，我国将遵守上述公约、协定的规定，更重视加强知识产权法制建设。

（三）知识产权的国际保护

知识产权是近代商品经济发展的产物。知识产权从一国跨越国界走向世界，这是资本主义市场经济发展，各国对知识产权的交流和保护更加迫切，促进各国政府经过谈判协商，在知识产权的不同领域订立了一系列的国际公约和协定，以达到对知识产权的国际保护之目的。

1. 有关知识产权国际保护的世界性或地区性的国际条约。

（1）《保护工业产权巴黎公约》。这是 1883 年在法国巴黎签订的，并经过多次修改，至 1989 年 3 月，其成员达 99 个，是保护工业产权方面影响较大的国际公约。我国于 1984 年 11 月 14 日经第六届全国人大常委会第八次会议决定加入巴黎公约，自 1985 年 3 月 19 日起该公约对我国生效。

（2）《专利合作华盛顿条约》。在 1966 年 9 月巴黎联盟执行委员会会议上，美国提议签订一个在专利申请案的接受和初步审理方面进行国际合作的条约。根据这个提议，1970 年 5 月在华盛顿召开的《巴黎公约》成员国外交会议上，缔结了《专利合作条约》，35 个国家的代表签字，我国于 1993 年参加（该条约 1994 年 1 月对我国生效）。截至 2003 年 1 月，共有 118 个国家参加了该协定。

（3）《商标国际注册马德里协定》和《商标注册条约》。《商标国际注册马德里协定》（以下简称《协定》）是 1891 年 4 月于西班牙马德里签订的，目的是简化商标国际注册手续。我国于1989年10月4日起加入了该《协定》。《商标注册条约》（简称《条约》）是1973年6月于维也纳签订的。《协定》和《条约》均规定，其成员国必须是《保护工业产权巴黎公约》的成员国。《协定》、《条约》的成员国商标所有人均可向世界知识产权组织国际局申请商标国际注册，不必分别向每个国提出申请。此外，《协定》还规定，申请商标注册首先须取得本国商标主管部门的商标注册，然后通过本国商标主管部门提出申请，使用文字仅限于法文。而《条约》规定，商标注册申请人可直接向世界知识产权组织国际局申请国际注册，不需先在本国注册，使用文字可用法文，也可用英文。《协定》与《条约》是两个并行的国际条约，一个国家可以同时参加这两个条约，也可以只参加其中的一个条约，这两个国际条约的缔约国的国民，可以按其申请商标保护的不同对象而援用其中任何一个条约。

（4）《保护文学艺术作品伯尔尼公约》。该公约因为缔结于瑞士的伯尔尼，一般简称为“伯尔尼公约”。该公约于1886年缔结；1896年在巴黎增补一次；1908年在柏林修订一次；1914年在伯尔尼又对柏林文本增补一次；1928年、1948年、1967年及1971年又分别在罗马、布鲁塞尔、斯德哥尔摩和巴黎进行了修订。该公约现有的最新文本即1971年巴黎文本。虽然对这个文本的个别行政条款，于1979年作了一些小修改，改后的文本仍然称为“1971年巴黎文本”。到2003年1月为止，已经有169个国家参加了伯尔尼公约，其中绝大多数均已批准了公约的巴黎文本。我国于1992年参加该公约。

（5）TRIPs协定。这是《关贸总协定》乌拉圭回合新拓展出来的重要领域，并把TRIPS纳入WTO多边贸易体制，成为《建立世界贸易组织协定》的附件lC。在TRIPs协定的序言里，对知识产权的性质，确认为特殊的“私有权”，“承认各国知识产权制度所根据的公共政策目的，包括发展和技术目的”。它建立在现有重要知识产权条约基础之上的协定，为WTO全体成员方必须遵循的知识产权保护规定了一系列最低标准，给版权、商标、地理标志、工程设计、专利、集成电路布图，保护商业信息规定了法纪，并在许多方面超过了知识产权公约和工业产权公约，为其未解决的问题规定了新的规则。我国经过十多年的谈判，终于2001年11月11日加入了WTO，自12月11日起成为世贸组织第143个成员。

2. 知识产权国际条约基本原则。知识产权国际条约主要规定了知识产权保护的基本原则、范围以及最低保护标准等内容。其中，关于基本原则的规定，是知识产权保护国际公约中最基本、最重要的内容。

（1）国民待遇原则。这是在《保护工业产权巴黎公约》中首先提出的，在TRIPs协定中再次强调，各个知识产权国际公约和成员都必须共同遵守的基本原则。该原则是指在知识产权的保护上，成员法律必须给予其他成员的国民以本国或地区国民所享有的同样待遇。如果是非成员的国民，在符合一定条件后也可享受国民待遇。如在著作权保护方面，某公民的作品只要在某成员国首先发表，就可在该成员国享受国民待遇。

（2）最惠国待遇原则。该原则最早仅适用于国际有形商品贸易，后被TRIPs协定延伸到知识产权保护领域。其含义是指缔约方在知识产权保护方面给予某缔约方或非缔约方的利益、优待、特权或豁免，应立即无条件地给予其他缔约方。国民待遇原则解决的是本国人和外国人之间的平等保护问题。而最惠国待遇原则则是解决外国人彼此之间的平等保护问题，其共同点是禁止在知识产？权保护方面实行歧视或差别待遇。

（3）透明度原则。这是指各成员颁布实施的知识产权保护法律、法规以及普遍适用的终审司法判决和终局行政裁决，均应以该国文字颁布或以其他方式使各成员政府及权利持有人知悉。

（4）独立保护原则。该原则是指某成员国民就同一智力成果在其他缔约国（或地区）所获得的法律保护是互相独立的。知识产权在某成员产生、被宣告无效或终止，并不必然导致该知识产权在其他成员也产生、被宣告无效或终止。

（5）自动保护原则。这是仅适用于保护著作权的一项基本原则。其含义是作者在享有及行使该成员国民所享有的著作权时，不需要履行任何手续，注册登记、交纳样本及作版权标记等手续均不能作为著作权产生的条件。

（6）优先权原则。该原则是《保护工业产权巴黎公约》授予缔约国国民最重要的权利之一，TRIPs协定予以了肯定，解决了外国人在申请专利权、商标权方面因各种原因产生的不公平竞争问题。其含义是指，在一个缔约成员国提出发明专利、实用新型、外观设计或商标注册申请的申请人，又在规定期限内就同样的注册申请再向其他成员国提出同样内容的申请的，可以享有申请日期优先的权利。即可以把向某成员国第一次申请的日期，视为向其他成员国实际申请的日期。享有优先权的期限限制视不同的工业产权而定，发明和实用新型为向某成员第一次申请之日起12个月，外观设计和商标为6个月。

二、有关商标权的主要规定

（一）商标和商标法

商标俗称牌子，是指经营者在商品或服务上使用的，将自己经营的商品或提供的服务与其他经营者经营的商品或提供的服务区别开来的一种商业识别标志。随着生产力的发展，生产相同商品或提供相同服务的经营者越来越多。商标最基本的功能就是识别商品或服务的来源，区别相同商品或服务的不同经营者。商标一般以可视性的标志，包括文字、图形、字母、数字、三维标志和颜色组合和声音等，以及上述要素的组合来表示，并置于商品表面或商品包装上和服务场所及服务说明书上。商标应当具有显著特征，便于识别。根据不同的标准，可将商标主要分为以下几类：

1. 平面商标和立体商标。平面商标是指由文字、图形、字母、数字、色彩的组合，或前述要素的相互组合构成的商标。立体商标是由产品的容器、包装、外形以及其他具有立体外观的三维标志构成的商标。

2. 商品商标和服务商标。商品商标是指使用于各种商品上，用来区别不同生产者和经营者的商标。服务商标是指使用于服务项目，用来区别服务提供者的商标。

3. 集体商标和证明商标。集体商标是指以团体、协会或者其他组织名义注册，供该组织成员在商事活动中使用，以表明使用者在该组织中的成员资格的标志。证明商标，是指由对某种商品或者服务具有监督能力的组织所控制，而由该组织以外的单位或者个人使用于其商品或者服务，用以证明该商品或者服务的原产地、原料、制造方法、质量或者其他特定品质的标志。

此外，还可以将商标分为注册商标和非注册商标，自愿注册商标和强制注册商标，共同商标、驰名商标、地理标志、官方标志及检验印记等种类。

商标法是调整在确认、使用及保护商标专用权过程中所发生的各种社会关系的法律规范的总称。商标法作为确立商标制度的重要法律规范，我国已于1982年8月23日由第五届全国人大常委会第二十四次会议通过了《中华人民共和国商标法》(以下简称《商标法》)，并于1993年2月22日、2001年10月27日、2013年8月30日先后进行过三次重大修改，使我国商标制度逐步与国际接轨并臻于完备。

（二）商标注册及商标权取得

1. 商标注册和商标专用权取得。商标权的取得可分为原始取得和继受取得。根据我国《商标法》的规定，商标权的原始取得，应按照商标注册程序办理。商标注册人对注册商标享有的专用权，受法律保护。继受取得应按合同转让和继承注册商标的程序办理。商标注册，是指商标使用人将其使用的商标，依法向国家商标局提出注册申请，经审核批准，发给商标注册证，授予商标专用权的过程。商标注册过程使商标所有人取得注册商标，而享有商标专用权。使用注册商标应当标明“注册商标”字样或者标明注册标记“㊟”或者“®”。

2. 商标注册的原则。

（1）自愿注册和强制注册相结合的原则。所谓商标自愿注册，是指商标使用人要求取得商标专用权的，可自愿申请注册，不愿注册的则不享有商标专用权。所谓商标强制注册，是指法律、行政法规规定必须使用注册商标的商品，必须申请商标注册，未经核准注册的，不得在市场上销售。依照《商标法实施细则》规定，国家规定并由国家工商行政管理局公布的人用药品和烟草制品，以及由国家工商行政管理局公布必须使用注册商标的其他商品，必须使用注册商标。在申请人用药品注册商标时，应当附送卫生行政部门发给的《药品生产企业许可证》或者《药品经营企业许可证》；申请卷烟、雪茄烟和包装的烟丝的烟草制品的注册商标，应当附送国家烟草主管机关批准生产的证明文件；申请国家规定必须使用注册商标的其他商品的商标，应附送有关主管部门的批准证明文件。

（2）明确了“一标多类”的商标注册申请原则。商标注册申请人应当按规定的商品分类表填报使用商标的商品类别和商品名称，提出注册申请。商标注册申请人可以通过一份申请就多个类别的商品申请注册同一商标。商标注册申请等有关文件，可以以书面方式或者数据电文方式提出。

（3）申请在先原则。规定两个或两个以上的申请人在同一种商品或类似商品上，以相同或者相近似的商标申请注册的，初步审定并公告申请在先的商标；同一天申请的，初步审定并公告使用在先的商标，驳回其他人的申请，不予公告。但法律保护在先权利和禁止恶意抢注行为，即申请商标注册不得损害他人现有的在先权利，也不得以不正当手段抢先注册他人已经使用并有一定影响的商标。

（4）优先权原则。商标注册申请人自其商标在外国第一次提出商标注册申请之日起六个月内，又在中国就相同商品以同一商标提出商标注册申请的，依照该外国同中国签订的协议或者共同参加的国际条约，或者按照相互承认优先权的原则，可以享有优先权。同时，商标在中国政府主办的或者承认的国际展览会展出的商品上首次使用的，自该商品展出之日起6个月内，该商标的注册申请人可以享有优先权。依照上述要求享有优先权的，应当在提出商标注册申请的时候提出书面声明，并且在3个月内提交相应商标注册申请文件副本或证明文件；未提出书面声明或者逾期未提交的，视为未要求优先权。

3. 商标注册的申请。

（1）申请人。自然人、法人或者其他组织在生产经营活动中，对其商品或者服务需要取得商标专用权的，应当向商标局申请商标注册。两个以上的自然人、法人或者其他组织可以共同向商标局申请注册同一商标，共同享有和行使该商标专用权。

（2）申请条件。商标的必备要件包括两项：①应当具备法定的构成要素；②应当具有显著特征。商标的禁止条件也包括两个方面：①不得侵犯他人的在先权利或合法利益；②不得违反商标法禁止注册或使用某些标志的条款。《商标法》第10～12条具体规定了十余种不得作为商标使用或商标注册的标志。

（3）申请文件。规定申请商标注册应当向商标局提出商标注册申请。每一个商标申请应送交商标注册申请书1份、商标图样5份；指定颜色的，并应当提交着色图样5份、黑白稿1份。

4. 商标注册的审查和核准。我国商标注册采取公告、无异议、核准的程序。

（1）初步审查和公告。规定初步审查内容包括：申请人是否具备申请资格，申请的文件是否齐全，内容是否合法，注册的商标是否同他人在同一种类商品或类似商品上已经申请或已经注册的商标相同或相近似。在初步审查中，特别要注意是否违反商标法规定的禁用条款。对申请注册的商标，商标局应当自收到商标注册申请文件之日起九个月内审查完毕，符合商标法有关规定的，予以初步审定公告。在审查过程中，商标局认为商标注册申请内容需要说明或者修正的，可以要求申请人做出说明或者修正。申请人未做出说明或者修正的，不影响商标局做出审查决定。

（2）驳回商标注册申请的复审。申请注册的商标，凡不符合商标法有关规定或者同他人在同一种商品或者类似商品上已经注册的或者初步审定的商标相同或者近似的，由商标局驳回申请，不予公告。对驳回申请，不予公告的商标，商标局应当书面通知商标注册申请人。商标注册申请人不服的，可以自收到通知之日起15日内向商标评审委员会申请复审。商标评审委员会应当自收到申请之日起9个月内做出决定，并书面通知申请人。有特殊情况需要延长的，经国务院工商行政管理部门批准，可以延长3个月。当事人对商标评审委员会的决定不服的，可以自收到通知之日起30日内向人民法院起诉。

（3）商标异议与核准注册。对初步审定公告的商标，自公告之日起3个月内，在先权利人、利害关系人认为该初步审定商标侵犯其在先权利的，或者任何人认为该初步审定商标属于不得作为商标使用的标志及不得作为商标注册的，可以向商标局提出异议。公告期限满无异议的，予以核准注册，并予以公告。

商标局应当听取异议人和被异议人陈述事实和理由，经调查核实后，自公告期满之日起12个月内做出是否准予注册的决定，并书面通知异议人和被异议人。有特殊情况需要延长的，经国务院工商行政管理部门批准，可以延长6个月。商标局做出准予注册决定的，发给商标注册证，并予公告。异议人不服的，可以向商标评审委员会请求宣告该注册商标无效。商标局做出不予注册决定，被异议人不服的，可以自收到通知之日起15日内向商标评审委员会申请复审。商标评审委员会应当自收到申请之日起12个月内做出复审决定，并书面通知异议人和被异议人。有特殊情况需要延长的，经国务院工商行政管理部门批准，可以延长6个月。被异议人对商标评审委员会的决定不服的，可以自收到通知之日起30日内向人民法院起诉。人民法院应当通知异议人作为第三人参加诉讼。商标评审委员会在依照前款规定进行复审的过程中，所涉及的在先权利的确定必须以人民法院正在审理或者行政机关正在处理的另一案件的结果为依据的，可以中止审查。中止原因消除后，应当恢复审查程序。

（三）注册商标的变更、续展、转让和使用许可

1. 注册商标的变更。这是依法定程序改变商标注册人的名义、地址或其他注册事项。注册商标变更内容不能涉及商标构成要素本身，即不得改变商标标志，如必须改变时，应重新办理注册申请，经审查核准后，则获得新的注册商标专用权。注册商标需要变更的，应提出变更申请，经商标局核准并公告。

2. 注册商标续展。这是在注册商标有效期满时，需要继续使用该注册商标的，经过一定的法定手续延长商标专用权的有效期。我国《商标法》第40条规定，注册商标有效期满，需要继续使用的，商标注册人应当在期满前12个月内按照规定办理续展手续；在此期间未能办理的，可以给予6个月的宽展期。每次续展注册的有效期为10年，自该商标上一届有效期满次日起计算。期满未办理续展手续的，

注销其注册商标。商标局应当对续展注册的商标予以公告。

3. 注册商标的转让。这是商标注册人根据合同的约定或法律的规定，将该注册商标的所有权转移归他人所有。转让注册商标的，转让人和受让人应当签订转让协议，并共同向商标局提出申请。受让人应当保证使用该注册商标的商品质量。商标注册人对其在同一种商品上注册的近似的商标，或者在类似商品上注册的相同或者近似的商标，应当一并转让。对容易导致混淆或者有其他不良影响的转让，商标局不予核准，书面通知申请人并说明理由。转让注册商标经核准后，予以公告。受让人自公告之日起享有商标专用权。

4. 注册商标的使用许可。这是商标注册人将其注册商标通过签订商标使用许可合同，许可他人使用，被许可人享有该注册商标的使用权。经许可使用他人注册商标的，必须在使用该商标的商品上标明被许可人的名称和商品产地，并保证使用该注册商标的商品质量。许可他人使用其注册商标的，许可人应当将其商标使用许可报商标局备案，由商标局公告。商标使用许可未经备案不得对抗善意第三人。

（四）商标使用管理

商标使用的管理，是指国家商标主管机关依法对于注册商标和未注册商标的使用进行的管理活动。负责全国注册商标的管理工作的商标主管机关是国家工商行政管理局商标局，地方各级工商行政管理部门负责地方的商标管理工作。商标管理机构的主要任务是严格执行商标法，监督商标正确使用，制止商标权滥用等违法行为。

1. 注册商标使用管理。

（1）检查监督注册商标的使用。对于自行改变注册商标的，自行转让注册商标的，自行改变注册商标的注册人名称、地址或者其他注册事项的，或无正当理由连续三年停止使用的，由商标局责令限期改正，或者撤销其注册商标；对将注册商标用于核定商品范围以外商品的行为，责令其改正，或令其另行申请注册。

（2）监督使用商标的商品质量。地方各级工商行政管理部门发现使用注册商标的商品有粗制滥造、以次充好、欺骗消费者的行为的，责令其限期改正，并可以予以通报或者处以罚款，或者由商标局撤销其注册商标；对有毒有害并且没有使用价值的商品则应予以销毁。

（3）对强制注册商标管理。国家规定必须使用注册商标的商品，其商标未经注册而进行销售的、由地方工商行政管理部门责令限期申请注册，可以并处罚款。

2. 对未注册商标的使用管理。除国家规定必须使用注册商标的商品外，未经注册的商标，允许使用，但商标所有人不享有商标专用权，不受法律保护。如果使用未注册商标所有人擅自使用注册商标标识，冒充注册商标，或者商标的构成要素及组合违反商标标识禁用条款以及商品粗制滥造，以次充好，欺骗消费者的，由地方工商行政管理部门予以制止，限期改正，并可以予以通报，违法经营额5万元以上的，可以处违法经营额20%以下的罚款，没有违法经营额或者违法经营额不足5

万元的，可以处1万元以下的罚款。

3. 对商标印制管理。按照《商标印制管理暂行办法》规定，商标印制工作必须由持有工商行政管理机关核发的营业执照，并经核定允许承揽商标印制业务的企业承担，严格禁止无照或者超越经营范围承揽商标印制业务。需印制注册商标的单位或个人凭《中华人民共和国商标注册证》到所在地县级工商行政管理局开具《注册商标印制证明》，凭该证明，委托商标印制企业印制。需印制未注册商标的单位或个人凭《营业执照》，到所在地县级工商行政管理局领取《未注册商标印制委托书》，凭委托书委托印制。

（五）商标专用权的保护

商标专用权，又称商标权，是指商标注册人在法定期限内对其注册商标所享有的、受国家法律保护的各种权利。从内容上看，包括专用权、禁止权、许可权、转让权、续展权和标示权等，其中专有使用权是最重要的权利，其他权利都是由该权利派生出来的。正因为如此，一般都把商标权与商标专用权不加区分地使用。但两者之间的法律意义有时是不相同的。商标专用权，是指商标注册的所有人对其所注册商标依法享有专用的权利，未经其许可，任何人都不得在同一种商品上或者类似商品上使用与其注册商品相同或相近似的商标。当他人侵害了注册商标专用权时，注册商标专用权人可以请求工商行政管理部门予以行政保护，也可以请求人民法院给予司法保护。

1. 商标侵权行为。这是指侵害他人注册商标专用权行为。根据《商标法》规定，商标侵权行为的主要表现情形有：

（1）未经商标注册人的许可，在同一种商品上使用与其注册商标相同的商标的。

（2）未经商标注册人的许可，在同一种商品上使用与其注册商标近似的商标，或者在类似商品上使用与其注册商标相同或者近似的商标，容易导致混淆的。

（3）销售侵犯注册商标专用权的商品的。

（4）伪造、擅自制造他人注册商标标识或者销售伪造、擅自制造的注册商标标识的。

（5）未经商标注册人同意，更换其注册商标并将该更换商标的商品又投入市场的。

（6）故意为侵犯他人商标专用权行为提供便利条件，帮助他人实施侵犯商标专用权行为的。

（7）给他人的注册商标专用权造成其他损害的。

2. 对商标侵权行为的处理。

（1）对商标侵权的查处和行政处罚。对侵犯注册商标专用权的行为，工商行政管理部门有权依法查处。工商行政管理部门处理时，认定侵权行为成立的，责令立即停止侵权行为，没收、销毁侵权商品和主要用于制造侵权商品、伪造注册商标标识的工具，违法经营额5万元以上的，可以处违法经营额5倍以下的罚款，没有违法经营额或者违法经营额不足5万元的，可以处25万元以下的罚款。对5年内实施两次以上商标侵权行为或者有其他严重情节的，应当从重处罚。销售不知道是侵犯注册商标专用权的商品，能证明该商品是自己合法取得并说明提供者的，由工商行政管理部门责令停止销售。

（2）对商标侵权的法定赔偿额标准。侵犯商标专用权的赔偿数额，按照权利人因被侵权所受到的实际损失确定；实际损失难以确定的，可以按照侵权人因侵权所获得的利益确定；权利人的损失或者侵权人获得的利益难以确定的，参照该商标许可使用费的倍数合理确定。对恶意侵犯商标专用权，情节严重的，可以在按照上述方法确定数额的1倍以上3倍以下确定赔偿数额。赔偿数额应当包括权利人为制止侵权行为所支付的合理开支。人民法院为确定赔偿数额，在权利人已经尽力举证，而与侵权行为相关的账簿、资料主要由侵权人掌握的情况下，可以责令侵权人提供与侵权行为相关的账簿、资料；侵权人不提供或者提供虚假的账簿、资料的，人民法院可以参考权利人的主张和提供的证据判定赔偿数额。权利人因被侵权所受到的实际损失、侵权人因侵权所获得的利益、注册商标许可使用费难以确定的，由人民法院根据侵权行为的情节判决给予300万元以下的赔偿。

（3）对商标侵权的刑事处罚。假冒他人注册商标，或伪造、擅自制造他人注册商标标识或者销售伪造、擅自制造的注册商标标识，或销售明知是假冒商标的商品，构成犯罪的，除赔偿被侵权人的损失外，还要依法追究刑事责任。

（六）驰名商标的保护

驰名商标，是指在一定地域范围内具有较高知名度并为相关公众知晓的商标。驰名商标具有巨大的商业价值，是不法经营者假冒或仿冒的重点对象，因而我国《商标法》对驰名商标规定了特殊的保护措施。

驰名商标的认定可以由特定的行政机关认定，也可以由人民法院在审理案件时进行认定。国家工商行政管理局负责驰名商标的认定与管理工作，驰名商标的认定以当事人申请为原则。人民法院在审理商标纠纷案件中，根据当事人的请求和案件的具体情况，可以对涉及的注册商标是否驰名依法作出认定。当事人对曾经被行政机关或者人民法院认定的驰名商标请求保护的，对方当事人对涉及的商标驰名不持异议，人民法院不再审查；提出异议的，人民法院依照《商标法》第14条的规定审查。认定驰名商标应当考虑下列因素：①相关公众对该商标的知晓程度；②该商标使用的持续时间；③该商标的任何宣传工作的持续时间、程度和地理范围；④该商标作为驰名商标受保护的记录；⑤该商标驰名的其他因素。这里的“相关公众”，是指与商标所标识的某类商品或者服务有关的消费者和与前述商品或者服务的营销有密切关系的其他经营者。

复制、摹仿或者翻译他人未在中国注册的驰名商标或者主要部分，在相同或者类似商品上使用，容易导致混淆的，应当承担停止侵害的民事法律责任，申请注册的，不予注册并禁止使用。就不相同或者不相类似商品申请注册的商标是复制、摹仿或者翻译他人已经在中国注册的驰名商标，误导公众，致使该驰名商标注册人的利益可能受到损害的，不予注册并禁止使用。

三、有关专利权的主要规定

（一）专利和专利法

专利，是指按照《专利法》的规定，由国家专利机关授予发明人、设计人或者所属的单位，在一定期限内对某项发明创造成果享有的专有权。我国《专利法》确立的专利有发明专利、实用新型专利及外观设计专利三种。

专利法是指调整在确认和保护发明创造的专有权以及在利用专有的发明创造过程中产生的社会关系的法律规范的总称。我国于1984年3月12日第六届全国人大常委会第四次会议通过了《中华人民共和国专利法》（以下简称《专利法》），第一次确立了我国专利制度。随着经济技术体制改革不断深化，先后于1992年9月4日、2000年8月25日和2008年12月27日进行了三次重大修订。与之配套，国务院先后公布与修订的《实施细则》及其相关法规，使我国专利制度逐步与国际接轨并趋于完善。

（二）专利权的法律关系

专利权制度作为一项重要的民事制度，其专利权法律关系同样应由专利权的主体，客体和内容三要素构成，缺一不可。

1. 专利权的主体。这是指可以申请并取得专利权的单位和个人。享有专利权的单位和个人，统称为专利权人。它包括：

（1）发明人、设计人所在的单位。企业、事业单位、社会团体、国家机关的工作人员执行本单位的任务或者主要是利用本单位的物质条件所完成的发明创造，申请专利的权利属于该单位，申请被批准后，该单位为专利权人。但单位与发明人或设计人订有合同，对申请专利的权利和专利权的归属作出约定的，从其约定，实行合同约定优于法定的原则。

（2）发明人、设计人个人。这是由发明人或者设计人自主做出的非职务发明创造，申请专利的权利属于发明人或者设计人，申请被批准后，专利权归申请发明人或者设计人所有。非职务发明创造一般是在工作时间以外完成的，或工作人员退职、退休一年后作出的发明创造。

（3）共同发明人、设计人。两个以上单位或个人合作完成的发明创造，一个单位或个人接受其他单位或个人委托所完成的发明创造，除另有协议外，申请专利权利属于完成或者共同完成的单位或个人，申请被批准后，申请的单位或个人为专利权人。

（4）外国人。外国人包括具有外国国籍的自然人和法人。在中国有经常居所或者营业所的外国人，享有与中国公民或单位同等的专利申请权和专利权。在中国没有经常居所或者营业所的外国人、外国企业或者外国其他组织在中国申请专利的，依照其所属国同中国签订的协议或者共同参加的国际条约，或者依照互惠原则，可以申请专利，但应当委托国务院专利行政部门指定的专利代理机构办理。

2. 专利权的客体。这是指专利法保护的对象，即依法可以取得专利权的发明创造。我国专利法所称的发明创造，是指发明、实用新型和外观设计。①发明。这是指对产品、方法或者其改进所提出的新的技术方案。发明是一种技术方案，也就是一种技术思想。发明与发现是两个截然不同的概念，发明是对客观世界的改造，而发现则是对客观世界的认识，发明分为产品发明和方法发明两大类。②实用新型。这是指对产品的形状、构造或者其结合所提出的适于实用的新的技术方案。实用新型与发明相比，其技术水平较低，故被称为小发明或小专利。③外观设计。这是指对产品的形状、图案、色彩或者其结合所作出的富有美感并适用于工业上应用的新设计。外观设计只能适用于产品。根据我国《专利法》第22条的规定，取得专利权的发明须具备新颖性、创造性和实用性“三性”，但不是所有具备新颖性、创造性和实用性的发明创造都能授予专利权。不能授予专利权的客体范围主要有两类：①凡违反国家法律、社会公德或者妨害公共利益的发明创造的，均不得授予专利权；②法定限制范围内规定科学发现、智力活动的规则和方法、疾病的诊断和治疗方法、动物和植物品种、用原子核变换方法获得的物质，不授予专利权。但上述动物和植物品种的生产方法，可以授予专利权。

3. 专利权的内容。这是指专利权人依法享有的专利权利和承担的义务。其权利主要有：①独占权。专利权人享有自己制造、使用和销售专利产品，或者使用专利方法的权利，他人未经专利权人同意，不得支配其专利。②转让权。专利权人享有将自己的专利权转让给他人的权利。当事人转让专利权必须以订立书面合同的形式，并经专利局登记和公告后才发生法律效力。③许可权。专利权人享有许可他人实施其专利并收取使用费的权利，专利法规定当事人必须以订立书面合同的形式许可实施专利。④标记权。专利权人有权在专利产品或者该产品的包装上标明专利标记和专利号。由于人身权利不因专利权的转让而消失，因此，发明人和设计人无论是否为专利权人，都有在专利文件上写明自己是发明人或者设计人的权利。⑤救济权。专利权人在自己的专利权受到侵害时，有请求专利管理机关进行处理，或者直接向人民法院起诉的权利。⑥放弃权。专利权人有权以书面声明的形式放弃其专利权。其义务主要有：①专利实施义务。专利权人有义务在中国制造其专利产品、使用其专利方法，或许可他人在中国制造其专利产品、使用其专利方法。②专利权人有缴纳专利年费的义务。专利年费是专利权人付给专利局的管理费用，专利权人应从被授予专利权的当年开始缴纳专利年费；不按规定缴纳年费的，专利权应予终止。③职务发明创造取得专利后，作为专利权人的单位有向发明人或设计人给予报酬奖励的义务。④保密义务。规定申请专利的发明创造涉及国家安全或重大利益需要保密的，按照国家有关规定办理。

（三）专利权的取得

1. 专利权取得的条件。

（1）授予发明和实用新型专利的条件。授予发明和实用新型专利，应当具有新颖性、创造性、实用性：①新颖性是指该发明或者实用新型不属于现有技术，也没有任何单位或者个人就同样的发明或者实用新型在申请日以前向国务院专利行政部门提出过申请，并且记载在申请日以后公布的专利申请文件或者公告的专利文件中，由此确立了我国专利法要求具备世界新颖性的立法原则。对于书面公开，要求申请日以前同样的发明或实用新型在国内外的出版物上没有公开发表过；对于使用公开，要求在申请日以前同样的发明或实用新型在国内外没有公开使用过；对于其他方式公开，要求在申请日以前同样的发明或实用新型在国内外没有以其他方式为公众所周知。与此同时，我国《专利法》又规定了丧失新颖性的例外情况。在某些特殊情况下，尽管申请专利的发明或者实用新型在申请日或者优先权日前公开，但是在一定期限内提出专利申请的，则不丧失新颖性。《专利法》第24条规定，申请专利的发明创造在申请日以前的6个月内、有下列情形之一的，不丧失新颖性：一是在中国政府主办或者承认的国际展览会上首次展出的；二是在规定的学术会议或者技术会议上首次发表的；三是他人未经申请人同意而泄露其内容的。②创造性是指同申请日以前已有的技术相比，该发明有突出的实质性特点和显著的进步，该实用新型有实质性特点和进步。所谓“实质性特点”，是指一项发明创造提出申请时，与原有技术相比有本质性的突破，具有独创性的构思。创造性比新颖性要求更高，具备新颖性并不一定就同时具备了创造性。③实用性是指该发明或者实用新型能够在工业上制造或者使用，并且能够产生积极效果。以上三性，缺一不可。缺少任何一个条件的发明或实用新型就不能授予专利权。

（2）授予外观设计专利的条件。授予外观设计专利，应当具备新颖性，即应当同申请日以前在国内外出版物上公开发表过或者国内外公开使用过的外观设计不相同或者不相近似。可见，外观设计要获得专利权必须具备新颖性的条件，而不同时要求具备创造性和实用性。但是，新颖性条件中所说的“不相同或者不相近似”以及外观设计的含义中的“适于工业上应用”实质上就是指的创造性、实用性。只不过是在授予外观设计专利时不作为必要条件规定而已。

2. 专利权取得的原则。

（1）“三一”原则。即对于一项发明创造，申请人只能提出一个申请，并取得一项专利。这是世界各国通用的“一项发明一项专利”的原则，我国专利法也确立这一原则，成为人们取得专利权必须遵循的基本准则。

（2）先申请原则。两个或者两个以上的申请人分别就同一发明创造申请专利，专利权授予同一发明创造中第一个申请专利权的人。实行先申请原则，申请日的确定就非常重要，申请日是判断专利申请是否具备新颖性的时间标准，也是专利权有效期限及其他一些法定程序的起算日。专利法明确规定，专利局收到专利申请文件之日为申请日。如果申请文件是邮寄的，以寄出的邮戳日为申请日。

(3) 优先权原则。申请人自发明或者实用新型在外国第一次提出专利申请之日起12个月内，或者自外观设计在外国第一次提出专利申请之日起6个月内，又在中国就相同主题提出专利申请的，依照该外国同中国签订的协议或者共同参加的国际条约，或者依照相互承认优先权的原则，可以享有优先权。申请人自发明或者实用新型在中国第一次提出专利申请之日起12个月内，又向国务院专利行政部门就相同主题提出专利申请的，可以享有优先权。申请人要求优先权应当在申请时提出书面声明，并且在3个月内提交第一次提出的专利申请文件的副本；未提出书面声明或者逾期未提交专利申请文件副本，视为未要求优先权。

3. 专利的申请。申请发明或者实用新型专利应提交四个文件：①请求书。其主要内容包括：发明或实用新型的名称，发明人或设计人的姓名，申请人的姓名或名称、地址，以及专利法实施细则中规定的其他事项。②说明书。这是专利申请的最基本文件，是清楚、完整地对发明或实用新型的内容进行说明，以所属技术领域的技术人员能够实现为准，必要时应当有附图。③权利要求书。这是以说明书为依据，说明请求专利法保护的范围。④摘要。摘要是对发明或实用新型技术要点的简要说明，便于情报传递，帮助专业人员对专利进行"三性"检索或其他情报检索。申请外观设计专利的应递交的文件有请求书和外观设计的图片或照片等，并应写明使用该外观设计的产品及其所属类别。

4. 专利的审查批准。

(1) 发明专利申请的审查和批准。专利局收到发明专利的申请后，应按法定程序办理审批手续。我国对发明专利申请采用早期公开、延迟审查制度。其审批程序如下：

第一，初步审查。初步审查也称为形式审查，主要是对专利申请文件格式进行审查，核对专利申请文件是否齐备，格式是否符合规定，对专利申请的内容进行审查，是否明显属于不授予专利权的范畴，是否需要保密等。

第二，早期公开。这是专利局收到发明专利申请后，经初步审查认为符合专利法规定的，自申请日起满18个月，即行公布。专利局也可以根据申请人的请求早日公布其申请。早期公开的内容包括发明说明书、摘要、权利要求书以及申请人的姓名、地址、申请日期、申请号和国际专利分类等。公布的内容刊登在专利局公开发行的专利公报上。

第三，实质审查。实质审查主要是从技术角度审查发明创造是否符合专利法所要求的"三性"，即新颖性、创造性和实用性。审查工作由中国专利局的审查员来担任。申请人应主动要求进行实质审查。申请人从申请日起3年内，可随时请求专利局对其发明专利申请进行实质审查。如果申请人在3年期限内没有提出实质审查的要求，就被视为撤回申请；在3年期限内，专利局认为有必要时，可以自行对发明专利申请进行实质审查。经审查，认为不符合专利法规定的，应当通知申请人，要求其在指定的期限内陈述意见，或者对其申请进行修改；无正当理由逾期不答复的，该申请即被视为撤回。发明专利申请经申请人陈述意见或者进行修改后，专利局认为不符合专利法规定的，应当予以驳回。

第四，授予专利权。发明专利申请经实质审查没有发现驳回理由的，专利局应当作出授予发明专利权的决定，发给发明专利证书，并予以登记和公告。

（2）实用新型和外观设计专利申请的审查和批准。对于实用新型和外观设计专利申请经初步审查没有发现驳回理由的，专利局应当作出授予实用新型专利或者外观设计专利权的决定，发给相应的专利证书，并予以登记和公告。

（3）对驳回专利申请不服的复审。专利申请人对专利局驳回申请不服的，可在收到通知之日起3个月内向专利复审委员会请求复审。申请人在复审请求书要说明请求复审的问题、理由和必要的论证资料及证明文件。复审委员会经过审查，作出复审决定，并通知申请人。专利申请人对专利复审委员会的复审决定不服的，可以在收到通知之日起3个月内向人民法院起诉。

（四）专利权的期限、终止和无效

1. 专利权的期限。专利权人对其发明创造所享有的独占权，仅在法律规定的期限内受到法律的保护，超过法律规定的有效期限，专利权就自行终止，这个发明创造就成为全社会公共财富。我国《专利法》第42条规定，发明专利期限为20年，实用新型和外观设计专利期限为10年，其专利权期限均自申请之日起算。

2. 专利权的终止。这是指专利权在有效期限内，由于发生了法律规定的事由，专利权人丧失其专利权的情形。专利权的终止有两种情形：①正常终止，即专利权期限届满；②提前终止，即专利权期限届满前终止，主要原因是没有按照规定缴纳年费，或专利权人以书面声明放弃其专利权两种情形。专利权终止应由专利局登记和公告。

3. 专利权的无效。所谓专利权无效，是指自专利局公告授予专利权之日起，任何单位或者个人认为该专利权的授予不符合专利法有关规定的，可以请求专利复审委员会宣告该专利权无效。专利复审委员会应当及时审查和作出决定，并通知请求人和专利权人。当事人对专利复审委员会宣告专利无效或维持专利权的决定不服的，可以自收到通知之日起3个月内向人民法院起诉，人民法院应当通知宣告无效请求程序的对方当事人作为第三人参加诉讼。宣告无效的专利权视为自始不存在。而宣告专利权无效决定对在宣告专利权无效前人民法院作出并已执行的专利侵权的判决、裁定，专利管理机关作出并已执行的专利侵权处理决定，以及已经履行的专利实施许可合同和专利权转让合同，不具有追溯力。但是因专利权人的恶意给他人造成的损失，应当给予赔偿。如果依照上述规定，专利权人或者专利权转让人不向被许可实施专利人或者专利权受让人返还专利使用费或者专利权转让费，明显违反公平原则，专利权人或者专利权转让人应当向被许可实施专利人或者专利权受让人返还全部或者部分专利使用费或者专利转让费。

（五）专利权的保护

1. 专利权的保护范围。发明或者实用新型专利权保护范围以其权利要求书的内容为准，并以其发明说明书及附图用于解释权利要求。外观设计专利权的保护范围以表示图片或者照片中的该外观设计专利产品为准。在其他产品上相同的外观设计，不构成侵权。除法律另有规定的以外，专利权人有权阻止他人未经其许可，为生产经营的目的制造、使用、销售而进口其专利产品或者进口依照其专利方法直接获得的商品；非经专利权人许可，任何人既不得为生产经营目的使用其专利方法，也不得为生产经营目的使用、销售依该专利方法直接获得的产品。

2. 专利侵权及处理。这是指受我国《专利法》保护的专利权遭受某种违法行为的侵害，对未经专利权人的许可，实施其专利的侵权行为，专利权人或利害关系人可以请求管理专利工作部门进行处理，也可以直接向人民法院起诉。管理专利工作部门处理的时候，有权责令侵权人停止侵权行为，当事人不服的，可以在收到通知之日起3个月内向人民法院提起行政诉讼。期满不起诉又不履行的，管理专利工作部门可以申请人民法院强制执行。进行处理的管理专利工作的部门应当事人的请求，可以就侵犯专利权的赔偿数额进行调解，调解不成的，当事人可以向人民法院提起民事诉讼。专利侵权的诉讼时效为2年，自专利权人或利害关系人得知或者应当得知权利被侵害之日起计算。

但根据我国《专利法》第69条的规定，下列几种情形不视为侵犯专利权的行为：①专利产品或者依照专利方法直接获得的产品，由专利权人或者经其许可的单位、个人售出后，使用、许诺销售、销售、进口该产品的；②在专利申请日前已经制造相同产品、使用相同方法或者已经作好制造、使用的必要准备，并且仅在原有范围内继续制造、使用的；③临时通过中国领土、领水、领空的外国运输工具，依照所属国同中国签订的协议或者共同参加的国际条约，或者依照互惠原则，为运输工具自身需要而在其装置和设备中使用有关专利的；④专为科学研究和实验而使用有关专利的；⑤为提供行政审批所需要的信息，制造、使用、进口专利药品或者专利医疗器械的，以及专门为其制造、进口专利药品或者专利医疗器械的。此外，为生产经营目的使用或销售不知道是未经专利权人许可而制造并售出的专利产品或依照专利方法直接获得的产品，能证明其产品合法来源的，不承担赔偿责任。

3. 专利侵权的法律责任。

（1）行政责任和刑事责任。有以下三种违法行为的应承担行政责任和刑事责任：①未经专利权人许可，在非专利产品上或其包装上标明专利标记或专利号，属假冒他人专利的侵权行为，由管理专利工作的部门责令改正并予公告，没收违法所得，可以并处违法所得3倍以下的罚款，没有违法所得的，可以处5万元以下的罚款；情节严重的，构成假冒他人专利罪，对直接责任人员要依照刑法有关的规定追究刑事责任。②中国单位和个人违反专利法规定，擅自向外国申请专利，泄露国家重要机密的，由所在单位或上级主管机关给予行政处分；构成犯罪的，依法追究刑事责任。③专利局工作人员及有关国家工作人员玩忽职守、滥用职权、徇私舞弊的构成犯罪的，依照刑法有关规定追究刑事责任；尚未构成犯罪的，依法给予行政处分。

此外，《专利法》还规定了其他违法行为的行政责任：①假冒专利的，除依法承担民事责任外，由管理专利工作的部门责令改正并予公告，汲取违法所得，可以并处违法所得4倍以下的罚款；没有违法所得的，可以处20万元以下的罚款。②侵夺发明人或者设计人的非职务发明创造专利申请权和专利法规定的其他权益的，由所在单位或者上级主管机关给予行政处分。

（2）民事责任。按照《民法通则》规定，侵害知识产权行为应承担的民事责任主要有停止侵害，消除影响，赔礼道歉和赔偿损失等。《专利法》具体规定了法定赔偿额标准，即侵犯专利权的赔偿数额，按照权利人因被侵权所受到的损失或者侵权人因侵权所获得的利益而定；被侵权人的损失或者侵权人获得的利益难以确定的，参照该专利许可使用费的倍数合理确定。同时，为了有效保护权利人的诉讼权益，专利法还规定了行为和财产保全措施。

四、有关著作权的主要规定

（一）著作权和著作权法

著作权，也称为版权，是指作者对其创作的文学、科学和艺术作品依法享有的权利。著作权是重要的民事权利，作为民事法律关系之一的著作权法律关系，同样由主体、客体和内容构成。其主体是指著作权人，包括创作作品的作者以及依照法律或合同规定继受取得著作权的人；其客体是指受著作权法保护的文学、艺术和自然科学、社会科学、工程技术等作品，包括文字作品、口述作品和其他形式作品等；其内容是指作者依法享有的专有权利（包括人身权和财产权两类）和应承担的义务。

著作权法是指调整因著作权的产生、控制、利用和支配而产生的社会关系的法律规范的总称。广义的著作权法包括著作权法、邻接权法、各种相关的法律规范以及调整国家与国家之间就相互提供著作权保护而缔结的国际条约。我国于1990年9月7日第七届全国人大常委会第十五次会议通过了《中华人民共和国著作权法》（以下简称《著作权法》），第一次确立了我国著作权制度。随着市场经济不断深化发展，先后又于2001年10月27日和2010年2月26日进行了两次重大修订。与之配套，国务院先后公布与修订的《著作权法实施细则》及其相关法规，使我国著作权制度逐步与国际接轨并趋于完善。

（二）著作权的主体

1. 一般意义上的著作权主体，包括作者、继受人、外国人和无国籍人。

2. 演绎作品，又称派生作品，是指在已有作品的基础上，经过改编、翻译、注释、整理等创造性劳动而产生的作品。改编，是指改变作品，创作出具有独创性的新作品；翻译，是指将作品从一种语言文字转换成为另一种语言文字；注释，是指对文字作品中的字、词、句进行解释；整理，是指对内容零散、层次不清的已有文字作品或者材料进行条理化、系统化的加工。演绎行为是演绎者的创造性劳动，是一种重要的创作方式，演绎创作所产生的新作品，其著作权由演绎者享有，但行使著作权时不得侵犯原作品的著作权。

3. 合作作品的著作权人。合作作品，是指两人以上合作创作的作品。其构成要件是：作者为两人或两人以上，作者之间有共同创作的主观合意，有共同创作作品的行为。合作作品的著作权由合作作者共同享有。如果合作作品不可以分割使用，如共同创作的小说、绘画等，其著作权由各合作作者通过协商一致行使；不能协商一致，又无正当理由的，任何一方不得阻止他人行使除转让以外的其他权利，但是所得收益应当合理分配给所有合作作者。如果合作作品可以分割使用，如歌曲，作者对各自创作的部分可以单独享有著作权，但行使著作权时，不得侵犯合作作品整体的著作权。

4. 汇编作品的著作权人。汇编若干作品、作品的片段或者不构成作品的数据或者其他材料，对其内容的选择或者编排体现独创性的作品，称为汇编作品。汇编作品的构成成分既可以是受版权法保护的作品及片段，如论文、词条、诗词、图片等，也可以是不受版权法保护的数据或者其他材料，如法律法规、股市信息、商品报价单等。汇编作品受著作权法保护的根本原因在于汇编人对汇编材料内容的选择或编排付出了创造性劳动。在材料的选择或编排上体现独创性的数据库，可作为汇编作品受著作权法保护。汇编作品的著作权由汇编人享有，但行使著作权时，不得侵犯原作品的著作权。由于汇编权是作者的专有权利，因而汇编他人受版权法保护的作品或作品的片段时，应征得他人的同意，并不得侵犯他人对作品享有的发表权、署名权、保护作品完整权和获得报酬权等著作权。

5. 影视作品的著作权人。影视作品是指电影作品和以类似摄制电影的方法创作的作品。影视作品是比较复杂、系统的智力创作工程，需要制片者、编剧、导演、摄影、演员等多人的通力合作。影视作品的著作权由制片者享有，但编剧、导演、摄影、作词、作曲等作者享有署名权，并有权按照与制片者签订的合同获得报酬。影视作品中的剧本、音乐等可以单独使用的，其作者有权单独行使其著作权。

6. 职务作品的著作权人。职务作品是指公民为完成法人或者其他组织的工作任务所创作的作品。其特征是：①创作作品的公民与所在法人或其他组织之间存在劳动或聘用关系；②创作完成作品是公民的工作任务，即属于公民在该单位中应当履行的职责。职务作品的认定与公民创作作品是否利用上班时间没有必然联系。职务作品的著作权归属分为三种情况：①由单位主持、代表单位意志创作并由单位承担责任的作品，单位被视为作者，行使完整的著作权。②除单位作品外，公民为完成单位工作任务而又未主要利用单位物质技术条件创作的作品，称为一般职务作品。其著作权由作者享有，但法人或者其他组织有权在业务范围内优先使用。作品完成2年内，未经单位同意，作者不得许可第三人或者其他组织以与单位相同的方式使用该作品。作品完成2年内，经单位同意，作者许可第三人以与单位使用的相同方式使用作品所获报酬，由作者与单位按约定的比例分配。作品完成两年的期限，自作者向单位交付作品之日起计算。③主要是利用法人或其他组织的物质技术条件制作，并由法人或其他组织承担责任的工程设计图、产品设计图、地图、计算机软件等职务作品，或法律、行政法规规定或合同约定著作权由法人或者其他组织享有的职务作品。特殊职务作品的作者享有署名权，著作权人的其他权利由法人或者其他组织享有，法人或者其他组织可以给予作者奖励。

7. 委托作品的著作权人。委托作品，是指作者接受他人委托而创作的作品。委托作品的创作基础是委托合同，既可以是口头的也可以是书面的；既可以是有偿的，也可以是无偿的。委托作品应体现委托人的意志，实现委托人使用作品的目的。委托作品的著作权归属由委托人和受托人通过合同约定，合同未作明确约定或者没有订立合同的，著作权属于受托人，但委托人在约定的使用范围内享有使用作品的权利；双方没有约定使用作品范围的，委托人可以在委托创作的特定目的范围内免费使用该作品。但须注意的是，以下两种作品不同于委托作品，其著作权归属有自己特定的规则：①除《著作权法》第11条第3款外，由他人执笔，本人审阅定稿并以本人名义发表的报告、讲话等作品。其著作权归报告人或讲话人享有。著作权人可以支付执笔人适当的报酬。②当事人合意以特定人物经历为题材完成的自传体作品，当事人对著作权权属有约定的，从其约定；没有约定的，著作权归该特定人物享有，执笔人或整理人对作品完成付出劳动的，著作权人可以向其支付适当的报酬。

8. 原件所有权转移的作品著作权归属。绘画、书法、雕塑等美术作品的原件所有权转移，不视为作品著作权的转移，但美术作品原件的展览权由原件所有人享有。作品原件购买人可以对美术作品欣赏、展览或再出售，但不得从事修改、复制等侵犯作品版权的行为。除美术作品外，对载体所有权可能转移的其他作品，都要注意载体所有权变动并不必然引起著作权的变动。《合同法》第137条规定：出卖具有知识产权的计算机软件等标的物的，除法律另有规定或者当事人另有约定的以外，该标的物的知识产权不属于买受人。

9. 作者身份不明的作品著作权归属。作者身份不明的作品是指从通常途径不能了解作者身份的作品。如果一件作品未署名，或署了鲜为人知的笔名，但作品原件持有人或收稿单位确知作者的真实身份，不属于作者身份不明的作品。作者身份不明的作品，由作品原件的所有人行使除署名权以外的著作权。作者身份确定后，由作者或者其继承人行使著作权。

（三）著作权的客体

著作权的客体是指著作权法保护的对象，即文学、艺术和科学领域中的作品。作品，是指文学、艺术和科学领域内具有独创性并能以某种有形形式复制的智力成果。其构成要件如下：①属于文学、艺术和自然科学、社会科学、工程技术等科学领域中的智力成果。②具有独创性。其含义有二：一是作品系独立创作完成，而非剽窃之作；二是作品必须体现作者的个性特征，属于作者智力劳动创作结果，即具有创作性。独创性存在于作品的表达之中，作品中所包含的思想并不要求必须具有独创性。著作权法保护作品的表达，不保护作品所包含的思想或主题。由不同作者就同一题材创作的作品，只要作品的表达系独立完成并且具有独创性，应当认定作者各自享有独立的著作权。作品的表达是作品形式和作品内容的有机整体。③可复制性。即作品必须可以通过某种有形形式复制，从而被他人所感知。

著作权法上的作品可作如下分类：①文字作品，是指小说、诗词、散文、论文等以文字形式表现的作品。②口述作品，是指即兴的演说、授课、法庭辩论等以口头语言形式表现的作品。③音乐、戏剧、曲艺、舞蹈、杂技艺术作品。音乐作品，是指歌曲、交响乐等能够演唱或演奏的带词或者不带词的作品；戏剧作品，是指话剧、歌剧、地方戏等供舞台演出的作品；曲艺作品，是指相声、快板、大鼓、评书等以说唱为主要形式表演的作品；舞蹈作品，是指通过连续的动作、姿势、表情等表现思想情感的作品；杂技作品，是指杂技、魔术、马戏等通过形体动作和技巧表现的作品。④美术、建筑作品。美术作品，是指绘画、书法、雕塑等以线条、色彩或者其他方式构成的有审美意义的平面或立体造型艺术作品；建筑作品，是指以建筑物或者构筑物表现形式表现的有审美意义的作品。⑤摄影作品，是指借助器械在感光材料或者其他介质上记录客观物体形象的艺术作品。⑥电影作品和以类似摄制电影的方法创作的作品，是指摄制在一定介质上，由一系列有伴音或者无伴音的画面组成，并且借助适当装置放映或者以其他方式传播的作品。⑦图形作品和模型作品。图形作品是指为施工、生产绘制的工程设计图、产品设计图，以及反映地理现象、说明事物原理或者结构的地图、示意图等作品；模型作品，是指为展示、试验或者观测等用途，根据物体的形状和结构；按照一定比例制成的立体作品。⑧计算机软件，是指计算机程序及其文档。⑨法律、行政法规规定的其他作品。如民间文学艺术作品等。

《著作权法》不予保护的对象包括三类：①官方文件，即法律、法规、国家机关的决议、决定、命令和其他具有立法、行政、司法性质的文件及其官方正式译文。官方文件具有独创性，属于作品范畴，不通过著作权法保护的根本原因在于方便人们自由复制和传播。②时事新闻，是指通过报纸、期刊、广播电台、电视台等媒体报道的单纯事实消息。时事新闻虽从总体上不受著作权法保护，但传播报道他人采编的时事新闻，应当注明出处。③历法、数表、通用表格和公式。这类成果表现形式单一，应成为人类共同财富，不宜被垄断使用。

（四）著作权的内容

1. 著作人身权。著作人身权是指著作权人基于作品的创作依法享有的以人格利益为内容的权利。它与作者的人身不可分离，一般不能继承、转让。著作人身权包括发表权、署名权、修改权和保护作品完整权。①发表权是指决定作品是否公之于众的权利。发表权是一次性权利。作品一旦发表，发表权即行消灭，以后再次使用作品与发表权无关，而是行使使用权的体现；发表权与财产权关系密切，须通过出版、上网、朗诵等使用作品的方式来行使。②署名权是指表明作者身份，在作品上署名的权利。③修改权是指修改或授权他人修改作品的权利。④保护作品完整权是指保护作品不受歪曲、篡改的权利。作品是作者思想的反映，也是作者人格的延伸。歪曲、篡改作品不仅损害作品的价值，而且直接影响作者的声誉，因而法律禁止任何人以任何方式歪曲和篡改作品。

2. 著作财产权。这是指著作权人依法享有的控制作品的使用并获得财产利益的权利，包括使用权、许可使用权、转让权和获得报酬权：①使用权是指以复制、发行、出租、展览、放映、广播、网络传播、摄制、改编、翻译、汇编等方式使用作品的权利。著作权法明确规定了复制权、发行权、出租权、展览权、表演权、放映权、广播权、信息网络传播权、摄制权、改编权、翻译权、汇编权等。②许可使用权是指著作权人依法享有的许可他人使用作品并获得报酬的权利。使用他人作品，应当同著作权人订立许可使用合同，但属于法定使用许可情形的除外。③转让权是指著作权人依法享有的转让使用权中一项或多项权利并获得报酬的权利。转让的标的不能是著作人身权，只能是著作财产权中的使用权，可以转让使用权中的一项或多项或全部权利。④获得报酬权是指著作权人依法享有的因作品的使用或转让而获得报酬的权利。获得报酬权通常是从使用权、使用许可权或转让权中派生出来的财产权，是使用权、使用许可权或转让权必然包含的内容。

（五）著作权的限制

1. 合理使用。根据《著作权法》第22条的规定，不必征得著作权人同意而无偿使用他人已发表作品的行为在法律上称之为对著作权的合理使用。合理使用一般只针对已经发表的作品，使用他人未发表的作品必须征得著作权人同意。根据有关规定，以下情形构成对著作权的合理使用：①为个人学习、研究或者欣赏，使用他人已经发表的作品；②为介绍、评论某一作品或者说明某一问题，在作品中适当引用他人已经发表的作品；③为报道时事新闻，在报纸、期刊、广播电台、电视台等媒体中不可避免地再现或者引用已经发表的作品；④报纸、期刊、广播电台、电视台等媒体刊登或者播放其他报纸、期刊、广播电台、电视台等媒体已经发表的关于政治、经济、宗教问题的时事性文章，但作者声明不许刊登、播放的除外；⑤报纸、期刊、广播电台、电视台等媒体刊登或者播放在公众集会上发表的讲话，但作者声明不许刊登、播放的除外；⑥为学校课堂教学或者科学研究，翻译或者少量复制已经发表的作品，供教学或者科研人员使用，但不得出版发行；⑦国家机关为执行公务在合理范围内使用已经发表的作品；⑧图书馆、档案馆、纪念馆、博物馆、美术馆等为陈列或者保存版本的需要，复制本馆收藏的作品；⑨免费表演已经发表的作品，该表演未向公众收取费用，也未向表演者支付报酬；⑩对设置或者陈列在室外公共场所的艺术作品进行临摹、绘画、摄影、录像；⑪将中国公民、法人或者其他组织已经发表的以汉语言文字创作的作品翻译成少数民族语言文字作品在国内出版发行；⑫将已经发表的作品改成盲文出版。以上规定适用于对出版者、表演者、录音录像制作者、广播电台、电视台的权利的限制。另外，为实施九年制义务教育和国家教育规划而编写出版教科书，除作者事先声明不许使用的外，可以不经著作权人许可，在教科书中汇编已经发表的作品片段或者短小的文字作品、音乐作品或者单幅的美术作品、摄影作品，但应当按照规定支付报酬，指明作者姓名、作品名称，并且不得侵犯著作权人依照《著作权法》享有的其他权利。

2. 法定许可使用。法定许可使用是指依照法律的明文规定，不经著作权人同意有偿使用他人已经发表作品的行为。它与合理使用的共同之处在于：都是基于法律的明文规定，都只能针对已经发表的作品，都不必征得著作权人的同意，都应当指明作者姓名、作品名称，并不得侵犯著作权人依法享有的其他权利。两者的区别在于：①法定许可主要是作品传播者的使用行为，而合理使用不受此限；②著作权人事先声明不许使用的，一般不适用法定许可制度，但合理使用一般不受此限；③法定许可是有偿使用，使用人必须按规定支付报酬，而合理使用是无偿使用。根据有关规定，法定许可使用包括以下情形：①为实施九年制义务教育和国家教育规划而编写出版教科书，除作者事先声明不许使用外，可以不经著作权人许可，在教科书中汇编已经发表的作品片段或者短小的文字作品、音乐作品或者单幅的美术作品、摄影作品；②作品被报社、期刊社刊登后，除著作权人声明不得转载、摘编的外，其他报刊可以转载或者作为文摘、资料刊登；③已在报刊上刊登或者网络上传播的作品，除著作权人声明或者上载该作品的网络服务提供者受著作权人的委托声明不得转载、摘编的以外，网站可以转载、摘编；④录音制作者使用他人已经合法录制为录音制品的音乐作品制作录音制品，著作权人声明不许使用的除外；⑤广播电台、电视台播放他人已经发表的作品；⑥广播电台、电视台播放已经出版的录音制品。

（六）著作权的保护期限

1. 著作人身权的保护期限。著作人身权中的署名权、修改权和保护作品完整权的保护期不受限制，可以获得永久性保护。但著作人身权中的发表权的保护有时间限制。

2. 自然人作品的发表权和财产权的保护期。公民的作品，其发表权和使用权的保护期分别为作者终生及其死后50年，截止于作者死亡之后第50年的12月31日；如果是合作作者，截止于最后死亡的作者死亡后第50年的12月31日。作者生前未发表的作品，如果作者未明确表示不发表，作者死亡后50年内，其发表权可由继承人或者受遗赠人行使；没有继承人又无人受遗赠的，由作品原件的所有人行使。

3. 法人或其他组织的作品的发表权和财产权的保护期。单位作品，著作权（署名权除外）由法人或者其他组织享有的职务作品，其发表权和使用权的保护期为50年，截止于作品发表后第50年的12月31日，但作品自创作完成后50年内未发表的，著作权不再保护。

4. 作者身份不明作品使用权的保护期。作者身份不明的作品，其使用权的保护期截止于作品发表后第50年的12月31日。作者身份确定后，适用《著作权法》第21条的规定，按不同作品类型分别确定保护期。

（七）与著作权相关的邻接权

邻接权是指作品传播者对在传播作品过程中产生的劳动成果依法享有的专有权利，又称为作品传播者权或与著作权有关的权益。广义的著作权可以包括邻接权。狭义的著作权与邻接权的关系极为密切。没有作品，就谈不上作品的传播，因而邻接权以著作权为基础，对于著作权合理使用的限制，同样适用于对邻接权的限制，邻接权的保护期也为50年。邻接权与著作权的主要区别是：邻接权的主体多为法人或其他组织，著作权的主体多为自然人；邻接权的客体是传播作品过程中产生的成果，而著作权的客体是作品本身；邻接权中除表演者权外一般不涉及人身权，而著作权包括人身权和财产权两方面的内容。

1. 出版者的权利。出版者的权利内容包括版式设计专有权和专有出版权。版式设计是指出版者对其出版的图书、期刊的版面和外观装饰所作的设计。版式设计是出版者，包括图书出版者（如出版社）和期刊出版者（如杂志社、报社）的创造性智力成果，出版者依法享有专有使用权，即有权许可或者禁止他人使用其出版的图书、期刊的版式设计。图书出版者对著作权人交付出版的作品，按照双方订立的出版合同的约定享有专有出版权，其他出版者未经许可不得出版同一作品，著作权人也不得将出版者享有专有出版权的作品一稿多投。图书出版合同中约定图书出版者享有专有出版权但没有明确具体内容的，视为图书出版者享有在合同有效期内和在合同约定的地域范围内以同种文字的原版、修订版出版图书的专有权利。专有出版权是依出版合同而产生的权利而非法定权利，因而严格意义上讲它不属于邻接权范畴。报纸、杂志社对著作权人的投稿作品在一定期限内享有先载权。但著作权人自稿件发出之日起15日内未收到报社通知决定刊登的，或者自稿件发出之日起在30日内未收到期刊社通知决定刊登的，可以将同一作品向其他报社、期刊社投稿。双方另有约定的除外。

出版者的主要义务包括：按合同约定或国家规定向著作权人支付报酬；按照合同约定的出版质量、期限出版图书；重版、再版作品的，应当通知著作权人，并支付报酬；出版改编、翻译、注释、整理已有作品而产生的作品，应当取得演绎作品的著作权人和原作品的著作权人许可，并支付报酬；对出版行为的授权、稿件来源的署名、所编辑出版物的内容等尽合理的注意义务，避免出版行为侵犯他人的著作权等民事权利。

2. 表演者的权利。表演者权的主体是指表演者，包括演员、演出单位或者其他表演文学、艺术作品的人。表演者权利的客体是指表演活动，即通过演员的声音、表情、动作公开再现作品或演奏作品。其权利包括表明表演者身份、保护表演形象不受歪曲、许可他人从现场直播和公开传送其现场表演并获得报酬、许可他人录音录像并获得报酬、许可他人复制、发行录有其表演的录音录像制品并获得报酬、许可他人通过信息网络向公众传播其表演并获得报酬。其义务包括：表演者使用他人的作品演出，应当征得著作权人许可，并支付报酬；使用改编、翻译、注释、整理已有作品而产生的作品演出，应当征得演绎作品著作权人和原作品著作权人许可，并支付报酬。

3. 录制者的权利。录制者权的主体是录制者，包括录音制作者和录像制作者。录制者权的客体是录制品，包括录音制品和录像制品。录音制品是指任何声音的原始录制品；录像制品是指电影作品和以类似摄制电影的方法创作的作品以外的任何有伴音或无伴音的连续相关形象的原始录制品，包括表演的原始录制品和非表演的原始录制品。录制者对其制作的录音录像制品，享有许可他人复制、发行、出租、通过信息网络向公众传播并获得报酬的权利。录制者使用他人作品制作录音录像制品，应当取得著作权人许可，并支付报酬；使用演绎作品制作录制品的，应当征得演绎作品著作权人和原作品著作权人的许可，并支付报酬；录制表演活动的，应当同表演者订立合同，并支付报酬。

4. 播放者的权利。播放者权的主体是广播电视组织，包括广播电台和电视台。播放者权的客体是播放的广播或电视而非广播、电视节目。广播、电视是指广播电台、电视台通过载有声音、图像的信号播放的集成品、制品或和其他材料在一起的合成品。播放者有权禁止未经许可的下列行为：将其播放的广播、电视转播；将其播放的广播、电视录制在音像载体上以及复制音像载体。

播放者应当履行下列义务：播放他人未发表的作品，应当取得著作权人的许可，并支付报酬；播放已发表的作品或已出版的录音录像制品，可以不经著作权人许可，但应按规定支付报酬。

（八）著作权保护

著作权作为重要民事权利，各个法律部门都予以保护，未经著作权人同意，又无法律上的依据，使用他人作品或行使著作权人专有权的行为，即构成侵犯著作权的行为。根据其情节、危害后果以及承担的法律责任不同，著作权法把所有著作权侵权行为区分为两大类：

1. 承担民事责任。有下列侵权行为的，应当根据具体情况，承担停止侵害、消除影响、赔礼道歉、赔偿损失等民事责任：①未经著作权人许可，发表其作品的；②未经合作作者许可，将与他人合作创作的作品当作自己单独创作的作品发表的；③没有参加创作，为牟取个人名利，在他人作品上署名的；④歪曲、篡改他人作品的；⑤剽窃他人作品的；⑥未经著作权人许可，以展览、摄制电影和以类似摄制电影的方法使用作品，或者以改编、翻译、注释等方式使用作品的，法律另有规定的除外；⑦使用他人作品，应当支付报酬而未支付的；⑧未经电影作品和以类似摄制电影的方法创作的作品、计算机软件、录音录像制品的著作权人或者与著作权有关的权利人许可，出版其作品或者录音录像制品的，著作权法另有规定的除外；⑨未经出版者许可，使用其出版的图书、期刊的版式设计的；⑩未经表演者许可，从现场直播或者公开传送其现场表演，或者录制其表演的；⑪其他侵犯著作权以及邻接权的行为。

2. 承担综合法律责任。规定有下列侵权行为的，应当根据情况，承担停止侵害、消除影响、赔礼道歉、赔偿损失等民事责任；同时损害公共利益的，可以由著作权行政管理部门责令停止侵权行为，没收违法所得，没收、销毁侵权复制品，并处以非法经营额3倍以下的罚款；非法经营额难以计算的，可以处10万元以下的罚款；情节严重的，著作权行政管理部门还可以没收主要用于制作侵权复制品的材料、工具、设备等；构成犯罪的，依法追究刑事责任：

（1）未经著作权人许可，复制、发行、表演、放映、广播、汇编、通过信息网络向公众传播其表演的，著作权法另有规定的除外。

（2）出版他人享有专有出版权的图书的。

（3）未经表演者许可，复制、发行录有其表演的录音录像制品，或者通过信息网络向公众传播其表演，著作权法另有规定的除外。

（4）未经录音录像制作者许可，复制、发行或者通过信息网络向公众传播其录音录像制品，著作权法另有规定的除外。

（5）未经许可，播放或者复制广播、电视的，著作权法另有规定的除外。

（6）未经著作权人或者邻接权人许可，故意避开或者破坏权利人为其作品、录音录像制品等采取的保护著作权或者邻接权的技术措施的，法律、行政法规另有规定的除外。

（7）未经著作权人或者邻接权人许可，故意删除或者改变作品、录音录像制品的权利管理电子信息的，法律、行政法规另有规定的除外。

（8）制作、出售假冒他人署名的作品的。

思考题

1. 什么是知识产权？它包括哪些内容？
2. 国际上对知识产权保护有哪些重要的原则？
3. 什么是商标专用权？怎样申请和注册商标、取得商标专用权？
4. 什么是专利权？怎样申请取得专利权？
5. 什么是著作权？怎样实现对著作权的有效保护？
6. 侵犯商标权有哪些表现形式？
7. 那些行为不构成对专利权和著作权的侵犯？

第九章

侵权责任法

一起交通事故引发的债权赔偿案件应当如何处理?

2013 年 11 月 22 日，公交公司司机谢某驾驶一辆大客车在交叉口处，与受雇司机张某驾驶的夏利出租车（乙出租公司车籍、车主李丙）相撞，致使大客车又驶向右侧将原告李某撞伤。经市公安局交警大队认定：谢某、张某驾驶汽车行经交叉路口没有确保安全，让行不够，各负同等事故责任，李某无事故责任。

李某被撞伤后，即被送到医大附属院抢救治疗，住院 229 天，后又转入医大二院住院治疗 14 天。原告之伤，鉴定结论为伤残等级三级，原告应获赔偿总额为 969 743元，扣除三被告已付医疗费 81 800 元，原告应获赔偿 887 943 元。另查明，李丙每月向出租公司缴纳费用 4000 元。

原告向人民法院起诉要求甲公司和车籍挂靠的乙出租公司、车主李丙三被告承担连带责任。

【问题思考】

1. 公交公司司机谢某的责任应当如何承担？公交公司是否需要承担责任？
2. 本案应如何处理？

一、侵权责任法概述

（一）侵权民事责任概念、特征及意义

侵权民事责任，简称侵权责任，是指行为人实施了侵权行为，侵害了他人财产权益或者人身权益，造成他人损害的，依照法律规定，侵权行为人应当承担民事责任，被侵权人有权请求侵权行为人承担民事责任。《侵权责任法》第 2、3 条规定：

"侵害民事权益，应当依照本法承担侵权责任。""被侵权人有权请求侵权人承担侵权责任。"所谓民事权益，是指民事主体依照法律规定和合同约定享有人身权利利益和财产权利利益，包括生命权、健康权、姓名权、名誉权、荣誉权、肖像权、隐私权、婚姻自主权、监护权、所有权、用益物权、担保物权、著作权、专利权、商标专用权、发现权、股权、继承权等，均受到民法的全面保护。侵权民事责任作为一项重要的民事法律制度，是保护民事权益的最重要法律武器。它既不同于其他民事法律制度，更不同于行政法律制度、刑事法律制度，具有突出的法律特征：

1. 侵权民事责任是民法、侵权责任法规定的基于侵权行为的事实而依据法律规定产生的一种民事法律责任。它是民法对民事侵权行为实施的一种民事制裁，也是全面实施民法制度、保护民事主体合法民事权益的一项重要措施，因此，侵权民事责任也有别于其他民事法律制度。一般民事法律制度是民法规定的以权利义务为内容的实体法律制度，也可称为原生民事法律制度；而侵权民事责任则是由侵权行为人实施了侵权行为侵害了他人的民事权益而产生的一种新的民事法律制度，即特殊的民事法律制度，亦可称之再生民事法律制度。

2. 侵权民事责任的责任主体不仅包括侵权行为的直接责任人，还包括无民事行为能力人、限制民事行为能力人实施的侵权行为以及其他侵权人实施的侵权行为，依据法律规定也应当由责任人承担相应的民事责任，由此侵权责任法上既包括有一般侵权民事责任，还包括有特殊侵权民事责任等两种类型。

3. 侵权民事责任的责任形式不仅包括财产责任，而且也包括非财产责任，还包括精神损害赔偿民事责任。但侵权民事责任的性质都是一种民事救济制度，以采取赔偿或补偿的方法给受损害人以相应的救济。这一制度根本区别于以惩罚为核心的行政责任和刑事责任。《侵权责任法》第 4 条规定："侵权人因同一行为应当承担行政责任或者刑事责任的，不影响依法承担侵权责任。因同一行为应当承担侵权责任和行政责任、刑事责任，侵权人的财产不足以支付的，先承担侵权责任。"由此确立了侵权责任与其他法律责任竞合制度和请求权优先原则。

侵权民事责任作为重要民事法律制度，1986 年我国《民法通则》作了综合性的原则规定，《侵权责任法》对侵权责任作了全面、基本的规定。《侵权责任法》第 5 条还规定：其他法律对侵权责任另有规定的，依照其规定，这实质上是确立了侵权特别法的效力。改革开放三十多年来，全国人大及其常委会通过制定《物权法》、《农村土地承包法》、《婚姻法》、《继承法》、《专利法》、《商标法》、《著作权法》、《公司法》、《票据法》、《海商法》、《保险法》、《证券法》、《信托法》、《消费者权益保护法》、《产品质量法》、《药品管理法》、《环境保护法》、《水污染防治法》、《大气污染防治法》、《固体废物污染环境防治法》、《铁路法》、《公路法》、《民用航空法》、《道路交通安全法》、《安全生产法》、《建筑法》、《电力法》、《煤炭法》、《食品安全法》、《传染病防治法》、《献血法》、《人民防空法》等四十多部其他单行法律，对侵权责任也作有相关的规定。但随着我国社会经济的不断发展，民事关系日益复杂化，衍生了许多新的侵权民事纠纷类型，原来法律有关侵权责任的规定操作性也不强，难以适应新时期社会发展的需要。因此，在 2002 年 12 月全国人大常委会对我国民法典草案初审之后，经过 7 年的努力，2009 年 12 月 26 全国人大常委会终于通过了《侵权责任法》。这部法律对我国侵权民事责任作了比较全面而且具体的规定，使之成为我国民法典的重要组成部分，成为中国特色社会主义法律体系中一部带有支架性的法律。该法第 1 条明确规定："为保护民事主体的合法权益，明确侵权责任，预防并制裁侵权行为，促进社会和谐稳定，制定本法。"这就确立了侵权责任法的立法宗旨和重要的立法意义：①为充分保障民事主体的合法民事权益提供了法律依据。民法规定民事主体依法享有各项民事权利、负有各项民事义务。为了保证民事权利的正确行使，民事义务的全面履行，建立完备的民事责任制度是完全必要的。只有这样，才能够在行为人侵害他人民事权利或不履行法定或约定的民事义务时，依法予以法律制裁，使民事权益才可能得到有效的、充分的保护。②进一步明确侵权责任。随着社会生活的复杂多样，侵权行为也日益变得更加复杂化、多样化，因此亟待法律作出明确界定，有利于人们正确的、及时地规制和处理各种侵权民事责任。③有力地预防和制裁侵权行为，促进社会和谐安定。侵权行为是当前社会酿成各种民事纠纷的主要因素之一，如果我们不能采取有力的措施加以预防，并对已发生的民事侵权行为给予必要的法律制裁，不仅难以有效地保护民事主体的合法民事权益，更无法维护整个社会的和谐安定，保障社会主义事业的顺利发展。

（二）侵权责任的构成和责任方式

1. 侵权责任的构成。这是指依照法律规定承担侵权民事责任应当适用的原则和需要具备的条件或标准，也是承担侵权民事责任的基本法律依据及正确认定和处理侵权责任的重要原则，一般称为归责原则。我国《民法通则》、《侵权责任法》以及其他法律确立的归责原则主要是实行过错责任与无过错责任相结合的归责原则。

（1）实行过错责任原则。所谓过错责任原则，是指行为人对损害的发生必须有过错才承担侵权责任。《侵权责任法》第 6 条规定："行为人因过错侵害他人民事权益，应当承担侵权责任。根据法律规定推定行为人有过错，行为人不能证明自己没有过错的，应当承担侵权责任。"此条第 1 款确立了过错责任原则，这是侵权责任构成的一般原则；而第 2 款规定了过错推定原则，使之成为过错原则的一项重要补充原则。在侵权责任法理论上，过错责任原则适用一般侵权责任，并作为其构成要件的主观要件，即行为人在实施侵权行为时，主观上存在有故意或过失；此外，行为人实施的侵权行为明显违反法律，并给受害人造成损害，而且侵权行为与损害事实之间存有因果关系等三项客观要件。由此构成一般侵权责任理论四要件说。尽管《侵权责任法》并没有明确规定一般侵权责任及其四要件构成法律条款，从过错责任原则的规定及其他条款规定，可以看出一般侵权责任的四个构成要件理论是符合民法法、侵权责任法的法理原则的，也符合《民法通则》、《侵权责任法》的立法精神，应该予以肯定。

（2）实行无过错责任原则。所谓无过错责任原则，是指行为人对造成损害没有过错，但依照法律规定应当承担责任的，应当依法承担侵权责任。我国《民法通则》、《民用航空法》、《产品质量法》、《环境保护法》等法律中都规定了无过错归责原则。《侵权责任法》第7条明确规定："行为人损害他人民事权益，不论行为人有无过错，法律规定应当承担侵权责任的，依照其规定。"这一规定是针对我国进入现代工业化时代所产生的高度危险业务等可能危及人们人身和财产权益而作出新的、特由此明确了无过错归责原则的构成要件，即只要侵权行为造成他人损害，并有法律明确规定，侵权人就要承担侵权责任，而不论行为人有无过错。因此，我国《侵权责任法》在《民法通则》规定的基础上，根据当前我国社会生活新情况，具体规定了七种类型侵权责任，是否就属于特殊侵权责任，学者尚有争议。所以，本章将这七类侵权责任称为"几种侵权责任的特别规定"，这种模糊的表述留下更大的讨论空间。

（3）实行公平责任原则。《民法通则》第132条规定："当事人对造成损害都没有过错的，可以根据实际情况，由当事人分担民事责任。"确立了公平责任原则作为处理民事责任的一项重要原则。《侵权责任法》第24条也有相类似的规定："受害人和行为人对损害的发生都没有过错的，可以根据实际情况，由双方分担损失。"有的学者称之为公平责任分担，但不少学者认为，这也是侵权责任法上公平责任原则的具体适用。

2. 共同侵权责任的认定。所谓共同侵权责任，依照《侵权责任法》第8条规定，是指二人以上共同实施侵权行为，造成他人损害的，应当承担连带责任。确定了共同侵权责任实行主观的共同侵权行为责任原则。但从理论上说，认为共同侵权行为应包括主观的共同侵权行为和客观的共同侵权行为两类。多数学者主张，为了更有效地保护被侵权人的合法权益，应当实行两类共同侵权行为责任结合的原则。但由于共同侵权行为情况十分复杂，《侵权责任法》第8~14条对共同侵权行为的各种不同情况所应承担的责任分别有7条规定。

（1）教唆、帮助他人实施侵权责任。《侵权行为法》第9条规定："教唆、帮助他人实施侵权行为的，应当与行为人承担连带责任。教唆、帮助无民事行为能力人、限制民事行为能力人实施侵权行为的，应当承担侵权责任；该无民事行为能力人、限制民事行为能力人的监护人未尽到监护责任的，应当承担相应的责任。"

（2）共同危险行为及其责任。所谓共同危险行为，也称为准共同侵权行为，是指二人或二人以上共同实施有侵害他人权利的危险行为，并对所造成的损害后果不能判明谁是真正侵权人的侵权行为。《侵权责任法》第10条明确规定："二人以上实施危及他人人身、财产安全的行为，其中一人或者数人的行为造成他人损害，能够确定具体侵权人的，由侵权人承担责任；不能确定具体侵权人的，行为人承担连带责任。”共同危险侵权责任构成要件为：①二人以上实施危及他人人身、财产安全的行为；②其中一人或数人的行为造成他人损害；③不能确定具体侵权人；④由数个行人对受害人承担连带责任。

（3）叠加的共同侵权责任。所谓叠加的共同侵权责任，是共同侵权行为的一种特殊类型，是指侵权行为人并没有主观上的意思联络，也没有共同过失，而是分别实施侵权行为，造成了同一损害，但每一个行为人的行为都足以造成全部损害的一种特殊共同侵权责任形态。《侵权责任法》第 11 条规定：“二人以上分别实施侵权行为造成同一损害，每个人的侵权行为都足以造成全部损害的，行为人承担连带责任。”这实质上是一种客观的共同侵权行为责任其构成要件是：①二人以上分别实施侵权行为；②造成同一损害后果；③每个人的侵权行为都足以造成全部损害；④各个行为人须对造成的损害承担连带责任。

（4）无过错联系的共同侵权责任。所谓无过错联系的共同侵权责任，也称为无意思联络的共同侵权责任，是指数个行为人事先既没有共同的意思联络，也没有共同过失，只是由于行为的客观联系，而共同造成同一损害结果的共同侵权责任。《侵权责任法》第 12 条规定：“二人以上分别实施侵权行为造成同一损害，能够确定责任大小的，各自承担相应的责任；难以确定责任大小的，平均承担赔偿责任。”这一责任形式的构成要件为：①二人以上分别实施侵权行为；②行为人实施侵权行为并无意思联络；③造成同一损害后果；④行为人承担按份责任。

（5）连带责任的对外对内关系。共同侵权人依照法律规定承担连带责任，根据不同情况发生不同的内外关系。其中在对外关系上，《侵权责任法》第 13 条规定：“法律规定承担连带责任的，被侵权人有权请求部分或者全部连带责任人承担责任。”这种连带责任是法定责任不得改变，连带责任对外是一个整体责任，无论被侵权人向一个或数个连带责任人请求承担责任，都不影响被请求的连带责任人对外承担全部责任。而在内部责任分担上，《侵权责任法》第 14 条规定：“连带责任人根据各自责任大小确定相应的赔偿数额；难以确定责任大小的，平均承担赔偿责任。支付超过自己赔偿数额的连带责任人，有权向其他连带责任人追偿。”这一规定明确了连带责任人的三个方面的内部关系：①各连带责任承担的责任大小，是根据各人的过错大小和对原因力状况的比较来确定；②难以确定责任大小的，平均承担赔责任；③某一连带责任人支付超出自己赔偿数额的，有权向其他连带责任人追偿。

3. 承担侵权责任方式。承担侵权责任的方式，是指侵权人依据侵权责任法规定，就自己人实施的侵权行为应当承担的具体民事责任方式。这意味着法律对侵权人所实施的行为所持的否定和谴责态度、对侵权行为所给予制裁方法，同时也表明法律对权利人依法享有的权利的有效保护，以及对全社会体现的法制教育作用。对此，《侵权责任法》在《民法通则》规定的基础上，第 15 条规定的承担侵权责任方式主要有八种：①停止侵害；②排除妨碍；③消除危险；④返还财产；⑤恢复原状；⑥赔偿损失；⑦赔礼道歉；⑧消除影响、恢复名誉。以上承担侵权责任的方式，在救济受害人的总体目标下，当事人可以单独采用一种方式，也可以采用多种方式。

4. 承担侵权责任的方式的具体范围和确定。

（1）人身损害的赔偿范围。《侵权责任法》第16条规定："侵害他人造成人身损害的，应当赔偿医疗费、护理费、交通费等为治疗和康复支出的合理费用，以及因误工减少的收入。造成残疾的，还应当赔偿残疾生活辅助具费和残疾赔偿金。造成死亡的，还应当赔偿丧葬费和死亡赔偿金。"这是规定人身损害赔偿的法定范围，包括一般伤害、致人残废及致人死亡等三种情形根据其不同情况确定的赔偿范围。

（2）死亡赔偿金的确定和请求权的行使。一般情况下，死亡赔偿金是根据死亡人年龄和收入状况等情形，来确定死亡赔偿的不同数额，但长期来存在"同命不同价"赔偿作法，引起社会很多的争议。对此，《侵权责任法》第17条明确规定："因同一侵权行为造成多人死亡的，可以以相同数额确定死亡赔偿金。"这一对侵权赔偿金的特殊规定，有利于体现同一损害赔偿的平等性和合理性原则。而对于侵权责任请求权的行使，《侵权责任法》第18条明确规定："被侵权人死亡的，其近亲属有权请求侵权人承担侵权责任。被侵权人为单位，该单位分立、合并的，承继权利的单位有权请求侵权人承担侵权责任。被侵权人死亡的，支付被侵权人医疗费、丧葬费等合理费用的人有权请求侵权人赔偿费用，但侵权人已支付该费用的除外。"

（3）侵害财产赔偿计算。侵害财产赔偿应包括直接侵害财产赔偿和间接侵害财产赔偿，即侵害他人人身权益造成财产损害赔偿两类。对于直接侵害财产赔偿计算，《侵权责任法》第19条规定："侵害他人财产的，财产损失按照损失发生时的市场价格或者其他方式计算。"而对于间接侵害财产赔偿的计算，《侵权责任法》第20条规定："侵害他人人身权益造成财产损失的，按照被侵权人因此受到的损失赔偿；被侵权人的损失难以确定，侵权人因此获得利益的，按照其获得的利益赔偿；侵权人因此获得的利益难以确定，被侵权人和侵权人就赔偿数额协商不一致，向人民法院提起诉讼的，由人民法院根据实际情况确定赔偿数额。"依照这一规定，人身损害财产赔偿按照以下三种方法计算：①按照所受损失赔偿；②按照所获利益赔偿；③无法确定赔偿计算，请求人民法院根据实际情况确定赔偿数额。

（4）危及他人人身、财产安全的侵权责任。当侵权人正在实施侵权行为时，可能造成被侵权人侵害，或妨害他人正常行使权利或妨害他人合法权益的，或存在侵害他人人身或财产现实可能性的情况下，被侵权利人可以采取相应的救济方法。《侵权责任法》第21条规定："侵权行为危及他人人身、财产安全的，被侵权人可以请求侵权人承担停止侵害、排除妨碍、消除危险等侵权责任。"

（5）精神损害赔偿责任。所谓精神损害赔偿，是指受害人因人格权益或身份权益受到损害或遭受精神痛苦而获得金钱赔偿。《侵权责任法》在认真总结《民法通则》和司法实践经验的基础上，对精神损害赔偿责任作了明确的规定。《侵权责任法》第22条规定："侵害他人人身权益，造成他人严重精神损害的，被侵权人可以请求精神损害赔偿。"依照这一规定，明确了精神损害赔偿责任请求应注意的三点法律要求：①确定精神损害赔偿责任的范围是侵害他人人身权益，而不是财产权益，包括生命权、健康权、姓名权、名誉权、肖像权、隐私权、监护权等人身权益；②明确精神损害赔偿责任的法定条件，即造成他人严重的精神损害，而偶尔的痛苦和不高兴不能认为是严重精神损害；③被侵权人可以请求精神损害赔偿，请求人既包括直接遭受人身权侵害的本人，还应包括被侵权人的近亲属。

(6) 防止侵害行为的责任。也有称为救护行为造成损害的补偿责任，这是对制止侵害行为人的补偿责任问题。《侵权责任法》第23条规定："因防止、制止他人民事权益被侵害而使自己受到损害的，由侵权人承担责任。侵权人逃逸或者无力承担责任，被侵权人请求补偿的，受益人应当给予适当补偿。"明确规定首先是侵权人责任，而在侵权人逃逸或无力赔偿的情况下，受益人才负有适当补偿责任。

(7) 损失的分担和支付方式。侵权行为发生损害，双方当事人均无过错，应如何解决其责任承担问题。《侵权责任法》第24条规定："受害人和行为人对损害的发生都没有过错的，可以根据实际情况，由双方分担损失。"明确确立了损失分担的公平责任原则。而在赔偿费用的支付方式上，可采取一次性支付或定期金支付等方式。《侵权责任法》第25条规定："损害发生后，当事人可以协商赔偿费用的支付方式。协商不一致的，赔偿费用应当一次性支付；一次性支付确有困难的，可以分期支付，但应当提供相应的担保。"

(三) 抗辩事由

这是指被侵害人对侵害人的侵权行为提起诉讼时，侵害人依据法律规定提出的证明被侵害人的诉讼请求不能成立的事实，也称为免责事由或免除责任条款。《侵权责任法》第三章以"不承担责任和减轻责任的情形"对抗辩事由作出具体规定。

1. 因被侵权人的过错或者故意造成损害而免除或减轻侵权人的责任。《侵权责任法》第26条规定："被侵权人对损害的发生也有过错的，可以减轻侵权人的责任。"第27条还规定："损害是因受害人故意造成的，行为人不承担责任。"这些规定具体体现了过失相抵原则，因被侵权人或受害人的过错或者故意造成的，可以免除或减轻侵权人的相应责任。

2. 因第三人过错造成损害而免除或减轻侵权人的责任。造成侵权损害既不是由被侵权人或受害人过错引起，而是由第三人过错造成的，应当由第三人承担侵权责任。对此，《侵权责任法》第28条规定："损害是因第三人造成的，第三人应当承担侵权责任。"由第三人过错造成损害，可分为第三人过错是造成损害的唯一原因和部分原因两种，由此构成全部免除责任和部分免除责任两种情形。

3. 因法定事由造成损害而免除或减轻侵权人的责任。除了以上两类抗辩事由外，《侵权责任法》还规定有三种法定抗辩事由：

（1）不可抗力事由。《侵权责任法》第29条规定："因不可抗力造成他人损害的，不承担责任。法律另有规定的，依照其规定。"这里"法律另有规定的"是指《侵权责任法》第70条、第71条以及《民用航空法》第160条、《邮政法》第48条对不可抗力的范围作有具体规定的，依照其规定。

（2）正当防卫行为。《侵权责任法》第30条规定："因正当防卫造成损害的，不承担责任。正当防卫超过必要的限度，造成不应有的损害的，正当防卫人应当承担适当的责任。"作为抗辩事由的正当防卫，其成立须同时具备六个要件：①须为使本人或他人的人身、财产权利免受危险的侵害；②须对正在发生的危险，采取的紧急措施针对不法侵权行为发生；③须针对正在进行的不法侵害；④须为本人或他人的人身权利、财产权利遭受不法侵害，来不及请求有关国家机关抢救帮助的情况下，才能实施正当防卫；⑤必须针对不法侵害者本人实行；⑥不能明显超过必要限度造成损害。否则，超过必要限度造成不应有损害的，正当防卫人应当承担适当的责任。

（3）紧急避险行为。《侵权责任法》第31条规定："因紧急避险造成损害的，由引起险情发生的人承担责任。如果危险是由自然原因引起的，紧急避险人不承担责任或者给予适当补偿。紧急避险采取措施不当或者超过必要的限度，造成不应有的损害的，紧急避险人应当承担适当的责任。"作为抗辩事由的紧急避险，其成立须具备以下要件：①须为使本人或他人的人身、财产权利免受危险的损害；②须是针对正在发生的危险，采取的紧急避险行为；③须为在不得已情况下采取避险措施；④避险行为不能超过必要限度。

二、有关责任主体的特殊规定

民法上对于行为人实施了侵权行为构成侵权责任，一般实行谁实施谁担责，即在一般侵权责任中，原则上由侵权行为人承担侵权责任。但在现实社会生活中，侵权行为主体十分复杂、多样，为了准确地处理侵权责任，《侵权责任法》第四章对侵权特殊责任主体作了专门规定。

（一）有关民事行为能力与承担侵权责任的规定

1. 有关无民事行为能力人、限制民事行为能力人的侵权责任。《侵权责任法》第32条规定："无民事行为能力人、限制民事行为能力人造成他人损害的，由监护人承担侵权责任。监护人尽到监护责任的，可以减轻其侵权责任。有财产的无民事行为能力人、限制民事行为能力人造成他人损害的，从本人财产中支付赔偿费用。不足部分，由监护人赔偿。"

2. 有关完全民事行为能力人暂时失去意识的侵权责任。《侵权责任法》第33条规定："完全民事行为能力人对自己的行为暂时没有意识或者失去控制造成他人损害有过错的，应当承担侵权责任；没有过错的，根据行为人的经济状况对受害人适当补偿。完全民事行为能力人因醉酒、滥用麻醉药品或者精神药品对自己的行为暂时没有意识或者失去控制造成他人损害的，应当承担侵权责任。”

（二）有关劳动关系、劳务关系中的侵权责任

1. 有关劳动关系中的侵权责任。《侵权责任法》第 34 条第 1 款规定：“用人单位的工作人员因执行工作任务造成他人损害的，由用人单位承担侵权责任。”

2. 有关劳务关系中的侵权责任。《侵权责任法》第 34 条第 2 款规定：“劳务派遣期间，被派遣的工作人员因执行工作任务造成他人损害的，由接受劳务派遣的用工单位承担侵权责任；劳务派遣单位有过错的，承担相应的补充责任。”

3. 有关雇佣关系中的侵权责任。《侵权责任法》第 35 条规定：“个人之间形成劳务关系，提供劳务一方因劳务造成他人损害的，由接受劳务一方承担侵权责任。提供劳务一方因劳务自己受到损害的，根据双方各自的过错承担相应的责任。”此处劳务关系亦可理解为雇佣关系。

（三）有关网络服务中的侵权责任

网络侵权，是指发生在互联网上的各种侵害他人民事权益的行为。网络作为新型的信息媒体，给人们使用和传布信息提供了很大的机会和空间，但随着网络经济的快速发展，因此也衍生了不少网络侵权行为，引发了各种社会矛盾和纠纷。为了规范网络行为，正确地处理网络服务中的各种侵权责任，《侵权责任法》第 36 条作了三款规定：

1. 网络用户、网络服务提供者的侵权责任。规定网络用户、网络服务提供者利用网络侵害他人民事权益的，应当承担侵权责任。

2. 网络用户、网络服务提供者对扩大损害的连带责任。规定网络用户利用网络服务实施侵权行为的，被侵权人有权通知网络服务提供者采取删除、屏蔽、断开链接等必要措施。网络服务提供者接到通知后未及时采取必要措施的，对损害的扩大部分与该网络用户承担连带责任。

3. 网络服务提供者知道网络用户侵权的连带责任。规定网络服务提供者知道网络用户利用其网络服务侵害他人民事权益，未采取必要措施的，与该网络用户承担连带责任。

（四）有关公共场所中的侵权责任

公共场所和群众性活动场所，既是大量民众活动的地方，也最容易引发各类侵权事件。为了规范和处理此类纠纷，《侵权责任法》第 37 条明确规定：“宾馆、商场、银行、车站、娱乐场所等公共场所的管理人或者群众性活动的组织者，未尽到安全保障义务，造成他人损害的，应当承担侵权责任。因第三人的行为造成他人损害的，由第三人承担侵权责任；管理人或者组织者未尽到安全保障义务的，承担相应的补充责任。”

（五）有关教育机构中发生的侵权责任

教育机构，包括幼儿园、中小学以及其他教育机构，也是一种公共场所，而且具有突出特殊性，《侵权责任法》对其侵权责任作了三条规定：

1. 教育机构对无民事行为能力人的人身损害责任。《侵权责任法》第 38 条规定："无民事行为能力人在幼儿园、学校或者其他教育机构学习、生活期间受到人身损害的，幼儿园、学校或者其他教育机构应当承担责任，但能够证明尽到教育、管理职责的，不承担责任。"

2. 教育机构对限制民事行为能力人的人身损害责任。《侵权责任法》第 39 条规定："限制民事行为能力人在学校或者其他教育机构学习、生活期间受到人身损害，学校或者其他教育机构未尽到教育、管理职责的，应当承担责任。"

3. 教育机构对外来侵害的责任。《侵权责任法》第 40 条规定："无民事行为能力人或者限制民事行为能力人在幼儿园、学校或者其他教育机构学习、生活期间，受到幼儿园、学校或者其他教育机构以外的人员人身损害的，由侵权人承担侵权责任；幼儿园、学校或者其他教育机构未尽到管理职责的，承担相应的补充责任。"

三、几种侵权责任的专门规定

民法理论上把侵权责任分为一般侵权责任和特殊侵权责任。但从《侵权责任法》立法情况看，并无这一分类的明确规定。从理论上讲，所谓一般侵权责任，是指行为人实施侵权行为，侵害了一般民事权益所应承担的民事责任；所谓特殊侵权责任，是指具有某种特殊身份的人，或者从事某种特殊经营业务的人，或者占有某种特殊物资的人，因实施了侵权行为并造成损害事实，无论责任人有无过错，而根据法律规定应当承担民事责任的所应承担的民事责任。按照我国《民法通则》的规定，适用特殊的侵权民事责任的主要有国家机关职务侵权责任、产品质量责任、环境污染责任、高度危险责任、地下施工责任、建筑物侵权责任、饲养动物侵权责任以及无民事行为能力人、限制行为能力人侵权责任等八大类，《侵权责任法》根据新的形势要求作了调整，规定有七大类型：

（一）产品责任

这是指因产品存在缺陷而造成他人人身损害或其他财产损害应承担的侵权责任。《侵权责任法》第五章以七个条款具体规定了产品责任的各项法律要求。

1. 产品责任承担的一般原则。第 41 条规定："因产品存在缺陷造成他人损害的，生产者应当承担侵权责任。"第 42 条规定："因销售者的过错使产品存在缺陷，造成他人损害的，销售者应当承担侵权责任。销售者不能指明缺陷产品的生产者也不能指明缺陷产品的供货者的，销售者应当承担侵权责任。"从以上规定可以看出，生产者对产品责任实行无过错责任原则，无论生产者有无过错，只要因产品缺陷给受害人造成损害的就要承担产品责任，而不要求受害人就侵权人的过错进行举证，侵权人也不得以其没有过错为由主张免除责任。据此，构成生产者产品责任须具备三个要件：①产品具有缺陷；②须有缺陷产品造成受害人损害的事实；③缺陷产品与损害事实之间存在因果关系。但《产品质量法》第 41 条又明确规定：生产者能够证明有以下情形之一的，不承担赔偿责任：①未将产品投入流通的；②产品投入流通时，引起损害的缺陷尚不存在；③将产品投入流通时的科学技术水平尚不能发现缺陷的存在的。由此确认了生产者产品责任的法定免责条件。而对销售者的产品责任明确规定实行过错责任原则。有两种情形销售者应当承担产品责任：①由于销售者的过错使产品存在缺陷，造成他人损害；②销售者不能指明缺陷产品的生产者也不能指明缺陷产品的供货者的，销售者应当承担侵权责任。

2. 请求权和追偿权的行使。《侵权责任法》第 43 条规定："因产品存在缺陷造成损害的，被侵权人可以向产品的生产者请求赔偿，也可以向产品的销售者请求赔偿。产品缺陷由生产者造成的，销售者赔偿后，有权向生产者追偿。因销售者的过错使产品存在缺陷的，生产者赔偿后，有权向销售者追偿。"第 44 条规定："因运输者、仓储者等第三人的过错使产品存在缺陷，造成他人损害的，产品的生产者、销售者赔偿后，有权向第三人追偿。"以上规定明确了被侵权人对产品责任的请求权和先行赔偿人追偿权的行使。

3. 请求承担的责任形式。因产品缺陷造成侵权的情形多样、复杂，《侵权责任法》也具体规定了各种责任形式：

（1）产品缺陷的一般责任形式。第 45 条规定："因产品缺陷危及他人人身、财产安全的，被侵权人有权请求生产者、销售者承担排除妨碍、消除危险等侵权责任。"

（2）建立警示、召回制度。第 46 条规定："产品投入流通后发现存在缺陷的，生产者、销售者应当及时采取警示、召回等补救措施。未及时采取补救措施或者补救措施不力造成损害的，应当承担侵权责任。"

（3）实行惩罚性赔偿责任。第 47 条规定："明知产品存在缺陷仍然生产、销售，造成他人死亡或者健康严重损害的，被侵权人有权请求相应的惩罚性赔偿。"所谓惩罚性赔偿，也称为惩戒性赔偿，是指加害人给付受害人超过其实际数额的一种金钱赔偿。这是一种集补偿、惩罚、遏制等功能于一身的赔偿责任形式，是侵权责任法新规定的一种侵权责任形式。因此，适用惩罚性赔偿责任须具备以下条件：①侵权人具有主观故意，即明知是缺陷产品仍然生产或者销售；②要有损害事实，而且这一损害事实不是一般的损害事实，而应当是造成严重损害的事实；③要有因果关系，即被侵权人的死亡或者健康严重受损害是因为侵权人生产或销售的缺陷产品造成的。这条具体规定了惩戒性赔偿的适用范围，即在被侵权人的死亡或者健康严重受损害的范围内适用，其他损害均不适用这一责任形式。这里请求相应的惩罚性赔偿，主要要求被侵权人请求的惩罚赔偿金的数额应当与侵权人的恶意情况相当，与侵权人造成的损害后果相当，与对侵权人的惩戒、威慑相当。

（二）机动车交通事故责任

这是指机动车驾驶人发生交通事故造成他人损害，依照法律规定所应当承担的侵权责任。这是一项重要的侵权民事责任，对于规范处理频频发生的交通事故侵权案件，维护当事人合法权益具有积极意义。对此，《侵权责任法》第六章以 5 个条款具体规定了交通事故责任的一般处理原则及特殊处理原则：

1. 机动车交通事故责任处理的一般原则。《侵权责任法》第48条规定："机动车发生交通事故造成损害的，依照道路交通安全法的有关规定承担赔偿责任。"对此，《道路交通安全法》第76条有两款规定："机动车发生交通事故造成人身伤亡、财产损失的，由保险公司在机动车第三者责任强制保险责任限额范围内予以赔偿；不足的部分，按照下列规则承担赔偿责任：①机动车之间发生交通事故的，由有过错的一方承担赔偿责任；双方都有过错的，按照各自过错的比例分担责任。②机动车与非机动车驾驶人、行人之间发生交通事故，非机动车驾驶人、行人没有过错的由机动车一方承担赔偿责任；有证据证明非机动车驾驶人、行人有过错的，根据过错程度适当减轻机动车一方的赔偿责任；机动车一方没有过错的，承担不超过10%的赔偿责任。"同时，《道路交通安全法》第76条第2款还规定了免责条件，即"交通事故的损失是由非机动车驾驶人、行人故意碰撞机动车造成的，机动车一方不承担赔偿责任。"

2. 机动车交通事故责任承担的例外情况处理的规定。

（1）租赁、借用机动车致人损害的责任。《侵权责任法》第49条规定："因租赁、借用等情形机动车所有人与使用人不是同一人时，发生交通事故后属于该机动车一方责任的，由保险公司在机动车强制保险责任限额范围内予以赔偿。不足部分，由机动车使用人承担赔偿责任；机动车所有人对损害的发生有过错的，承担相应的赔偿责任。"

（2）机动车转让后致人损害的责任。《侵权责任法》第50条规定："当事人之间已经以买卖等方式转让并交付机动车但未办理所有权转移登记，发生交通事故后属于该机动车一方责任的，由保险公司在机动车强制保险责任限额范围内予以赔偿。不足部分，由受让人承担赔偿责任。"这一规定同样适用于所有权保留特别约定的分期付款买卖机动车致人损害的责任，即由购买方承担赔偿责任，出卖方不承担责任。

（3）转让拼装机动车致人损害的责任。《侵权责任法》第51条规定："以买卖等方式转让拼装或者已达到报废标准的机动车，发生交通事故造成损害的，由转让人和受让人承担连带责任。"这是对拼装车和报废车致人损害的责任作出专门规定。依照国务院有关法规的规定，所谓拼装车，是指使用报废汽车发动机、方向盘、变速器、前后桥、车架以及其他零配件组装的机动车。所谓报废机动车，是指达到国家报废标准，或者虽未达到国家报废标准，但发动机场或者底盘严重损坏，经检验不符合国家机动车运行安全标准的机动车。转让和使用这两类机动车，本身即具有违法性。对于以买卖、赠与等方式转让这两类车，发生交通事故造成损害的，应适用无过错责任原则且没有法定免责事由，所以应用由转让人与受让人、赠与人与受赠人承担连带责任。

（4）盗抢机动车致人损害的责任。《侵权责任法》第52条规定："盗窃、抢劫或者抢夺的机动车发生交通事故造成损害的，由盗窃人、抢劫人或者抢夺人承担赔偿责任。保险公司在机动车强制保险责任限额范围内垫付抢救费用的，有权向交通事故责任人追偿。”

（5）机动车肇事责任者逃逸的责任处理。《侵权责任法》第53条规定：“机动车驾驶人发生交通事故后逃逸，该机动车参加强制保险的，由保险公司在机动车强制保险责任限额范围内予以赔偿；机动车不明或者该机动车未参加强制保险，需要支付被侵权人人身伤亡的抢救、丧葬等费用的，由道路交通事故社会救助基金垫付。道路交通事故社会救助基金垫付后，其管理机构有权向交通事故责任人追偿。”机动车肇事逃逸，是指发生道路交通事故后，道路交通事故当事人为逃避法律追究，驾驶车辆或遗弃车辆逃离交通事故现场的行为。这种逃逸行为对被侵权人以及社会危害很大，法律上应当从严惩处。但为了保护被侵权人的合法权益，该条规定从三个层次对机动车肇事逃逸作出处理措施。

（三）医疗损害责任

这是指医疗机构及其医务人员在医疗服务中因过错造成患者损害的，依照法律规定应当承担侵权责任。近几年来，医疗纠纷逐年上升，引起社会极大关注。及时、妥善处理医疗纠纷，界定医疗损害责任，有利于切实保护患者及医护人员双方的合法权益，促进医学科学的进步和医疗卫生事业的发展。为此，《侵权责任法》第七章以10个条款具体规定了医疗损害责任处理的各种问题。

1. 适用过错责任原则。医疗损害责任，根据医疗活动具有的未成知性、特异性、专业性等特点，不能适用无过错责任原则，我国《侵权责任法》明确规定了适用过错责任归责原则。第54条规定：“患者在诊疗活动中受到损害，医疗机构及其医务人员有过错的，由医疗机构承担赔偿责任。”第55条规定：“医务人员在诊疗活动中应当向患者说明病情和医疗措施。需要实施手术、特殊检查、特殊治疗的，医务人员应当及时向患者说明医疗风险、替代医疗方案等情况，并取得其书面同意；不宜向患者说明的，应当向患者的近亲属说明，并取得其书面同意。医务人员未尽到前款义务，造成患者损害的，医疗机构应当承担赔偿责任。”第56条规定：“因抢救生命垂危的患者等紧急情况，不能取得患者或者其近亲属意见的，经医疗机构负责人或者授权的负责人批准，可以立即实施相应的医疗措施。”第57条规定：“医务人员在诊疗活动中未尽到与当时的医疗水平相应的诊疗义务，造成患者损害的，医疗机构应当承担赔偿责任。”以上四条规定，都集中体现了医疗损害责任实行过错责任归责原则。首先，明确患者在诊断、治疗、护理等诊疗过程中，因医疗机构及其医务人员过错造成损害的，由医疗机构承担赔偿责任，并作为医疗损害责任处理的一般原则加以规定。其次，明确规定患者知情同意权和医务人员负有向患者说明病情和医疗措施等诊疗义务，未尽到以上义务造成损害的，应视为医疗机构有过错，应承担赔偿责任。

2. 适用过错推定责任原则。《侵权责任法》第58条规定：“患者有损害，因下列情形之一的，推定医疗机构有过错：①违反法律、行政法规、规章以及其他有关诊疗规范的规定；②隐匿或者拒绝提供与纠纷有关的病历资料；③伪造、篡改或者销毁病历资料。”凡符合以上情形之一，且患者有损害的，可以推定医疗机构有过错，适用过错推定原则，由医疗机构承担赔偿责任。

3. 免责条件。《侵权责任法》第 60 条明确规定了医疗机构的免责条件，患者有损害，因下列情形之一的，医疗机构不承担赔偿责任：①患者或者其近亲属不配合医疗机构进行符合诊疗规范的诊疗；②医务人员在抢救生命垂危的患者等紧急情况下已经尽到合理诊疗义务；③限于当时的医疗水平难以诊疗。前款第 1 项情形中，医疗机构及其医务人员也有过错的，应当承担相应的赔偿责任。

4. 医疗侵权的其他责任。《侵权责任法》第 61～63 条规定：“医疗机构及其医务人员应当按照规定填写并妥善保管住院志、医嘱单、检验报告、手术及麻醉记录、病理资料、护理记录、医疗费用等病历资料。患者要求查阅、复制前款规定的病历资料的，医疗机构应当提供。”“医疗机构及其医务人员应当对患者的隐私保密。泄露患者隐私或者未经患者同意公开其病历资料，造成患者损害的，应当承担侵权责任。”“医疗机构及其医务人员不得违反诊疗规范实施不必要的检查。”除医疗损害责任外，以上三条是针对医疗机构及其医务人员未履行其职业义务时，依该法规定应承担其他的医疗侵权责任。

5. 侵害医疗机构合法权益的责任。《侵权责任法》第 64 条规定：“医疗机构及其医务人员的合法权益受法律保护。干扰医疗秩序，妨害医务人员工作、生活的，应当依法承担法律责任。”这是针对当前医患纠纷中经常发生的“医闹”等侵害医疗机构及其医务人员合法权益行为所作的规定。

6. 请求权的行使。在医疗侵权责任中，除医疗损害责任外，还有因第三人过错引发的医疗损害责任。《侵权责任法》第 59 条规定了医疗损害责任中请求权行使的问题：“因药品、消毒药剂、医疗器械的缺陷，或者输入不合格的血液造成患者损害的，患者可以向生产者或者血液提供机构请求赔偿，也可以向医疗机构请求赔偿。患者向医疗机构请求赔偿的，医疗机构赔偿后，有权向负有责任的生产者或者血液提供机构追偿。”明确规定了请求权行使的顺序。

（四）环境污染责任

这是指污染环境造成他人财产或人身损害的，依据法律规定应当承担的侵权责任。环境问题关系到人民群众切身利益，关系到人与自然和谐相处和经济社会永续发展的大事。《侵权责任法》在《民法通则》和各环保法律关于环境污染责任规定的基础上，以第八章作了专章规定，进一步完善了环境污染责任制度。

1. 适用无过错责任归责原则。《侵权责任法》第 65 条规定：“因污染环境造成损害的，污染者应当承担侵权责任。”第 67 条规定：“两个以上污染者污染环境，污染者承担责任的大小，根据污染物的种类、排放量等因素确定。”第 68 条还规定：“因第三人的过错污染环境造成损害的，被侵权人可以向污染者请求赔偿，也可以向第三人请求赔偿。污染者赔偿后，有权向第三人追偿。”以上三条是该法对环境污染责任所作的一般性规定。首先，明确规定了环境污染责任应适用无过错责任归责原则，即在受害者有损害，污染者的行为与损害有因果关系的情况下，不论污染者有无过错，都应对其污染造成的损害承担侵权责任。其次，规定了责任大小的分担，根据污染物的种类、排放量等因素确定。最后，规定第三人的过错责任或追偿原则。

2. 实行过错推定原则。《侵权责任法》第66条规定："因污染环境发生纠纷，污染者应当就法律规定的不承担责任或者减轻责任的情形及其行为与损害之间不存在因果关系承担举证责任。"这里规定污染者对是否有免责条件与无因果关系负有举证责任。

3. 免责条件。虽然《侵权责任法》对免责条件未作规定，但根据其他相关法律的规定，环境污染可以免除责任的情形主要有：《海洋环境保护法》第90条第1款规定："造成海洋环境污染损害的责任者，应当排除危害，并赔偿损失；完全由于第三者的故意或者过失，造成海洋环境污染损害的，由第三者排除危害，并承担赔偿责任。"第92条还规定："完全属于下列情形之一，经过及时采取合理措施，仍然不能避免对海洋环境造成污染损害的，造成污染损害的有关责任者免予承担责任：①战争；②不可抗拒的自然灾害；③负责灯塔或者其他助航设备的主管部门，在执行职责时的疏忽，或者其他过失行为。"此外，《水污染防治法》第85条、《大气污染防治法》第63条也有相类似的规定。污染者只要能够依据这些法律规定提供相关举证责任，即可免除或减轻其侵权责任。

（五）高度危险责任

这是指从事高空、高压、易燃、易爆、剧毒、放射性、高速运输工具等对周围环境有高度危险的作业给他人造成损害的赔偿责任。高度危险业务是现代科技发展必然产生的负面后果，对社会和民众威胁很大。对此，民法通则和民用航空法、放射性污染防治法等法律已作有相关规定。为了适应现代社会工业和技术发展客观需要，《侵权责任法》第九章对高度危险责任作了更加明确而且具体的规定。

1. 适用无过错归责原则。《侵权责任法》第69条明确规定："从事高度危险作业造成他人损害的，应当承担侵权责任。"从这一规定可以看出，高度危险作业本身就具有高度危险性，即使是采取安全措施并尽到了相当的注意义务也无法避免损害的发生，而且不考虑高度危险作业人对造成损害是否有过错，很明显是适用无过错归责原则，并作为处理高度危险责任的一般原则。

2. 适用过错推定责任原则。实行无过错责任是处理高度危险责任的一般原则，但《侵权责任法》还明确规定有以下四种情形的可以适用过错推定责任原则。

（1）有关民用核设施侵权责任。《侵权责任法》第70条规定："民用核设施发生核事故造成他人损害的，民用核设施的经营者应当承担侵权责任，但能够证明损害是因战争等情形或者受害人故意造成的，不承担责任。"

（2）有关民用航空器侵权责任。《侵权责任法》第71条规定："民用航空器造成他人损害的，民用航空器的经营者应当承担侵权责任，但能够证明损害是因受害人故意造成的，不承担责任。”

（3）有关占有或使用高度危险物侵权责任。《侵权责任法》第 72 条规定：“占有或者使用易燃、易爆、剧毒、放射性等高度危险物造成他人损害的，占有人或者使用人应当承担侵权责任，但能够证明损害是因受害人故意或者不可抗力造成的，不承担责任。被侵权人对损害的发生有重大过失的，可以减轻占有人或者使用人的责任。”

（4）有关其他高度危险作业侵权责任。《侵权责任法》第 73 条规定：“从事高空、高压、地下挖掘活动或者使用高速轨道运输工具造成他人损害的，经营者应当承担侵权责任，但能够证明损害是因受害人故意或者不可抗力造成的，不承担责任。被侵权人对损害的发生有过失的，可以减轻经营者的责任。”

3. 高度危险责任的特殊情形。

（1）关于遗失、抛弃高度危险物侵权责任。《侵权责任法》第 74 条规定：“遗失、抛弃高度危险物造成他人损害的，由所有人承担侵权责任。所有人将高度危险物交由他人管理的，由管理人承担侵权责任；所有人有过错的，与管理人承担连带责任。”

（2）关于非法占有高度危险物的侵权责任。《侵权责任法》第 75 条规定：“非法占有高度危险物造成他人损害的，由非法占有人承担侵权责任。所有人、管理人不能证明对防止他人非法占有尽到高度注意义务的，与非法占有人承担连带责任。”

（3）关于擅自进入高度危险活动区的侵权责任。《侵权责任法》第 76 条规定：“未经许可进入高度危险活动区域或者高度危险物存放区域受到损害，管理人已经采取安全措施并尽到警示义务的，可以减轻或者不承担责任。”

4. 高度危险责任赔偿限额。《侵权责任法》第 77 条仅对承担高度危险责任的赔偿限额作了原则性规定，明确有法律规定赔偿限额的，依照其规定。有关其他法律规定赔偿限额主要有：《民用航空法》第 128 条、第 129 条，《国内航空运输承运人赔偿责任限额》第 3 条，均对国内航空运输承运人赔偿责任限额作有规定，《铁路法》第 58 条和《铁路交通事故应急救助和调查处理条例》第 33 条对铁路运输事故造成旅客人身伤亡和自带行李损失的赔偿实施限额也作有相关的规定，可依照其规定处理。

（六）饲养动物损害责任

这是因饲养的动物造成他人的人身或财产损害的，依照法律规定应该承担的侵权责任。近几年来，各地动物致人损害的事件日渐增多，为了更好地规范饲养动物的行为，进一步明确饲养人的责任，在民法通则规定的基础上，《侵权责任法》第十章作了更加完善的规定。

1. 饲养动物损害责任的一般规定。

（1）饲养动物应遵循的基本准则。《侵权责任法》第84条规定："饲养动物应当遵守法律，尊重社会公德，不得妨害他人生活。"这是规定饲养动物应普遍遵循的基本原则，饲养动物的所有人、饲养人或管理人毫无例外都必须遵照执行。否则应承担相应的侵权责任。

（2）饲养动物损害责任的归责原则。《侵权责任法》第79条规定："违反管理规定，未对动物采取安全措施造成他人损害的，动物饲养人或者管理人应当承担侵权责任。"这是规定动物饲养人或管理人的一般侵权责任。对于饲养动物损害责任的归责原则，有的学者认为，《民法通则》适用单一的无过错归责原则；而《侵权责任法》则实行二元化归责原则，即以无过错责任为基本归责原则，对于个别动物损害责任则实行过错推定原则。其构成要件为：须为饲养的动物、须有动物的加害行为、须有造成他人损害的事实、须有动物加害行为与损害事实之间的因果关系。其免责事由为事实确是由被侵权人的故意或重大过失所造成的，动物饲养人或者管理人可以不承担或减轻责任。

（3）违反禁养危险动物损害的责任。《侵权责任法》第80条规定："禁止饲养的烈性犬等危险动物造成他人损害的，动物饲养人或者管理人应当承担侵权责任。"

（4）脱离控制动物损害的责任。《侵权责任法》第82条规定："遗弃、逃逸的动物在遗弃、逃逸期间造成他人损害的，由原动物饲养人或者管理人承担侵权责任。"

2. 实行过错推定责任原则。

（1）证明损害是因被侵权人过错引起的责任。《侵权责任法》第78条规定："饲养的动物造成他人损害的，动物饲养人或者管理人应当承担侵权责任，但能够证明损害是因被侵权人故意或者重大过失造成的，可以不承担或者减轻责任。"

（2）证明管理人尽到管理职责的责任。《侵权责任法》第81条规定："动物园的动物造成他人损害的，动物园应当承担侵权责任，但能够证明尽到管理职责的，不承担责任。"

3. 饲养动物损害责任请求权的选择。《侵权责任法》第83条规定："因第三人的过错致使动物造成他人损害的，被侵权人可以向动物饲养人或者管理人请求赔偿，也可以向第三人请求赔偿。动物饲养人或者管理人赔偿后，有权向第三人追偿。"

（七）物件损害责任

这是指因建筑物或工作物侵害他人的人身权利或财产权利造成损害的，依照法律规定应当承担的侵权责任。物件侵权损害纠纷是现代社会经济生活频频发生的特殊侵权责任表现形态，严重损害了他人合法权益，影响了社会和谐和稳定，已引起人们的极大关注。对此，《侵权责任法》在《民法通则》的相关规定的基础上作了更加具体而明确的规定，为规范和处理各种类型的物件侵权纠纷提供了完备的法律依据。

1. 物件损害责任的一般规定。无论是建筑物还是工作物，因管理不善造成他人损害，实质上都构成管理上的过错，应适用过错责任原则。其构成要件是：须有物件致害行为、须有受害人的损害事实、须损害事实与致害行为之间有因果关系、须物件所有人或管理人有过错。其免责事由主要有不可抗力、第三人过错、受害人故意或过失、物件的所有人、管理人或使用人能够证明自己无过错等各种。

（1）建筑物等设施的损害责任。《侵权责任法》第86条规定：“建筑物、构筑物或者其他设施倒塌造成他人损害的，由建设单位与施工单位承担连带责任。建设单位、施工单位赔偿后，有其他责任人的，有权向其他责任人追偿。因其他责任人的原因，建筑物、构筑物或者其他设施倒塌造成他人损害的，由其他责任人承担侵权责任。”

（2）工作物致人损害责任。《侵权责任法》第89条规定：“在公共道路上堆放、倾倒、遗撒妨碍通行的物品造成他人损害的，有关单位或者个人应当承担侵权责任。”第91条第1款还规定：“在公共场所或者道路上挖坑、修缮安装地下设施等，没有设置明显标志和采取安全措施造成他人损害的，施工人应当承担侵权责任。”

2. 物件损害责任适用过错推定原则。过错推定原则是特殊侵权责任普遍适用的归责原则，过错推定原则通常表现为实行举证倒置的举证规则上，而不实行“谁主张、谁举证”的一般举证规则。要求侵权人须举证证明自己对侵权损害的发生没有过错或举证证明被侵权人、受害人或第三人存在有过错，可以免除或减轻自己的责任。该法有关过错推定原则的规定有：

（1）不能证明自己对建筑物等损害没有过错的责任。《侵权责任法》第85条规定：“建筑物、构筑物或者其他设施及其搁置物、悬挂物发生脱落、坠落造成他人损害，所有人、管理人或者使用人不能证明自己没有过错的，应当承担侵权责任。所有人、管理人或者使用人赔偿后，有其他责任人的，有权向其他责任人追偿。”

（2）不能证明自己对建筑物的抛掷物、坠落物损害不是侵权人的责任。《侵权责任法》第87条规定：“从建筑物中抛掷物品或者从建筑物上坠落的物品造成他人损害，难以确定具体侵权人的，除能够证明自己不是侵权人的外，由可能加害的建筑物使用人给予补偿。”

（3）不能证明自己对堆放物损害没有过错的责任。《侵权责任法》第88条规定：“堆放物倒塌造成他人损害，堆放人不能证明自己没有过错的，应当承担侵权责任。”

（4）不能证明自己对堆放物损害的责任。《侵权责任法》第90条规定：“因林木折断造成他人损害，林木的所有人或者管理人不能证明自己没有过错的，应当承担侵权责任。”

（5）不能证明自己对地下设施损害没有过错的责任。《侵权责任法》第91条第2款规定：“窨井等地下设施造成他人损害，管理人不能证明尽到管理职责的，应当承担侵权责任。”

思考题

1. 简述侵权责任法的调整对象。
2. 试述侵权责任的构成要件。
3. 简述侵权责任的免责事由。
4. 试述共同侵权的类型。
5. 简述责任主体的特殊规定。
6. 试述饲养动物的侵权责任。

第四编 企业经营法

第十章

企业公平交易法

导入案例

骆驼公司诉被告朱红杰不正当竞争纠纷案

原告：广东骆驼服饰有限公司

法定代表人：万金刚，系该公司总经理

委托代理人：孔丽芳，女，1981年2月8日出生，汉族，系该公司员工

委托代理人：石朝阳，男，1978年6月4日出生，汉族，系该公司员工

被告：朱红杰，男，1977年6月16日出生，汉族

委托代理人：王朱垅，北京大成（长春）律师事务所律师

原告广东骆驼服饰有限公司（以下简称骆驼公司）诉被告朱红杰不正当竞争纠纷一案，郑州市中级人民法院受理后，依法组成合议庭，公开开庭进行了审理。原告骆驼公司的委托代理人孔丽芳、被告朱红杰的委托代理人王朱垅到庭参加诉讼。本案现已审理终结。

原告骆驼公司诉称：原告骆驼公司原名佛山市骆驼服饰有限公司，成立于2005年10月17日，是专业销售推广“骆驼”系列品牌商品的著名企业。2012年，经核准受让商标专用权人万金刚的第101337号、第3596417号、第3515856号“骆驼”注册商标，并自2003年至受让日之前被许可使用上述商标。上述商标核定使用商品为第25类“鞋”，现上述商标均在有效期内。经过长期的使用，原告的上述“骆驼”系列商标在全国范围内已经取得极高的知名度、市场占有率已经成为中国户外休闲运动第一品牌。由于骆驼公司不断投资推广和专心经营，骆驼系列商标在全国具有很高的知名度和影响力，产品也获得广大消费者的普遍认可。

2011年5月9日，骆驼公司就被告的侵权行为进行了证据保全。被告未经原告许可，使用“骆驼”作为专柜代号，即将“骆驼”作为“品牌名称”，侵犯了原告第3515856、101337、3596417号“骆驼”中文、图形商标权。被告在明知原告具有上述商标权利的情况下，将“骆驼队长”简化为“骆驼”使用，实施商标侵权行为，具有明显的侵权故意，故意使相关消费者产生混淆，掠夺了原告系列品牌产品的市场份额，淡化了原告知名商标的显著性。请求判令被告朱红杰：①立即停止使用“骆驼”等侵犯原告注册商标专用权的行为；②立即停止使用“美国骆驼鞋业服饰”的不正当竞争行为；③赔偿原告经济损失及合理费用人民币五万元。④被告承担本案的全部诉讼费用。骆驼公司在开庭审理过程中，当庭变更第一项诉讼请求为立即停止使用“骆驼”作为企业字号的不正当竞争行为，放弃对朱红杰侵犯商标权的诉请。

原告骆驼公司为支持其诉讼请求提交如下证据：

第一组：①第101337号商标注册证、转让证明、续展证明、核准转让证明；②第3515856号商标注册证、核准转让证明；③商标授权公证书；④原告名称核准变更登记通知书，商标授权书公证书、原告名称核准变更登记通知书；⑤商标授权书2份，证明骆驼公司享有上述注册商标的商标专用权。

第二组：⑥“骆驼牌及骆驼图形”商标商品的宣传手册；⑦中国登山协会与泉州市乐登袋鼠体育用品有限公司的合作协议；⑧中国登山协会授予的中国登山队户外休闲专用产品证书；⑨中国行业企业信息发布中心授予的乐登户外集团生产的骆驼牌户外运动鞋荣列2010年全国市场同类产品销量第一名证书；⑩国家体育总局授予福建乐登鞋业有限公司北京奥运会火炬接力珠峰传递成功纪念牌；⑪中国登山协会授予纪念人类北侧登顶珠峰50周年特别贡献奖证书；⑫入选2011易观传统企业电子商务TOP50的荣誉证书；⑬2011年计算机报社颁发的中国电子商务运营领军品牌奖证书；⑭中国网上零售年会组委会授予的2011年度消费者最喜爱的网站TOP100证书；⑮国家图书馆科技查新中心出具的媒体报道文献复制证明；⑯2012年《中国工商报》题目为“CAMEL骆驼深入人心商标战略成行业表率”的报道；⑰2012年《中国商报》题目为“从1到3600万：金刚七年成就骆驼奇迹”的报道；⑱2012年《中国知识产权报》题目为“老商标复兴，唤醒国人历史记忆”的报道；⑲《中国计算机报》评选的“2012最具价值行业电子商务网站”；⑳《南方日报》题目为“‘骆驼’‘双十一’成交破亿元”的报道；㉑原告提供的8张广告费发票，共计金额1 159 500元；㉒淘宝网2011年度广告投放框架协议。该组证据证明“骆驼”商标的知名度。

第三组：㉓（2011）郑黄郑经字第1385号公证书；㉔（2011）天民初字第1537－

2号民事裁定书；㉕（2011）天民初字第1537－1号复议裁定书；㉖（2011）天民初字第1537号民事判决书；㉗（2012）长中民五终字第2330号民事判决书；㉘国家工商总局竞争执法局（2011）竞争转案自第42号《登好行鞋服有限公司“傍名牌”不正当竞争的批复》；㉙合肥工商局瑶海分局合瑶工商经处字（2012）第08号工商处罚决定书；㉚兰州市工商局城关分局兰工商城检实字（2011）0000387号实施行政强制措施通知书及财务清单；㉛南京市工商局玄武分局玄工商案字2012第00030号工商处罚决定书；㉜石家庄市长安区工商行政管理局石市长工商封字（2011）0100912实施行政强制措施通知书及财务清单；㉝河北省邯郸市丛台区工商行政管理局丛工商扣字（2011）第09047号实施行政强制措施通知书及财物清单；㉞《中国工商报》题为“维护企业权益打造驰名品牌”的新闻报道；㉟《知识产权报》题为“涉嫌擅改商标图形登好行公司被诉侵权”的报道。该组证据证明朱红杰的侵权行为及法院、工商机关、商标局对关联案件中侵权行为的认定。

第四组：公证费票据和销售小票。

朱红杰对第一、二、三组证据的真实性无异议，但对上述证据与本案的关联性提出异议，认为上述证据不能证明朱红杰有侵权行为；对第四组证据无异议。

被告朱红杰答辩称：①其所经营的涉案商品使用的“骆驼队长”图形及文字商标系经国家商标局合法注册的商标，与原告所享有的商标具有明显差异，不构成近似，故被告不存在侵权行为。②被告所经销的涉案商品均系从经销商高占庆处购入，高占庆向答辩人出售的涉案商品则均是从案外人石狮市登好行鞋服有限公司购入，所售商品具有合法正规进货渠道。③美国骆驼国际有限公司系经合法注册的公司，在销售小票上使用“美国骆驼鞋业”系经合法授权使用，不存在不正当竞争的行为。④朱红杰出具销售小票及加盖发票专用章系消费者在完成购买行为之后，销售方向消费者出具的购买凭证，消费者在取得销售小票及发票之前，对其所购买的商标已具有完全的认识，并不会与原告的商标产生混淆；答辩人的发票专用章系依据个体工商户字号刻制，是由答辩人所租赁柜台的出租方统一到工商局申请登记注册，故对此答辩人主观无过错；朱红杰系个体工商户，对所使用的“骆驼”及“美国骆驼鞋业服饰”字样是否构成侵权不具有判断能力。⑤朱红杰不存在原告所主张属于商标侵权的相应行为，原告要求朱红杰停止侵权行为的诉讼请求已无事实依据。⑥骆驼公司主张赔偿5万元没有事实依据和法律依据。

被告朱红杰提供以下证据：①（2012）京中信内经证字13704号公证书，证明骆驼公司曾以“美国骆驼”的名义虚假宣传。②石狮市雄雅鞋业有限公司“骆驼队长”的商标注册证、转让授权书、包装更换说明；③福建省工商局著名商标证书，“骆驼队长”图形商标系知名商标；④石狮市雄雅鞋业有限公司商标广告投放协议书，对“骆驼队长”商标进行的品牌宣传；⑤美国骆驼国际有限公司注册证书，系经合法注册成立；⑥长沙市中级人民法院（2012）长中民五终字第2330号民事判决书；⑦安徽省合肥高新技术产业开发区人民法院（2012）合高新民三初字第00110号、第001109号民事判决书；⑧被告目前所使用的销售小票及营业执照、发票专用章；⑨高占庆的发货单，被告所销售的涉案商品具有合法来源；⑩证人吕存霞证言，证明朱红杰的营业执照名称系升龙广场管理方统一办理。

骆驼公司对公证书的真实性无异议，但不认可骆驼公司有虚假宣传的行为；对第②~⑧份证据的真实性没有异议，对关联性有异议：其中长沙市中级人民法院的判决书判决雄雅公司赔偿骆驼公司的30万元的事实基础与本案不是同一事实，朱红杰侵权事实与上述判决中作为被告的个体工商户侵权事实不同，对本案的判决没有参照性；对第⑨份证言证明目的有异议，不能证明朱红杰在字号的确定过程中无责任；对第⑩份证据的真实性不认可。

经审理查明：第101337号"骆驼牌+骆驼图形"组合商标商标于1981年由天津市沙船制鞋厂注册，核定使用商品为第25类"皮鞋"。2003年1月，该商标在续展有效期内被转让给万金刚，并再次续展注册，有效期至2013年2月28日。第3515856号"骆驼"文字商标由万金刚经国家工商总局商标局核准注册，核定使用商品为第25类"鞋；运动鞋；靴；凉鞋；拖鞋；运动靴；雨鞋"，注册有效期自2005年10月7日至2015年10月6日。第3596417号骆驼图形商标由万金刚于2005年10月7日经国家工商总局商标局核准注册，核定使用商品为第25类"鞋；运动鞋；靴；凉鞋；拖鞋；运动靴；雨鞋"，注册有效期自2005年10月7日至2015年10月6日。

2010年4月1日，万金刚出具商标授权书，授权商标被许可人佛山市骆驼服饰有限公司对包括第101337号骆驼牌及图、第3515856号"骆驼"文字、第3596417号骆驼图形商标在内的7个商标可以单独以自己名义向任何第三方主张权利。佛山市骆驼服饰有限公司后经核准变更其企业名称为广东骆驼服饰有限公司。

万金刚的委托代理人赵伟鹏于2011年5月9日向郑州市黄河公证处申请证据保全，该公证处公证人员于2011年5月11日11时45分随同申请人来到郑州市大学中路与政通路交叉口西北角"升龙商业广场"，在一楼一家门牌号为B1171且门头标有"户外休闲"字样的店铺内，现场购买鞋子1双，并获得《美国骆驼鞋业服饰销售单》1张及盖有"郑州市二七区骆驼鞋业升龙商业广场店发票专用章"的定额发票6张。公证处对上述过程出具了（2011）郑黄证经第1385号公证书予以确认。公证书所附照片5张系实物拍摄，与实际物品相符。骆驼公司未能提供封存的被控侵权商品实物，公证书所附该商品的照片上显示，在被控侵权产品鞋面、鞋内及鞋底上的商标标识，为"大漠"商标标识。

另查明：

1. 石狮市雄雅鞋业有限公司是第1064221号"大漠"商标的注册人，核定使用商品为第25类"鞋"，注册有效期自2007年7月28日至2017年7月27日。石狮市雄雅鞋业有限公司授权石狮市登好行鞋服有限公司在中国大陆地区销售精英大漠品牌男女系列休闲鞋，授权时间自2009年11月20日至2016年11月19日。

2. 郑州市二七区骆驼鞋业升龙商业广场店于2010年10月12日注册成立，经营性质为个体工商户，业主朱红杰，经营范围为零售户外休闲鞋、包。

3. 佛山骆驼服饰有限公司成立于2005年10月，经营服饰、皮具、鞋的加工、制造、销售，法定代表人王惠兰。2011年8月，佛山骆驼服饰有限公司经工商核准变更登记名称为广东骆驼服饰有限公司，随后变更法定代表人为万金刚。

郑州市中级人民法院认为：骆驼公司经注册商标专用权人许可，依法享有第101337号，第3596417号、第3515856号骆驼商标独占使用权。朱红杰辩称其销售的被控侵权产品系案外人高占庆提供，但仅提供了3张电脑打印的“骆驼队长销售单”，没有付款或提货证据予以印证，不能确定其销售的商品有合法来源。

《中华人民共和国反不正当竞争法》第5条规定，经营者不得采用下列不正当手段从事市场交易，损害竞争对手：①假冒他人的注册商标；②擅自使用知名商品特有的名称、包装、装潢，或者使用与知名商品近似的名称、包装、装潢，造成和他人的知名商品相混淆，使购买者误认为是该知名商品；③擅自使用他人的企业名称或者姓名，引人误认为是他人的商品；④在商品上伪造或者冒用认证标志、名优标志等质量标志，伪造产地，对商品质量标志，伪造产地，对商品质量作引人误解的虚假表示。骆驼公司经过多年经营和品牌推广，骆驼商标及骆驼公司已具有相当的市场知名度，其企业名称中的字号“骆驼”，亦应视为该公司的企业名称。朱红杰经营的店铺工商登记名称为郑州市二七区骆驼鞋业升龙广场店，其销售的产品外包装袋上有“美国骆驼国际有限公司（监制）”字样，在交易过程中出具的销售单据名称为《美国骆驼鞋业服饰销售单》，并盖有“郑州市二七区骆驼鞋业升龙广场店发票专用章”的发票，均使用了“骆驼”字号，容易使相关公众误认该交易主体与骆驼公司有特定联系，从而达到搭借骆驼公司的知名度，形成竞争优势的目的，已构成不正当竞争的行为，故对骆驼公司的诉讼请求予以支持。

综上，依照《中华人民共和国反不正当竞争法》第2条、第5条第3项，《中华人民共和国民事诉讼法》第64条第1款之规定，判决如下：

1. 被告朱红杰停止在个体工商户字号中使用“骆驼”文字，并于本判决生效之日起30日内向工商行政管理机关变更个体工商户登记字号。

2. 被告朱红杰停止在其销售凭据中使用含有“美国骆驼鞋业服饰”字样的不正当竞争行为。

3. 被告朱红杰于判决生效之日起10日内赔偿原告广东骆驼服饰有限公司经济损失5000元。

4. 驳回原告广东骆驼服饰有限公司的其他诉讼请求。

【问题思考】

1. 什么叫不正当竞争行为？不正当竞争行为都有哪些表现形式？

2. 什么是欺骗性交易、商业混同及虚假标示？三者有何关系？

3. 什么是虚假宣传？其与虚假标示的区别在哪里？

一、企业公平交易法概述

企业公平交易法是反不正当竞争法和反垄断法的总称，是维护市场公平交易和企业正当竞争的重要法律，对规范企业交易行为，维护市场经济秩序具有重要意义。

（一）公平竞争与不正当竞争行为

所谓公平竞争，也称正当竞争或公平交易，是指经营者在商品经济活动中，遵循自愿、平等、公平、诚实信用的原则和遵守公认的商业道德所进行的市场交易活动或竞争行为。这种竞争行为是市场经济客观规律中的价值规律、竞争规律作用的结果。这就是所谓“物竞天择，适者生存”。因为在商品经济、市场经济体制下，经营者之间总是通过各种形式进行实力的较量，凭借自身较为有利的价格、数量、质量、服务等条件，获得更好的交易机会，并在众多的经营者中分别出高低优劣的情况，使他们之间形成一种既相互对立又互相促进的经济关系，从而不断推动社会经济的繁荣和发展。市场经济这种竞争行为，只要体现法律所确认的原则，就属于正当竞争、公平竞争行为。其中，公平竞争行为所体现的自愿、平等、公平、诚实信用的原则应属民法所遵循的基本原则，而社会公认的商业道德则是商法所奉行的基本原则。经营者只要按照民商法确立的原则进行交易活动，均属于正当交易行为，自应受到法律保护。

所谓不正当竞争，也称不公平交易，或垄断行为、限制竞争行为，对此概念国内外法律规定和理论表述不尽相同。如最早使用不正当竞争概念的1883年《保护工业产权巴黎公约》明确规定：“凡在工业或商业中任何违反诚实习惯的竞争行为，即构成不正当的竞争行为。”并在该公约中特别列举了三种不正当竞争行为的表现：①采用任何手段对竞争对方的企业、商业或工商业活动造成混乱的行为；②在经营商业中，利用谎言损害竞争对手的企业、商业或工商业活动的信誉的；③在经营商业中使用会使公众对商品的性质、制造方法、特点、适用目的或数量发生混乱的表示或说法。1896年德国颁行的《抵制不正当竞争行为法》以及其他各国立法都确认不正当竞争行为就是违反公平合理、诚实信用，违背公认的商业道德和市场竞争规则的行为。我国《反不正当竞争法》在第2条第2款，用立法的形式规定了不正当竞争的定义：本法所称的不正当竞争，是指经营者违反本法规定，损害其他经营者的合法权益，扰乱社会经济秩序的行为。这一概念集中了法学界的“违反道德说”、“侵犯竞争对手权益说”、“危害社会市场经济说”、“违反法律说”等各种主张的长处，使之具有突出的法律特征：

1. 不正当竞争行为和垄断行为的主体具有特定性。规定不正当竞争行为和垄断行为的主体一般都是从事经营活动的经营者，非经营者不是竞争行为的主体，不能成为不正当竞争行为和垄断行为的主体。但某些非经营主体，如政府机关和法律法规授权的具有管理公共事务职能的组织滥用权力妨碍经营者的正当竞争活动，侵害经营者的合法权益时，依照法律的特别规定亦可列为反不正当竞争法和反垄断法的规范范围。

2. 不正当竞争行为和垄断行为的性质具有违法性。不正当竞争行为和垄断行为的表现有多种多样，而且随着社会经济的发展变化又有一些新的表现形式出现。我国自改革开放以来，市场日益活跃，竞争日趋激烈，在这种形势下，许多不正当竞争行为和垄断行为也像毒菌一样迅速滋长蔓延。这些不正当竞争行为和垄断行为可以分为两类：①违反现行各种法律的违法行为，这可以用相应的法律来加以调整；②违反商业道德和商业习惯的缺德行为，这类行为是难以用其他法律来加以规范的，但它们对竞争的发展极为不利，因此需要专门制定一部反不正当竞争法和反垄断法，对这些不道德的竞争行为一一加以规定。所以，不正当竞争行为和垄断行为就是专指在《反不正当竞争法》、《反垄断法》中所一一罗列的违法行为。有人将其称它为“不管法”，就是指别的法不管的它要管，在别的法中无法解决的问题在《反不正当竞争法》和《反垄断法》中要解决。例如《商标法》对驰名商标的保护限于相同或相似的商品，如果有人将驰名商标用在不同的商品上，则《商标法》无可奈何，但这种行为极易引起消费者的混淆，对原商标持有人的商标信誉构成危害，所以《反不正当竞争法》也将它列为不正当竞争行为加以制止。

3. 不正当竞争行为和垄断行为具有侵权性。不正当竞争行为和垄断行为是侵犯其他合法经营者的民事权利的行为。凡不正当竞争行为和垄断行为的实施人，其目的是为了自己的牟利，而以不正当竞争行为和垄断行为所获取或可能获取的某种竞争优势或利益，必定是对其他经营者的正当合法的竞争优势或利益的一种侵犯，包括对财产权利和人身权利的侵犯，使其应得利益或固有名誉形象受到损害。但这里需要明确的是，竞争行为总是对竞争对手的一种威胁，不能将一般的正当的竞争行为都视为不正当竞争行为和垄断行为，这样会扼杀竞争。比如，一般的降价销售行为是正常的竞争行为，但若以低于成本的价格销售商品以达到排挤竞争对手的目的，使竞争对手利益受到损害，这就构成不正当竞争行为或垄断行为。

4. 不正当竞争行为和垄断行为具有社会危害性。不正当竞争行为和垄断行为是扰乱社会经济秩序的行为，并且如前所述的是对正当竞争的一种危害。这就是说，不正当竞争行为和垄断行为既是对他人的一种具体的侵权行为，而且也是对社会经济整体的一种破坏行为。社会经济秩序是全社会所有的经济主体从事经济活动的外部保障条件，如果社会经济秩序被不正当竞争行为和垄断行为所破坏造成混乱，那么谁也不可能从事正常的经济活动；如果每个经济主体依靠自己力量想方设法采取措施保护自己，则会增加企业更多的社会成本，所以必须通过立法来代表全社会利益，规范各经济主体的竞争行为，维护正常的社会经济秩序。至于不正当竞争行为和垄断行为对竞争的危害，可以从全社会的技术进步、经济活力、资源配置等方面来分析，这种社会危害性更需要通过社会整体的、发展的、合乎理性的价值判断来加以认识。

(二) 反不正当竞争法和反垄断法的立法

反不正当竞争法，是指国家为规范市场竞争行为，保护合法竞争而制定禁止经营者在生产经营活动中，采取不正当的手段和方法从事竞争行为的法律规范的总称。反垄断法，是指国家为了预防和制止垄断行为，保护市场公平竞争，提高经济运行效率，维护消费者和社会公共利益而制定的法律规范的总称。在现代市场经济国家，反不正当竞争法和反垄断法被称为“经济宪法”或“自由经济大宪章”，各国对其立法都十分重视。但所采取的立法体例却有很大差异：有采取分立式，如日本分别制定反垄断法、限制竞争禁止法、反不正当竞争法；有采取统一式，如澳大利亚、匈牙利等国采取把三法合并制定统一反不正当竞争法；还有采取混合式，如美国对垄断、不正当竞争不作明确划分，而在一项法案均作出规定。

不正当竞争行为是资本主义商品经济发展到一定阶段的产物，特别是当资本主义由自由竞争发展到垄断阶段时，商品经济活动中大量出现垄断行为、不正当竞争行为影响以至破坏商品经济、市场经济正常秩序，不仅引起世界各国普遍的重视，都先后制定反垄断法、反不正当竞争法予以规范。而最早制定反垄断法的当属美国，在1890年就制定《谢尔曼法》，从反垄断入手，来维护正当竞争行为；1896年德国制定《反不正当竞争法》，正式用禁止不正当竞争的法律命名，此后，日本、美国等国家相继制定颁行《禁止私人垄断和保证公平交易法》、《公平贸易法》、《市场行为法》、《保证竞争法》等；而且，国际社会还通过国际条约等形式对反不正当竞争加以确认，如1883年缔结的《保护工业产权巴黎公约》，经修订后就把反不正当竞争作为工业产权内容加以规定，此后又有更多的地区性公约，如1961年在罗马缔结的《保护表演、录音制品录制者与广播组织公约》、1968年的《中美洲工业产权协定》等均有类似的规定，使反不正当竞争斗争逐步发展为国际性的法律问题。

我国在计划经济体制下，不但自由竞争受到抑制，而且垄断、不正当竞争行为表现形式甚少，没有滋生的土壤。随着我国经济体制改革的不断深化和我国商品经济的进一步发展，特别是市场经济体制的建立和发展，生产经营者之间的竞争呈现蓬勃发展的态势，有力推进了我国经济的繁荣和发展，但与此同时，各种不正当竞争行为、暴利行为、垄断行为也日趋普遍，且有愈演愈烈之势，严重地扰乱了市场经济秩序，损害着公平竞争原则和正当经营者以及广大消费者的合法权益。第八届全国人大常委会第三次会议于1993年9月2日通过了《中华人民共和国反不正当竞争法》（以下简称《反不正当竞争法》，第十届全国人大常委会第二十九次会议于2007年8月30日通过了《中华人民共和国反垄断法》（以下简称《反垄断法》），采取了分立式的立法体例，揭开了我国反不正当竞争立法和反垄断立法的序幕。

(三) 反不正当竞争法和反垄断法的立法意义

从我国《反不正当竞争法》和《反垄断法》的立法宗旨上，不仅可以清楚地看到我国反不正当竞争法和反垄断法所担负的重要任务，而且也表明了它的重要作用和意义。

1. 规范市场主体的竞争行为，维护正常的竞争秩序，保障市场经济的健康发展。市场经济是“法制经济”，也是“竞争经济”，它要求所有的经营主体必须符合法律规定的资格条件，遵守法律所确认的竞争规则和竞争秩序。反不正当竞争法和反垄断法就是规范市场秩序的基本法律，它是通过对不正当竞争行为和垄断行为的禁止性规定，对市场主体行为进行约束，通过对违法行为的监督、检查和处罚，达到规范公平竞争行为并使之有序化的进行，进而保障整个市场经济的健康发展。

2. 明确界定不正当竞争行为和垄断行为，为依法处罚不正当竞争行为和垄断行为提供法律依据。我国《反不正当竞争法》和《反垄断法》对不正当竞争行为和垄断行为作了概括性的定义和列举性的具体规定，使广大经营者和消费者同不正当竞争行为和垄断行为做斗争以及国家有关机关查处不正当竞争行为和垄断行为都做到有法可依，有利于建立正常、有序的市场经济秩序。

3. 有力保护经营者和消费者的合法权益。不正当竞争行为和垄断行为的直接受害者是正当经营者和广大消费者，因此，法律对不正当竞争行为和垄断行为的禁止和查处，必然会使不正当竞争行为和垄断行为受到打击、压抑和减少，使合法经营者及消费者所受到的损害得到相应的补偿。这就要求企业要善于拿起这把法律利剑，与一切不正当竞争行为和垄断行为做斗争，为维护企业的合法权益进行不懈的努力。

二、不正当竞争行为和垄断行为的表现形式

（一）不正当竞争行为的表现形式

禁止和制裁不正当竞争行为，首先必须对不正当竞争行为作出明确的界定。我国《反不正当竞争法》参照国际惯例做法，并根据我国现阶段市场经济的发展实际情况，在第二章以11个条款对不正当竞争行为作了具体的、列举式的规定，以下归纳为七个方面加以介绍：

1. 假冒行为。这是指经营者采取不正当的假冒手段，使公众在不知情的情况下误把假冒商品当作知名商品的一种行为。这是经营者采取不正当手段从事市场交易损害竞争对手的一种作法。《反不正当竞争法》第5条规定有四种表现：

（1）假冒他人注册商标行为。商标注册人对注册商标依法享有专用权，未经注册商标所有人的许可，任何人不得在同类商品上使用相同或近似注册商标的商标，否则即构成假冒他人注册商标行为。假冒他人注册商标，既是一种侵犯商标专用权行为，也是一种不正当竞争行为。

（2）假冒或仿冒知名商品行为。擅自使用知名商品特有的名称、包装、装潢或者使用与知名商品近似的名称、包装、装潢、造成和他人知名商品相混淆，使购买者误认为是该知名商品。这种不正当竞争行为的成立必须具备两个条件：①被仿冒的商品必须是信誉良好，为广大消费者所熟悉的名优产品；②该商品的名称、包装、装潢必须和该商品紧密相连，是该商品所特有的。

（3）假冒他人企业名称行为。擅自使用他人的企业名称，引人误认为是他人商品。这也是一种以假冒为手段的不正当竞争行为。但其假冒的是企业名称，因为企业名称是区别商品或服务来源的营业标志，是经营者通过付出努力和资本所获得的无形财产。保护企业名称，主要是保护附于企业名称中的商业信誉。显然，盗用他人商业信誉是典型的不正当竞争行为。

（4）假冒商品标志行为。在商品上伪造或冒用认证标志，名优标志等质量标志，伪造产地，对商品作引人误解的虚假表示。这种不正当竞争行为足以使消费者权益和其他经营者权益受到严重损害，亦应属于禁止之列。

2. 引人误解的虚假宣传行为。即指经营者对自己的商品或服务进行虚假表示或者陈述，从而使公众产生错误理解的一种行为。误导实质上是一种欺骗行为，它使消费者得到错误的信息，使诚实的经营者丧失应有的客户，有悖于公平竞争。我国《反不正当竞争法》第9条对误导行为规定为虚假广告行为，明确规定经营者不得利用广告或其他方法，对商品的质量、制作成分、性能、用途、生产者、有效期限、产地等作引人误解的虚假宣传。广告的经营者不得在明知或应知的情况下，代理、设计、制作、发布虚假广告。虚假广告因其作了虚假的描写和陈述，使顾客误认其商品为优质商品，这不仅损害消费者利益，也给其他经营者带来损害，因而应属于禁止的不正当竞争行为。

3. 商业贿赂行为。这是指经营者为了推销或购买商品，以金钱、物品或其他不正当利益为诱饵，行贿受贿以获得竞争优势的行为。《反不正当竞争法》第8条明确规定，经营者不得采用财物或其他手段进行贿赂以销售或购买商品。在现实生活中，常见的商业贿赂行为是回扣，但也并不是所有的回扣都是不允许的。回扣有合法回扣和非法回扣之分，《反不正当竞争法》第8条第1款规定：在账外暗中给予对方单位或者个人回扣的以行贿论处；对方单位或个人在账外暗中收受回扣的，以受贿论处。也就是说，如果合同的双方当事人在账内公开给付和收取回扣，则是允许的。因此，应把回扣和折扣、佣金区别开来。折扣是对合同标的金额的折价，是一方当事人给另一方当事人的优惠。折扣是商品交易中的一种让利，为法律所允许。但折扣只能给合同主体，而不能为合同经办人私有。佣金是中间人为了使委托人与第三人之间建立合同关系进行中介活动，而由委托人支付给中间人的报酬。中间人赚取的佣金受法律保护。折扣让利、支付佣金，都要以明示方式进行。《反不正当竞争法》第8条第2款规定，经营者销售或者购买商品，可以以明示方式给对方折扣，可以给中间人佣金。经营者给对方折扣、给中间人佣金的，必须如实入账。接受折扣、佣金的经营者必须如实入账。

4. 侵犯商业秘密行为。所谓商业秘密是指不为公众所知悉，能给权利人带来经济利益，具有实用性并经权利人采取保密措施的技术信息和经营信息。作为商业秘密的“技术信息和经营信息”包括技术诀窍、独特的配方、工艺流程、销售方法、经营诀窍等。《反不正当竞争法》所保护的商业秘密不是一般的技术信息和经济信息，它必须具备三个条件：①秘密性。这些信息是不公开的，不为公众所知晓。②经济性。该商业秘密具有商业价值，能为权利人带来经济利益，如果该秘密被泄露，就会给权利人带来严重的经济损失。③保密性。该秘密已为权利人采取了保密措施，保守其秘密。我国《反不正当竞争法》第10条规定，经营者不得侵犯他人商业秘密。侵犯商业秘密行为主要手段有：

（1）以盗窃、利诱、胁迫或者其他不正当手段获取权利人的商业秘密。

（2）披露、使用或者允许他人使用以前项手段获取的权利人的商业秘密。

（3）违反约定或者违反权利人有关保守商业秘密的要求，披露、使用或者允许他人使用其所掌握的商业秘密。

此外，第三人明知或应知上述行为是违法行为，但仍获取、使用或者披露他人的商业秘密的，也视为侵犯商业秘密。

5. 不当有奖销售行为。所谓有奖销售是商业活动中经营者经常采用的一种促销手段，在一定条件下对商品流通有促进作用。但是，一些经营者为了战胜竞争对手，滥用有奖销售推销商品的方法，不仅损害消费者利益，对商品经济秩序也是一种破坏。《反不正当竞争法》第13条规定，经营者不得从事不当有奖销售活动。规定不当有奖销售的行为主要有：

（1）采用谎称有奖或故意让内定人员中奖的欺骗方式进行有奖销售。

（2）利用有奖销售推销质次价高的商品。

（3）抽奖式有奖销售最高金额超过5000元。

6. 侵害商誉的行为。所谓商誉，是指商业信誉、商品声誉，是从商业角度对经营者的能力和品德、对其商品品质的一种积极的社会评价。它是通过经营者参与市场竞争的连续性活动逐渐形成的。经营者要树立良好的商业信誉和商品声誉，大都需要经过大量的市场研究、技术开发、广告宣传、公关活动和优秀服务等一系列活动才能形成。商业信誉和商品声誉是经营者在市场竞争中赢得优势的资本，而损害竞争对手的商业信誉、商品声誉，会给竞争对手正常经营活动造成不利影响，损害其应有的市场竞争优势，甚至导致严重的经济损失。因此，《反不正当竞争法》第14条规定，经营者不得捏造、散布虚伪事实，损害竞争对手的商业信誉和商品声誉。确认了侵害商誉是一种严重的不正当竞争行为。

7. 排斥公平竞争行为和垄断行为。这是指经营者以自己的某种优势，采用不正当手段或垄断的手段，排挤竞争对手的行为。对此，《反不正当竞争法》有5条规定：

（1）压价销售行为。这是指经营者为了排挤竞争对手，以低于成本的价格销售商品。这与正常的减价销售不同，它具有两个特征：①降价的目的是把竞争对手挤出市场，这是压价的主观特征；②所降的价格低于成本价格。为此，《反不正当竞争法》第11条规定，经营者不得以排挤竞争对手为目的，以低于成本的价格销售商品。但规定下列几种降价销售情况不属于不正当竞争：①销售鲜活商品；②处理有效期限将到期的商品或者其他积压的商品；③季节性降价；④因清偿债务、转产、歇业而降价销售商品。

（2）搭售和附加不合理条件进行交易的行为。这是指经营者利用其经济优势，违背购买者意愿，在销售一种商品或提供一种服务时，要求购买者以购买另一种商品或接受另一种服务为条件，或者就商品或者服务的价格、销售对象、销售地区等进行不合理的限制。但这种行为只有在违背购买者的意愿的情况下进行才构成不正当竞争行为。《反不正当竞争法》第12条规定，经营者销售商品，不得违背购买者的意愿搭售商品或者其他不合理的条件。如果购买者自愿接受经营者的搭售或附加条件，则不能认为是不正当竞争。至于附加条件是否合理，衡量的标准应是经营者在市场交易中应当遵循的自愿、平等、公平的原则。当然，在适用这一标准时，要结合当事人的意图、目的、市场地位、商品特性、所属市场结构等作全面的分析。

（3）串通投标的行为。招标、投标是在商业活动中，通过公平竞争选择最佳交易对象的一种经济行为。招标投标必须按照法定程序进行，才能真正体现优胜劣汰的竞争效果，选出最佳的中标者。对此，《反不正当竞争法》第15条规定，投标者不得串通投标，抬高标价或压低标价。投标者和招标者不得相互勾结，以排斥竞争对手的公平竞争。在招标、投标活动中的不正当竞争行为主要有：①招标者与投标者之间互相勾结，排挤参与投标的其他竞争对手。如招标者将标底暗中透露给投标者，让其中标。②投标者之间互相串通，采取抬高标价或压低标价的手段，联合对付招标者，以达到自己中标的目的。

（4）限定购买行为。这是指经营者利用自己独占经营的地位，限定他人购买其指定的商品的行为。实施限定购买行为主体不是一般的经营者，而是公用事业或依法具有独占地位的经营者。在我国现阶段，公用事业主要是指从事与人民群众生活密切相关的电力、自来水、煤气、通讯、交通等经营单位。这些经营单位有的是企业，有的是实行企业化管理的事业单位，基本上都是由国家控制经营的。另外，国家对某些行业或某些商品规定由特定的企业进行经营，这些商品经营的企业就获得了独占经营的地位，成为“依法具有独占地位的经营者”。公用事业或依法享有独占地位的经营者，利用了他们对行业或市场的垄断地位，才有可能实施限定他人购买其指定商品的行为。这种行为既排斥了其他经营者的竞争，有碍科技进步和商品经济发展，又侵害了广大消费者购买商品的自主选择权。为此，《反不正当竞争法》第6条对限定购买不正当竞争行为作了明确规定，即公用企业或者其他依法具有独占地位的经营者，不得限定他人购买其指定的经营者的商品，以排挤其他经营者的公平竞争。

（5）滥用行政权力限制竞争的行为。这是指政府及其所属部门利用行政权力干预正当经营，限制竞争的行为。在一般情况下，不正当竞争的主体只能是经营者，但是，从我国目前的实际情况看，一些地方发生的不正当竞争行为，往往得到当地政府及其所属部门的支持，有的就由政府及其所属部门直接发布行政命令限制竞争，所以政府及其所属部门也就成了不正当竞争的特殊主体，这也是我国《反不正当竞争法》的一个特点。《反不正当竞争法》第7条明确规定政府及其所属部门不得滥用行政权力，限定他人购买其指定的经营者的商品，限制其他经营者正当的经营活动；或限制外地商品进入本地市场或限制本地商品流向外地市场。滥用行政权力限制竞争，是地方保护主义的一种表现，它造成地区封锁，对社会主义市场经济体制的建立极为有害，必须加以禁止。

（二）垄断行为的表现形式

《反不正当竞争法》第6、7、12、15条已经对行政性垄断和优势地位垄断行为作了规定，但随着市场经济的发展，这些规定难以适应。因此，《反垄断法》设8章57条，对预防和制止垄断行为作了全面规定。特别在第3条明确规定：本法规定的垄断行为包括：①经营者达成垄断协议；②经营者滥用市场支配地位；③具有或者可能具有排除、限制竞争效果的经营者集中；④滥用行政权力排除、限制竞争。并从第二章至第五章具体规定了各类垄断行为。

1. 垄断协议。这是指排除、限制竞争的协议、决定或者其他协同行为。具体表现在具有竞争关系的经营者之间达成的横向垄断协议和经营者与交易相对人之间达成的纵向垄断协议两大类。《反垄断法》第13条规定："禁止具有竞争关系的经营者达成下列垄断协议：①固定或者变更商品价格；②限制商品的生产数量或者销售数量；③分割销售市场或者原材料采购市场；④限制购买新技术、新设备或者限制开发新技术、新产品；⑤联合抵制交易；⑥国务院反垄断执法机构认定的其他垄断协议。本法所称垄断协议，是指排除、限制竞争的协议、决定或者其他协同行为。"《反垄断法》第14条规定："禁止经营者与交易相对人达成下列垄断协议：①固定向第三人转售商品的价格；②限定向第三人转售商品的最低价格；③国务院反垄断执法机构认定的其他垄断协议。"

关于横向垄断协议，经营者为了限制竞争，共同获取垄断利润，与处于产业链同一环节的有横向竞争关系的其他经营者订立限制竞争的垄断协议。这种联合限制竞争行为从根本上排除了相互间的竞争，甚至形成各自的市场支配地位，还排除了相互间竞争的可能。这是一种最严重的排斥竞争，危害最大而受处罚也最严厉的垄断行为。关于纵向垄断协议，这是处于同一产业链由供求关系的垂直环节的两个或两个以上经营者所作为的联合限制竞争行为。另外，《反垄断法》第15条还规定了适用垄断协议豁免的七种情况，即经营者能够证明所达成的协议属于下列情形之一的，不适用第13条、第14条的规定：①为改进技术、研究开发新产品的；②为提高产品质量、降低成本、增进效率，统一产品规格、标准或者实行专业化分工的；③为提高中小经营者经营效率，增强中小经营者竞争力的；④为实现节约能源、保护环境、救灾救助等社会公共利益的；⑤因经济不景气，为缓解销售量严重下降或者生产明显过剩的；⑥为保障对外贸易和对外经济合作中的正当利益的；⑦法律和国务院规定的其他情形。对于第 1 ~5 项情形，经营者还应当证明“所达成的协议不会严重限制相关市场的竞争，并且能够使消费者分享由此产生的利益”，才可以免除法律责任。

2. 滥用市场支配地位。对于市场支配地位，《反垄断法》第 17 条给出了定义，是指经营者在相关市场内具有能够控制商品价格、数量或者其他交易条件，或者能够阻碍、影响其他经营者进入相关市场能力的市场地位。另外该条还规定了滥用市场支配地位的具体表现形式：①以不公平的高价销售商品或者以不公平的低价购买商品；②没有正当理由，以低于成本的价格销售商品；③没有正当理由，拒绝与交易相对人进行交易；④没有正当理由，限定交易相对人只能与其进行交易或者只能与其指定的经营者进行交易；⑤没有正当理由搭售商品，或者在交易时附加其他不合理的交易条件；⑥没有正当理由，对条件相同的交易相对人在交易价格等交易条件上实行差别待遇；⑦国务院反垄断执法机构认定的其他滥用市场支配地位的行为。

对市场支配地位的控制有结构主义和行为主义两种方法。我国适用的是以行为主义为主，结构主义为辅的方法。禁止的不是市场支配地位的结构，而是禁止市场支配地位的滥用，着重强调滥用行为及其后果。规制的思路是经营者拥有市场支配地位本身并不构成违法，只有满足滥用市场支配地位的三个构成要件才能确定其行为违法：①企业拥有市场支配地位，这是先决条件；②实施了滥用行为；③造成的损害后果。《反垄断法》第 18 条规定了在认定经营者是否具有市场支配地位时应当依据的因素：①该经营者在相关市场的市场份额，以及相关市场的竞争状况；②该经营者控制销售市场或者原材料采购市场的能力；③该经营者的财力和技术条件；④其他经营者对该经营者在交易上的依赖程度；⑤其他经营者进入相关市场的难易程度；⑥与认定该经营者市场支配地位有关的其他因素。第 19 条规定了可以据此推定经营者具有市场支配地位的几种情形：①一个经营者在相关市场的市场份额达到 1/2 的；②两个经营者在相关市场的市场份额合计达到 2/3 的；③三个经营者在相关市场的市场份额合计达到 3/4 的。有前款第②项、第③项规定的情形，其中有的经营者市场份额不足 1/10 的，不应当推定该经营者具有市场支配地位。被推定具有市场支配地位的经营者，有证据证明不具有市场支配地位的，不应当认定其具有市场支配地位。

3. 经营者集中。这是一个相对宽泛的概念，我国《反垄断法》在第 20 条以列举的方式对其予以了界定。经营者集中是指下列情形：①经营者合并；②经营者通过取得股权或者资产的方式取得对其他经营者的控制权；③经营者通过合同等方式取得对其他经营者的控制权或者能够对其他经营者施加决定性影响。《反垄断法》还具体规定了经营者集中的申报标准和申报审查程序以及国务院反垄断执法机构审查的具体法律要求。

4. 滥用行政权力排除、限制竞争。这是《反垄断法》对行政性垄断行为最具有特色的规定，以6个条款具体地规定了行政机关和法律、法规授权的具有管理公共事务职能的组织6种不得滥用行政权力进行行政性垄断行为。其具体表现为：

（1）第32条规定，行政机关和法律、法规授权的具有管理公共事务职能的组织不得滥用行政权力，限定或者变相限定单位或者个人经营、购买、使用其指定的经营者提供的商品。

（2）第33条规定，行政机关和法律、法规授权的具有管理公共事务职能的组织不得滥用行政权力，实施下列行为，妨碍商品在地区之间的自由流通：①对外地商品设定歧视性收费项目、实行歧视性收费标准，或者规定歧视性价格；②对外地商品规定与本地同类商品不同的技术要求、检验标准，或者对外地商品采取重复检验、重复认证等歧视性技术措施，限制外地商品进入本地市场；③采取专门针对外地商品的行政许可，限制外地商品进入本地市场；④设置关卡或者采取其他手段，阻碍外地商品进入或者本地商品运出；⑤妨碍商品在地区之间自由流通的其他行为。

（3）第34条规定，行政机关和法律、法规授权的具有管理公共事务职能的组织不得滥用行政权力，以设定歧视性资质要求、评审标准或者不依法发布信息等方式，排斥或者限制外地经营者参加本地的招标投标活动。

（4）第35条规定，行政机关和法律、法规授权的具有管理公共事务职能的组织不得滥用行政权力，采取与本地经营者不平等待遇等方式，排斥或者限制外地经营者在本地投资或者设立分支机构。

（5）第36条规定，行政机关和法律、法规授权的具有管理公共事务职能的组织不得滥用行政权力，强制经营者从事本法规定的垄断行为。

（6）第37条规定，行政机关不得滥用行政权力，制定含有排除、限制竞争内容的规定。

三、对不正当竞争行为和垄断行为的监督检查

（一）监督检查机构的设立及职权

在国外，以立法形式直接创设反不正当竞争行政主管机关的方式较为普遍，如美国的联邦贸易委员会、德国的联邦卡特尔局、日本的公平交易委员会等。我国《反不正当竞争法》第3条规定，各级人民政府应当采取措施，制止不正当竞争行为，为公平竞争创造良好的环境和条件；县级以上人民政府工商行政管理部门对不正当竞争行为进行监督检查；法律、行政法规规定由其他部门监督检查的，依照其规定。监督检查部门在监督检查不正当竞争行为时，有权行使下列职权：①按规定程序询问被检查的经营者、利害关系人、证明人，并要求提供有关资料；②查询、复制与不正当竞争有关的协议、账册、单据、业务函电等各种证件；③必要时可以责令被检查者说明商品来源、数量；责令暂停销售、听候检查，不得转移、隐匿、销毁该财物；④有权对实施不正当竞争行为的经营者进行行政处罚，处罚的形式包

括没收违法所得和罚款。我国《反垄断法》第 9 条明确规定，国务院设立反垄断委员会，负责组织、协调、指导反垄断工作、履行下列职责：①研究拟定有关竞争政策；②组织调查、评估市场总体竞争状况，发布评估报告；③制定、发布反垄断指南；④协调反垄断行政执法工作；⑤国务院规定的其他职责。其组织和工作规则由国务院规定。第 10 条规定，国务院规定的承担反垄断执法职责的机构，依照本法规定，负责反垄断执法工作，并根据工作需要，授权省、自治区、直辖市人民政府相应的机构负责有关反垄断执法工作。

（二）监督检查程序

《反不正当竞争法》规定监督检查机关在对不正当竞争行为进行监督检查时，应遵循以下程序：

1. 案件管辖。对不正当竞争行为的查处应由实施不正当竞争行为地或行为人所在地的工商行政管理部门或其他有关部门管辖。

2. 立案受理。任何组织和个人都可以向监督检查机关进行检举或控告，要求查处不正当竞争行为，监督检查机关接到检举或控告后，应当立案受理。

3. 调查检查。监督检查机关的工作人员在调查时应出示证件、制作询问笔录，在核查与不正当竞争有关的财物时，要制作现场检查笔录并由检查人员和被检查人员签名或盖章。

4. 强制措施。监督检查机关有权作出责令被检查者说明该商品来源和数量、暂停销售以及不得转移、隐匿、销毁该财物的决定。

5. 行政处罚。监督检查机关在事实清楚、证据确凿的基础上，可依法实施行政处罚。被罚者如果不服，可以在 15 日内向上一级主管机关申请复议，也可以直接向人民法院起诉。

《反垄断法》规定了反垄断法执法机构在向反垄断执法机构主要负责人提交书面报告，并经批准情况下可以采取下列措施对涉嫌垄断行为进行调查：①进入被调查的经营者的营业场所或者其他有关场所进行检查；②询问被调查的经营者、利害关系人或者其他有关单位或者个人，要求其说明有关情况；③查阅、复制被调查的经营者、利害关系人或者其他有关单位或者个人的有关单证、协议、会计账簿、业务函电、电子数据等文件、资料；④查封、扣押相关证据；⑤查询经营者的银行账户。另外，《反垄断法》还对调查者与被调查者义务作出具体规定。调查机构的执法人员在对涉嫌垄断的调查过程中依法应承担的义务包括：①调查者对执法过程中知悉的商业秘密负有保密义务；②调查者负有义务，保障被调查的经营者和利害关系人依法能够充分行使参与调查程序的权利；③调查者负有向社会公开相关处理决定的义务。调查阶段，被调查者的主要义务是配合调查者依法进行相关调查工作。

《反垄断法》第 53 条还规定了经营者对反垄断执法机构作出的决定不服时的救济途径。经营者对反垄断执法机构作出的有关经营者集中的决定不服的，可以先依法申请行政复议；对行政复议决定不服的，可以依法提起行政诉讼。对反垄断执法机构作出的对经营者集中以外的决定不服的，可以依法申请行政复议或者提起行政诉讼。

四、违反反不正当竞争法和反垄断法的法律责任

根据《反不正当竞争法》的规定，经营者违反该法规定，从事不正当竞争活动的，根据行为的性质、情节、后果的不同，分别承担民事责任、行政责任、刑事责任。

（一）民事责任

不正当竞争行为是一种侵权行为，要求行为人承担侵权民事责任须具备以下构成要件：①经营者有不正当竞争行为；②经营者主观上有过错；③其他合法经营者的权利受到损害；④经营者的不正当竞争行为与损害结果之间有因果关系。具备了上述条件，不正当竞争者应当承担民事责任。承担民事责任的方式主要是损害赔偿。根据《反不正当竞争法》第 20 条的规定，被侵害的经营者的损失能够计算的，损失多少赔偿多少；被侵害的经营者的损失难以计算的，赔偿额为侵权人在侵权期间侵权所获得的利益，并应当承担被侵害的经营者为维护其合法权益所支付的一切合理费用，如旅差费、鉴定费、聘请律师费、诉讼费等。

（二）行政责任

反不正当竞争法对实施不正当竞争行为的经营者规定了较为严厉的行政责任，具体如下：

1. 经营者假冒他人注册商标的，按商标法规定处罚；经营者擅自使用他人的企业名称，假冒产地，伪造或者冒用认证标志、名优标志等质量标志，对商品质量作引人误解的虚假表示的，按产品质量法规定处罚。

2. 经营者擅自使用知名商品特有的名称，包装、装潢，或者使用与知名商品近似的名称、包装、装潢，造成和他人的知名商品相混淆，使购买者误认为是该知名商品的，应当责令停止违法行为，没收违法所得，可以根据情节处以违法所得 1 倍以上 3 倍以下罚款。情节严重的，可以吊销营业执照。

3. 经营者采用财物或其他手段进行贿赂以销售或者购买商品，未构成犯罪的，可以根据情节处以 1 万元以上 20 万以下的罚款，有违法所得的，予以没收。

4. 经营者利用广告或者其他方法，对商品作引人误解的虚假宣传的，应当责令停止违法行为，消除影响，可以根据情节处以 1 万元以上 20 万元以下的罚款。广告经营者在明知或者应知的情况下，代理设计、制作、发布虚假广告的，应当责令停止违法行为，没收违法所得，并依法处以罚款。

5. 经营者侵犯他人商业秘密的，应当责令停止违法行为，可以根据情节处以 1 万元以上 20 万元以下的罚款。

6. 经营者违反反不正当竞争法的规定进行有奖销售的，应当责令停止违法行为，可以根据情节处以 1 万元以上 10 万元以下罚款。

7. 投标者串通投标，抬高标价或压低标价；投标者与招标者互相勾结，以排挤竞争对手公平竞争的，其中标无效，并可以根据情节处 1 万元以上 20 万元以下的罚款。

8. 公用事业或者其他依法具有独占地位的经营者，限定他人购买其指定的经营者的商品，以排挤其他经营者的公平竞争的，省、自治区、直辖市级或者设区的市的监督检查部门应当责令停止违法行为，处以 5 万元以上 20 万元以下罚款。被指定的经营者借此销售质次价高商品或滥收费用的，应当没收违法所得，并可以根据情节处以违法所得 1 倍以上 3 倍以下的罚款。

9. 经营者有违反被责令暂停销售，不得转移、隐匿、销毁与不正当竞争行为有关的财物的行为的，可以根据情节处以被销售、转移、隐匿、销毁财物的价款的 1 倍以上 3 倍以下的罚款。

10. 政府及其所属部门违反法律规定，限定他人购买其指定经营者的商品，限制其他经营者正当的经营活动：或者限制商品在地区之间正常流通的，由上级机关责令其改正；情节严重的，由同级或者上级机关对直接责任人员给予行政处分。被指定的经营者借此销售质次价高商品或者滥收费用的，监督检查部门应当没收违法所得，可以根据情节处以违法所得 1 倍以上 3 倍以下的罚款。

为了监督行政部门依法行使职权，维护当事人的合法权益，当事人对监督检查部门作出的处罚决定不服的，可以向上一级主管部门申请复议，对复议决定不服的，可以向人民法院起诉；也可以直接向人民法院起诉。

（三）刑事责任

经营者实施不正当竞争行为，情节严重构成犯罪的，依照《反不正当竞争法》和《刑法》有关规定追究刑事责任。

1. 经营者销售伪劣商品，或者采用财物或者其他手段进行贿赂以销售或者购买商品，构成犯罪的，按照刑法有关销售伪劣商品罪、贿赂罪追究刑事责任。

2. 监督检查不正当竞争行为的国家机关工作人员滥用职权，玩忽职守，构成犯罪的，或者徇私舞弊，对明知有违反反不正当竞争法规定构成犯罪的经营者故意包庇不使其受追诉的，应依照《刑法》有关滥用职权罪、玩忽职守罪、徇私舞弊罪的规定追究刑事责任。

《反垄断法》第七章对违反反垄断法的行为作出了 9 条关于“法律责任”的具体规定，分别对违法经营者、行业协会、滥用行政权力的行政主体、反垄断执法机构工作人员等主体规定了相应的法律责任。这些规定对于保证反垄断法的全面实施，预防和制止垄断行为，保护市场公平竞争、维护消费者利益和社会公共利益同样具有积极意义。

思考题

1. 什么是反不正当竞争法和反垄断法？它与民法、商法、质量法、商标法、广告法、消费者权益保护法有什么关系？

2. 什么是不正当竞争行为和垄断行为？我国《反不正当竞争法》和《反垄断法》对不正当竞争行为和垄断行为表现形式作了哪些规定？请用列表的形式比较各种不正当竞争行为和垄断行为的概念、特征、构成条件、表现形式、法律责任及法律适用等内容。

3. 国家行政机关对不正当竞争行为和垄断行为应如何监督检查？

第十一章

产品质量法

导入案例

刘某与郑州某食品公司产品质量损害赔偿纠纷一案

原告：刘某，男，汉族，系许昌魏都某食品添加剂经销处业主

被告：郑州某食品有限公司

法定代表人：康某，该公司总经理

原告刘某因与被告郑州某食品有限公司产品质量损害赔偿纠纷一案，于2012年1月18日向许昌市魏都区人民法院提起诉讼。许昌市魏都区人民法院受理后，被告郑州某食品有限公司在答辩期内向许昌市魏都区人民法院提交了管辖权异议申请书，请求将本案移送郑州市管城回族区人民法院审理，经审查，许昌市魏都区人民法院于2012年6月6日依法作出（2012）魏民二初字第94号民事裁定书，驳回被告的管辖权异议。被告对驳回管辖权异议不服，在法定上诉期间内提起上诉，要求依法撤销（2012）魏民二初字第94号民事裁定书，并裁定将本案移送至郑州市管城回族区人民法院审理。经审查，许昌市中级人民法院于2012年8月13日作出（2012）许立二民终字第50号民事裁定书，裁定驳回上诉，维持原裁定。许昌市魏都区人民法院依法组成合议庭于2012年11月29日对本案公开开庭进行了审理。原告刘某，被告某食品有限公司到庭参加诉讼。本案现已审理终结。

原告刘某诉称：原、被告多年来一直存在业务关系。2009年7月，原告将从被告处购买的月饼馅料直接出售给漯河某食品有限公司。该公司用该批馅料生产的月饼上市不久，便出现以红莲蓉、南瓜蓉为主要原料的月饼霉变、长毛。2009年10月9日，漯河某食品有限公司以产品质量损害赔偿纠纷为由将原告刘某起诉到临颍县人民法院，并且在诉讼中进行了馅料的质量鉴定和损失价格鉴定。2011年4

月，经两审，原告刘某败诉，原告向漯河某食品有限公司赔付328 664元及两审的诉讼费和鉴定费。因所供馅料的质量问题，漯河某食品有限公司拒付原告货款15万元。原告遭受直接损失共计503 864元。原告就其所受损失与被告在协商无果的情况下，诉至法院，请求判令：①被告赔偿原告损失503 864元；②由被告承担本案诉讼费用。

被告郑州某食品有限公司辩称：被告售给原告月饼馅料是事实，但原告售给漯河某食品有限公司"红莲蓉、南瓜蓉"馅料后，该公司用这两种馅料为主要原料制作的月饼存在霉变、长毛现象，是否是因馅料质量问题，缺乏有力的证据予以证实。驻马店市质量技术监督检验测试中心作出的NO2009某号检验报告并未对长毛的馅料月饼进行鉴定，也非是库存未使用的馅料，该报告没有科学依据。驻马店市质量技术监督检验测试中心作出的NO2009某号检验报告，违反法定程序，鉴定机构不是规定名册中的鉴定机构，检材具有不完整性及不真实性，因此，该检验报告不能作为认定被告所生产的馅料在出售给原告时存在质量问题的依据。关于原告诉称所谓的损失价格鉴定，因漯河市鑫诚价格事务所有限公司并非《国家司法鉴定人和司法鉴定机构名册（河南省2009年度）》中的鉴定机构。漯河市鑫诚价格事务所有限公司对漯河某食品有限公司的不合格月饼所作价格评估，也存在违法之处，所以其鉴定结果不客观真实。虽然原告与漯河某食品有限公司之间的产品质量纠纷经过两审判决，但仍不能证实被告销售给原告馅料时存在质量问题。

原告刘某为支持自己的诉讼主张，向许昌市魏都区人民法院提交的证据有：

第一组：被告发货清单及托运单共6张，证明：①双方形成了买卖合同关系；②被告向原告供应馅料是在2009年7月份，原告收到馅料便立即售给了漯河某食品有限公司，不存在保存及停滞现象，馅料本身就存在质量问题。被告的质证意见为：对该组证据的真实性无异议，但对其证明对象有异议，该组证据仅能证明双方有供应关系，不能证明馅料存在质量问题。

第二组：检验报告及评估结论各一份，证明：①被告生产的产品存在质量问题；②造成的损失数额为60多万元。被告的质证意见为：对该组证据的真实性有异议，两份报告书违法法定程序，缺乏事实依据。

第三组：（2009）临民初字第1某号民事判决书及（2011）漯民二终字第某号民事判决书各一份，证明：被告出售给原告，原告又出售给漯河某食品有限公司的馅料本身不合格，并由于该产品的质量问题给原告造成的损失。被告的质证意见为：对该组证据的真实性无异议，但对其证明对象有异议，该两份判决中没有判定或查明引起月饼长毛、质变与我公司所生产的馅料质量有直接关系，且一审在审理中存在程序违法，对两份判决我方已向有关部门提出抗辩意见。

第四组：2011年5月23日漯河某食品有限公司出具的证明一份，证明：判决书生效后，原告已履行两份判决中的义务。被告的质证意见为：对该组证据的真实性有异议，原告愿意履行有误的判决书与我方无关，且漯河某食品有限公司拒付

15 万元货款没有证据证实。

第五组：被告的法人营业执照，证明：被告是供货者即生产者，且被告是诉讼主体资格适格。被告的质证意见为：无异议。

被告郑州某食品有限公司为支持自己的诉讼主张，向许昌市魏都区人民法院提交的证据有：

第一组：漯河市中级人民法院审理（2011）漯民二终字第某号案件的庭审笔录一份，证明：①原告认可被告供给的馅料是合格产品，原告当时不认可 NO2009 某号检验报告的效力；②鉴定结论违反法定程序，该鉴定结论书的落款处没有鉴定人员的签名，没有法律效力；③供给漯河某食品有限公司的馅料是合格产品，有相关检验报告及产品合格证，且漯河某食品有限公司出具有入库单；④检材系原告提供的检材，真空包装已漏气，且这种情形不是被告造成的，送检样品本身不合格。原告的质证意见为：①对该组证据的真实性有异议，没有合法证据来源，系复印件，且没有加盖出处的公章；②对该组证据的证明对象有异议，该庭审笔录与本案无关，庭审笔录中双方意见不一定全被采纳，不一定全部作为认定法律事实的依据，庭审笔录不能对抗生效的判决书，应以生效的判决书为准。

第二组：2009 年 10 月 7 日 15 时 40 分漯河某食品有限公司的法定代表人郭某与原告刘某的录音笔录，证明：①原告与漯河某食品有限公司串通一气，将已开封包装的馅料作为检材的事实；②原告与漯河某食品有限公司串通一气，恶意诉讼向被告转嫁损失的目的。原告的质证意见为：对该证据的真实性有异议，该组证据没有录音光盘，只有录音笔录，违反证据“三性”原则。

第三组：临颍县法院司法鉴定委托书及委托检验申请单各 1 份，证明：原告与漯河某食品有限公司串通一气将已漏气的南瓜蓉馅料作检材的事实。原告的质证意见为：对该组证据的真实性无异议，但对其证明对象有异议，被告依据该委托书推定原告与漯河某食品有限公司串通显失公平。

第四组：销售退货单 3 份，证明：①原告为达到与漯河某食品有限公司串通一气的目的，将真空包装已漏气的馅料作为检材送检，将包装完好无漏气的馅料退还给被告的事实；②原告明知有大量馅料未投入使用，而不封存样品，致使被告无法行使重新要求鉴定的权利。原告的质证意见为：对该组证据的真实性没有异议，但对其证明对象有异议，仅凭退货单并不能证明被告的主张，恰恰证明被告接受了退货，馅料存在质量问题。

第五组：被告产品的内、外包装及照片 1 套，证明：被告已明示产品必须真空包装的事实及开箱后有质量问题包退包换，不能使用的说明。原告的质证意见为：对该组证据的真实性、合法性、关联性有异议，该组照片无拍摄时间、地点且不是照片原件，其真实性、合法性无法核实。

第六组：漯河市中级人民法院法官石某与康某的谈话录音记录 1 份，证明：①送检检材系过失作废产品，原告放弃重新鉴定的权利；②审判法官明知案件有问题而积极要求纠正的事实。原告的质证意见为：该录音与本案不具有关联性。

第七组：郑州市质检报告、管城区卫生监测报告各1份，荣誉证书及消费者放心食品证书各1份，证明：被告生产的馅料出厂前经检验合格。原告的质证意见为：该组证据均系复印件，真实性无法核实，且不能证明所供给漯河某食品有限公司的货物是合格的，应以检验报告及生效判决为依据。

许昌市魏都区人民法院对原告提交的证据经审核认为：

原告刘某向许昌市魏都区人民法院提交的第一、二、三组、第五组证据内容真实、来源合法、与本案有关联，能够形成完整的证据链条，能够证明本案的待证事实，许昌市魏都区人民法院予以采信。原告提交的第四组证据，与本案无关联，许昌市魏都区人民法院在本案中不作证据使用。

许昌市魏都区人民法院对被告提交的证据经审核认为：原告对第一组证据的真实性有异议，系复印件，没有加盖出处的公章，且应该以生效的判决书为准，许昌市魏都区人民法院认为原告的异议理由成立。第二、三组证据已被（2009）临民二初字第1某号民事判决书和（2011）漯民二终字第某号民事判决书确认，许昌市魏都区人民法院不予支持被告的主张。原告对第四组证据提出的证明目的提出异议，许昌市魏都区人民法院审核后认为仅凭销售退货单并不能证明存在馅料存在质量问题。被告提供的第五组证据违反证据的“三性”原则，许昌市魏都区人民法院不予支持。原告对第六组证据的关联性有异议，许昌市魏都区人民法院审核后对被告提供的证据不予采信。原告对第七组证据的关联性提出异议，许昌市魏都区人民法院审核后对被告提交的该组证据不予支持。

根据上述有效证据及庭审笔录，许昌市魏都区人民法院确认如下案件事实：

原告刘某系经销食品添加剂的个体工商户，登记字号为许昌魏都某食品添加剂经销处。郑州某食品有限公司是以经营水果馅料、豆沙馅、果干、果酱为主的食品加工企业。漯河某食品有限公司是以经营糕点生产、销售为主的食品加工企业。原、被告之间，原告、漯河某食品有限公司之间均存在多年的业务往来。2009年7月30日，漯河某食品有限公司因生产需要购买刘某经销的南瓜蓉、红莲蓉、草莓、香芋等食品馅料用于生产月饼，该馅料系郑州某食品有限公司生产。漯河某食品有限公司生产的月饼采用礼盒包装上市后，因用南瓜蓉、红莲蓉作为馅料的月饼出现霉变、长毛问题，上市的月饼被大量退回。2009年10月9日，漯河某食品有限公司以产品质量损害赔偿纠纷为由将原告刘某起诉到临颍县人民法院，并且在诉讼中由驻马店市质量技术检验检测测试中心进行了馅料的质量鉴定和漯河市鑫诚价格事务所有限公司进行了损失评估。经临颍县、漯河市两级人民法院审理，分别作出（2009）临民二初字第1某号民事判决书和（2011）漯民二终字第某号民事判决书，刘某均败诉。2011年5月23日，漯河某食品有限公司出具了一份证明，证明内容为：刘某已按判决书赔偿了其损失328 664元整及承担诉讼费（两审）19 200元整及评估费6600元整；漯河某食品有限公司尚欠刘某的150 000元货款，因其提供馅料严重不合格，漯河某食品有限公司拒付此欠款。刘某承担了全部的赔偿责任后，向郑州某食品有限公司索赔无果，诉至许昌市魏都区人民法院，引起本案的纠纷。

许昌市魏都区人民法院认为：《中华人民共和国产品质量法》第26条规定："生产者应当对其生产的产品质量负责"。本案缺陷产品（南瓜蓉、红莲蓉馅料）的生产者已经查明是郑州某食品有限公司，其应当承担产品质量责任。就本案的产品缺陷，被告郑州某食品有限公司未提供足够的证据证明是由原告刘某造成的，也没有提供证据证明其存在法定的免责事由，应当承担举证不力的责任。《中华人民共和国产品质量法》第43条规定："因产品存在缺陷造成人身、他人财产损害的，受害人可以向产品的生产者要求赔偿，也可以向产品的销售者要求赔偿。属于产品的生产者的责任，产品的销售者赔偿的，产品的销售者有权向产品的生产者追偿。属于产品的销售者的责任，产品的生产者赔偿的，产品的生产者有权向产品的销售者追偿。"本案中，就南瓜蓉、红莲蓉馅料的月饼霉变、长毛所造成的损失，原告刘某作为销售者已向漯河某食品有限公司进行了赔偿。原告刘某向漯河某食品有限公司赔偿后，有权向向生产者（郑州某食品有限公司）追偿。被告郑州某食品有限公司辩称驻马店市质量技术监督检验测试中心作出的NO2009某号检验报告及漯河市鑫诚价格事务所有限公司作出的损失价格评估不客观、真实。最高人民法院《关于民事诉讼证据的若干规定》第9条规定："下列事实，当事人无需举证证明……④已为人民法院发生法律效力的裁判所确认的事实……前款①、③、④、⑤、⑥项，当事人有相反证据足以推翻的除外。"被告辩称的问题已被临颍县、漯河市两级人民法院两审终审确认，刘某败诉，且没有相反的证据推翻。因此，（2009）临民二初字第1某号民事判决书和（2011）漯民二终字第某号民事判决书依法具有公信力，应当作为认定案件事实的依据。（2011）漯民二终字第某号民事判决书生效后，刘某向漯河某食品有限公司赔付产品损失328 664元，鉴定费、评估费6600元，

两审诉讼费19 200元，共计354 464元，并已全部履行完毕，且有漯河某食品有限公司出具的证明为证，许昌市魏都区人民法院依法支持原告刘某的上述请求。关于漯河某食品有限公司尚欠刘某的150 000元货款问题，其与本案属于不同的法律关系，许昌市魏都区人民法院不宜一并处理，原告刘某可另行主张权利。依据《中华人民共和国产品质量法》第26条、第43条，最高人民法院《关于民事诉讼证据的若干规定》第9条的规定，判决如下：

1. 被告郑州某食品有限公司于本判决生效后10日内赔偿原告刘某因销售其生产的有霉变、长毛等产品质量问题的南瓜蓉、红莲蓉馅料的月饼所给原告造成的各项损失354464元。

2. 驳回原告刘某的其他诉讼请求。

【问题思考】

1. 什么是产品质量责任、产品责任？其二者的关系是什么？
2. 产品责任的责任主体是谁？
3. 产品责任的归责原则是如何规定的？

一、产品质量法概述

（一）质量管理与质量法

质量有广义、狭义之说：狭义的质量仅指产品质量，广义的质量，除了产品质量外，还包括工作质量。通常所称的质量，是就产品质量而言，它是指国家有关法律、法规、质量标准以及合同规定的对产品适用性、安全性和其他特性的要求，即产品性能在正常使用条件下，满足人们使用用途要求所必须具备的物质、技术、心理和社会特征的总和。国际标准化组织颁布的IS08402—86标准《质量—术语》将质量的含义规定为："产品或服务满足规定或潜在需要的特征和特性的总和。"这里所说的"需要"，随着科技进步有所变化，其"特性"主要包括使用性能、安全性、可用性、可靠性、可维修性、美学性、经济性等7项具体目标。

质量管理是指企业为达到或实现质量所有职能而进行的一系列经营管理的活动。质量管理是现代企业经营管理的重要内容，是企业搞好经营管理的中心环节；加强质量管理，有利于提高企业的经济效益和维护企业的合法权益。质量管理具有经济行政管理性质的质量控制，体现着国家组织管理协调国民经济的职能。为了实现质量管理战略目标，国家往往运用技术手段、行政手段以及法律手段等综合手段来协调和处理质量管理过程中所发生的各种社会关系，它包括产品质量管理关系、标准化管理关系、计量管理关系、商品检验管理关系、生产许可证管理关系和产品质量责任关系等；而国家制定和调整这些质量管理关系的法律规范总称，即所谓质量管理法。由此决定其调整对象既包括国家与企业之间因产品质量管理所发生的质量管理关系和质量监督关系，也包括企业内部因产品质量管理所发生的质量管理关系以及企业与消费者、用户之间因产品质量问题所发生的质量争讼关系。

（二）质量管理的立法

由于产品质量对社会、对企业关系极为密切，使世界各国对质量管理的立法都给予十分重视。苏联和东欧一些国家的产品质量法，不仅调整因产品质量缺陷造成用户或者消费者的人身伤害或财产损失所引起的法律责任，而且还直接涉及产品本身的质量问题；而美国等西方国家的质量立法，属于产品责任法的范畴，只调整产品缺陷造成用户或消费者的人身伤害或财产损失而引起的法律责任，不涉及产品本身的单纯的质量问题。如德国1990年实施的《德国产品责任法》，美国1979年公布供各州自愿采用的《统一产品责任法范本》、1982年公布供讨论参考的《1982年产品责任法草案》等。但随着世界贸易竞争日趋激烈，国际商品交换中产品责任问题也日益突出。近年来国际上陆续出现一些区域性或全球性的产品责任公约，例如，1973 年国际私法会议于海牙签订，1973 年 10 月起正式生效的《关于产品责任适用法律的公约》，亦称《海牙公约》；欧洲理事会的 18 个西欧国家签订，1977 年 12 月 27 日起生效的《涉及人身伤害与死亡的产品责任公约》，即《斯特拉斯堡公约》；欧共体为调整其成员国在产品责任法上的差异而制定，并于 1988 年正式施行的《欧洲经济共同体产品责任指令》；等等。

我国同样也是十分重视质量管理立法的。《中华人民共和国产品质量法》（以下简称《产品质量法》）于 1993 年 2 月 22 日第七届全国人大常委会第三十次会议通过，并经 2000 年 7 月 8 日第九届全国人大常委会第十六次会议修正，共 6 章 74 条。它是我国调整有关产品质量关系的基本法。与之配套或相关的还有一系列法律、法规、条例、规章、标准，它们共同组成了我国产品质量法体系。其中主要有：《中华人民共和国民法通则》、《工业产品质量责任条例》、《中华人民共和国产品质量认证管理条例》（已失效）、《中华人民共和国标准化法》、《中华人民共和国计量法》、《中华人民共和国食品安全法》、《中华人民共和国食品安全法实施条例》、《中华人民共和国农产品质量安全法》、《中华人民共和国侵权责任法》、《中华人民共和国药品管理法》、《消费者权益保护法》、《反不正当竞争法》等。《中华人民共和国刑法》在分则第三章第一节对“生产、销售伪劣商品罪”作了 11 条专门规定，为更有效地制裁制造销售伪劣商品违法犯罪行为，维护市场经济秩序提供了法律依据，也是产品质量法的重要配套法律。

（三）产品质量法的适用范围

产品质量法调整的范围决定了我国产品质量法的适用范围，必然涉及产品的适用范围和产品的经营活动范围两个方面。

1. 产品的适用范围。这是规定产品质量法对哪些产品适用问题。《产品质量法》第 2 条第 2 款规定：“本法所称产品是指经过加工、制作，用于销售的产品。”明确产品必须是经过工业加工、制作并直接用于销售的产品。因此，产品质量法上的产品既不包括未经加工制作的矿产品、初级农产品、初级畜禽产品、水产品等，也不包括未投入流通领域的生活自用产品、赠与的产品、试用的产品、加工承揽的非标准产品等。同时，还规定建设工程不适用本法。这是因为初级产品属天然产品，不是人的意志和要求所能完全决定的；建设工程有其特殊的质量要求，需另行立法解决。但规定建设工程使用的建筑材料、建筑配件和设备，属于产品范围，应适用本法规定。此外，军工产品一般不进入市场销售，因此其质量监督管理办法另定。因核设施、核产品造成损害的赔偿责任，法律、行政法规另有规定的，依照其规定。

2. 产品的经营活动范围。《产品质量法》第 2 条第 1 款规定：“在中华人民共和国境内从事产品生产、销售活动，必须遵守本法。”明确规定该法调整产品生产、运输、仓储、销售四个环节中的产品生产、销售活动两个环节。其原因是，运输、仓储两环节发生的质量问题与用户、销售者之间并不发生直接关系，且一般在货运合同、仓储保管合同中约定，应适用民法通则、合同法的有关规定。此外，产品的修理质量属服务质量、劳务质量的范畴，故也不适用本法。

二、产品质量的监督与管理

产品质量监督管理是产品质量法重点解决的基本问题。为此产品质量法规定了产品质量监督管理体制和四项产品质量监管制度。

（一）产品质量监督管理体制

我国产品质量监督管理分为产品质量的国家监督和行业监督和各级人民政府的全面监督管理。

1. 产品质量的国家监督。这是国务院产品质量监督管理部门，即国家技术监督局和县级以上地方政府产品质量监督部门的监督、工商行政管理部门的监督以及法律、法规规定的其他行政部门的监督。其主要监督职责是：对产品质量进行监督管理、监督检查，对违反产品质量法的行为进行查处，依法给予行政处罚，对用户、消费者反映的产品质量问题进行处理，对销售者未依法实行“三包”或赔偿损失的，依法进行处理等。

2. 产品质量的行业监督。这是国务院和县级以上地方政府有关部门在各自职责范围内对产品质量的监督。国务院和县级以上地方政府有关部门是指产业主管部门、综合管理部门和乡镇企业主管部门等。其具体监督职责由同级政府确定，主要是：负责本行业、本系统的产品质量管理工作，对本行业、本系统的产品质量进行监督抽查，对用户、消费者反映的本行业、本系统的产品质量问题进行处理等。行业监督与国家监督的主要区别是，行业监督的主管部门不能依照产品质量法的规定，行使行政处罚权。

3. 各级政府的全面监督管理。《产品质量法》第 7 条和第 9 条规定，各级人民政府应当把提高产品质量纳入国民经济和社会发展规划，加强对产品质量工作的统筹规划和组织领导，引导、督促生产者、销售者加强产品质量管理，提高产品质量，组织各有关部门依法采取措施，制止产品生产、销售中违法行为，保障产品质量法的施行。并明确要求各级人民政府工作人员和其他国家机关工作人员不得滥用职权、玩忽职守或者徇私舞弊，包庇、放纵本地区、本系统发生的产品生产、销售中的违法行为，或者阻挠、干预依法对产品生产、销售中违法行为进行查处。各级地方人民政府和其他国家机关有包庇、放纵产品生产、销售中违法行为的，依法追究其主要负责人的法律责任。同时还规定任何单位和个人不得排斥非本地区或者非本系统企业生产的质量合格产品进入本地区、本系统，以破除地方、部门保护主义。

（二）产品质量监管制度

1. 产品质量检验制度。《产品质量法》第 12 条规定：“产品质量应当检验合格，不得以不合格产品冒充合格产品。”第 13 条规定：“可能危及人体健康和人身、财产安全的工业产品，必须符合保障人体健康和人身、财产安全的国家标准、行业标准；未制定国家标准、行业标准的，必须符合保障人体健康和人身、财产安全的要求。禁止生产、销售不符合保障人体健康和人身、财产安全的标准和要求的工业产品……”即要求产品出厂时必须经过生产企业自行设置的检验机构或委托其他检验机构检验合格，保证出厂产品的质量符合相应的质量要求。

2. 质量认证制度。质量认证制度包括企业质量体系认证和产品质量认证。

（1）企业质量体系认证。即国家根据国际通用的质量管理标准，推行企业质量体系认证制度。企业根据自愿原则，可以向国务院产品质量监督部门认可的或者国务院产品质量监督部门授权的部门认可的认证机构申请企业质量体系认证。经认证合格的，由认证机构颁发企业质量体系认证证书。

（2）产品质量认证。国家参照国际先进的产品标准和技术要求，推行产品质量认证制度。企业根据自愿原则，可以向国务院产品质量监督部门认可的或者国务院产品质量监督部门授权的部门认可以的认证机构申请产品质量认证。经认证合格的，由认证机构颁发产品质量认证证书，准许企业在产品或者其包装上使用产品质量认证标志。

2003年国务院通过并公布了《中华人民共和国认证认可条例》，原有关认证条例废止。该条例统一了认证制度，并分别确立了认证和认可两种制度。其第2条规定，认证是指认证机构证明产品、服务、管理体系符合相关技术标准、相关技术规范的强制性要求或者标准的合格评定活动。可见，认证中包括产品、服务（以往认证条例无此内容）和管理体系。该条还规定，认可是指认可机构对认证机构、检查机构、实验室以及从事评审、审核等认证活动的人员的能力和执业资格予以承认的合格评定活动。

3. 质量监督检查制度。这是国家指定的产品质量专门机构，依照法定职权和程序，根据正式产品标准的规定，对生产、流通领域的产品质量实施的一种具有监督性质的检查制度。产品质量监督检查以抽查为主要方式，还包括产品质量统一监督检查、产品质量定期监督检查等方式。抽查的对象，是可能危及人体健康和人身、财产安全的产品；影响国计民生的重要工业产品；以及消费者、有关组织反映有质量问题的产品等。抽查的样品应当在市场上或者企业成品仓库内的待销产品中随机抽取。

监督抽查工作由国务院产品质量监督部门规划和组织，县级以上地方产品质量监督部门在本行政区域内也可以组织监督抽查。国家监督抽查的产品，地方不得另行重复抽查，上级监督抽查的产品，下级不得另行重复抽查。

抽查结果应当公布。生产者、销售者对抽查检验的结果有异议的，可以自收到检验结果之日起15日内向实施监督抽查的产品质量监督部门或者其上级产品质量监督部门申请复检，由受理部门作出复检结论。对产品质量检查中发现的质量问题，质监部门将视情节责令其限期改正、停业整顿、并予以公告，直至吊销营业执照。抽查所需检验费用按照国务院规定列支，不得向被检查人收取。对依法进行的产品质量监督检查，生产者、销售者不得拒绝。对拒绝接受依法进行的产品质量监督检查，情节严重的给予吊销营业执照的处罚。

为了保证质监部门依法进行监督检查工作，产品质量法规定质监部门根据已经取得的违法嫌疑证据或举报，对涉嫌违法行为进行查处时，可以对当事人进行现场检查、调查取证、查阅当事人有关发票、账簿等有关材料，可以对有根据认为不符合保障人体健康和人身、财产安全的国家标准、行业标准的产品或者有其他严重质量问题的产品，以及直接用于生产、销售该项产品的原材料、包装物、生产工具，予以查封或扣押。

4. 社会监督制度。主要是消费者对产品质量的监督和保护消费者权益的社会组织对产品质量的监督。

（1）消费者对产品质量的监督。这是指消费者通过行使法定的权利来监督产品质量。消费者，是指将产品用于个人生活消费的公民，以及将产品用于社会集团消费和生产消费的企业、事业单位、机关和其他社会组织。产品质量法规定，消费者有权就产品质量问题向产品生产者、销售者查询；通过查询了解产品的质量水平，获得正确的产品资料，自由决定对商品的选择；有权查看现场，要求生产者、销售者及时妥善处理产品质量问题；有权检举、控告生产者和销售者的质量违法行为，以及国家机关在保护其合法权益工作中的违法失职行为。

（2）保护消费者权益的社会组织对产品质量的监督。这是指各级消费者协会、用户委员会等社会组织依法对产品质量所进行的社会监督。上述社会组织的主要职责是接受消费者和用户投诉，调查、调解、处理产品质量纠纷，并通过行使建议处理权和支持受害人起诉权等权利，实施产品质量监督。建议处理权，是指建议有关部门及时处理产品质量问题的权利。支持起诉权，是指支持受害人就缺陷产品造成人身伤害或财产损失提起损害赔偿诉讼的权利。这些都是法律赋予保护消费者权益等社会组织依法行使产品质量监督的重要权利。

三、生产者、销售者的产品质量责任和义务

生产者、销售者是产品质量法规范的主要对象。生产者、销售者应当建立健全内部产品质量管理制度，严格实施岗位质量规范、质量责任以及相应的考核办法，并依照本法规定承担产品质量责任。为此，《产品质量法》专章对生产者、销售者产品质量责任和义务作有明细的规定。

（一）生产者的产品质量责任和义务

《产品质量法》对此有7条规定，其主要内容有：

1. 保护产品内在质量符合要求。规定有三个方面内容：①不存在危及人身、财产安全的不合理的危险；②具备产品应当具备的使用性能；③符合明示的质量状况。只有符合上述三项要求的产品才能算是合格品。

2. 产品标识符合法律规定。要求标识应当做到：①有经检验人员签章的检验合格证明；②有中文标明的产品名称、生产厂厂名和厂址；③根据需要标明产品规

格、等级、主要成分名称与含量；④限期使用的产品，标明生产日期和安全使用期或失效日期；⑤使用不当易造成产品损伤或可能危及安全的，应有警示标志或中文警示说明。但裸装食品、根据产品特点难以附加标识的除外。

3. 产品包装符合法律规定。要求易碎、易燃、易爆、有毒、有腐蚀性、有放射性等危险物品以及储运中有特殊要求的产品，其包装必须符合相应要求，有警示标志或中文警示说明标明储运注意事项。

4. 不得违反法律的禁止性规定。即要求不得生产国家明令淘汰的产品；不得伪造产地、伪造或冒用他人的厂名、厂址；不得伪造或冒用产品质量标志；不得在产品中掺杂、掺假、以假充真、以次充好，以不合格品冒充合格品。

（二）销售者的产品质量责任和义务

《产品质量法》对此同样有7条规定，其主要内容有：

1. 执行进货检查验收制度。产品进货检查验收既是销售者行使保护自身合法权益的权利，也是履行法定的产品质量责任和义务。销售者完成进货检查验收的同时，也在一定程度上实现了产品质量责任的转移。进货检查验收包括产品标识检查、产品感观检查和必要的内存质量的检验。

2. 采取必要措施，保持销售产品的质量。

3. 销售的产品的标识符合法律规定。销售者对产品标识所负的义务与生产者的义务相同。

4. 不得违反法律的禁止性规定。不得销售国家明令淘汰并停止销售的产品和失效、变质的产品；不得伪造产地、伪造或冒用他人的厂名、厂址；不得伪造或冒用产品质量标志；不得在产品中掺杂、掺假、以假充真、以次充好，以不合格品冒充合格品。

四、产品质量责任制度

产品质量责任，是指生产者、销售者以及对产品质量负有直接责任的其他人，违反产品质量义务应当承担的法律责任，它包括民事责任、行政责任、刑事责任三种。

（一）民事责任

生产者、销售者违反产品质量义务承担的民事责任，可分为因一般产品质量问题的责任和因缺陷产品造成人身、财产损害的责任两类。《产品质量法》第四章“损害赔偿”对违反《产品质量法》的民事责任作了全面规定。

1. 因一般产品质量问题的责任。《产品质量法》第40条规定，售出产品有下列三种情况的，销售者应当负责修理、更换、退货，给购买者造成损失的应当赔偿：①不具备产品应当具备的使用性能而事先未作说明的；②不符合在产品或者其包装上注明采用的产品标准的；③不符合以产品说明，实物样品等方式表明的质量状况的。具体的处理方法是：产品的一般零部件、元器件失效，更换后即能恢复使用要求的，负责按期修复；产品的主要零部件、元器件失效，不能按期修复的，负责更换合格品；产品因设计、制造原因造成主要功能不符合要求，用户要求退货的，负责退还货款；造成经济损失的，应负责赔偿损失。销售者依规定负责修理、更换、退货、赔偿后，有权向负有责任的生产者、供货者追偿。合同另有约定的，按合同约定执行。当然，2013 年 10 月 25 日修订并于 2014 年 3 月 15 日施行的《中华人民共和国消费者权益保护法》第 24 条规定："经营者提供的商品或者服务不符合质量要求的，消费者可以依照国家规定、当事人约定退货，或者要求经营者履行更换、修理等义务。没有国家规定和当事人约定的，消费者可以自收到商品之日起 7 日内退货；7 日后符合法定解除合同条件的，消费者可以及时退货，不符合法定解除合同条件的，可以要求经营者履行更换、修理等义务。依照前款规定进行退货、更换、修理的，经营者应当承担运输等必要费用。"可见，《消费者权益保护法》中对于产品的一般质量问题给予了对消费者更为有利的规定。

上述规定也称为合同责任、瑕疵担保责任，即销售者违反了基于买卖合同、承揽合同而发生的，对于产品质量的保证和承诺，应承担的法律责任。产品瑕疵是指产品存在除危险性之外的其他质量问题，即一般质量问题。

2. 因缺陷产品造成人身、财产损害的责任。因产品存在缺陷造成人身、缺陷产品以外的其他财产损害的，应当承担赔偿责任。但生产者能够证明有下列情况之一的，可免责：①未将产品投入流通的；②产品投入流通时，引起损害的缺陷尚不存在的；③将产品投入流通时的科学技术水平尚不能发现缺陷的存在的。

上述规定也称缺陷责任。所谓缺陷，是指产品存在危及人身、财产安全的不合理的危险。如产品质量规定有保障人体健康、人身、财产安全的国家标准或行业标准的，缺陷是指不符合该标准的；尚未制定保障人体健康、人身、财产安全的国家标准、行业标准的，则以社会普遍公认的安全、卫生要求，作为判定产品是否存在缺陷的依据。普遍公认是指被公众普遍接受，不用作特殊说明、不言而喻的要求。缺陷包括设计上的、制造上的及指示上的缺陷。

《产品质量法》规定，生产者对产品缺陷造成的损害承担严格责任，但须具备以下责任条件：①产品存在缺陷；②有造成了人身伤亡或财产损失的损害事实；③产品缺陷与损害事实之间存在着因果关系。却不要求受害人举证证明侵害人有过错。如果是销售者的过错使产品存在缺陷，或销售者不能指明缺陷产品的生产者或供货者的，由销售者承担赔偿责任。产品质量法对销售者承担产品责任实行过错责任原则，当不能指明缺陷产品的生产者、供货者时，法律则推定销售者有过错。缺陷产品的受害人可以向产品生产者或销售者中的任何一方要求赔偿，先行赔偿的一方有权向负有责任方追偿。

缺陷产品损害赔偿的范围：造成人身伤害的，应赔偿医疗费、护理费、误工减少的收入等费用，造成残疾的，还应当支付残疾生活辅助具费、生活补助费、残疾赔偿金以及其扶养的人必需的生活费等费用；造成受害人死亡的，并应支付丧葬费、死亡赔偿金、死者生前抚养的人必要的生活费等费用；造成财产损失的，应当恢复原状或折价赔偿，并赔偿受害人因此遭受的其他重大损失。

因产品缺陷造成损害要求赔偿的诉讼时效时间为2年，自当事人知道或者应当知道其权益受到损害时起计算。因缺陷损害赔偿的请求权，在缺陷产品交付最初用户、消费者满10年丧失；但尚未超过明示的安全使用期的除外。

（二）行政责任、刑事责任

《产品质量法》第五章“罚则”以24条之多的规定对违反产品质量法的行政责任和刑事责任作了更加明确、更加严格的规定。其特点是：①规定“以生产、销售的伪劣产品货值金额”（包括已售出的和未售出的产品）为处罚基数，使处罚力度加大并便于操作。②规定销售者凡销售假冒伪劣产品的，都应当承担法律责任。只是对有充分证据证明其不知该产品为假冒伪劣产品的，规定可以从轻或者减轻处罚。③对制售伪劣产品的，不仅要没收违法所得，处以罚款，还要没收所销售的伪劣产品；对专门用于制假的原料、包装物、生产工具，也应予以没收。④为制售伪劣产品提供运输、保管、仓储等便利条件，提供制假技术的，一律承担法律责任。⑤将伪劣产品用于经营性服务的，依照法律对销售者的处罚规定予以处罚。

对于产品质量的刑事责任，《产品质量法》通过第49条、第50条、第52条、第61条4个条文，规定了生产者、销售者的刑事责任。但对于生产国家明令淘汰的产品（第51条）；伪造产品产地，伪造、冒用厂名、厂址，伪造、冒用质量标志（第53条）；产品标识不符（第54条）的行为，这三条只给予了行政处罚，未规定刑事责任。另外，《产品质量法》第65条（各级人民政府工作人员和其他国家机关工作人员有包庇、放纵违法行为等三种情形之一者）和第68条（产品质量监督部门或者工商行政管理部门的工作人员滥用职权、玩忽职守、徇私舞弊）这两条，规定了国家工作人员的刑事责任。《产品质量法》第69条规定，以暴力、威胁方法阻碍产品质量监督部门或者工商行政管理部门的工作人员依法执行职务的，依法追究刑事责任；拒绝、阻碍未使用暴力、威胁方法的，由公安机关依照《治安管理处罚法》的规定处罚。

五、产品质量纠纷的解决

（一）产品质量纠纷的解决途径

当事人因产品质量引起纠纷，可通过协商、调解、仲裁、诉讼解决。产品质量纠纷的调解，可以由技术监督部门、工商行政管理部门、有关行业主管部门以及消费者协会、用户委员会等社会组织，作为中间人依法进行公正的判别，并促成双方相互谅解，达成协议，解决纠纷。产品质量纠纷的仲裁，因产品质量发生民事纠纷时，当事人不愿协商、调解解决或协商、调解不成的，可以根据当事人各方的协议向仲裁机构申请仲裁，当事人各方没有达成仲裁协议的或者仲裁协议无效的，可以向人民法院起诉。

（二）产品质量检验

处理产品质量纠纷的关键，是公正地判定质量，为此必须由符合法定条件的机构对产品质量进行检验。产品质量检验，是指有检验资格的产品质量检验机构对发生争议的产品质量进行公正检验，其检验结论作为处理产品质量纠纷的依据。检验的原则是科学、公正、合理。检验由处理纠纷的仲裁机构或人民法院委托产品质量检验机构作出。

思考题

1. 什么是质量法？它包括哪些法律规范？它对规范和建立质量管理制度以及实现企业质量战略目标有何重要意义？

2. 产品质量法规定有哪些基本质量管理制度？

3. 生产者、销售者负有哪些产品质量责任和义务？不履行产品质量责任和义务应承担哪些法律责任？

第十二章

消费者权益保护法

导入案例

订制家具的板材造假，制作方是否应当承担赔偿责任?

2012 年 11 月 24 日，福建厦门市消费者林某向个体工商户黄某订制一批家具，约定选用丽璟牌多层实木板，板材由黄某提供，总价款 13 900 元。《订货单》的格式条款载明，安装完毕后，客户需于 24 小时内进行验收，逾期视为合格。此后，黄某陆续将做好的家具交付林某，并安装在林某的家中，订制家具款已结清。经过一段时间使用，林某感觉家具散发的刺激性气味不减，家人也多感不适。经检查发现，黄某制作的家具使用的均非丽璟牌多层实木板。林某遂向工商部门投诉，双方经工商部门调解无法达成协议。林某遂向厦门市湖里区人民法院起诉，要求退货，退还已付款 13 900 元，并按合同价款的 3 倍赔偿 41 700 元。

法院经审理认为，林某向黄某定做家具系因生活需要的消费行为，应适用《消费者权益保护法》规定。黄某未按约定选用材料，也未如实告知林某，构成欺诈。本案消费行为发生于 2012 年，应适用修订前的《消费者权益保护法》双倍赔偿的条款规定。据此，法院判决黄某承担退货责任，退还订制款 13 900 元，并支付林某合同价款 1 倍金额的赔偿款 13 900 元。

【问题思考】

1. 经营者对消费者负有哪些义务？消费者权益保护法对此都有哪些具体的规定？

2. 该板材提供商黄某的行为是否构成欺诈？若根据 2014 年新颁布的《中华人民共和国消费者权益保护法》的相关规定，黄某应承担什么责任？

3. 解决消费者权益纠纷除了采用诉讼的方式，还可以采用哪些方式解决？

一、消费者权益保护法概述

（一）消费者权益与消费者权益保护法

消费者，从经济学、法学学理上看，都把他当作是从事生活消费的主体看待。根据国际标准化组织消费者政策委员会1978年第一届日内瓦年会对消费者所作的解释，消费者是指以个人消费为目的而购买或使用商品和接受服务的个体社会成员，把消费者确定在自然人范围内。《中华人民共和国消费者权益保护法》（以下简称《消费者权益保护法》）第2条规定："消费者为生活消费需要购买、使用商品或者接受服务，其权益受本法保护；本法未作规定的，受其他有关法律、法规保护。"第62条规定："农民购买、使用直接用于农业生产的生产资料，参照本法执行。"依据上述规定，首先明确消费者作为《消费者权益保护法》的主体，是指以生活消费为目的，而进行购买、使用商品或接受服务活动的消费者。所以，在现实生活中，为生活消费自然是以个人为主，而法人和其他组织如为生活消费，当然也可以成为消费者。同时，在特殊情况下，也包括生产资料的消费者，如农民的生产性消费活动等。

消费者权益，是指消费者依法享有的权利及该权利受到保护时而给消费者带来的应得的利益。它是消费者所享有的一种最基本的人权——生存权的重要组成部分，是消费者的利益从应然状态转为实然状态的前提和基础。消费者权利与传统民法上的权利在某些方面是有所不同的。传统民法上的权利乃是基于"经济人对经济人的平等关系"上的权利。而消费者权利所产生的关系，即经营者与消费者之间的关系，虽然在法律上也是平等的关系，但在社会生活实际上却是一种强者对弱者的关系。消费者权利正是以这种矛盾关系为基础的，其目的在于对消费者的弱者地位予以补救。

消费者权益的保护经历了从消费者个人的自发保护，到组成消费者组织自觉保护以及国家的保护等发展过程，消费者权益保护的内容也越来越丰富和完善。消费者运动爆发于19世纪的美国，当时随着资本主义商品经济发展为现代市场经济，生产经营社会化、专业化程度日趋发展，科技进步，促销手段不断变化，在市场竞争的过程中垄断和不正当竞争进一步加剧，这些都使消费者问题也日益突出和严重起来，并引起人们密切的关注。于是，美国爆发了消费者运动，并于1891年在纽约成立全美第一个保护消费者权益的组织——纽约消费者协会。1898年，美国成立了世界上第一个全国性的消费者组织——消费者联盟，极大地推动了美国的消费者运动。随着美国消费者运动的日益高涨，美国总统约翰·肯尼迪于1962年3月15日向国会提交了关于保护消费者利益的特别国情咨文《总统关于消费者利益的白皮书》，提出消费者应享有获得商品的安全保障的权利；正确的商品信息资料的权利；对商品有自由选择的权利；提出消费者意见的权利等四项权利，即著名的肯尼迪"四权"论。由于它首次系统表述了消费者权利思想，对于消费者运动具有重大、深远的意义，因而1983年国际消费者联盟组织首次确定将每年的3月15日定为“世界消费者权益日”。1969年，美国总统尼克松进而提出消费者的第五项权利即索赔的权利。之后，这些权利逐渐成为各国消费者组织的基本工作目标，并且，根据国际形势和本国情况予以补充，增加了获得健康环境权、享受消费教育权这两项权利。我国的消费者权益保护工作始于20世纪80年代。1984年12月中国消费者协会由国务院批准成立。中国消费者协会于1987年9月被国际消费者联盟组织接纳为正式会员。

消费者权益保护法是指调整在保护消费者权益过程中所发生的各种社会关系的法律规范的总称。消费者权益保护法的调整对象是消费者权益关系，使之成为消费者权益保护的基本法律制度。早期的消费者权益保护方面的法律规范主要体现在饮食与服装方面，如在13世纪，法国巴黎的面包师出售面包时，法律规定要有专人检查其所售面包的重量是否足额，这被认为是现代消费者权益保护立法的先驱。此后至在19世纪以前，消费者权益保护法律制度的发展是极为缓慢的。到了19世纪，由于生产技术及销售方面发生了重大变化，从而导致商品损坏机会和维修费用增多同有限的产品担保之间的矛盾，并且，生产的社会化、专业化以及消费者的广泛存在，使得消费者很难有效地向生产者主张自己的权利，导致消费者权利受到侵害的情况日益严重，迫使消费者寻求立法上的支持。尤其是在20世纪五六十年代，西方国家爆发的“消费者权利运动”，对消费者权益保护法律的发展起了巨大的推动作用，从而使各国在保护消费者权益方面的专门立法得以应运而生。

在我国社会主义条件下，社会主义生产的根本目的是满足广大人民群众日益增长的物质和文化生活的需要。改革开放以来，我国保护消费者权益问题日渐得到重视，先是由各地陆续出台了一批地方性法规，在保护消费者权益方面取得并积累了宝贵的立法和执法经验。1993年10月31日第八届全国人大常委会第四次会议通过了《中华人民共和国消费者权益保护法》（以下简称《消费者权益保护法》），自1994年1月1日起施行。这是我国第一部保护消费者权益的专门法律。《消费者权益保护法》的颁布与施行，是我国第一次以立法的形式全面确认消费者的权利，对保护消费者的权益，规范经营者的行为，维护社会经济秩序，促进社会主义市场经济健康发展具有十分重要的意义。2009年8月27日第十一届全国人大常委会第十次会议，对《消费者权益保护法》进行第一次修正。2013年10月25日第十二届全国人大常委会第五次会议再次对《消费者权益保护法》进行修订，通过了《全国人大常委会关于修改〈消费者权益保护法〉的决定》，并于2014年3月15日起正式施行，新修订的《消费者权益保护法》，俗称为“新消法”。除了《消费者权益保护法》以外，我国制定了一系列具有保护消费者权益内容的法律如《反不正当竞争法》、《食品卫生法》、《药品管理法》、《产品质量法》、《计量法》、《标准化法》、《价格法》、《广告法》等，这些法律与《消费者权益保护法》相辅相成，构成了我国消费者保护的基本法律体系。

（二）消费者权益保护法的基本原则

1. 消费者权益保护法立法原则。对于世界各国的消费者权益保护法，其立法宗旨大同小异。所谓“大同”，都在于协调个体营利性和社会公益性的矛盾，兼顾效率与公平，以推动经济的稳定增长，保障社会公共利益和基本人权等内容上，都有许多相同或相近的规定，从而推动经济与社会的良性运行和协调发展。所谓“小异”，就是说各国在条文表述上又不尽一致。我国消费者权益保护法把该法的立法宗旨规定为：保护消费者的合法权益，维护社会经济秩序，以促进社会主义市场经济的健康发展。由此确定了我国消费者权益保护法的立法总原则。

2. 经营者应当依法提供商品或者服务原则。遵守宪法和法律规定的原则，严格依法办事，这是每一个社会成员和社会组织应尽的义务。经营者在为消费者提供其生产、销售的商品或者提供服务时，应当遵守消费者权益保护法；消费者权益保护法未作规定的，应当遵守其他有关法律、法规。

3. 经营者与消费者进行交易，应当遵循自愿、平等、公平、诚实信用原则。自愿、平等、公平、诚实信用原则是人类社会最为古老、最为基本的民法原则，也为我国《民法通则》和其他民事法律规范所确认。经营者与消费者之间的交易关系，从根本上说仍然是一种民事关系，自应体现这一原则。

4. 国家保护消费者的合法权益不受侵害原则。国家通过制定和颁布消费者权益保护法，不仅赋予消费者各项权利，而且还采取各项有效的措施，切实保障消费者依法行使权利，维护消费者的合法权益。

5. 全社会共同保护消费者的合法权益原则。每一个消费者都是社会的一分子，每一个社会成员又都是消费者，决定了消费者的问题是一个社会问题。保护消费者的合法权益是全社会的共同责任，国家鼓励、支持一切组织和个人对损害消费者合法权益的行为进行社会监督，特别是大众传播媒介更应当做好对维护消费者合法权益的宣传，对损害消费者合法权益的行为进行舆论监督。

二、消费者权益保护法的主要规定

消费者权益保护法主要包括消费者权利、经营者义务、国家对消费者合法权益的保护、消费者组织、争议的解决、法律责任及附则等内容。而2014年新修订的《消费者权益保护法》主要从四个方面进一步完善了消费者权益保护制度，例如，强化经营者的义务，规范直销和网络购物等新的消费行为和方式，强化惩罚赔偿制度，建立消费者公益诉讼制度，等等。

（一）消费者权益保护法的法律适用

《消费者权益保护法》明确规定其法律适用范围有三个方面：①消费者为生活消费需要购买、使用商品或接受服务，其权益受该法保护；该法未作规定的，受其他有关法律、法规保护。②经营者为消费者提供其生产、销售的商品或者提供服务，应当遵守该法；该法未作规定的，应当遵守其他有关法律、法规。③农民购买、使用直接用于农业生产的生产资料，参照该法执行。由此确定了该法较为广泛的保护和适用范围。

（二）消费者的权利

消费者权利，是指人们在生活、消费中应享有的权利。它是人类生存权的前提条件，成为基本人权的重要组成内容，所以法律上明确规定消费权，使之成为消费者的基本权利。我国《消费者权益保护法》借鉴了国内外相关立法的经验，结合我国的实际情况，规定消费者享有以下基本权利：

1. 安全保障权。安全保障权是指消费者在购买、适用商品和接受服务时享有的保障其人身、财产安全不受损害的权利。安全保障权是消费者最基本的权利，包括人身安全权和财产安全权。人身安全权是指消费者在消费活动中有保持其身体健康和生命安全，使其免受商品和服务侵害的权利。财产安全权是指消费者在消费商品或接受服务时，其财产免受商品或服务侵害的权利。为保障消费者安全权得以实现，经营者应做到：提供商品或服务应具有合理的安全性，不得提供有可能对消费者人身及财产造成损害的不合格产品或服务；提供的经营或消费场所应具有必要的安全保障。消费者的安全保障权主要通过国家制定相关卫生、环境安全等标准，并加强监督检查来实现。

2. 知悉真情权。知悉真情权是指消费者享有知悉其购买、使用的商品或其接受的服务的真实情况的权利；有权根据商品或者服务的不同情况，要求经营者提供商品的价格、产地、生产者、用途、性能、规格、等级、主要成分、生产日期、有效期限、检验合格证明、使用方法说明书、售后服务或者服务的内容、规格、费用等有关情况。知悉真情权是消费者购买、使用商品或接受服务的前提，应当受到重视和保护。因为被欺诈，或因引人误解的宣传，消费者对商品产生错误认知进而与经营者交易的，有权主张该交易行为可撤销或无效。

3. 自主选择权。自主选择权是指消费者享有自主选择提供商品或服务的经营者，自主选择商品品种或服务方式，自主决定购买或不购买任何一种商品，接受或不接受任何一种服务；并在自主选择商品或服务时有权进行比较、鉴别和挑选。2014 年修订的《消费者权益保护法》还规定，消费者有自主选择退换货的权利。当经营者提供的商品或者服务不符合质量要求的，消费者可以依照国家规定、当事人约定退货，或者要求经营者履行更换、修理等义务。没有国家规定和当事人约定的，消费者可以自收到商品之日起 7 日内退货；7 日后符合法定解除合同条件的，消费者可以及时退货，不符合法定解除合同条件的，可以要求经营者履行更换、修理等义务。当经营者采用网络、电视、电话、邮购等方式销售商品，消费者有权自收到商品之日起 7 日内退货，且无需说明理由，但特殊商品除外。

4. 公平交易权。公平交易权是指消费者在购买商品或接受服务时有权获得质量保障、价格合理、计量正确等公平交易条件；有权拒绝经营者的强制交易行为。公平交易的核心是消费者以一定数量的货币换取对等价值的商品或服务，这也是衡量消费者的利益是否得到保护的重要标志。这些权益的实现都需要经营者以诚实信用为原则，以消费者的安全为前提，以平等互利为条件，应避免欺诈、胁迫、乘人之危等不公平交易。

5. 依法获得赔偿权。依法获得赔偿权，简称赔偿权，是指消费者因购买、使用商品或接受服务时受到人身、财产损害时，享有依法获得赔偿的权利。求偿权是法律赋予消费者的一种救济权，也是对违法经营者进行制裁的一种方式。求偿权的范围包括人身损害和财产损害两个方面。遭受损害的消费者可以通过行使这一权利使自己的损失得到适当的赔偿。《消费者权益保护法》第51条新增规定，经营者有侮辱诽谤、搜查身体、侵犯人身自由等侵害消费者或者其他受害人人身权益的行为，造成严重精神损害的，受害人可以要求精神损害赔偿。由此，《消费者权益保护法》将精神损害赔偿也纳入消费者权益保护的范畴。

6. 依法结社权。依法结社权是指消费者享有依法成立维护自身合法权益的社会团体的权利。消费者的结社权是国际社会普遍认可的权利，消费者通过依法结社活动，可以使自己从孤立、分散、弱小的个体走向集中和强大，能够依靠集体的力量来改变自己的弱者地位的群体，从而有利于与实力雄厚的经营者相抗衡，维护自身的合法权益。目前，我国各地的消费者协会和其他消费者组织，是依法成立的对商品和服务进行社会监督，并保护消费者合法权益的社会组织。我国的消费者协会履行公益性职责，各级人民政府对消费者协会履行职责应当予以必要的经费等支持。消费者协会应当认真履行保护消费者合法权益的职责，听取消费者的意见和建议，接受社会监督。依法成立的其他消费者组织依照法律、法规及其章程的规定，开展保护消费者合法权益的活动。消费者组织不得从事商品经营和营利性服务，不得以收取费用或者其他牟取利益的方式向消费者推荐商品和服务。

7. 获取有关消费知识权。获取有关消费知识权是指消费者享有获得有关消费和消费者权益保护方面的知识的权利。在现代社会，消费知识对维护消费者权益显得越来越重要，因而要求消费者在接受国民教育中，有权获得有关消费者权益保护方面的基本教育；在日常生活中，有权要求大众媒介提供消费知识；遇到有关消费问题，有权要求国家和社会有关方面提供免费咨询服务。可以说，获得有关知识，提高自我保护能力，既是消费者的权利，也是消费者的义务。

8. 获得尊重权。获得尊重权是指消费者在购买、使用商品和接受服务时，享有其人格尊严、民族风俗习惯、个人隐私得到尊重的权利。消费者的受尊重权分为消费者的人格尊严受尊重、民族风俗习俗受尊重和个人信息受保护这三个方面内容。经营者在经营或提供服务时，不得以任何方式损害消费者人格尊严、不尊重消费者的民族风俗习惯和泄露消费者的个人信息。

9. 监督批评权。监督批评权是指消费者对经营者提供的商品或服务有检举、控告的权利以及对保护消费者权益工作有进行监督的权利；消费者有权检举、控告侵害消费者权益的行为和国家机关及其工作人员在保护消费者权益工作中的违法失职行为，有权对保护消费者权益工作情况提出批评与建议。

（三）经营者的义务

在消费领域，经营者是与消费者相对应的主体，消费者权益与经营者的义务相辅相成，明确经营者的义务才能有效地保护消费者的权益。为此，消费者权益保护法在明确规定保护消费者权益的同时也规定经营者负有以下基本义务：

1. 守法经营的义务。它是指经营者向消费者提供商品或服务，应当依照本法和其他有关法律、法规的规定履行义务。经营者和消费者有约定的，应当依约定履行义务。但双方的约定不得违反法律、法规的规定。经营者向消费者提供商品或者服务，应当恪守社会公德，诚信经营，保障消费者的合法权益；不得设定不公平、不合理的交易条件，不得强制交易。

2. 接受监督的义务。它是指经营者应当听取消费者对其提供的商品或服务的意见，接受消费者的监督。这是与消费者的监督权相对应的经营者的义务，对此加以法律规定，有利于改善消费者的地位。一般来说，消费者对经营者的监督属于狭义监督，广义监督还包括相关行政机构、消费者协会以及新闻媒体等社会机构的监督。

3. 安全保障的义务。它是指经营者应当保证其提供的商品或服务符合保障人身、财产安全的要求。经营者对可能危及人身及财产安全的商品和服务，应当向消费者作真实的说明和明确的警示，并说明或标明正确使用商品或接受服务的方法以及防止危害发生的方法。保障消费者人身、财产安全是经营者经营行为的前提，是经营者的基本义务，亦是消费者的基本权利。《消费者权益保护法》第18条特别规定，宾馆、商场、餐馆、银行、机场、车站、港口、影剧院等经营场所的经营者，应当对消费者尽到安全保障义务。经营者发现其提供的商品或者服务存在缺陷，有危及人身、财产安全危险的，应当立即向有关行政部门报告和告知消费者，并采取停止销售、警示、召回、无害化处理、销毁、停止生产或者服务等措施。采取召回措施的，经营者应当承担消费者因商品被召回支出的必要费用。

4. 提供真实信息的义务。它包括三个方面：①经营者向消费者提供有关商品或者服务的质量、性能、用途、有效期限等信息，应当真实、全面，不得作虚假或者引人误解的宣传。②经营者对消费者就其提供的商品或服务的质量和使用方法等问题提出的询问，应当作出真实、明确的答复。③经营者提供商品应当明码标价，并置于醒目位置。

5. 出具相应单据或凭证的义务。它是指经营者提供商品或者服务，应当按照国家有关规定或商业惯例向消费者出具购货凭证或服务单据。购货凭证或服务单据是证明发生消费的重要的证据，是消费者维权的依据。消费者索要购货凭证或服务单据的，经营者必须出具。

6. 公平交易的义务。它是指经营者在经营活动中使用格式条款的，应当以显著方式提请消费者注意商品或者服务的数量和质量、价款或者费用、履行期限和方式、安全注意事项和风险警示、售后服务、民事责任等与消费者有重大利害关系的内容，并按照消费者的要求予以说明。经营者不得以格式条款、通知、声明、店堂告示等方式作出排除或者限制消费者权利、减轻或者免除经营者责任、加重消费者责任等对消费者不公平、不合理的规定，不得利用格式条款并借助技术手段强制交易。对于格式合同、通知、声明、店堂告示等含有以上所列内容的，其内容无效。这些规定对于处于弱势的消费者的利益具有非常重要的意义。

7. 质量保证的义务。它是指经营者应当保证在正常使用商品或接受服务的情况下，其提供的商品或服务具有符合规定的质量、性能、用途和有效期限；但消费者在购买该商品或接受该服务前已经知道其存在瑕疵的除外。经营者以广告、产品说明书、实物样品或其他书面的、口头的方式表明商品或服务的质量状况的，应当保证其商品或服务的实际质量与表明的质量状况相符。经营者提供的机动车、计算机、电视机、电冰箱、空调器、洗衣机等耐用商品或者装饰装修等服务，消费者自接受商品或者服务之日起6个月内发现瑕疵，发生争议的，由经营者承担有关瑕疵的举证责任。

8. 标明经营者真实名称和标记的义务。它是指经营者应当标明其真实名称和标记，不得使用未经核准登记的企业名称，不得擅自改动经核准的企业名称，不得假冒他人企业名称和他人持有的营业标记，不得使用与他人企业名称或营业标记相近似、足以造成消费者误认的企业名称和营业标记等。租赁他人柜台或场地的经营者，也应当以适当方式标明其真实名称和标记。经营者的名称是其法律人格的体现，经营者的标记一般表现为企业的商标、商号等，它们共同承载着经营者的商誉，是经营者的无形财产。经营者应当在其所提供的商品或服务的包装或说明上标明其真实姓名或标记，以利于消费者作出正确判断，避免上当受骗，同时也利于消费者依据凭证上的名称来维权救济。

9. 尊重消费者人格尊严的义务。它是指经营者不得对消费者进行侮辱、诽谤、不得搜查消费者的身体及其携带的物品，不得限制消费者的人身自由。

（四）对消费者权益的保护方式

我国法律确立了对消费者合法权益全面保护的原则。明确规定采取国家保护和社会保护两种方式进行，并在《消费者权益保护法》中作了具体规定。

1. 国家保护。主要内容有：①制定有关消费者的法律、法规、政策时，应听取消费者的意见和要求；各级人民政府应当加强领导、组织、协调、督促有关行政部门做好保护消费者权益的工作；各级人民政府应当加强监督、预防危害消费者人身、财产安全行为的发生，及时制止危害消费者人身、财产安全的行为。②各级工商行政管理部门和其他有关行政部门应依照法律、法规的规定，在各自的职责范围内，采取措施保护消费者的合法权益，并及时调查处理有关消费者权益的纠纷。③有关行政部门应当听取消费者和消费者协会等组织对经营者交易行为、商品和服务质量问题的意见，及时调查处理。有关行政部门在各自的职责范围内，应当定期或者不定期对经营者提供的商品和服务进行抽查检验，并及时向社会公布抽查检验结果。有关行政部门发现并认定经营者提供的商品或者服务存在缺陷，有危及人身、财产安全危险的，应当立即责令经营者采取停止销售、警示、召回、无害化处理、销毁、停止生产或者服务等措施。

2. 社会保护。保护消费者合格权益是全社会的共同责任，国家鼓励、支持一切组织和个人对损害消费者合法权益的行为进行社会监督。消费者协会和其他消费者组织依法对商品和服务进行社会监督，并具体规定消费者协会履行下列公益性职能：①向消费者提供消费信息和咨询服务，提高消费者维护自身合法权益的能力，引导文明、健康、节约资源和保护环境的消费方式；②参与制定有关消费者权益的法律、法规、规章和强制性标准；③参与有关行政部门对商品和服务的监督、检查；④就有关消费者合法权益的问题，向有关部门反映、查询，提出建议；⑤受理消费者的投诉，并对投诉事项进行调查、调解；⑥投诉事项涉及商品和服务质量问题的，可以委托具备资格的鉴定人鉴定，鉴定人应当告知鉴定意见；⑦就损害消费者合法权益的行为，支持受损害的消费者提起诉讼或者依照本法提起诉讼；⑧对损害消费者合法权益的行为，通过大众传播媒介予以揭露、批评。各级人民政府对消费者协会履行职责应当予以必要的经费等支持。消费者协会应当认真履行保护消费者合法权益的职责，听取消费者的意见和建议，接受社会监督。依法成立的其他消费者组织依照法律、法规及其章程的规定，开展保护消费者合法权益的活动。同时要求消费者组织不得从事商品经营和营利性服务，不得以收取费用或者其他牟取利益的方式向消费者推荐商品和服务。

3. 司法保护。人民法院应当采取措施，方便消费者提起诉讼，对符合《民事诉讼法》起诉条件的消费者权益争议，必须受理，及时审理。对侵害消费者合法权益的违法犯罪行为，负有惩处权力的有关国家机关，应当依照法律、法规的规定，依法惩处。

（五）消费者权益争议的解决

1. 解决争议的途径。规定消费者和经营者发生消费者权益争议的，可以通过以下途径解决：①与经营者协商和解；②请求消费者协会调解；③向有关行政部门申诉；④根据与经营者达成的仲裁协议提请仲裁机构仲裁；⑤向人民法院提起诉讼。

2. 承担损害赔偿责任的主体确定。由于商品从生产到消费需经过若干中间环节，为了防止和避免生产者和消费者之间相互推诿，保证消费者合法权益得到保护，《消费者权益保护法》规定当消费者的合法权益受到损害时，消费者可以要求经营者承担损害赔偿责任。承担损害赔偿责任的主体可按如下原则确定：

（1）由生产者、销售者、服务者承担。消费者在购买、使用商品，其合法权益受到损害时，可以向销售者要求赔偿。销售者赔偿后，属于生产者的责任，或者属于向销售者提供商品的其他销售者的责任，销售者有权向生产者及其他销售者追偿。消费者或者其他受害人因商品缺陷造成人身、财产损害的，可以向销售者要求赔偿，也可以向生产者要求赔偿。属于生产者责任的，销售者赔偿后，有权向生产者追偿。属于销售者责任的，生产者赔偿后，有权向销售者追偿。消费者在接受服务时，其合法权益受到损害的，可以向服务者要求赔偿。

（2）由展览者、出租者承担。消费者在展览会、租赁柜台购买商品或接受服务，其合法权益受到损害时，可以向销售者或服务者要求赔偿；展览会结束后或柜台租赁期满后，也可以向展览会的举办者、柜台的出租者要求赔偿。展览会的举办者，柜台的出租者赔偿后，有权向销售者或服务者追偿。

（3）由变更后的企业承担。消费者合法权益受到损害，因原企业分立、合并的，可以向变更后承担其权利义务的企业要求赔偿。

（4）由营业执照的使用人或持有人承担。使用他人营业执照的经营者提供商品或服务，损害消费者合法权益的，消费者可以向其要求赔偿，也可以向营业执照的持有人要求赔偿。

（5）由从事虚假广告行为的经营者和广告的经营者及相关社会团体和个人承担。消费者因经营者利用虚假广告或者其他虚假宣传方式提供商品或者服务，其合法权益受到损害的，可以向经营者要求赔偿。广告经营者、发布者发布虚假广告的，消费者可以请求行政主管部门予以惩处。广告经营者、发布者不能提供经营者的真实名称、地址和有效联系方式的，应当承担赔偿责任。

广告经营者、发布者设计、制作、发布关系消费者生命健康的商品或者服务的虚假广告，造成消费者损害的，应当与提供该商品或者服务的经营者承担连带责任。社会团体或者其他组织、个人在关系消费者生命健康商品或者服务的虚假广告或者其他虚假宣传中向消费者推荐商品或者服务，造成消费者损害的，应当与提供该商品或者服务的经营者承担连带责任。

（6）由网络交易平台承担。消费者通过网络交易平台购买商品或者接受服务，其合法权益受到损害的，可以向销售者或者服务者要求赔偿。网络交易平台提供者不能提供销售者或者服务者的真实名称、地址和有效联系方式的，消费者也可以向网络交易平台提供者要求赔偿；网络交易平台提供者作出更有利于消费者的承诺的，应当履行承诺。

网络交易平台提供者赔偿后，有权向销售者或者服务者追偿。网络交易平台提供者明知或者应知销售者或者服务者利用其平台侵害消费者合法权益，未采取必要措施的，依法与该销售者或者服务者承担连带责任。

另外，2014 年修订的《消费者权益保护法》第 47 条规定：对侵害众多消费者合法权益的行为，中国消费者协会以及在省、自治区、直辖市设立的消费者协会，可以向人民法院提起诉讼。由此，立法赋予消费者协会代表受害消费者提起公益诉讼的权利。

三、违反消费者权益保护法的法律责任

经营者提供商品或服务损害消费者权益的，应当承担民事责任；经营者的行为违反行政法规的，应当受到行政处罚；触犯刑律的，则要受到刑事制裁。消费者权益保护法具体规定了三种法律责任形式，加强了对消费者权益的有效法律保护。

（一）民事责任

1. 一般民事责任。经营者提供商品或者服务有下列情形之一的，除《消费者权益保护法》另有规定的以外，应当按照《产品质量法》和其他有关法律、法规的规定承担民事责任：①商品或服务存在缺陷的；②不具备商品应当具备的使用性能而在出售时未作说明的；③不符合商品或者其包装上采用的商品标准的；④不符合商品说明、实物样式等方式表明的质量状况的；⑤生产国家明令淘汰的商品或者销售失效、变质的商品的；⑥销售的商品数量不足的；⑦服务的内容和费用违反约定的；⑧对消费者提出的修理、重作、更换、退货、补足商品数量、退还货款和服务费用或者赔偿损失的要求，故意拖延或者无理拒绝的；⑨法律、法规规定的其他损害消费者权益的情形。经营者对消费者未尽到安全保障义务，造成消费者损害的，应当承担侵权责任。

2. 侵害消费者人身权的民事责任。具体规定如下：

（1）经营者提供商品或者服务，造成消费者或者其他受害人人身伤害的，应当赔偿医疗费、护理费、交通费等为治疗和康复支出的合理费用，以及因误工减少的收入。造成残疾的，还应当赔偿残疾生活辅助具费和残疾赔偿金。造成死亡的，还应当赔偿丧葬费和死亡赔偿金。

（2）经营者侵害消费者的人格尊严、侵犯消费者人身自由或者侵害消费者个人信息等依法得到保护的权利的，应当停止侵害、恢复名誉、消除影响、赔礼道歉，并赔偿损失。

（3）经营者有侮辱诽谤、搜查身体、侵犯人身自由等侵害消费者或者其他受害人人身权益的行为，造成严重精神损害的，受害人可以要求精神损害赔偿。

3. 侵害消费者财产权的民事责任。具体规定如下：

（1）经营者提供商品或服务，造成消费者财产损害的，应当按照消费者的要求，以修理、重作、更换、退货、补足商品数量、退还货款和服务费用、赔偿损失等方式承担民事责任。消费者与经营者另有约定的，按照约定履行。

（2）对国家规定或者经营者与消费者约定包修、包换、包退的“三包”商品，经营者应当负责修理、更换或退货。在保修期间内两次修理仍不能正常使用的，经营者应当负责更换或退货；对包修、包换、包退的大件商品，消费者要求经营者修理、更换、退货的，经营者应当承担运输等合理费用。

（3）经营者以邮购方式提供商品，未按照约定提供的，应当按消费者要求履行约定或退回货款并应承担消费者必须支付的合理费用。

（4）经营者以预收款方式提供商品或服务的，应当按照约定提供。未按约定提供的，应按消费者要求履行约定或退回预付款，并应承担利息及消费者必须支付的合理费用。

（5）依法经有关部门认定为不合格的商品，消费者要求退货的，经营者应当负责退货。

（6）经营者提供商品或者服务有欺诈行为的，应当按照消费者的要求增加赔偿其受到的损失，增加赔偿的金额为消费者购买商品的价款或者接受服务的费用的3倍；增加赔偿的金额不足500元的，为500元。法律另有规定的，依照其规定。

（二）行政责任

行政责任是维护消费者合法权益的重要法律手段。经营者侵害消费者合法权益的行为，在损害消费者的同时也触犯了国家行政管理法规，扰乱了社会经济秩序。因此，经营者有下列情形之一，除承担相应的民事责任外，其他有关法律、法规对处罚机关和处罚方式有规定的，依照法律、法规的规定执行；法律、法规未作规定的，由工商行政管理部门或者其他有关行政部门责令改正，可以根据情节单处或者并处警告、没收违法所得、处以违法所得1倍以上10倍以下的罚款，没有违法所得的，处以50万元以下的罚款；情节严重的，责令停业整顿、吊销营业执照：①提供的商品或者服务不符合保障人身、财产安全要求的；②在商品中掺杂、掺假，以假充真，以次充好，或者以不合格商品冒充合格商品的；③生产国家明令淘汰的商品或者销售失效、变质的商品的；④伪造商品的产地，伪造或者冒用他人的厂名、厂址，篡改生产日期，伪造或者冒用认证标志等质量标志的；⑤销售的商品应当检验、检疫而未检验、检疫或者伪造检验、检疫结果的；⑥对商品或者服务作虚假或者引人误解的宣传的；⑦拒绝或者拖延有关行政部门责令对缺陷商品或者服务采取停止销售、警示、召回、无害化处理、销毁、停止生产或者服务等措施的；⑧对消费者提出的修理、重作、更换、退货、补足商品数量、退还货款和服务费用或者赔偿损失的要求，故意拖延或者无理拒绝的；⑨侵害消费者人格尊严、侵犯消费者人身自由或者侵害消费者个人信息等依法得到保护的权利的；⑩法律、法规规定的对损害消费者权益应当予以处罚的其他情形。经营者有前款规定情形的，除依照法律、法规规定予以处罚外，处罚机关应当记入信用档案，向社会公布。

经营者对行政处罚不服的，可以自收到处罚决定之日起15日内向上一级机关申请复议；对复议决定不服的，可以自收到复议决定书之日起15日内向人民法院提起诉讼，也可以直接向人民法院提起诉讼。

（三）刑事责任

对于侵害消费者权益情节严重，构成犯罪的，应当依照消费者权益保护法的规定追究刑事责任：

1. 经营者违反本法规定提供商品或者服务，侵害消费者合法权益，构成犯罪的，依法追究刑事责任。

2. 以暴力、威胁等方法阻碍有关行政部门工作人员依法执行职务的，依法追究刑事责任；拒绝、阻碍有关行政部门工作人员依法执行职务，未使用暴力、威胁方法的，由公安机关依照《中华人民共和国治安管理处罚法》的规定处罚。

3. 国家机关工作人员玩忽职守或者包庇经营者侵害消费者合法权益的行为的，由其所在单位或者上级机关给予行政处分；情节严重，构成犯罪的，依法追究刑事责任。

思考题

1. 如何理解我国《消费者权益保护法》中所称的“消费者”的含义？

2. 消费者与经营者之间是一种什么样法律关系？《消费者权益保护法》对其权利义务作有哪些具体的规定？

3. 我国对消费者权益的保护实行什么原则？采取哪些方式？其意义何在？

4. 怎样处理、解决有关消费者权益的争执和纠纷？如何确定赔偿责任的主体？

5. 违反《消费者权益保护法》应承担哪些法律责任？

6. 案例分析：2014 年 3 月，张某在某批发市场买红枣。卖家徐某告知不能挑选，按批发价 20 元/斤出售，张某购买了 10 斤，回家后发现绝大多数红枣已被虫蛀，随即返回要求退一赔三，被拒。双方遂形成纠纷。张某向某区人民法院起诉，要求认定徐某存在欺诈行为，并予以退一赔十。庭审中，张某提供送货单，载明“和田大枣（未写等级），金额 200 元”，还提供了批发市场办公室调解时卖家仅同意退货的记录。徐某则称，张某出示的红枣并非由他出售，是张某故意敲诈。

问题：许买不许挑，是否合理合法？如果不挑的情况下买到了存在问题的货物，消费者可否依法维权？

7. 案例分析：王某于 2014 年 3 月 20 日在某烟酒食品商店购买牛肉干 10 盒，时隔 3 天，又在该食品店购买牛肉干 15 盒，共计 25 盒。牛肉干单价为每盒 12 元，共计 300 元。该牛肉干包装盒标注的生产日期为 2013 年 7 月 3 日，保质期 6 个月，即王某购买之日，该食品已超过保质期。4 月 5 日，王某帮他人就 3 月 25 日所购买的价值 240 元的牛肉干向该食品店索赔，食品店退款并双倍赔偿。后王某又就 3 月 20 日、23 日两次自己所购买的牛肉干向该食品店索赔，要求双倍赔偿。食品店认为王某系恶意维权，不同意予以赔偿。双方遂形成纠纷。王某遂向当地法院起诉，要求食品店退还货款并双倍赔偿。

问题：明知食品已过保质期而购买的人是否仍是普通意义上的消费者？是否受《消费者权益保护法》的保护？食品店应否按规定予以赔偿？

第五编　企业管理法

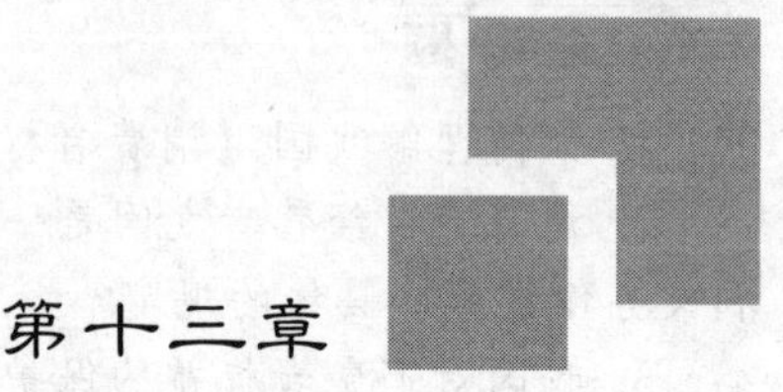

第十三章

劳动法与劳动合同法

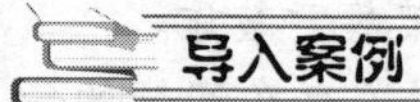

试用期用人单位不支付工资是否合法?

法律对工资方面有个最低工资的限制，任何单位给劳动者的工资不可以低于最低工资，一般单位都能做到这点。但是，现实生活中存在另外一种现象，就是零工资就业现象，即在工作期间用人单位不支付工资，待双方约定的试用期通过后，由用人单位决定是否聘用劳动者，用人单位也不需要承担用人单位的其他义务和责任。即便用人单位最后不要他，他也可以再该用人单位积累自己的工作经历和资历。

《羊城晚报》2009 年 3 月 23 日报道，在广州某招聘会上有一个单位人气特别旺，成为唯一排长队的招聘单位。更让人吃惊的是，这个单位还是不给工资的。这个单位只有一个招聘人员在场，前面排队的却有 80 多人。其招聘要求颇让人惊讶：毕业生前去就业 2 年不给工资，只给生活补贴、提供住宿、发午餐补助、买保险。

【问题思考】

从劳动法角度，试论述“零工资就业”现象的合法性问题。

一、劳动法概述

（一）劳动法的概念和特征

劳动法，是指调整劳动关系及与劳动关系有密切联系的社会关系的法律规范的总称。它是独立的法律部门。劳动法有广义、狭义之说，狭义说仅指《中华人民共和国劳动法》，广义说泛指一切规范劳动关系及与劳动关系有密切联系的社会关系的法律、法规及规章的统称。包括宪法、法律、行政法规、地方性法规等对劳动问题所作的规定，还包括全国人民代表大会及其常委会制定的劳动法律，国务院制定的劳动行政法规，国务院所属各部委制定的劳动规章、地方性劳动法规和劳动规章及我国批准的国际劳工公约，其他规范性或准规范性文件（如中华全国总工会制定的《工会参与劳动争议处理试行办法》）等。

从以上劳动法的含义看，劳动法既不同于民商法，也区别于经济法，具有独特的法律特征：

1. 劳动法的法律性质具有社会性。劳动法，究其性质应属社会法范畴：①从其立法宗旨看，我国劳动法明确规定其立法目的是为了保护劳动者的合法权益，调整劳动关系，建立和维护适应社会主义市场经济的劳动制度，促进经济发展和社会进步而根据宪法制定的；②从劳动者法定权利看，我国劳动法具体规定劳动者享有平等就业和选择职业的权利、取得劳动报酬的权利、休息休假的权利、获得劳动安全卫生保护的权利、接受职业技能培训的权利、享受社会保险和福利的权利、提请劳动争议处理的权利和法律规定的其他劳动权利等 8 项权利以及应当完成劳动任务、提高职业技能、执行劳动安全卫生规程、遵守劳动纪律和职业道德等 4 项义务。由此确立了劳动者的法律地位，表明了劳动法的社会法性质。

2. 劳动法规范主体具有特定性。我国现行劳动法规范的主体不是一切劳动者，而是特定范围的劳动者，即在我国境内的企业、个体经济组织、民办非企业单位和与之形成劳动关系的劳动者以及国家机关、社会团体、事业单位和与之建立劳动合同关系的劳动者。除此之外，其他各类劳动者均不属劳动法规范的范围，由此确定了劳动法的适用范围。

3. 劳动法的调整对象具有广泛性。劳动法的调整对象包括两方面的关系：①劳动关系，具体表现为劳动者与用人单位之间发生的劳动关系，如劳动就业关系、劳动合同关系、集体合同关系、休假休息关系、劳动工资关系、劳动保护关系、劳动保险关系以及职业培训关系等。这是劳动法调整的最重要、最基本的关系。②与劳动关系有密切联系的社会关系。这是指与劳动关系有着密切联系的社会关系，其本身不是劳动关系，但都是伴随着劳动关系而衍生的社会关系，与劳动关系密切联系，如劳动行政部门同用人单位、劳动者之间在劳动就业、劳动争议、社会保险等方面所发生的关系；用人单位与工会、职工之间为维护职工权益而发生的社会关系等。劳动法调整这么多的社会关系，使劳动法涵盖了极为复杂而多样的劳动法律制度内容。

4. 劳动法的法律体系具有独立性。在国外，劳动法作为独立的法律部门产生于 19 世纪的西方国家，最早颁行的单行劳动法是 1802 年美国的《学徒健康和道德法》，1864 年美国又颁行了适用于一切工厂的工厂法，1901 年颁行的《工厂和作坊法》对各种劳动制度作了详细规定；德国于1839年颁布了《普鲁士工厂与矿山条例》，法国于1806年制定了《工厂法》，1841年颁布了《童工、未成年工保护法》，1912年又制定了《劳工法》。进入20世纪后，西方许多国家相继颁布了劳动法规，使劳动法开始从过去的工厂法中独立出来，逐步发展为近代的劳动法典。

在我国，各个历史时期都颁布有一批劳动法规，用于调整不同时期的劳动关系。特别在党的十一届三中全会以后，全党全国的工作重心转移到经济建设上来，相继又颁行了一大批单行劳动法规，如《国营企业实行劳动合同制暂行规定》、《国营企业招用工人暂行规定》、《国营企业辞退违纪职工暂行规定》、《国营企业职工待业保险暂行规定》、《女职工劳动保护规定》、《国营企业劳动争议处理暂行规定》等法规、规章。但这些劳动法规结构不完善，规范层次也不高，亟待制定一部统率所有劳动法规的劳动法典。为此，第八届全国人大常委会第八次会议于1994年7月5日通过了《中华人民共和国劳动法》，这是我国第一部专门保障劳动者合法权益的基本法律，是我国劳动保障法制建设中一个重要的里程碑，使我国劳动立法进入一个崭新阶段。为了进一步规范劳动合同关系，第十届全国人大常委会第二十八次会议于2007年6月29日通过了《中华人民共和国劳动合同法》，加上此先又有一大批与劳动法典相配套的劳动行政法规出台，由此形成了一个独立的、系统的、完整的、具有我国社会主义特色的劳动法律体系，为建立和完善我国具有中国特色的社会主义法律体系中社会法这个重要法律部门奠定了坚实的基础。

（二）我国劳动法的基本原则

1. 公民的劳动权利和劳动义务相一致的原则。我国宪法规定，中华人民共和国公民有劳动的权利和义务。国家通过各种途径，创造劳动就业条件，加强劳动保护，改善劳动条件，并在发展生产的基础上，提高劳动报酬和福利待遇，以保护公民的劳动权利。同时，劳动也是一切有劳动能力的公民的光荣职责。国家要求参加劳动的公民，必须尽职尽责，努力完成生产任务和工作任务。因此，对我国公民来说，劳动既是一项权利，也是一项义务。

2. 劳动者享有平等就业和选择职业权利的原则。在社会主义市场经济体制下，法律赋予劳动者享有平等的就业权和选择职业的权利。具体表现为，用人单位不得因民族、种族、性别、宗教信仰的不同而对劳动者实行歧视，在他们就业时应一律平等对待，按同一标准考核、招收录用或聘用。随着我国劳动力市场和人才市场体系的建立，劳动者将全面进入市场。其次，劳动者有权根据自己的特长和社会的需要选择最能发挥自己才能的职业。

3. 保护劳动者取得劳动报酬、享受社会保障和福利权利的原则。劳动者获得劳动报酬和物质帮助是宪法和法律赋予的神圣权利。我国实行按照劳动的数量和质量使劳动者取得劳动报酬的分配制度。劳动法不仅对工资、奖金、津贴的制度作了具体的规定。而且还明确规定保护劳动者享受社会保险和福利的权利。国家发展社会保险事业，建立社会保险制度，设立社会保险基金制度，使劳动者在年老、疾病、工伤、失业、生育等情况下获得帮助和补偿。

4. 保障劳动者休息休假权利的原则。休息权是宪法和法律赋予公民的神圣不可剥夺的一项权利，劳动者依法享有的休息时间不受非法侵害，受法律保护。国家发展劳动者休息和休养的设施，劳动法明确规定职工的工作时间和休假制度，用人单位不得非法强制劳动者在休息时间劳动，亦不得非法占用劳动者的法定节假日。

5. 保护劳动者获得劳动安全卫生保护的权利原则。劳动安全卫生是发展生产的需要，更是保护劳动者生命健康权的需要。它是由社会主义生产目的所决定的，要保护生产力，就必须搞好劳动保护。在社会主义条件下，必须使劳动者在安全、无害、无毒的环境中劳动。要不断改善劳动环境，加强安全生产制度和设施建设，以减少和消灭工伤事故，减轻劳动者的劳动强度。

二、劳动法规定的基本劳动制度

我国劳动法规定了八项基本劳动法律制度，以求更加有效地调整劳动关系，保护劳动者的合法权益，更好地建立和维护适应社会主义市场经济的需要的劳动制度。

（一）劳动就业制度

劳动就业，是指具有劳动能力的公民在法定劳动年龄内，依法从事某种有报酬或劳动收入的社会职业。劳动法具体规定了劳动就业制度几个原则问题。

1. 劳动就业基本原则。我国劳动就业的基本原则是：①平等就业原则：规定劳动者享有就业平等权利，不因民族、种族、性别、宗教信仰不同而受影响；妇女享有与男子平等的就业权利，在录用职工时，除国家规定的不适合妇女的工种或者岗位外，不得以性别为由拒绝录用妇女或者提高对妇女的录用标准。②双向选择原则：《劳动法》第 3 条规定，劳动者享有选择职业的权利，用人单位享有自主用人的权利，劳动者享有自由择业的权利。③照顾特殊群体人员就业的原则。规定残疾人、少数民族人员、退役军人就业，专门法律、法规有特别规定的，从其规定。④禁止用人单位招用未满 16 周岁的未成年人原则。禁止用人单位招用未满 16 周岁的未成年人，文艺、体育和特种工艺单位招用未满 16 周岁的未成年人，必须依照国家有关规定，履行审批手续，并保障其接受义务教育的权利。

2. 劳动就业实现途径。国家通过促进经济和社会发展，创造就业条件，扩大就业机会；国家支持企业、事业组织、社会团体在法律、行政法规规定的范围内兴办产业或拓展经营，增加就业；国家支持劳动者自愿组织起来就业和从事个体经营实现就业；地方各级人民政府应当采取措施，发展多种类型的职业介绍机构，提供就业服务。

（二）劳动合同制度

劳动合同，是指劳动者与用人单位建立劳动关系，明确双方的权利义务关系的协议。

劳动合同除具有一般合同的特征外，有其独有的特征：①主体具有特定性，一方是劳动者，另一方是用人单位；②劳动合同具有较强的法定性，即合同内容主要以劳动法律、法规为依据，且均有强制性规定；③劳动合同的内容是明确劳动权利和劳动义务。

劳动合同由于双方主体地位不对等，标的和内容也有特殊之处，因此不适用合同法有关规定，而由第十届全国人大常委会颁行《劳动合同法》，实现对劳动合同各项制度的进一步规范，进而实现对企业的劳动力的有效、科学管理，使之成为现代企业管理，特别是劳动力管理的重要组成内容。

《劳动合同法》共 8 章 98 条，对劳动合同各项基本制度作了具体、明确的规定，这将对完善我国劳动合同制度，明确劳动合同双方当事人的权利和义务，保护劳动者的合法权益，构建和发展和谐稳定的劳动关系产生积极而深远的意义。

1. 劳动合同法的适用范围。劳动合同法在劳动法的基础上扩大了劳动合同法的适用范围，具体包括：①中华人民共和国境内的企业、个体经济组织、民办非企业单位等组织。其中，民办非企业单位是指企事业单位、社会团体和其他社会力量以及公民个人利用非国有资产举办的，从事非营利性社会服务活动的组织，如民办学校、民办医院等。②国家机关、事业单位、社会团体和与其建立劳动关系的劳动者。

2. 劳动合同的订立及效力。劳动合同是确立劳动关系的法律形式，它既是规范劳动主体行为的基本准绳，也是处理劳动争议的重要依据。为此，劳动合同法具体规定了劳动合同订立的基本问题：

（1）劳动合同订立的原则。订立劳动合同，应当遵循合法、公平、平等自愿、协商一致、诚实信用的原则。依法订立的劳动合同具有约束力，用人单位与劳动者应当履行劳动合同约定的义务。

为了有效地保障劳动者合法权益，针对当前社会上用人单位普遍存在有意不订立劳动合同的现实，劳动合同法还实行强制订立劳动合同的原则，具体内容包括：①规定用人单位自用工之日起即与劳动者建立劳动关系，用人单位应当与劳动者订立书面劳动合同，并建立职工名册备查。用人单位与劳动者在用工前订立劳动合同的，劳动关系自用工之日起建立。②已建立劳动关系，未同时订立书面劳动合同的，应当自用工之日起 1 个月内订立书面劳动合同。③用人单位自用工之日起满 1 年不与劳动者订立书面劳动合同的，视为用人单位与劳动者已订立无固定期限劳动合同，并应当向劳动者每月支付 2 倍的工资。

（2）劳动合同订立的内容及类型。劳动合同法明确规定，当事人应当订立书面劳动合同，并具体规定了必备条款：①用人单位的名称、住所和法定代表人或者主要负责人；②劳动者姓名、住址和居民身份证或者其他有效身份证件号码；③劳动合同期限；④工作内容和工作地点；⑤工作时间和休息休假；⑥劳动报酬；⑦社会保险；⑧劳动保护、劳动条件和职业危害保护；⑨法律、法规规定应当纳入劳动合同的其他事项。除此之外，劳动合同还可以约定试用期、培训、保守秘密、补充保险和福利待遇等其他事项，但用人单位不得扣押劳动者的居民身份证和其他证件，不得要求劳动者提供担保或者以其他名义向劳动者收取财物。

劳动合同一般包括固定期限劳动合同、无固定期限劳动合同和以完成一定工作任务为期限的劳动合同三种类型：①固定期限劳动合同，是指用人单位与劳动者约定合同终止时间的劳动合同。用人单位与劳动者协商一致，可以订立固定期限劳动合同。②无固定期限劳动合同，是指用人单位与劳动者约定无确定终止时间的劳动合同。用人单位与劳动者协商一致，可以订立无固定期限劳动合同。用人单位自用工之日起满一年不与劳动者订立书面劳动合同的，视为用人单位与劳动者已订立无固定期限劳动合同。③以完成一定工作任务为期限的劳动合同，是指用人单位与劳动者约定以某项工作的完成为合同期限的劳动合同。用人单位与劳动者协商一致，可以订立以完成一定工作任务为期限的劳动合同。

（3）劳动合同的效力。劳动合同自用人单位与劳动者双方在劳动合同文本上签字或者盖章之日起生效。劳动合同无效或部分无效的法定情形有：①以欺诈、胁迫的手段或者乘人之危，使对方在违背真实意思的情况下订立或者变更劳动合同的；②用人单位免除自己的法定责任、排除劳动者权利的；③违反法律、行政法规强制性规定的。

因劳动合同无效的争议，由劳动争议仲裁机构或者人民法院确认。劳动合同被确认无效，劳动者已付出劳动的，用人单位应当向劳动者支付劳动报酬。

3. 劳动合同的履行和变更。用人单位与劳动者应当按照劳动合同的约定，全面履行各自的义务。劳动合同法确定了全面履行原则，特别对劳动报酬的支付、劳动安全条件等直接关系劳动者合法权益的事项，劳动合同法作了更加明确、严格的具体规定：①要求用人单位应当按照劳动合同约定和国家规定，向劳动者及时足额支付劳动报酬。用人单位拖欠或者未足额支付劳动报酬的，劳动者可以依法向当地人民法院申请支付令，人民法院应当依法发出支付令。②用人单位应当严格执行劳动定额标准，不得强迫或者变相强迫劳动者加班。用人单位安排加班的，应当按照国家有关规定向劳动者支付加班费。③劳动者拒绝用人单位管理人员违章指挥、强令冒险作业的，不视为违反劳动合同。④劳动者对危害生命安全和身体健康的劳动条件，有权对用人单位提出批评、检举和控告。⑤用人单位变更名称、法定代表人、主要负责人或者投资人等事项，不影响劳动合同的履行。用人单位发生合并或者分立等情况，原劳动合同继续有效，劳动合同由承继其权利义务的用人单位继续履行。

在劳动合同履行过程中，可能因为具体情况发生变化而需要对合同内容作出变更，用人单位与劳动者协商一致，可以变更劳动合同约定的内容。但变更劳动合同，应当采取书面形式。

4. 劳动合同的解除和终止。劳动合同的解除既可以由用人单位和劳动者协商一致而解除，也可以由当事人一方单方面提出解除劳动合同。由用人单位和劳动者协商一致而解除劳动合同须符合下列条件：①双方自愿；②平等协商；③不得损害任何一方利益。劳动合同的单方解除可分为劳动者解除和用人单位解除两类。

（1）劳动者解除劳动合同。按照《劳动合同法》的规定，劳动者可以实施单方解除劳动合同的行为，它包括一般性解除和特殊性解除两种情况：

第一，一般性解除。《劳动合同法》第 37 条规定劳动者提前 30 日以书面形式通知用人单位，可以解除劳动合同。劳动者在试用期内提前 3 日通知用人单位，可以解除劳动合同。

第二，特殊性解除。《劳动合同法》第 38 条规定用人单位有下列情形之一的，劳动者可以解除劳动合同：用人单位有未按照劳动合同约定提供劳动保护或劳动条件的；或者未及时足额支付劳动报酬的；或者未依法为劳动者缴纳社会保险费的；或者用人单位的规章制度违反法律、法规的规定，损害劳动者权益的；或者因违反《劳动合同法》第 26 条第 1 款规定的情形致使劳动合同无效以及法律、行政法规规定劳动者可以解除劳动合同的其他情形等六种情形之一的，劳动者可以解除劳动合同。用人单位以暴力、威胁或者非法限制人身自由的手段强迫劳动者劳动的，或者用人单位违章指挥、强令冒险作业危及劳动者人身安全的，劳动者可以立即解除劳动合同，不需要事先告知用人单位。

（2）用人单位解除劳动合同。用人单位单方解除劳动合同，必须符合法定条件和按法定程序进行。

第一，法定条件解除。《劳动合同法》第 39 条规定劳动者有在试用期间被证明不符合录用条件的；或者严重违反用人单位的规章制度的；或者严重失职，营私舞弊，给用人单位造成重大损害的；劳动者同时与其他用人单位建立劳动关系，对完成本单位的工作任务造成严重影响，或者经用人单位提出，拒不改正的；或者因《劳动合同法》第 26 条第 1 款第 1 项规定的情形致使劳动合同无效的；或者被依法追究刑事责任等六种之一情形，用人单位可以解除劳动合同。

第二，附条件解除。《劳动合同法》第 40 条规定有劳动者患病或者非因工负伤，在规定的医疗期满后不能从事原工作，也不能从事由用人单位另行安排的工作的；或者劳动者不能胜任工作，经过培训或者调整工作岗位，仍不能胜任工作的；或者劳动合同订立时所依据的客观情况发生重大变化，致使劳动合同无法履行，经用人单位与劳动者协商未能就变更劳动合同内容达成协议等三种之一情形，用人单位提前 30 日以书面形式通知劳动者本人或者额外支付劳动者 1 个月工资后，可以解除劳动合同。

第三，特殊情形解除。《劳动合同法》第 41 条规定有依照企业破产法规定进行重整的；或者生产经营发生严重困难的；或者企业转产、重大技术革新或者经营方式调整，经变更劳动合同后，仍需裁减人员的；或者其他因劳动合同订立时所依据的客观情况发生重大变化，致使劳动合同无法履行等四种之一的情形，需要裁减人员 20 人以上或者裁减不足 20 人但占企业职工总数 10% 以上的用人单位提前 30

日向工会或者全体职工说明情况，听取工会或者职工意见后，裁减人员方案经向劳动行政部门报告，可以裁减人员。裁减人员时，应当优先留用与本单位订立较长期限的固定期限劳动合同的；或者与本单位订立无固定期限劳动合同的；或者家庭无其他就业人员，有需要抚养的老人或者未成年人的人员。对以上裁减人员，用人单位在 6 个月内重新招用人员的，应当通知被裁减人员，并在同等条件下优先招用被裁减人员。

第四，不得解除情形。《劳动合同法》第 42 条规定，劳动者有从事接触职业病危害作业的未进行离岗前职业健康检查，或者疑似职业病人在诊断或者医学观察期间的；或者患病或者非因工负伤，在规定的医疗期内的；或者女职工在孕期、产期、哺乳期的；或者在本单位连续工作满 15 年，且距法定退休年龄不足 5 年的；或者法律、行政法规规定的其他情形的，用人单位不得依照本法第 40 条、第 41 条（即以上第二点、第三点）的规定解除劳动合同。

第五，解除劳动合同的程序。《劳动合同法》第 43 条规定，用人单位解除劳动合同，应当先将理由通知工会。用人单位违反法律、行政法规规定或者劳动合同约定的，工会有权要求用人单位纠正。用人单位应当研究工会的意见，并将处理结果书面通知工会。

（3）劳动合同的终止。劳动合同订立后，双方当事人不得随意终止劳动合同，只有法律规定或当事人约定的情况出现，当事人才能终止劳动合同。因此《劳动合同法》第 44 条规定，有下列情形之一的，劳动合同终止：①劳动合同期限届满的；②劳动者开始依法享有基本养老保险待遇的；③劳动者死亡或者被人民法院宣告死亡或者宣告失踪的；④用人单位被依法宣告破产的；⑤用人单位被吊销营业执照、责令关闭、撤销或者用人单位决定提前解散的；⑥法律、行政法规规定的其他情形的。

劳动合同终止后，有下列情形之一的，用人单位应当向劳动者支付经济补偿：①劳动者依照《劳动合同法》第 38 条规定解除劳动合同的；②用人单位依照《劳动合同法》第 36 条规定向劳动者提出解除劳动合同并与劳动者协商一致解除劳动合同的；③用人单位依照《劳动合同法》第 41 条第 1 款规定解除劳动合同的；④除用人单位维持或者提高劳动合同约定条件续订劳动合同，劳动者不同意续订的情形外，依照《劳动合同法》第 44 条第 1 项规定终止固定期限劳动合同的；⑤依照《劳动合同法》第 44 条第 4 项、第 5 项规定终止劳动合同的；⑥法律、行政法规规定的其他情形。

经济补偿按以下方法计算：劳动者在本单位工作年限，每满 1 年支付 1 个月工资的标准向劳动者支付。6 个月以上不满 1 年的，按 1 年计算；不满 6 个月的，向劳动者支付半个月工资的经济补偿。向其支付经济补偿的年限最高不超过 12 年。用人单位违法本法规定解除或者终止劳动合同，劳动者要求继续履行劳动合同的，用人单位应当继续履行；劳动者不要求继续履行劳动合同或者劳动合同已经不能继续履行的，用人单位按照《劳动合同法》第 47 条经济补偿标准的 2 倍向劳动者支付赔偿金。

5. 集体合同。《劳动合同法》第 51 条规定，集体合同是指由工会代表企业职工一方与用人单位通过平等协商，可以就劳动报酬、工作时间、休假休息、劳动安全卫生、保险和福利等事项订立的合同。集体合同依照劳动合同法规定，包括一般集体合同、专项集体合同和行业性集体合同、区域性集体合同等种类。

集体合同作为调整劳动关系的另一种法律形式，它与劳动合同既有联系，又有区别：①主体不同。劳动合同法律关系的当事人为劳动者与用人单位，而集体合同的当事人一方是用人单位，另一方是工会代表企业职工一方，如果尚未建立工会的用人单位，由上级工会指导劳动者推举的代表与用人单位订立。②内容不同。劳动合同的内容是对劳动者个人设定的劳动条件，系属个体性质；而集体合同的内容是为一个单位全体劳动者的各种劳动条件而设定，应属团体性质。③效力不同。劳动合同依法订立，即具有法律约束力，而集体合同的生效须经过特定程序，即应当报劳动行政部门，劳动行政部门自收到之日起 15 日内未提出异议的，集体合同即发生法律效力。而且集体合同的效力一般高于劳动合同的效力，用人单位与劳动者订立的劳动合同的标准不能低于集体合同规定的标准。④争议处理不同。劳动合同争议，一般由劳动者向劳动争议调解委员会或劳动争议仲裁委员会申请调解或仲裁解决；而用人单位违反集体合同，侵犯职工劳动权益的，工会可以依法要求用人单位承担责任；因履行集体合同发生争议，经协商解决不成的，工会可以依法申请仲裁、提起诉讼。

此外，劳动合同法对劳务派遣，非全日制用工、监督检查、法律责任等内容还作了明确、具体规定，对严格实施劳动合同法更具有重要的意义。

（三）工作时间和休息休假制度

工作和休息，这是劳动者的基本权利。科学合理地安排工作时间和休息休假，对于保障劳动者身体健康，减少伤亡事故，提高工作效率和劳动生产率，加强劳动管理，推动生产发展都具有重要意义。劳动法对劳动者工作时间和休息休假制度作了明确规定。

1. 劳动者工作时间。这包括日工作时间和周工作时间。劳动法规定劳动者每日工作时间不得超过 8 小时，平均每周工作不超过 44 小时的工作制度。对实行计件工作的劳动者，用人单位应当根据法定每日工作时间及平均每周工作时间合理确定其劳动定额和计件报酬标准。任何单位和个人不得擅自延长劳动者的工作时间。

此外，劳动法规定，用人单位由于生产经营需要，经与工会和劳动者协商后可以延长工作时间，一般每日不得超过 1 小时；因特殊原因需要延长工作时间的，在保障劳动者身体健康的条件下，延长工作时间每日不得超过 3 小时，每月总计不得超过 36 小时。但用人单位发生有以下情形之一，可以不受延长工作时间的限制：①发生自然灾害、事故或其他原因，威胁劳动者生命安全和财产安全，需要紧急处理的；②生产设备、交通运输线路、公共设施发生故障，影响生产和公共利益，必须及时抢修的；③法律、行政法规规定的其他情形。同时，用人单位延长工作时间应支付高于劳动者正常工作时间工资的劳动报酬。具体标准为：①一般安排劳动者延长工作时间的，支付不低于工资的150%的工资报酬；②休息日安排劳动者工作又不能安排补休的，支付不低于工资的200%的工资报酬；③法定休假日安排劳动者工作的，支付不低于工资的300%的工资报酬。

2. 劳动者休息休假时间。关于劳动者的休息时间，劳动法规定用人单位应当保证劳动者每周至少休息1日。企业因生产特点不能实行法定工作时间和休息日规定的，经劳动行政部门批准、可以实行其他工作和休息办法。

劳动者的休假分为：法定节假日和年休假。法定节假日包括：元旦、春节、国际劳动节、国庆节以及法律、法规规定的其他休假节日期间；年休假是指劳动者连续工作1年以上的，享受带薪年休假。具体办法由国务院规定。

（四）劳动工资制度

工资是指用人单位依据国家有关规定或劳动合同的约定，以货币形式支付给本单位劳动者的劳动报酬，一般包括：计时工资、计件工资、奖金、津贴和补贴、延长工作时间的工资报酬以及特殊情况下支付的工资等。劳动法规定了劳动工资分配原则、保障要求，确立了基本劳动工资制度。

1. 坚持工资分配原则。工资分配应当遵循按劳分配原则、实行同工同酬。工资水平在经济发展的基础上逐步提高。国家对工资总量实行宏观调控。坚持按劳分配为主体多种分配方式并存的制度。按劳分配和按生产要素分配结合起来，坚持效率优先，兼顾公平，有利于优化资源配置，促进经济发展，保持社会稳定。

2. 企业自主分配工资。用人单位根据本单位的生产经营特点和经济效益，依法自主确定本单位的工资分配方式和工资水平，但是用人单位支付劳动者的工资不得低于当地最低工资标准。国家实行最低工资保障制度。最低工资的具体标准由省、自治区、直辖市人民政府规定，报国务院备案。确定和调整最低工资标准规定应当综合参考下列因素：①劳动者本人及平均赡养人口的最低生活费用；②社会平均工资水平；③劳动生产率；④就业状况；⑤地区之间经济发展水平的差异。

3. 保障工资支付权利。工资应当以货币形式按月支付给劳动者本人，不得克扣或者无故拖欠劳动者的工资；劳动者在法定休假日和婚丧假期间以及依法参加的社会活动期间，用人单位应当支付工资。

（五）劳动安全卫生制度

劳动安全卫生制度，是指按照有关劳动法律、法规规定，对劳动者在生产过程中的安全卫生的有效保护制度。它是直接保护劳动者在生产或工作中的安全与健康的法律保障。劳动安全卫生制度包括：①安全生产责任制度；②安全技术措施计划制度；③劳动安全卫生教育制度；④劳动安全卫生检查制度；⑤劳动安全卫生监督制度；⑥伤亡事故和职业病统计报告处理制度。为此，劳动法专门对劳动安全卫生规程、设施和条件、劳动防护用品、安全卫生教育、检查、统计和事故处理等作出规定：

1. 用人单位必需建立、健全劳动安全卫生制度，严格执行国家劳动安全卫生规程和标准。对劳动者应进行劳动安全卫生教育，防止劳动过程中的事故，减少职业危害。

2. 用人单位的劳动安全卫生必须符合国家规定的标准。新建、改建、扩建工程的劳动安全卫生设施必须与主体工程同时设计、同时施工、同时投入生产和使用，以确保劳动者的安全与健康。

3. 用人单位必须为劳动者提供符合国家规定的劳动安全卫生条件和必要的劳动防护用品，对从事有职业危害作业的劳动者，应定期进行健康检查。

4. 从事特种作业的劳动者必须经过专门培训并取得特种作业的资格方能上岗。

5. 劳动者在劳动过程中必须严格遵守操作规程。劳动者对用人单位管理人员违章指挥，强令冒险作业，有权拒绝执行；对危害生命安全和身体健康的行为，有权提出批评、检举和控告。

6. 国家建立伤亡事故和职业病统计报告和处理制度。县级以上人民政府劳动行政部门、有关部门和用人单位应当依法对劳动者在劳动过程中发生的伤亡事故和劳动者的职业病状况进行统计、报告和处理。

（六）女职工和未成年工的特殊保护制度

同劳动安全卫生密切相关的一个重要内容，是女职工、未成年工的特殊保护问题，它是体现我国社会主义制度优越性的重要表现和推进社会生产不断持续发展重要力量。劳动法具体规定内容有：

1. 对女职工特殊劳动保护。劳动法除保护妇女平等就业权、实行男女同工同酬外，还就女职工生理和抚育子女的需要，作出特别规定。

（1）规定女职工禁忌的劳动。禁止安排女职工从事矿山井下、国家规定的第四级体力劳动强度的劳动和其他禁忌从事的劳动。

（2）女职工“四期”保护：①经期保护：不得安排女职工在经期从事高空、低温、冷水作业和国家规定的第三级体力劳动强度的劳动。②孕期保护：不得安排女职工在怀孕期间从事国家规定的第三级体力劳动强度的劳动和孕期禁忌从事的劳动；对怀孕7个月以上的女职工，不得安排其延长工作时间和夜班劳动。③产期保护：女职工生育享受不少于90天的产假。④哺乳期保护：不得安排女职工在哺乳未满1周岁的婴儿期间从事国家规定的第三级体力劳动强度的劳动和哺乳期禁忌从事的其他劳动，不得安排其延长工作时间和夜班劳动。

2. 对未成年工的特殊劳动保护。未成年工是指年满16周岁未满18周年的劳动者。要求用人单位不得安排未成年工从事矿山井下、有毒有害和国家规定的第四级体力劳动强度的劳动和其他禁忌从事的劳动；应当定期对未成年工进行健康检查。

（七）职业培训制度

职业培训是开发职业能力，提高劳动者素质，增强劳动者就业机会和竞业能力的一种重要手段。发展职业培训事业，建立职业培训制度，这不仅是各级政府的重要任务，也是所有企业不可忽视的工作，对此，劳动法具体规定了以下内容：

1. 发展职业培训事业的途径和措施。国家应通过各种途径，采取各种措施，发展职业培训事业，开发劳动者的职业技能，提高劳动者素质，增强劳动者的就业能力和工作能力。各级人民政府应把发展职业培训纳入社会经济发展的规划，鼓励和支持有条件的企业、事业组织、社会团体和个人进行各种形式的职业培训。

2. 企业建立职业培训制度。用人单位应当建立职业培训制度，按照国家规定提取和使用职业培训经费，根据本单位实际，有计划地对劳动者进行职业培训。凡从事技术工种的劳动者，上岗前必须经过培训，不断提高劳动者素质和专业技能。

3. 实行职业资格证书制度。为了提高劳动者的素质，加强对各类劳动者的管理，国家确定职业分类，对规定的职业制定职业技能标准，实行职业资格证书制度，由经过政府批准的考核鉴定机构负责对劳动者实施职业技能考核鉴定，评定技术等级，作为用人单位评定工资等级的参考。

（八）社会保险和福利制度

1. 社会保险制度。社会保险是劳动者在年老、疾病等暂时或永久丧失劳动能力及在一定期限内失业情况下，从国家或集体获得物质帮助的法律保障。社会保险具体包括：养老保险、失业保险、医疗保险、工伤保险和生育保险等。

劳动法规定国家发展社会保险事业，建立社会保险制度，设立社会保险基金，使劳动者在年老、疾病、工伤、失业、生育等情况下获得帮助和补偿。国家将根据社会经济发展水平和社会承受能力不断提高社会保障水平；将根据不同类型保险的具体情况确定社会保险资金的来源，逐步实行社会统筹，从而发挥社会保险的抗灾和调节功能；用人单位和劳动者必须依法参加社会保险，缴纳社会保险费，形成社会保险基金的统一体系。

社会保险基金由依法设立的社会保险机构统一经办。社会保险基金经办机构依照法律规定收支、管理和运营社会保险基金，并负有使社会保险基金保值增值的责任。社会保险基金监督机构依照法律规定，对社会保险基金的收支、管理和运营实施监督。任何组织和个人不得挪用社会保险基金。

国家鼓励用人单位根据本单位实际情况为劳动者建立补充保险，提倡劳动者个人进行储蓄性保险。我国将建立国家社会保险、用人单位补充保险和劳动者个人储蓄性保险相结合的社会保险综合体系。

2. 社会福利制度。规定国家发展社会福利事业，兴建公共福利设施，为劳动者休息、休养和疗养提供条件。用人单位应当创造条件，改善集体福利，提高劳动者的福利待遇。

三、劳动争议处理

劳动争议，也称劳动纠纷，是指劳动关系双方当事人因执行劳动法律、法规或履行劳动合同、集体合同所发生的争执。它一般包括个人劳动争议、团体劳动争议和集体合同争议三种。劳动争议的解决一般有协商、调解、仲裁、诉讼四种方式。调解机构、仲裁机构或人民法院对劳动争议的处理和解决，应当根据合法、公正、及时处理的原则，依法维护劳动争议当事人的合法权益。为了公正及时、解决劳动争议，保护当事人合法权益，促进劳动关系和谐稳定，第十届全国人民代表大会常务委员会第三十一次会议于2007年12月29日通过了《中华人民共和国劳动争议调解仲裁法》（简称《劳动争议调解仲裁法》），自2008年5月1日起施行。

（一）劳动争议的调解

这是企业劳动争议调解委员会对申请调解的劳动争议案件，依法通过调解的方式进行解决处理的活动。《劳动争议调解仲裁法》规定劳动争议发生后，当事人可以向本单位劳动争议调解委员会申请调解；调解不成，当事人一方要求仲裁的，可以向劳动争议仲裁委员会申请仲裁，或自劳动争议调解组织收到调解申请之日起15日内未达成调解协议的，当事人可以依法申请仲裁。达成调解协议后，一方当事人在协议约定期限内不履行调解协议的，另一方当事人可以依法申请仲裁。当事人一方也可以直接向劳动争议仲裁委员会申请仲裁。对仲裁裁决不服的，可以向人民法院提起诉讼。

在用人单位内部可以设立劳动争议调解委员会。劳动争议调解委员会由三方代表组成：职工代表，用人单位和工会代表，并由工会代表担任调解委员会主任。劳动争议经调解达成协议的，当事人应当履行。

（二）劳动争议的仲裁

这是劳动争议仲裁委员会对申请仲裁的劳动争议案件依法通过仲裁程序进行裁决处理的活动。劳动法规定劳动争议仲裁委员会由劳动行政部门代表、同级工会代表、用人单位方面的代表组成。劳动争议仲裁委员会组成人员应当是单数。劳动争议仲裁委员会主任由劳动行政部门代表担任。劳动争议申请仲裁的时效期间为1年。仲裁时效期间从当事人知道或者应当知道其权利被侵害之日起计算。劳动关系存续期间因拖欠劳动报酬发生争议的，劳动者申请仲裁不受上述规定的1年仲裁时效期间的限制；但是，劳动关系终止的，应当自劳动关系终止之日起1年内提出。

（三）劳动争议的诉讼

劳动争议当事人对仲裁裁决不服的，可以向人民法院提起诉讼，由人民法院民事审判庭按民事诉讼程序进行审理。

因签订集体合同发生争议，当事人协商解决不成的，当地人民政府劳动行政部门可以组织有关各方协调处理；因履行集体合同发生争议，当事人协商解决不成的，可以向劳动争议仲裁委员会申请仲裁；对仲裁决不服的，可以自收到仲裁裁决书之日起15日内向人民法院提起诉讼。

因支付拖欠劳动报酬、工伤医疗费、经济补偿或者赔偿金事项达成调解协议，用人单位在协议约定期限内不履行的，劳动者可以持调解协议书依法向人民法院申请支付令。人民法院应当依法发出支付令。

四、违反劳动法的法律责任

（一）违反劳动法的民事责任

在劳动关系中，劳动主体双方都是民事主体，一方所享有的权利要求另一方履行相应的义务，一方不履行义务或不能完全履行义务，给对方造成损失的，应当承担民事责任。劳动法规定的民事责任主要有：

1. 用人单位制定的劳动规章制度违反法律、法规的规定，侵害劳动者合法权益，对劳动者造成损害的，应当予以赔偿。

2. 用人单位违反劳动法，克扣或者无故拖欠劳动者工资，拒不支付劳动者工资报酬、低于当地最低工资标准支付劳动者工资、解除劳动合同后拒不依法给予劳动者经济补偿的，劳动行政部门应责令其支付工资报酬、经济补偿或赔偿金。

3. 用人单位违反劳动法对女职工和未成年工劳动保护规定，侵害其合法权益，对当事人造成损害的，应依法承担赔偿责任。

4. 由于用人单位原因订立无效劳动合同，给劳动者造成损害的，应当承担赔偿责任。

5. 用人单位违反劳动法规定的条件，解除劳动合同或者故意拖延不订立合同，对劳动者造成损害的，应当承担赔偿责任。

6. 劳动者违反劳动法规定的解除劳动合同的条件，解除劳动合同或者违反劳动合同中约定保密义务，给用人单位造成经济损失的，应当依法承担赔偿责任。

7. 用人单位招用尚未依法解除劳动合同的劳动者，给原用人单位造成经济损失的，劳动者应当承担赔偿责任，该用人单位也应当依法承担连带责任。

（二）违反劳动法的行政责任

行政责任是指劳动关系主体实施劳动法律、法规禁止的行为引起在行政上必须承担的法律后果。其性质属于轻微违法、失职或者违反内部纪律。对于行政责任，劳动法规定有行政处罚和行动处分两类：

1. 行政处罚。这是规定劳动行政机关或有关机关对用人单位违反劳动法而进行的处罚。劳动法主要规定有：

（1）罚款。可以实施罚款的违法行为有：①用人单位违反劳动法的规定，延长劳动者工作时间的。②用人单位劳动安全设施和劳动卫生条件不符合国家规定，未向劳动者提供必要的劳动保护用品的。③用人单位非法雇佣未满16周岁的未成年人；用人单位违反对女职工和未成年工特殊保护规定，侵害其合法权益的。④用人单位无理阻挠劳动行政部门、有关部门及其工作人员行使监督检查权，打击报复举报人员。⑤用人单位侵犯劳动者合法权益，其他法律、法规已规定可以罚款的。

罚款的具体办法和数额，由单项劳动法律、法规或地方法规规定。罚款应从用人单位留用资金中列支，不能计入成本。执行罚款的机关应将罚款全部上缴财政。

（2）责令改正。对用人单位违法行为可责令改正的有：①用人单位制定的劳动规章制度违反法律、法规的规定，损害劳动者合法权益的；②用人单位违反劳动法规定，延长劳动者工作时间的；③用人单位劳动安全卫生设施和劳动卫生条件不符合国家规定，未向劳动者提供必要的劳动保护用品的；④用人单位非法招用未满16周岁的未成年人的；⑤用人单位违反劳动法对女职工和未成年工特殊保护的规定，侵犯其合法权益的；⑥用人单位违反本法规定解除劳动合同或者故意拖延不订立劳动合同的；⑦用人单位无故不缴纳社会保险费的。

（3）责令停产整顿。责令停产整顿处罚的有：用人单位劳动安全设施和劳动卫生条件不符合国家规定或者未向劳动者提供必要的劳动保护和劳动保护设施，情节严重的。

（4）吊销营业执照。用人单位非法招用未满16周岁的未成年人，情节严重的，由工商行政管理部门吊销营业执照。

2. 行政处分。这是指对用人单位管理人员及其所属的工作人员，国家行政管理机关工作人员违反劳动法规定、情节轻微，不够刑事处罚而给予的一种行政制裁。它属于纪律处分。目前，实施行政处分的依据是国务院颁布的《企业职工奖惩暂行规定》和《国务院关于国家行政机关工作人员的奖惩暂行规定》等规范；行政处分的形式分为：警告、记过、记大过、降级、降职、撤职、留用察看、开除八种，针对不同人员和不同违法行为予以适用。劳动法规定可以给予行政处分的主要情形是：劳动行政部门或者有关部门工作人员滥用职权，玩忽职权，徇私舞弊，不构成犯罪的，给予行政处分；其他法律、法规规定的可以给予行政处分的人员和应当给予行政处分的违法行为。

3. 治安管理处罚。治安管理处罚是一种特殊的行政处罚，行使治安管理处罚的只能是国家公安机关，处罚的依据是《治安管理处罚法》。治安管理处罚一般分为警告、罚款、拘留。劳动法规定，用人单位以暴力、威胁或者非法限制人身自由的手段强迫劳动；侮辱、体罚、殴打、搜查和拘禁劳动者，不构成犯罪的由公安机关对责任人员处于15日以下拘留、罚款或者警告。

（三）违反劳动法的刑事责任

刑事责任是指劳动关系主体违反劳动法的行为构成犯罪应当承担的法律责任，它是对违反劳动法违法犯罪行为的最严厉的一种制裁。劳动法对此主要规定有：

1. 用人单位对事故隐患不采取措施，致使发生重大事故，造成劳动者生命和财产损失的，对责任人员按照刑法有关规定追究刑事责任。

2. 用人单位强迫劳动者违章冒险作业，发生重大伤亡事故，造成严重后果的，对责任人员依法追究刑事责任。

3. 用人单位以暴力威胁或者非法限制人身自由的手段强迫劳动；侮辱、体罚、殴打、搜查和拘禁劳动者，情节严重，构成犯罪的，对责任人员依法追究刑事责任。

4. 用人单位无理阻挠劳动行政部门、有关部门及其工作人员行使监督检查权，打击报复举报人员，构成犯罪的，对责任人员依法追究刑事责任。

5. 劳动行政部门或者有关部门的工作人员滥用职权、玩忽职守，徇私舞弊，构成犯罪的，依法追究刑事责任。

6. 国家机关工作人员和社会保险基金经办机构工作人员贪污、挪用社会保险基金的，依法追究刑事责任。

此外，违反劳动法，依照其他法律、法规应当追究刑事责任的也要追究刑事责任。

思考题

1. 怎样认识劳动法的调整对象、法律适用及其法律地位?

2. 劳动法都规定有哪些基本的劳动法律制度？它对企业经营管理有何重要意义?

3. 劳动者应当如何解除劳动合同？如何处理劳动争议纠纷?

4. 用人单位和劳动者违反劳动合同应承担什么样的法律责任?

5. 案例分析：赵某与某公司签订了为期3年的劳动合同，自2008年2月1日起至2011年1月31日止，双方约定试用期为6个月。2008年6月20日赵某向公司提出辞职（合同期间提出辞职），并向公司索要经济补偿金。公司认为赵某没有提出解除合同的正当理由，也未与公司协商，因而既不同意解除合同，也不负担经济补偿金。

问题：

(1) 赵某提出解除劳动合同时是否需要说明理由？为什么?

(2) 赵某是否可单方解除劳动合同？为什么?

(3) 公司应否给予赵某经济补偿金？说明理由。

6. 案例分析：朱某，女，1960年7月1日出生，1995年7月2日进某学校食堂做清洁工。2000年7月，学校与朱某签订为期8年的劳动合同，并开始为朱某缴纳社会养老保险金。2008年7月，双方签订无固定期限劳动合同。按照国家规定，社会养老保险应当累计缴费满15年，参保人达到退休年龄后才可享受，其中女性职工年满50岁退休。2010年7月1日，朱某年满50岁，学校想以朱某已达到法定退休年龄为由与其终止无固定期限劳动合同。

问题：

(1) 2010年7月1日，学校是否有权终止与朱某的无固定期限劳动合同？学校在什么时候可以终止与朱某的无固定期限劳动合同?

(2) 如果2010年7月1日，学校终止了与朱某的劳动合同，朱某向劳动争议仲裁委员会提起申诉，要求学校支付赔偿金，朱某的该主张能否得到支持？若得到支持，学校应当赔偿多少（经查明，2010 年 7 月 1 日前 12 个月，朱某的月平均工资为 1000 元）？

第十四章

税收管理法

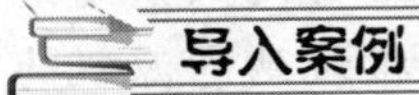

导入案例

长宁县地方税务局稽查局税务行政处理决定是否合法?

原告：王子银

被告：长宁县地方税务局稽查局

原长宁县硐底镇治平石料厂系2004年由王子银投资登记设立的私营独资企业，经营范围及方式：生产、销售石灰石、石粉、碎石。该厂因未办理《安全生产许可证》，于2009年5月停产。2010年11月25日原长宁县硐底镇治平石料厂与长宁县人民政府签订《关于长宁县人民政府因红狮集团收购长宁县硐底镇治平石料厂的价格认证协议书》，就转让该厂价格、价值认证工作达成协议。2011年3月1日原长宁县硐底镇治平石料厂与长宁县硐底镇人民政府达成《企业整体产权转让协议》，将该单位有形资产及矿产资源生产的预计可得利润价值按认证报告确认价值6 948 195.00元；生产经营的营业执照、矿产资源开采许可证及其他，按认证报告确认价值400 000.00元予以转让。王子银领取了全部转让款项。

长宁县地方税务局稽查局于2013年1月24日至2月2日对投资人王子银（原长宁县硐底镇治平石料厂独资企业）在2011年1月1日至12月31日期间地方各税费的缴纳情况进行检查，发现王子银在2011年3月1日与长宁县硐底镇人民政府签订《企业整体产权转让协议》中获得：①房屋（含厂房）类收入210 184.00元；②部分房内设施（砖混结构、固定物）3918.00元；③构筑物类303 785.00元；④电力设施类（电杆电线、固定物）25 527.00元；⑤土石工程类（修建工作平台及炸药库工程）62 142.00元；⑥进出厂区道路342 489.00元；⑦揭盖山费用（视同再建工程未完工转让）56 070.00元；总共计1 004 115.00元。2011年8月1

日，王子银向长宁县地方税务局第六税务所提供了工商部门（宜工商长字）内资准字（2011）第082577号《准予注销登记通知书》、《四川省组织机构代码废置通知单》。在上交地方税务登记正副本时，按认证书一项房屋（含厂房）类金额210 184.00元计算申报缴纳地方各税及附加。针对王子银的避税行为，长宁县地方税务局稽查局依据《中华人民共和国营业税暂行条例》规定，核定王子银应申报缴纳营业税为50 205.75元，仅申报缴纳10 509.20元，少申报缴纳39 696.55元；依据《中华人民共和国城市维护建设税暂行条例》规定，核定王子银应申报缴纳城市维护建设税为2510.29元，仅申报缴纳525.46元，少申报缴纳1984.83元；根据国务院《征收教育费附加的暂行规定》规定，核定王子银应申报缴纳教育费附加为1506.17元，仅申报缴纳315.28元，少申报缴纳1190.89元；根据川府函（2011）68号《四川省地方教育附加征收使用管理办法》规定，核定王子银应申报缴纳地方教育附加为1004.12元，仅申报缴纳210.18元，少申报缴纳793.94元；根据《中华人民共和国资源税暂行条例》和川地税函（2004）368号《四川省地方税务局关于石灰石适用税额的通知》规定，核定王子银应申报缴纳资源税为16 000.00元，未申报缴纳；依据《中华人民共和国印花税暂行条例》规定，核定王子银应申报缴纳印花税为879.40元，仅申报缴纳105.10元，少申报缴纳774.30元；王子银在企业整体产权转让中收取"预可采资源"的可得利润4 686 400.00元、支付银行及个人借款利息5 025 414.39元。其中个人利息4 902 000.00元。根据《中华人民共和国个人所得税法》规定，核定王子银应申报缴纳个人所得税为250 436.83元，仅申报缴纳2101.84元，少申报缴纳248 334.99元。以上款项共计308 775.50元。支付个人借款利息部分，应代扣代缴个人所得税980 400.00元，未进行代扣代缴。

长宁县地方税务局稽查局认为王子银的上述行为，违反了有关税务法律法规的规定，于2013年5月23日依据《中华人民共和国税收征收管理法》第4条规定，对王子银2011年未（少）申报缴纳的印花税、资源税、营业税、城市维护建设税、教育费附加、地方教育附加、个人所得税共计308 775.50元作出予以限期追缴的行政处理决定。限王子银自收到该决定书之日起15日内到长宁县地方税务局第一税务所清缴其税款入库。逾期未缴的，将依法强制执行。同时告知王子银若在纳税上有争议，必须先依照该决定的期限缴纳税款及滞纳金或者提供相应的担保，然后可自上述款项缴清或者提供相应担保被行政机关确认之日起60日内依法向长宁县地方税务局申请行政复议。王子银不服该处理决定，在缴清税款后，向长宁县地方税务局申请行政复议。2013年9月18日，长宁县地方税务局维持了该处理决定。

法院认为，根据《中华人民共和国税收征收管理法》第4条第1款"法律、行政法规规定负有纳税义务的单位和个人为纳税人"及第3款"纳税人、扣缴义务人必须依照法律、行政法规的规定缴纳税款、代扣代缴、代收代缴税款"的规定，王子银作为投资人开设的原长宁县硐底镇治平石料厂经过工商税务登记，是法定的纳税人。2011年8月1日，王子银在上交地方税务登记正副本时，未如实申报转让所得，仅按房屋（含厂房）一项金额210 184.00元计算申报缴纳地方各税及附加，与我国《个人所得税法》、《营业税暂行条例》、《城市维护建设税暂行条例》、《印花税暂行条例》等相关的税务法律法规相悖。长宁县地方税务局稽查局对其进行稽查，是履行法定职责的行为，符合国家税务总局《税务稽查工作规程》第10条“稽查局应当在所属税务局的征收管理范围内实施税务稽查”的规定。王子银对长宁县地方税务局稽查局稽查出的税额事实在起诉中未予否认，仅认为长宁县地方税务局稽查局在作出税务处理决定中处理对象错误，未告知享有听证的权利，程序违法，应予撤销。依照《中华人民共和国税收征收管理法》第8条第4款“纳税人、扣缴义务人对税务机关所作出的决定，享有陈述权、申辩权；依法享有申请行政复议、提起行政诉讼、请求国家赔偿等权利”的规定，长宁县地方税务局稽查局在作出行政处理决定前未告知王子银要求听证的权利，并未违反相关法律规定。关于处理对象，2013年2月4日长宁县地方税务局稽查局在《稽查报告》中称谓“原长宁县硐底镇治平石料厂（投资人王子银）”；王子银在诉状及庭审中多次陈述“原长宁县硐底镇治平石料厂已于2011年6月21日注销，主体资格不复存在”，正因为注销了才叫“原”。但长宁县地方税务局稽查局作出长地税稽处（2013）7号《税务处理决定书》中称谓“长宁县硐底镇治平石料厂（投资人王子银）”，这种表述确实存在瑕疵，但不影响本案的处理决定。我国《个人独资企业法》规定个人独资企业是投资人以其个人财产对企业债务承担无限责任的经营实体。个人独资企业解散后，原投资人对个人独资企业存续期间债务仍应承担偿还责任，但债权人在5年内未向债务人提出偿债请求的，该责任消灭。王子银在收到行政处理决定书后已完清了追缴部分税款。长宁县地方税务局稽查局根据国家税务总局《税务稽查工作规程》规定进行选案受理，检查、询问、告知、审理，查证的补追缴税款事实较为清楚，证据也确实充分，并依法送达《税务处理决定书》，其行政程序符合法律规定。一审法院依照《中华人民共和国行政诉讼法》第54条第1项之规定，判决维持长宁县地方税务局稽查局作出的长地税稽处（2013）7号《税务处理决定书》。

【问题思考】

1. 何为纳税人？本案的原告能否成为纳税人？
2. 目前我国有哪些税种？本案涉及的税种有哪些？各税种的区分标准是什么？
3. 作为被告的税务机关对于原告的税收征收管理行为是否适当？为什么？
4. 被告的税务申报行为是否违法税收征管法？其承担的法律责任是否合适？
5. 国家税收机关应该如何依法征税？企业和个人应如何依法纳税？所有这些问题分别涉及税收法的哪些规定？

一、税收法概述

（一）税收的概述

1. 税收的概念、特征。税收是国家实现其职能的重要形式，是指以国家为主体，为实现国家职能，凭借政治权力，按照法律规定，无偿取得一定货币或实物的特定分配形式。税收作为一种特定的分配形式，既是一个历史范畴，又是一个经济范畴。首先，税收是人类社会发展到一定历史阶段的产物，是伴随私有制和国家的产生而产生；其次，税收是国家参与一部分社会产品的分配和再分配的手段，其实质是一种以国家为主体的特殊分配形式。税收与其他财政收入形式相比，具有强制性、无偿性和固定性三个特征。

（1）强制性。这是指国家以社会管理者的身份，凭借政权力量，通过颁布法律或法规，按照一定的征收标准进行强制征税。负有纳税义务的个人和组织，都必须遵守国家强制性的税收法律制度，依法纳税，否则就要受到法律制裁。

（2）无偿性。这是指国家取得税收收入既不需偿还，也不需对纳税人付出任何对价。税收的无偿性特征，是与税收是国家凭借政治权力进行收入分配的本质相关联的：它既不是凭借财产所有权取得的收入，也不像商品交换那样，需要用使用价值的转换或提供特定服务取得收入。

（3）固定性。这是指国家征税以法律形式预先规定征税范围和征收比例。税收是按照国家法律制度规定的标准征收的，在征税之前就以法律形式将课税对象、征收比例或数额等公布于众，然后按事先公布的标准征收。课税对象、征收比例或数额等制定公布后，在一定时期内保持稳定不变，未经严格的立法程序，任何单位和个人对征税标准都不得随意变更或修改。

2. 税收的作用。在市场经济体制下，税收主要功能是具有形成国家财政收入、公平税负、稳定经济和维护国家政权四个方面的作用：

（1）税收具有形成国家财政收入的作用。国家要实现其职能，维持国家机器的正常运转，需要大量的财政资金。国家对此可以采取多种方式、通过各种渠道来实现。其中，最有效、最可靠的就是征税。

（2）税收具有公平税负的作用。这体现在通过税收征收，使市场机制下形成的高收入者多负担税收，低收入者少负担税收，从而使税后收入分配趋向公平。相对公平的税负对社会的稳定和发展起着至关重要的作用。

（3）税收具有稳定经济的作用。体现在税收作为国家宏观经济调节工具的一种重要手段，其在政府收入中的重要份额，决定了对公共部门消费的影响，进而会影响总需求。税收在税目、税率、减免税等方面的规定，会直接影响投资行为，从而对总需求产生影响。这样就达到了调节社会生产、交换、分配和消费，促进社会经济健康发展的目的。

（4）税收具有维护国家政权的作用。国家政权是税收产生和存在的必要条件，而国家政权的存在又有赖于税收的存在。没有税收，国家机器就不可能有效运转。

同时，税收分配不是按照等价原则和所有权原则分配的，而是凭借政治权力，对物质利益进行调节，体现国家支持什么，限制什么，从而达到巩固国家政权的政治目的。

3. 税收的分类。随着经济的发展，税收制度变得愈加复杂，如何对税种进行科学分类，成为税收制度研究的重要前提。对税种的分类有多种方法，主要有按课税对象性质、经济性质及其转嫁归宿状况分类。我国的税收分类方式主要有：

（1）按征税对象的性质不同分类，可分为流转税类、所得税类、资源税类、财产税类、行为税类五大类型。流转税是以商品生产、商品流通和劳动服务的流转额为征税对象的一类税收，如增值税、营业税。所得税是以纳税人的各种收益额为征税对象的一类税收，如个人所得税。资源税是以自然资源和某些社会资源为征税对象的税收。财产税是以纳税人拥有的财产数量或财产价值为征税对象的一类税收，如房产税。行为税是国家为了实现某种特定目的，以纳税人的某些特定行为为征税对象的一类税收，如印花税。

（2）按管理和使用权限不同分类，可分为中央税、地方税和中央地方共享税。中央税，属于中央政府的财政收入，由国家税务局负责征收管理，如关税和消费税；地方税，属于地方各级政府的财政收入，由地方税务局负责征收管理，如城镇土地使用税、契税、营业税等；中央地方共享税，属于中央政府和地方政府财政的共同收入，由中央、地方政府按一定的比例分享税收收入，目前由国家税务局负责征收管理，如增值税。

（3）按计税依据不同分类，可分为从价税、从量税和复合税。从价税是以征税对象价格为计税依据，其应纳税额随商品价格的变化而变化，能充分体现合理负担的税收政策，因而大部分税种均采用这一计税方法，如增值税、营业税等。从量税是以征税对象的数量、重量、体积等作为计税依据，其课税数额与征税对象数量相关而与价格无关，如资源税、耕地占用税等。复合税是对某一进出口货物或物品既征收从价税，又征收从量税，如卷烟、白酒的消费税。

（4）按税负能否转嫁分类，可分为直接税和间接税。直接税是指由纳税人直接负担，不易转嫁的税种，如所得税类、财产税类等。间接税是指纳税人能将税负转嫁给他人负担的税种，一般情况下各种商品的课税均属于间接税。

（二）税法的概述

1. 税法的概念。税收属于经济学概念，而税法则属于法学概念。所谓税法，即税收法律制度，是由国家最高权力机关或其授权的行政机关规定的有关调整国家在筹集财政资金方面形成的税收关系的法律规范的总称。税法是以宪法为依据，调整国家与社会成员在征纳税方面的权利与义务关系，维护社会经济秩序和纳税秩序，保障国家利益和纳税人合法权益的一种法律规范，是国家税务机关及一切纳税单位和个人依法征税、依法纳税的行为规则。

税法与税收存在着密切的联系、税收活动必须严格依照税法的规定进行，税法是税收的法律依据和法律保障。税收以税法为其依据和保障，而税法又必须以保障税收活动的有序进行为其存在的理由和依据。此外，税收作为一种经济活动，属于经济基础范畴；而税法则是一种法律制度，属于上层建筑范畴。国家和社会对税收收入与税收活动的客观需要，决定了与税收相对应的税法的存在；而税法则对税收的有序进行和税收目的的有效实现起着重要的法律保障作用。

2. 税法的分类。按税法的立法目的、征税对象、权限划分、适用范围、功能作用、法律效力等的不同，可对税法做出不同的分类。

（1）按照税法的功能作用的不同，可分为税收实体法和税收程序法。税收实体法是指确定的税种立法，具体规定了税种的征收对象、征税范围、计税依据和税款缴纳期限等的实体法律，如《中华人民共和国企业所得税法》、《中华人民共和国个人所得税法》等。税收程序法是指税务管理方面的法律，规定征收管理方式方法程序的法律，如《中华人民共和国税收征收管理法》、《中华人民共和国海关法》等。

（2）按照主权国家行使税收管辖权的不同，可分为国内税法、国际税法、涉外税法等。国内税法是调整国家税务机关与国内经济组织或公民个人之间的税收征纳关系的法律规范。国际税法是调整国家、政府之间以及一国政府与跨国纳税人之间，关于税收权益的分配关系的法律规范，包括政府间的双边或多边税收协定、关税互惠公约、国际税收惯例等形式。涉外税法是调整国家税务机关与具有涉外因素征纳关系的法律规范。

（3）按照税收立法权限或者法律效力的不同，可以划分为税收法律、税收行政法规、税收规章和税收范性文件等。税收法律是指拥有税收立法权的国家机关依照法律规定的程序在其职权范围内制定的颁布的调整税收关系的规范性文件，是税法的主要表现形式。如《税收征收管理法》、《个人所得税法》、《企业所得税法》等。税收行政法规是由国务院制定的税收法律规范的总称，如《营业税暂行条例》、《个人所得税法实施条例》等。税收规章包括国务院税务主管部门（财政部、国家税务总局和海关总署等）制定的税收部门规章和地方政府制定的地方税收规章。如《发票管理办法》、《增值税暂行条例实施细则》、《房产税暂行条例》等。税收规范性文件是由县级以上（含本级）各级税务机关依照法定职权和规定程序制定并发布的，涉及税务行政管理相对人权利、义务，在本辖区内对征纳双方具有普遍约束力并能够反复适用的文件。

3. 税收法律关系。税收法律关系，是指税收法律制度所确认和调整的国家与纳税人之间、国家与国家之间以及各级政府之间在税收分配过程中形成的权利和义务关系。税收法律关系体现为国家征税与纳税人纳税的利益分配关系。总体上，税收法律关系与其他法律关系一样，也是由主体、客体和内容三个要素构成。这三个要素之间互相联系，形成统一的整体。

（1）税收法律关系主体。这是指税收法律关系中享有权利和承担义务的当事人，即税收法律关系的参加者。在我国，税收法律关系的主体包括征纳双方，即分为征税主体和纳税主体。征税主体是指税收法律关系中享有征税权利的一方当事人，即税务行政执法机关，包括各级税务机关、海关等；纳税主体即税收法律关系中负有纳税义务的一方当事人，包括自然人、法人和其他组织（即单位和个人）。

（2）税收法律关系客体。这是指税收法律关系主体双方的权利和义务所共同指向的对象，即征税对象，包括物或行为。这是区别一种税与另一种税的重要标志，是税法最基本的要素，体现着征税的最基本界限，决定着某一种税的基本征税范围，同时，征税对象也决定了各个不同税种的名称。

（3）税收法律关系内容。这是指税收法律关系主体依法所享受的权利和应承担的义务，这是税收法律关系中最实质的内容，也是税法的灵魂。它具体规定了税收法律关系主体可以有什么行为，不可以有什么行为，如果违反了税法的规定，应该如何处罚等。

4. 税法的要素。税法要素是指各种单行税法具有的共同的基本要素的总称。税法要素主要包括征税人、纳税人、征税对象、税目、税率、减税免税、纳税环节、纳税期限、法律责任等。其中纳税人、征税对象、税率三项是一种税收课征制度或一种税收基本构成的基本因素。

（1）征税人。征税人是指代表国家行使征税职权的各级税务机关和其他征收机关。因税种的不同，征税人也可能不同。我国的单项税法中都有有关征税人的规定。如增值税的征税人是税务机关，关税的征税人是海关。

（2）纳税义务人。纳税义务人简称纳税人，是指依法直接负有纳税义务的自然人、法人和其他组织。

（3）征税对象。征税对象也称为征税范围，它是指税收法律关系中权利义务所指向的对象，即对什么征税。征税对象包括物或行为。不同的征税对象又是区别不同税种的重要标志。

（4）税目。税目是税法中具体规定应当征税的项目，是征税对象的具体化，代表征税的广度。

（5）税率。税率是指应纳税额与计税金额（或数量单位）之间的比例，它是计算税额的尺度。税率的高低直接体现国家的政策要求，直接关系到国家财政收入的多少和纳税人的负担程度，是税收法律制度中的核心要素。我国税法规定的税率有：①比例税率。比例税率是指对同一征税对象，不论其数额大小，均按同一个比例征税的税率。②累进税率。累进税率是根据征税对象数额的大小，规定不同等级的税率。即征税对象数额越大，税率越高。累进税率又分为全额累进税率、超额累进税率、超率累进税率和超倍累进税率四种。③定额税率。其又称固定税率，是指按征税对象的一定单位直接规定固定的税额，而不采取百分比的形式。

（6）计税依据。计税依据是指计算应纳税额的依据或标准，即依据什么来计算纳税人应缴纳的税额。一般有两种：①从价计征；②从量计征。从价计征，是以计税金额为计税依据。从量计征，是以征税对象的重量、体积、数量为计税依据。

（7）纳税环节。商品流转过程中，包括工业生产、农业生产、货物进出口、农产品采购或发运、商业批发、商业零售等在内的各个环节，具体被确定应当缴纳税款的环节，就是纳税环节。

（8）纳税期限。纳税期限是指纳税人的纳税义务发生后应依法缴纳税款的期限。规定纳税期限是为了保证国家财政收入的及时实现，也是税收强制性和固定性的体现。

（9）减免税。减免税是国家对某些纳税人和征税对象给予鼓励和照顾的一种特殊规定。减税是指对应征税款减少征收一部分。免税是对按规定应征收的税款全部免除。

（10）法律责任。法律责任是指对违反国家税法规定的行为人采取的处罚措施。一般包括违法行为和因违法而应承担的法律责任两部分内容。这里的违法行为是指违反税法规定的行为，包括作为和不作为。这里的法律责任包括行政责任和刑事责任。纳税人和税务人员违反税法规定，都将依法承担法律责任。

二、有关税法的主要规定

（一）流转税

流转税类，是以商品生产、商品流通和劳务服务的流转额为征税对象的一类税收。其中，流转额包括商品交易的金额或数量和劳务收入的金额。我国现行的增值税、消费税、营业税、关税均属于流转税类。

1. 增值税。这是指对从事销售货物或者加工、修理修配劳务，以及进出口货物的单位和个人取得的增值额为计税依据征收的一种流转税。按照外购固定资产处理方式的不同，可将增值税划分为消费型增值税、收入型增值税和生产型增值税三种类型。消费型增值税允许纳税人在计算增值税时，将外购固定资产的价值一次性全部扣除，它是世界上实行增值税的国家普遍采用的一种类型。我国从 2009 年 1 月 1 日起全面实行消费型增值税。收入型增值税允许纳税人在计算增值税时，将外购固定资产折旧部分扣除。生产型增值税不允许纳税人在计算增值税时扣除外购固定资产的价值。增值税自 1954 年在法国问世后，许多国家纷纷引进这种较为科学的税收制度，目前，世界上约有 100 多个国家和地区采用不同类型的增值税。自 1983 年 1 月 1 日起，我国开始试行增值税。我国当时的增值税属于生产型增值税。2004 年 9 月经国务院批准，财政部、国家税务总局印发了《东北地区扩大增值税抵扣范围若干问题的规定》，标志着我国现行的生产型增值税开始向消费型增值税转型试点。自 2013 年 8 月 1 日起，在全国范围内开展交通运输业和部分现代服务业营业税改征增值税试点。自 2014 年 1 月 1 日起，铁路运输和邮政业也纳入了营业税改征增值税的试点。同时为准确执行出口货物劳务税收政策，进一步规范管理，国家税务总局于 2013 年 3 月 20 日发布了《国家税务总局关于〈出口货物劳务增值税和消费税管理办法〉有关问题的公告》，进一步明确了未结清出口退（免）

税款可以办理出口企业退（免）税资格认定注销的两种情况，增加了放弃全部适用退（免）税政策的规定等内容，并进一步简化申报手续。

（1）纳税义务人。在中华人民共和国境内销售货物或者提供加工、修理修配劳务以及进口货物的单位和个人，为增值税的纳税义务人。企业租赁或承包给他人经营的，以承租人或承包人为纳税人。依据增值税纳税人的经营规模及会计核算健全与否，可以分为一般纳税人和小规模纳税人。

（2）征税范围。增值税的征税范围包括销售货物、进口货物及部分加工性劳务，如修理、修配劳务。对大部分一般性劳务和农业没有实行增值税。现行增值税的征税范围主要包括：销售货物，是指在我国境内有偿转让货物的所有权。货物，是指除土地、房屋和其他建筑物等不动产之外的有形动产，包括电力、热力、气体在内。单位和个人在中国境内销售货物，即销售货物的起运地或所在地在境内，不论是从受让方取得货币，还是获得货物或其他经济利益，都应视为有偿转让货物的销售行为，应征收增值税。不动产的销售虽在广义上也属于货物销售的范围，但考虑到不动产的增值具有特殊性，故不征收增值税，而征收营业税和土地增值税等。提供加工、修理修配劳务又称销售应税劳务，是指在中国境内有偿提供加工、修理修配劳务。加工，是指受托加工货物，即由委托方提供原料及主要材料，受托方按照委托方的要求制造货物并收取加工费的业务。修理修配，是指受托对损伤和丧失功能的货物进行修复，使其恢复原状和功能的业务。单位和个人在中国境内提供或销售上述劳务，即应税劳务的发生地在中国境内，不论受托方从委托方收取的加工费是以货币的形式，还是以货物或其他经济利益的形式，都应视作有偿销售行为，应征收增值税。但是，单位或个体经营者聘用的员工为本单位或雇主提供加工、修理修配劳务，不包括在内。进口货物，是指进入中国关境的货物。对于进出口货物，除依法征收关税外，还应在进口环节征收增值税。

（3）税率。增值税的基本税率为17%，适用于除实行低税率和零税率以外的大多数销售货物或进口货物及提供加工、修理修配劳务。纳税人销售或进口下列货物，适用13%的税率：粮食、食用植物油、鲜奶；暖气、冷气、热水、煤气、石油液化气、天然气、沼气、居民用煤炭制品；图书、报纸、杂志（邮政部门发行报刊缴纳营业税，不缴纳增值税）；饲料、化肥、农药、农机（不包括农机零部件）、农膜；国务院规定的其他货物。

此外，《增值税暂行条例》及其实施细则实施后，国家陆续对一些货物的税率由17%调整为13%，如农产品、金属矿采选产品和非金属矿采选产品等。小规模纳税人销售货物或者应税劳务的征收率为6%，其中商业企业小规模纳税人的征收率为4%。

除国务院另有规定外，出口货物税率为零。这里所说的国务院另有规定的，主要有纳税人出口的原油、援外出口货物、糖；经国务院批准的其他商品，如天然牛黄、麝香、铜及铜基合金、铂金等。

（4）增值税应纳税额的计算。一般纳税人的增值税依应纳税额计算。即一般采取税款抵扣的方法，间接计算增值税应纳税额。其计算公式为：应纳税额＝当期销项税额－当期进项税额。其中，当期销项税额等于增值税销售额乘以适用增值税税率，即销项税额＝销售额×税率（计算公式中的销售额不含增值税的）；当期进项税额等于购进货物或者接受应税劳务所支付或者负担的增值税额。因当期销项税额小于当期进项税额不足抵扣时，其不足抵扣部分可以结转下期继续抵扣。增值税销售额，是指纳税人销售货物或者提供应税劳务，从购买方或承受应税劳务方收取的全部价款和一切价外费用。价外费用包括向购买方收取的手续费、补贴、基金、集资费、返还利润、奖励费、违约金、包装费、包装物租金、储备费、优质费、运输装卸费、代收款项、代垫款项及其他各种性质的价外收费。

如果销售额中包含增值税税款的，则应将不含税的销售额和销项税额分离出来，计算公式为：不含增值税销售额＝含增值税销售额÷（1＋税率或征收率）。

小规模纳税人的增值税应纳税额的计算。小规模纳税人销售货物或计税劳务，实行简易方法计算应纳税额，计算公式为：应纳税额＝销售额×征收率。

销售额的确定与一般纳税人相同，不同的是小规模纳税人不得抵扣任何进项税额。

进口货物的增值税应纳税额的计算。进口的应税货物，按照组成计税价格和规定的增值税税率计算应纳税额，不得抵扣进项税额。应纳税额计算公式为：应纳税额＝组成计税价格×税率。其中组成计税价格＝关税完税价格＋关税＋消费税。

2. 消费税。这是指对特定的消费品和消费行为在特定的环节征收的一种流转税。具体地说，是指对从事生产、委托加工及进口应税消费品的单位和个人，就其消费品的销售额或销售数量或者销售额与销售数量相结合征收的一种流转税。目前，世界上约有120多个国家和地区开征了消费税，但具体名称和征收形式不尽相同，有的叫货物税，有的叫奢侈品税；一些国家按征税对象确定税种名称，如烟税、酒税、矿物税等。1993年12月13日国务院颁布，经2008年11月5日国务院第34次常务会议修订通过的《中华人民共和国消费税暂行条例》，以及2008年12月15日财政部、国家税务总局令第51号颁布的《中华人民共和国消费税暂行条例实施细则》，这两个法规、规章构成了我国现行消费税基本法律制度。

（1）纳税义务人。这是指在中国境内生产、委托加工和进口应税消费品的单位和个人，具体包括：企业、行政单位、事业单位、军事单位、社会团体、在中国注册的国际组织的机构和外国机构、港澳台地区的机构等，以及个体经营者和包括中国公民和外国公民在内的其他个人。单位和个人生产、委托加工和进口应税消费品在中国境内是指生产、委托加工和进口应税消费品的起运地或所在地在境内。具体来说，消费税纳税人包括：生产应税消费品、进口应税消费品、委托加工应税消费品的单位和个人。

（2）征税范围。主要是根据经济发展现状和社会消费水平，依据国家财政政策的需要，并借鉴国外的成功经验和通行做法确定的。现行消费税的征收范围主要包括：烟；酒及酒精；鞭炮、焰火；化妆品；成品油；贵重首饰及珠宝玉石；高尔夫球及球具；高档手表；游艇；木制一次性筷子；实木地板；汽车轮胎；摩托车；小汽车等税目。消费税属于价内税，并实行单一环节征收，除金银首饰、钻石饰品改为零售环节征税外，一般在应税消费品的生产、委托加工和进口环节缴纳，在以后的批发、零售等环节中，由于价款中已包含消费税，因此不必再缴纳消费税。

（3）税率。采用比例税率和定额税率相结合的形式计税。比例税率从价征收，定额税率从量征收。根据不同的应税消费品分别实行从价定率、从量定额和从量定额与从价定率相结合的复合计税方法。比例税率比例税率中最高税率为56%，最低税率为1%；定额税率最高为每征税单位250元。国家将根据经济发展和产业政策的需要，对一些列入征收消费税和税率进行必要调整和完善，消费税具体税率应以最新规定为准。

（4）消费税应纳税额的计算。从价定率征税的应纳税额的计算。应税消费品销售额，是纳税人销售应税消费品向购买方收取的全部价款和价外费用。价外费用包括价外收取的基金、集资费、返还利润、补贴、违约金、手续费、包装费、储备费、优质费、运输装卸费、代收款项、代垫款项，以及其他各种性质的价外收费。实行从价定率征税的应税消费品，其计税依据是含消费税而不含增值税的销售额。

实行从价定率征收的计算方法：应纳税额＝应税消费品销售额×比例税率。

实行从量定率征收的计算方法：应纳税额＝应税消费品销售数量×定额税率。

实行复合计税的计算方法：应纳税额＝应税消费品销售数量×定额税率＋应税消费税销售额×比例税率。

（5）出口退税。除国务院对国家限制出口的应税消费品有规定外，纳税人出口应税消费品的，免征消费税；已征消费税的，可以按国家有关规定办理退税手续。出口的应税消费品办理退税后，发生退关或者国外退货，进口时予以免税的，报关出口者必须及时向其所在地主管税务机关申报并缴纳已退还的消费税税款。

3. 营业税。这是指对提供应税劳务、转让无形资产和销售不动产的单位和个人，就其取得的营业收入额（销售额）征收的一种流转税。营业税起源较早。现行我国营业税法的基本规范，是2008年11月5日国务院第34次常务会议修订通过的《中华人民共和国营业税暂行条例》，以及2008年12月18日财政部、国家税务总局令第52号颁布的《中华人民共和国营业税暂行条例实施细则》，2011年修订。2015年5月，营改增的最后三个行业建安房地产、金融保险、生活服务业的营改增方案将推出，不排除分行业实施的可能性。其中，建安房地产的增值税税率暂定为11%，金融保险、生活服务业为6%。这意味着，进入2015年下半年后，中国或将全面告别营业税。

（1）纳税义务人。这是指在中国境内提供营业税应税劳务、转让无形资产或者销售不动产的单位和个人。

（2）征税范围。包括提供应税劳务、转让无形资产和销售不动产。营业税一共设置了9个税目，分别为：交通运输业、建筑业、金融保险业、邮电通信业、文化体育业、娱乐业、服务业、转让无形资产、销售不动产。有些销售行为往往既涉及一些应税劳务，又涉及货物，很难简单地确定对其征收营业税还是增值税。对这类混合销售行为和兼营行为，税法作出如下规定：

第一，一项销售行为如果既涉及营业税的应税劳务又涉及增值税的货物，为混合销售行为。从事货物的生产、批发或零售的企业、企业性单位及个体经营者的混合销售行为，视为销售货物，不征收营业税。

第二，纳税人兼营应税劳务与货物或非应税劳务的，应分别核算应税劳务的营业额和货物或非应税劳务的销售额。不分别核算或不能准确核算的，其应税劳务与货物或非应税劳务一并征收增值税，不征收营业税。

（3）税率。根据不同行业的盈利水平，营业税税率按行业实行有差别的比例税率，具体分为三个档次：交通运输业、建筑业、邮电通信业、文化体育业适用3%的税率；服务业、转让无形资产、销售不动产和金融保险业适用5%的税率；娱乐业适用20%的税率。纳税人兼有不同税目应税行为的，应分别核算不同税目的营业额。不分别核算或不能准确提供营业额的，其适用不同税率的应税劳务项目，一并按从高税率征税。

（4）应纳税额的计算。纳税人的营业额为纳税人提供应税劳务、转让无形资产或者销售不动产时向对方收取的全部价款和价外费用。价外费用包括纳税人提供应税劳务、转让无形资产、销售不动产向对方收取的手续费、基金、集资费、代收款项、代垫款项及其他各种性质的价外收费。凡属价外费用，无论会计制度规定如何核算，均应并入营业额计算应纳税额。

纳税人提供应税劳务、转让无形资产或销售不动产，按照营业额和规定的税率计算其应纳税额。计算公式为：营业税应纳税额 = 营业额 × 税率。

（5）营业税的起征点。为了贯彻合理负担原则，照顾低收入的纳税人，同时考虑到税收征收成本，《营业税暂行条例》及实施细则对纳税人个人取得的属于营业税征收范围的收入金额，规定了起征点。即按月纳税的起征点为月营业额1000至5000元，各地区根据自身不同经济发展情况选择实行；按次纳税的起征点为每次（日）营业额100元。纳税人营业额未达到起征点的，免征营业税；超过起征点的，应按其全部营业额计算应纳税额。此外，对于某些与人民群众生活密切相关的行业，如托儿所、幼儿园、养老院、纪念馆、博物馆、展览馆、图书馆，以及农业机耕、排灌、病虫害防治业务等，国家实行鼓励发展的税收政策，免征营业税。对符合国家规定的民政福利企业、学校办企业，从事社区居民服务业的下岗职工等，可享受一定免税、减税待遇。

4. 关税。这是海关依法对进出国境或关境的货物、物品征收的一种税。关税一般分为进口关税、出口关税和过境关税。我国目前对进出境货物征收的关税分为进口关税和出口关税两类。第六届全国人大常委会第十九次会议于1987年1月22日通过的、于2000年7月8日及2013年6月29日两次修正的《海关法》，国务院于2003年11月颁布的《进出口关税条例》，以及经国务院关税税则委员会审定并报国务院批准，由海关总署印发的《海关进出口税则》、《中华人民共和国关于入境旅客行李物品和个人邮递物品征收进口税办法》等规章、制度、文件，构成了我国关税法律制度。

(1) 纳税义务人。包括进口货物的收货人、出口货物的发货人、进出境物品的所有人。进出口货物的收、发货人是依法取得对外贸易经营权，并进口或者出口货物的法人或者其他社会团体。进出境物品的所有人包括该物品的所有人和推定为所有人的人。一般情况下，对于携带进境的物品，推定其携带人为所有人；对分离运输的行李，推定相应的进出境旅客为所有人；对以邮递方式进境的物。推定其收件人为所有人；以邮递或其他运输方式出境的物品，推定其寄件人或托运人为所有人。

(2) 征税范围。包括国家准许进出口的货物、进境物品，但法律、行政法规另有规定的除外。货物，是指贸易性商品；物品，是指入境旅客随身携带的行李物品、个人邮递物品、各种运输工具上的服务人员携带进口的自用物品、馈赠物品以及其他方式进境的个人物品。对从境外采购进口的原产予中国境内的货物，海关也要征收进口关税。除国家规定享受减免税的货物可以免征或减征关税外，所有进口货物和少数出口货物均属于关税的征税范围。

(3) 税率。关税税率为差别比例税率，分为进口关税税率、出口关税税率和特殊关税。具体如下：进口关税税率。在我国加入世界贸易组织（WTO）之前，我国进口税则设有两档税率，即普通税率和优惠税率。对原产于与我国未订有关税互惠协议的国家或者地区的进口货物，按照普通税率征税；对原产于与我国订有关税互惠协议的国家或者地区的进口货物，按照优惠税率征税。在我国加入WTO之后，为履行我国在加入WTO关税减让谈判中承诺的有关义务，享有WTO成员应有的权利，自2002年1月1日起，我国进口税则设有最惠国税率、协定税率、特惠税率、普通税率、关税配额税率等税率。出口关税税率。这是对出口货物征收关税而规定的税率。目前我国仅对少数资源性产品及易于竞相杀价，需要规范出口秩序的半制成品征收出口关税。未订有出口关税税率的货物，不征出口关税。特别关税。为了应对个别国家对我国出口货物的歧视，任何国家或者地区如对进口原产于我国的货物征收歧视性关税或者给予其他歧视性待遇的，海关可以对原产于该国或者地区的进口货物征收特别关税。特别关税包括报复性关税、反倾销税与反补贴税、保障性关税。

(4) 应纳税额的计算。我国对进口商品基本上都实行从价税。从1997年7月起，我国对部分产品实行从量税、复合税和滑准税。从价税应纳关税税额的计算公式为：关税应纳税额 = 应税进（出）口货物数量 × 单位完税价格 × 适用税率。

（二）所得税

所得税属直接税，是以纳税义务人的所得额为征税对象所征收的税收。所得税是一种直接税，以纳税义务人的实际负担能力为征税原则。所得税包括企业所得税和个人所得税。

1. 企业所得税。这是指国家对企业和组织的生产经营所得和其他所得征收的一种税。长期以来，我国企业所得税按内资、外资企业分别立法，外资企业适用1991年第七届全国人民代表大会第四次会议通过的《中华人民共和国外商投资企业和外国企业所得税法》，内资企业适用1993年国务院发布的《中华人民共和国企业所得税暂行条例》，这对吸引外资、促进经济发展发挥了重要作用。2007年3月16第十届全国人民代表大会第五次会议通过了《中华人民共和国企业所得税法》（以下简称《企业所得税法》），统一了内外资企业所得税，该法自2008年1月1日起施行。为了更好实施《企业所得税法》，2007年11月28日国务院第197次常务会议通过《中华人民共和国企业所得税法实施条例》。

（1）纳税义务人。在中华人民共和国境内，企业和其他取得收入的组织（以下简称企业）为企业所得税的纳税人，但个人独资企业和合伙企业缴纳个人所得税。企业分为居民企业和非居民企业。《企业所得税法》所称的居民企业是指依照中国法律、法规在中国境内成立，或者依照外国（地区）法律成立但实际管理机构在中国境内的企业。所称非居民企业是指依照外国（地区）法律、法规成立且实际管理机构不在中国境内，但在中国境内设立机构、场所的，或者在中国境内未设立机构、场所，但有来源于中国境内所得的企业。

（2）征税范围。包括我国境内的企业和组织取得的生产经营所得和其他所得。居民企业应当就其来源于中国境内、境外的所得缴纳企业所得税。非居民企业在中国境内设立机构、场所的，应当就其所设机构、场所取得的来源于中国境内的所得，以及发生在中国境外但与其所设机构、场所有实际联系的所得，缴纳企业所得税。非居民企业在中国境内未设立机构、场所的，或者虽设立机构、场所但取得的所得与其所设机构、场所没有实际联系的，应当就其来源于中国境内的所得缴纳企业所得税，即预提所得税。

纳税人的生产、经营所得，是指其从事物质生产、交通运输、商品流通、劳务服务以及经国家主管部门确认的其他营利事业取得的合法所得，还包括卫生、物资、供销、城市公用和其他行业的企业，以及一些社团组织、事业单位、民办非企业单位开展多种经营和有偿服务活动，取得的合法经营所得。纳税人的其他所得，是指股息、利息、租金、特许权使用费以及营业外收益等所得。另外，企业解散或破产后的清算所得，也属于企业所得税的征税范围。

（3）税率。采用比例税率，这是对纳税人应纳税所得额征税的比率，即应纳税额与应纳税所得额的比率。《企业所得税法》实施前，内资企业和外资企业所得税税率均为33%。同时，对一些特殊区域的外资企业实行24%、15%的优惠税率，对内资微利企业分别实行27%、18%的两档照顾税率。《企业所得税法》实施后，企业（包括内资企业和外资企业）所得税的税率为25%。非居民企业在中国境内未设立机构、场所的，或者虽设立机构、场所但取得的所得与其所设机构、场所没有实际联系的，其来源于中国境内的所得缴纳企业所得税，适用税率为20%。此外，国家为了重点扶持和鼓励发展特定的产业和项目，还规定了两档税率：符合条件的小型微利企业，减按20%的税率征收企业所得税。国家需要重点扶持的高新技术企业，减按15%的税率征收企业所得税。

（4）应纳税额的计算。企业所得税的计税依据为应纳税所得额。《企业所得税法》规定的应纳税所得额，是指企业每一纳税年度的收入总额，减除不征税收入、免税收入、各项扣除以及允许弥补的以前年度亏损后的余额。应纳税所得额计算公式为：应纳税所得额 = 每一纳税年度的收入总额 − 不征税收入 − 免税收入 − 各项扣除项目 − 允许弥补的以前年度亏损

企业的应纳税所得额乘以适用税率，减除税收优惠的规定减免和抵免的税额后的余额，为应纳税额。计算公式为：应纳税额 = 应纳税所得额 × 适用税率 − 减免和抵免税额

企业取得的下列所得已在境外缴纳的所得税税额，可以从其当期应纳税额中抵免，抵免限额为该项所得依照规定计算的应纳税额；超过抵免限额的部分，可以在以后5个年度内，用每年度抵免限额抵免当年应抵税额后的余额进行抵补：①居民企业来源于中国境外的应税所得。②非居民企业在中国境内设立机构、场所，取得发生在中国境内但与该机构、场所有实际联系的应税所得。③居民企业从其直接或者间接控制的外国企业分得的来源于中国境外的股息、红利等权益性投资收益，外国企业在境外实际缴纳的所得税税额中属于该项所得负担的部分，可以作为该居民企业的可抵免境外所得税税额，在上述规定的抵免限额内抵免。

（5）税收优惠。企业的下列收入为免税收入：国债利息收入；符合条件的居民企业之间的股息、红利等权益性投资收益；在中国境内设立机构、场所的非居民企业从居民企业取得与该机构、场所有实际联系的股息、红利等权益性投资收益；符合条件的非营利组织的收入。

企业的下列所得，可以免征、减征企业所得税：从事农、林、牧、渔业项目的所得；从事国家重点扶持的公共基础设施项目投资经营的所得；从事符合条件的环境保护、节能节水项目的所得；符合条件的技术转让所得；非居民企业在中国境内未设立机构、场所的，或者虽设立机构、场所但取得的所得与其所设机构、场所没有实际联系的，其来源于中国境内的所得；民族自治地方的自治机关对本民族自治地方的企业应缴纳的企业所得税中属于地方分享的部分，可以决定减征或者免征。

其他优惠规定：开发新技术、新产品、新工艺发生的研究开发费用可以在计算应纳税所得额时加计扣除；安置残疾人员及国家鼓励安置的其他就业人员所支付的工资可以在计算应纳税所得额时加计扣除；企业综合利用资源，生产符合国家产业

政策规定的产品所取得的收入，可以在计算应纳税所得额时减计收入；对符合条件的小型微利企业实行20%的优惠税率，对国家需要重点扶持的高新技术企业，减按15%的税率征收企业所得税；创业投资企业从事国家需要重点扶持和鼓励的创业投资，可以按投资额的一定比例抵扣应纳税所得额；企业购置用于环境保护、节能节水、安全生产等专用设备的投资额，可以按一定比例实行税额抵免；《企业所得税法》规定的其他税收优惠和过渡性税收优惠。

2. 个人所得税。这是对个人（即自然人）的劳务和非劳务所得征收的一种税。《中华人民共和国个人所得税法》（以下简称《个人所得税法》）于1980年9月10日第五届全国人民代表大会第三次会议通过，自1993年以来我国先后对《个人所得税法》进行了六次修正。目前适用的是2011年6月30日，由第十一届全国人大常委会第二十一次会议修改通过并公布的，自2011年9月1日起实施的《个人所得税法》。国务院于1994年1月28日发布了《中华人民共和国个人所得税法实施条例》（以下简称《个人所得税法实施条例》）。这两部法律、法规构成了我国现行个人所得税法律制度的主要依据。

（1）纳税义务人。个人所得税的纳税人不仅涉及中国公民，也涉及在华取得所得的外籍人员和中国的港、澳、台同胞，还涉及个体户、个人独资企业和合伙企业的投资者。根据《个人所得税法》第1条的规定，在中国境内有住所，或者无住所而在境内居住满1年的个人（即居民纳税义务人），从中国境内和境外取得的所得，应依照税法规定缴纳个人所得税；在中国境内无住所又不居住，或者无住所而在境内居住不满1年的个人（即非居民纳税义务人），仅就来源于中国境内取得的所得缴纳个人所得税。

（2）征税范围。《个人所得税法》第2条规定纳税人有下列各项个人所得的，应纳个人所得税，具体范围：工资、薪金所得；个体工商户的生产、经营所得；企事业单位的承包经营、承租经营所得；劳务报酬所得；稿酬所得；特许权使用费所得；利息、股息、红利所得；财产租赁所得；财产转让所得；偶然所得；经国务院财政部门确定征税的其他所得。但对股票转让所得征收个人所得税的办法，由国务院财政部门另行制定，报国务院批准施行。下列各项个人所得，免征个人所得税，具体范围：省级人民政府、国务院部委和中国人民解放军军以上单位，以及外国组织、国际组织颁发的科学、教育、技术、文化、卫生、体育、环境保护等方面的奖金；国债和国家发行的金融债券利息；按照国家统一规定发给的补贴、津贴，这是指按照国务院规定发给的政府特殊津贴、院士津贴、资深院士津贴，以及国务院规定免纳个人所得税的其他补贴、津贴；福利费、抚恤金、救济金；保险赔款；军人的转业费、复员费；按照国家统一规定发给干部、职工的安家费、退职费、退休工资、离休工资、离休生活补助费；依照我国有关法律规定应予免税的各国驻华使馆、领事馆的外交代表、领事官员和其他人员的所得；中国政府参加的国际公约、签订的协议中规定免税的所得；按照国家规定，单位为个人缴付和个人缴付的住房公积金、基本医疗保险费、基本养老保险费、失业保险费，从纳税义务人的应纳税所得额中扣除；专项教育储蓄存款利息，免征利息所得税；具备《失业保险条例》规定条件的失业人员，领取的失业保险金，免征个人所得税；储蓄机构内从事代扣代缴工作的办税人员取得的扣缴利息税手续费所得，免征个人所得税；对个人购买福利彩票、赈灾彩票、体育彩票，一次中奖收入在1万元以下（含1万元）的暂免征收个人所得税，超过1万元的，全额征收个人所得税；经国务院财政部门批准免税的其他所得等等。

另外有下列情况之一的，经批准可以减征个人所得税：残疾、孤老人员和烈属的所得；因严重自然灾害造成重大损失的；其他经国务院财政部门批准减税的。

（3）税率。个人所得税的税率实行超额累进税率和比例税率相结合的形式，具体规定为：①工资、薪金所得，适用3%～45%的七级超额累进税率，居民纳税义务人免征额为3500元。②个体工商户的生产、经营所得和对企事业单位的承包经营、承租经营所得，适用5%～35%的五级超额累进税率。③稿酬所得，适用比例税率，税率为20%，并按应纳税额减征30%。其实际的税率为14%。④劳务报酬所得，适用比例税率，税率为20%。对劳务报酬所得一次收入畸高的，可以实行加成征收，即个人取得劳务报酬收入的应纳税所得额一次超过2万至5万元的部分，按照税法规定计算应纳税额后，再按照应纳税额加征五成，超过5万元的部分，加征十成。⑤特许权使用费所得，利息、股息、红利所得，财产租赁所得，财产转让所得，偶然所得和其他所得，适用比例税率，税率为20%。

（4）应纳税额的计算。个税应纳税额的计算公式主要有三种：

第一，工资、薪金所得的个人所得税计算公式：应纳个人所得税税额=（应纳税所得-扣除标准）×适用税率-速算扣除数，其中应纳税所得=工薪收入-（个人社保缴费+公积金缴费）。

第二，应纳税额=应纳税所得额×适用税率-速算扣除数。对适用超额累进税率的个体工商户的生产、经营所得，企事业单位的承包经营、承租经营所得，以及适用加成征收税率的劳务报酬所得，运用速算扣除数法计算其应纳税额。

第三，应纳税额=应纳税所得额×适用税率。其他个税应纳税额的计算适用此方法。

（三）其他税种

1. 资源税。这是指为了促进合理开发和利用资源，调节资源级差收入而对资源产品征收的一种税。其主要内容有：

（1）纳税义务人。这是指在中华人民共和国境内开采应税矿产品或生产盐的单位和个人。

（2）征税范围。包括原油、天然气、煤炭、其他非金属矿原矿、黑色金属矿原矿、有色金属矿原矿等7个税目。

（3）资源税的应纳税额，按照从价定率或者从量定额的办法，分别以应税产品的销售额乘以纳税人具体适用的比例税率或者以应税产品的销售数量乘以纳税人具体适用的定额税率计算。具体税率为：原油销售额的5% ~10%；天然气销售额的5% ~10%；煤炭中的焦煤为8 ~20 元/吨，其他煤炭为0.3 ~5 元/吨；其他非金属矿原矿中的普通非金属矿原矿每吨或者每立方米0.5 ~20 元，贵重非金属矿原矿每千克或者每克拉0.5 ~20 元；黑色金属原矿2 ~30 元/吨；有色金属原矿中的稀土矿0.4 ~60 元/吨，其他的0.4 ~30 元/吨；固体盐10 ~60 元/吨；液体盐2 ~10 元/吨。

2. 财产税。这是指以纳税人拥有的财产数量或财产价值为征税对象的一类税收。其主要内容有：

（1）纳税义务人。财产税的纳税义务人为拥有某些特定财产的单位和个人。

（2）征税范围。房产税的征税范围为城市、县城、建制镇和工矿区的房屋；车船税的征税范围为依法在公安、交通、农业等车船管理部门登记的车辆和船舶；契税的征税对象是境内发生使用权转移的土地、发生所有权转移的房屋等（遗产税目前在我国尚未开征）。

（3）税率。依房产价值计算纳税的，税率为1.2%；依房产租金收入计算纳税的，税率为12%。契税的税率分为：车船税采取定额税率，税额由省政府按《车船税条例》规定的幅度征收。

3. 行为税。这是指以消费或经济活动中某些特定行为为征税对象的一种税。其主要内容有：

（1）纳税义务人。纳税义务人是指行使了某些特定行为的单位和个人。

（2）征税范围。需要征税的特定行为包括：土地增值税的转让行为、城乡维护建设税的建设行为、印花税的凭证领受行为等。

（3）税率。土地增值税实行四级超率累进税率，按增值额比例征收30% ~60%征收；城乡维护建设税实行三档地区差别比例税率，其税率分别为1%、5%、7%；印花税按应税凭证的性质不同分两种税率：①按凭证实行差额比例税率，最高为3‰，最低为0.5‰；②按凭证实行定额税率，如各种证照，每件5元。

三、有关税收征管法的主要规定

（一）税收征收管理法概述

税收征收管理法是调整税务机关和纳税人之间在征税纳税过程中所产生的权利义务法律规范的总称，是国家税收法律体系的重要组成部分。为了加强税收征收管理，规范税款征收和缴纳行为，保障国家税收收入，保护纳税人的合法权益，促进经济和社会发展，1992 年9 月4 日第七届全国人大常委会第二十七次会议通过了《中华人民共和国税收征收管理法》（以下简称《税收征管法》），于1993 年1 月1 日起施行。该法于1995 年2 月、2001 年4 月和2013 年6 月进行了三次修订，修改后的《税收征管法》自2013 年6 月29 日起施行。2002 年9 月7 日，经修订的《税收征管法实施细则》颁布，2002 年10 月15 日起施行，2012 年11 月9 日国务院发布《国务院关于修改和废止部分行政法规的决定》，其中对《中华人民共和国税收征收管理法实施细则》的3个条款作了修改，于2013年1月1日起施行。2015年1月5日，国务院法制办公室公布了由国家税务总局、财政部起草的《中华人民共和国税收征收管理法修订草案（征求意见稿）》，以期进一步对征管法进行修改与完善。

从1994年开始，我国实行分税制财政管理体制。按照分税制的要求，将国家开征的全部税种划分为中央税、中央与地方共享税和地方税。把需要由全国统一管理、影响全国性的商品流通和税源集中、收入较大的税种划为中央税；把与地方资源、经济状况联系比较紧密，对全国性商品生产和流通影响小或者没有影响，税源比较分散的税种划为地方税；把一些税源具有普遍性、但征管难度较大的税种划为中央和地方共享税。

我国税收征收的主管机关是国家税务总局，主要负责税收法律法规草案的拟订及对税收征收工作的宏观监督和管理。在省以下，国家按税种征管分设国家税务局和地方税务局，分别负责中央税、中央与地方共享税和地方税的征收管理工作，形成国家税务局和地方税务局两个相对独立的税收管理组织体系。

（二）税收征收管理法的主要规定

1. 税务管理。这是指税收征收管理机关为了贯彻、执行国家税收法律制度，加强税收工作，协调征税关系而开展的一项有目的的活动。税务管理是税收征收管理的重要内容，是税款征收的前提和基础性工作。税务管理主要包括税务登记、账簿和凭证管理、纳税申报等方面的管理。

（1）税务登记。税务登记又称纳税登记，规定企业、企业在外地设立分支机构和从事生产、经营的场所，个体工商户和从事生产、经营的事业单位，应自领取营业执照之日起30日内，持有关证件向税务机关办理登记。纳税人发生变更、解散、破产、撤销等情形，依法变动和终止纳税义务的，应当向原税务机关申报办理变更、注销税务登记。实行定期定额征收方式的个体工商户需要停业、复业的，应当向税务登记机关办理停业、复业登记。纳税人应当按照国家有关规定，持税务登记证件，在银行或其他金融机构开立基本存款账号和其他存款账号，并将其全部账号向税务机关报告。纳税人依法使用税务登记证件，不得转借、涂改、损毁、买卖或伪造。税务登记是整个税收征收管理的起点，税务登记的作用在于掌握纳税人的基本情况和税源分布情况。从税务登记开始，纳税人进入税务管理的视野，纳税人的身份及征纳双方的法律关系得到了确认。

（2）账簿、凭证管理制度。纳税人、扣缴义务人按照国家法律、行政法规和国务院财政、税务主管部门的规定设置账簿，根据合法、有效凭证记账、核算。建立健全的财务会计管理制度，配备人员办理纳税事项，并完整地保存账簿、凭证、发票、缴款书、完税凭证等纳税资料。从事生产、经营的纳税人应当自领取营业执照或者发生纳税义务之日起15日内，按照国家有关规定设置账簿。扣缴义务人应当自税收法律、行政法规规定的扣缴义务发生之日起10日内，按照所代扣、代收的税种，分别设置代扣代缴、代收代缴税款账簿。账簿、会计凭证、报表、完税凭证及其他有关纳税资料应当保存10年。法律、行政法规另有规定的除外。账簿、记账凭证、完税凭证及其他有关资料不得伪造、变造或擅自损毁。账簿、凭证是纳税人进行生产经营活动和核算财务收支的重要依据，它能够为课税提供基础计算依据，所以也是税务机关对纳税人进行征税、管理、核查的重要依据。

（3）纳税申报制度。纳税人必须依照法律、行政法规规定或者税务机关依照法律、行政法规的规定确定的申报期限、申报内容如实办理纳税申报，报送纳税申报表、财务会计报表以及税务机关根据实际需要要求纳税人报送的其他纳税资料。如不能按期办理纳税申报表，经税务机关核准，可以延期申报。纳税申报是纳税人履行纳税义务、界定法律责任的主要依据。

2. 税款征收。这是税务机关依照税收法律、法规的规定将纳税人应当缴纳的税款组织入库的一系列活动的总称。它是税收征收管理工作的中心环节，在整个税收征收管理工作中占有极其重要的地位。《税收征管法》规定，税务机关依照法律、行政法规的规定征收税款，不得违反法律、行政法规的规定开征、停征、多征、少征、提前征收、延缓征收或者摊派税款。纳税人、扣缴义务人按照法律、行政法规的规定或者税务机关依照法律、行政法规的规定确定的期限，缴纳或者解缴税款。除税务机关、税务人员以及经税务机关依照法律、行政法规委托的单位和人员外，任何单位和个人不得进行税款征收活动。税款征收的具体内容包括：

（1）延期纳税。纳税人因特殊困难，不能按期缴纳税款的，经省级国家税务局、地方税务局批准，可以延期缴纳税款，但最长不得超过3个月。纳税人未按照规定期限缴纳税款的，扣缴义务人未按照规定期限解缴税款的，税务机关可责令限期缴纳，并从滞纳税款之日起，按日加收滞纳税款5‰的滞纳金。加收滞纳金的起止时间，为法律、行政法规规定或者税务机关依照法律、行政法规的规定确定的税款缴纳期限届满次日起至纳税人、扣缴义务人实际缴纳或者解缴税款之日止。

（2）核定应纳税额。根据《税收征管法》的规定，纳税人有下列情形之一的，税务机关有权核定其应纳税额：依照法律、行政法规的规定可以不设置账簿的；依照法律、行政法规的规定应当设置但未设置账簿的；擅自销毁账簿或者拒不提供纳税资料的；虽设置账簿，但账目混乱或者成本资料、收入凭证、费用凭证残缺不全，难以查账的；发生纳税义务，未按照规定的期限办理纳税申报，经税务机关责令限期申报，逾期仍不申报的；纳税人申报的计税依据明显偏低，又无正当理由的。

（3）税收保全。税务机关有根据认为从事生产、经营的纳税人有逃避纳税义务行为的，可在规定的纳税期之前，责令限期缴纳应纳税款；在限期内发现纳税人有明显的转移、隐匿其应纳税的商品、货物以及其他财产或者应纳税收入的迹象的，责成纳税人提供纳税担保。税务机关责令具有税法规定情形的纳税人提供纳税担保而纳税人拒绝提供纳税担保或无力提供纳税担保的，经县以上税务局（分局）局长批准，税务机关可以采取下列税收保全措施：书面通知纳税人开户银行或者其他金融机构冻结纳税人的金额相当于应纳税款的存款；扣押、查封纳税人的价值相当于应纳税款的商品、货物或者其他财产。个人及其所扶养家属维持生活必需的住房和用品，不在税收保全措施的范围之内。

（4）税收强制。从事生产、经营的纳税人、扣缴义务人未按照规定的期限缴纳或者解缴税款，纳税担保人未按照规定的期限缴纳所担保的税款，由税务机关责令限期缴纳，逾期仍未缴纳的，经县以上税务局（分局）局长批准，税务机关可以采取下列强制执行措施：书面通知其开户银行或者其他金融机构从其存款中扣缴税款；扣押、查封、依法拍卖或者变卖其价值相当于应纳税款的商品、货物或者其他财产，以拍卖或者变卖所得抵缴税款。但税务机关滥用职权，违法采取强制执行措施，或者采取强制执行措施不当，使纳税人、扣缴义务人或者纳税担保人的合法权益遭受损失的，应当依法承担赔偿责任。

（5）税收优先权。税务机关征收税款，税收优先于无担保债权，法律另有规定的除外。纳税人欠缴的税款发生在纳税人以其财产设定抵押、质押或者纳税人的财产被留置之前的，税收应当先于抵押权、质权和留置权执行。纳税人欠缴税款，同时又被行政机关决定处以罚款、没收违法所得的，税收优先于罚款、没收违法所得。

3. 税务检查。税务检查又称纳税检查，是指税务机关根据税收法律、行政法规的规定，对纳税人、扣缴义务人履行纳税义务、扣缴义务及其他有关税务事项进行审查、核实、监督活动的总称。它是税收征收管理工作的一项重要内容，是确保国家财政收入和税收法律法规贯彻落实的重要手段。税务机关依法进行税务检查时，有权向有关单位和个人调查纳税人、扣缴义务人和其他当事人与纳税或者代扣代缴、代收代缴税款有关的情况，有关单位和个人有义务向税务机关如实提供有关资料及证明材料，不得拒绝、隐瞒。税务机关调查税务违法案件时，对与案件有关的情况和资料，可以记录、录音、录像、照相和复制。税务机关查询所获得的资料，不得用于税收以外的用途。根据《税收征管法》规定，税务检查的主要内容有：

（1）检查纳税人的账簿、记账凭证、报表和有关资料，检查扣缴义务人代扣代缴、代收代缴税款账簿、记账凭证和有关资料。

（2）到纳税人的生产、经营场所和货物存放地检查纳税人应纳税的商品、货物或者其他财产，检查扣缴义务人与代扣代缴、代收代缴税款有关的经营情况。

（3）责成纳税人、扣缴义务人提供与纳税或者代扣代缴、代收代缴税款有关的文件、证明材料和有关资料。

（4）询问纳税人、扣缴义务人与纳税或者代扣代缴、代收代缴税款有关的问题和情况。

（5）到车站、码头、机场、邮政企业及其分支机构检查纳税人托运、邮寄应纳税商品、货物或者其他财产的有关单据、凭证和有关资料。

（6）经县以上税务局（分局）局长批准，凭全国统一格式的检查存款账户许可证明，查询从事生产、经营的纳税人、扣缴义务人在银行或者其他金融机构的存款账户。税务机关调查税收违法案件时，经设区的市、自治州以上税务局（分局）局长批准，可以查询案件涉嫌人员的储蓄存款。

四、有关违反税法的法律责任

（一）税法的法律责任的概念

违反税收法律制度的法律责任是指税收法律关系主体违反税法的行为所引起的不利法律后果。对违反税收法律制度的违法行为应当承担的法律责任，《税收征管法》及其《实施细则》以及《刑法》作出了相应的规定。税收违法行为的主体是税收法律关系的主体，即征税主体和纳税主体。依照责任的主体不同，税法责任可以分为征税主体责任和纳税主体责任，纳税主体责任是主要责任；依照责任的性质不同，税法责任可以分为刑事责任和行政责任，行政责任是主要责任。

（二）税法的主要法律责任

1. 纳税人、扣缴义务人违反税法的法律责任。

（1）违反税务管理行为的法律责任。

第一，纳税人有下列行为之一的，由税务机关责令限期改正，可以处2000元以下的罚款；情节严重的，处2000元以上1万元以下的罚款：未按照规定的期限申报办理税务登记、变更或者注销登记的；未按照规定设置、保管账簿或者保管记账凭证和有关资料的；未按照规定将财务、会计制度或者财务、会计处理办法和会计核算软件报送税务机关备查的；未按照规定将其全部银行账号向税务机关报告的；未按照规定安装、使用税控装置，或者损毁或擅自改动税控装置的；纳税人未按照规定办理税务登记证件验证或者换证手续的。

第二，纳税人不办理税务登记的，由税务机关责令限期改正；逾期不改正的，经税务机关提请，由工商行政管理机关吊销其营业执照。纳税人未按照规定使用税务登记证件，或者转借、涂改、损毁、买卖、伪造税务登记证件的，处2000元以上1万元以下的罚款；情节严重的，处1万元以上5万元以下的罚款。

第三，扣缴义务人未按规定设置、保管代扣代缴、代收代缴税款账簿或者保管代扣代缴、代收代缴税款记账凭证及有关资料的，由税务机关责令限期改正，可以处2000元以下的罚款；情节严重的，处2000元以上5000元以下的罚款。

第四，纳税人未按照规定的期限办理纳税申报和报送纳税资料的，或者扣缴义务人未按照规定的期限向税务机关报送代扣代缴、代收代缴税款报告表和有关资料的，由税务机关责令限期改正，可以处2000元以下的罚款；情节严重的，可以处2000元以上1万元以下的罚款。

（2）逃避税务机关追缴欠税行为的法律责任。纳税人欠缴应纳税款，采取转移或者隐匿财产的手段，妨碍税务机关追缴欠缴的税款的，由税务机关追缴欠缴的税款、滞纳金，并处欠缴税款50%以上5倍以下的罚款；构成犯罪的，依法追究刑事责任。根据《刑法》第203条的规定，构成逃避追缴欠税罪的，数额在1万元以上不满10万元的，处3年以下有期徒刑或者拘役，并处或者单处欠缴税款1倍以上5倍以下罚金；数额在10万元以上的，处3年以上7年以下有期徒刑，并处欠缴税款1倍以上5倍以下罚金。扣缴义务人应扣未扣、应收而不收税款的，由税务机关向纳税人追缴税款，对扣缴义务人处应扣未扣、应收未收税款50%以上3倍以下的罚款。

（3）偷税行为的法律责任。偷税，是指纳税人采取伪造、变造、隐匿、擅自销毁账簿、记账凭证，或者在账簿上多列支出或者不列、少列收入，或者经税务机关通知申报而拒不申报或者进行虚假的纳税申报的手段，不缴或者少缴应纳税款的行为。纳税人偷税的，由税务机关追缴其不缴或者少缴的税款、滞纳金，并处不缴或者少缴的税款50%以上5倍以下的罚款；构成犯罪的，依法追究刑事责任。扣缴义务人采取上述偷税手段，不缴或者少缴已扣、已收税款，由税务机关追缴其不缴或者少缴的税款、滞纳金，并处不缴或者少缴的税款50%以上5倍以下的罚款；构成犯罪的，依法追究刑事责任。纳税人、扣缴义务人编造虚假计税依据的，由税务机关责令限期改正，并处5万元以下的罚款。纳税人不进行纳税申报，不缴或者少缴应纳税款的，由税务机关追缴其不缴或者少缴的税款、滞纳金，并处不缴或者少缴的税款50%以上5倍以下的罚款。根据《刑法》第201条的规定，纳税人采取欺骗、隐瞒手段进行虚假纳税申报或者不申报，逃避缴纳税款数额较大并且占应纳税额10%以上的，处3年以下有期徒刑或者拘役，并处罚金；数额巨大并且占应纳税额30%以上的，处3年以上7年以下有期徒刑，并处罚金。扣缴义务人采取前款所列手段，不缴或者少缴已扣、已收税款，数额较大的，依照前款的规定处罚。对多次实施前两款行为，未经处理的，按照累计数额计算。有上述逃避缴纳税款行为的，经税务机关依法下达追缴通知后，补缴应纳税款，缴纳滞纳金，已受行政处罚的，不予追究刑事责任；但是，5年内因逃避缴纳税款受过刑事处罚或者被税务机关给予两次以上行政处罚的除外。

（4）抗税行为的法律责任。抗税，是指纳税人、扣缴义务人以暴力、威胁方法拒不缴纳税款的行为。对抗税行为，除由税务机关追缴其拒缴的税款、滞纳金外，依法追究刑事责任。情节轻微，未构成犯罪的，由税务机关追缴其拒缴的税款、滞纳金，并处拒缴税款1倍以上5倍以下的罚款。根据《刑法》第202条的规定，构成抗税罪的，处3年以下有期徒刑或者拘役，并处拒缴税款1倍以上5倍以下罚金；情节严重的，处3年以上7年以下有期徒刑，并处拒缴税款1倍以上5倍以下罚金。以暴力方法抗税，致人重伤或者死亡的，按故意伤害罪、杀人罪，从重处罚，并处罚金。

（5）骗税行为的法律责任。骗税行为，是指纳税人以假报出口或者其他欺骗手段，骗取国家出口退税款的行为。纳税人有骗税行为，由税务机关追缴其骗取的出口退税款，并处骗取税款1倍以上5倍以下的罚款；构成犯罪的，依法追究刑事责任。根据《刑法》第204条的规定，以假报出口或者其他欺骗手段，骗取国家出口退税款，数额较大的，处5年以下有期徒刑或者拘役，并处骗取税款1倍以上5倍以下罚金；数额巨大或者有其他严重情节的，处5年以上10年以下有期徒刑，并处骗取税款1倍以上5倍以下罚金；数额特别巨大或者有其他特别严重情节的，处10年以上有期徒刑或者无期徒刑，并处骗取税款1倍以上5倍以下罚金或者没收财产。纳税人缴纳税款后，采取上述欺骗方法，骗取所缴纳的税款的，依照《刑法》第201条偷税罪的规定定罪处罚；骗取税款超过所缴纳的税款部分，依照本罪（骗取出口退税罪）的规定处罚。对骗取国家出口退税款的，税务机关可以在规定的期间内停止为其办理出口退税。

2. 税务机关和税务人员违反税法的法律责任。税务人员代表税务机关进行税收执法过程中，存在滥用职权、玩忽职守、徇私舞弊情形时，直接负责的税务机关的主管人员和其他直接责任人员承担行政处分责任，情节严重的，承担相应的刑事责任。税务人员代表税务机关进行税收执法发生的违法行为除税务人员要承担责任外，税务机关也要承担相应的责任。

思考题

1. 什么是税法？它与税收在概念上有何区别？
2. 税收法律关系由哪些要素构成？
3. 我国现行《税法》规定有哪些具体税收法律制度？各具哪些特征？
4. 增值税销项税额、进项税额以及应纳税额应如何计算？
5. 税收征收管理具体内容包括哪些？
6. 如何理解税收优先权？
7. 违反《税法》的规定有哪些法律责任？

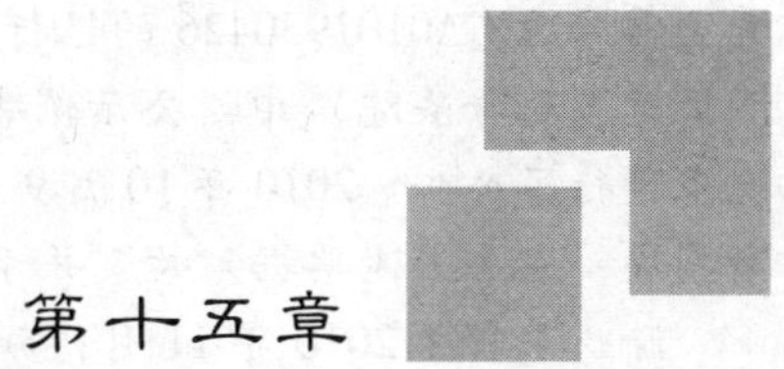

第十五章

金融法

达洋电器诉博西家用电器票据纠纷案

原告：长治市达洋电器有限公司

被告：博西家用电器（中国）有限公司

原告达洋公司、被告博西公司双方有长期业务合作关系。2010年3月6日，达洋公司与博西公司分别签订了2010年西门子冰箱/洗衣机销售合同、2010年西门子热水器/厨房电器销售合同、2010年博世冰箱/洗衣机/酒柜销售合同。由达洋公司给付博西公司预付款，博西公司再根据达洋公司订单供应家用电器。

2010年7月，原告达洋公司向郭鹏飞支付29万元，取得一份出票人为山西路安环保能源开发股份有限公司、出票日期为2010年6月22日、票号GA0101930426、票据金额为30万元、到期日为2010年12月22日的银行承兑汇票。该银行承兑汇票记载的达洋公司的直接前手（背书人）为长治市鸿腾商贸有限公司（以下简称鸿腾公司）。2010年7月5日，达洋公司为向被告博西公司支付预付款，将其持有的该银行承兑汇票背书给博西公司。博西公司在收到该银行承兑汇票后，又将其背书给博西华公司。2010年7月23日，博西华公司与滁州中行签订了汇票贴现协议，其主要内容为：贴现利率为4%，无论何种原因导致退票或滁州中行不能按时收到汇票款项的，滁州中行对博西华公司享有追索权，博西华公司同意滁州中行从博西华公司开立在滁州中行的账户中扣收未付的汇票金额及延误收款期间的利息和有关费用。滁州中行经对该银行承兑汇票的真实性、合法性、有效性进行审查核实无误，并于当日给付博西华公司贴现款294 833.33元。

在滁州中行持有该银行承兑汇票，并给付博西华公司贴现款后，鸿腾公司以遗失了票号为GA0101930426的银行承兑汇票为由，向太原市杏花岭区人民法院（以下简称杏花岭法院）申请公示催告，该法院受理后，于2010年8月6日在人民法院报进行了公告。2010年10月9日，杏花岭法院作出（2010）杏民催字第34号民事判决，宣告上述票据无效，并于2010年10月20日在人民法院报进行了公告。

滁州中行于2010年11月得知上述情况后，将该银行承兑汇票退还给博西华公司，博西华公司后又退还给被告博西公司。2010年12月7日，滁州中行向博西华公司出具了“关于贴现银承挂失作退票处理的说明”，其主要内容为：博西华公司在滁州中行贴现的票号为GA0101930426金额为30万元的银行承兑汇票，已被中间背书人于2010年8月2日挂失，滁州中行已于2010年11月30日接中国银行股份有限公司安徽省分行法院挂失清单发现此情况，并于当日通知博西华公司，该票据已作退票处理。2010年12月13日，博西公司再将该银行承兑汇票退还给原告达洋公司。2010年12月22日，滁州中行从博西华公司账户划款30万元。

2010年12月22日，博西华公司向被告博西公司发函，其主要内容为：博西华公司于2010年7月21日从博西公司取得票号为GA0101930426、票面金额为30万元的银行承兑汇票已被法院于2010年10月20日公告了除权判决，宣告该票据无效，并确认鸿腾公司对该票据项下的30万元款项有权请求支付；基于此原因，滁州中行根据贴现协议的约定，于2010年12月22日冲博西华公司账户扣划了与该银行承兑汇票票面金额等额的30万元。博西华公司要求博西公司将该汇票项下未能给付的30万元款项退还。

2010年12月23日，被告博西公司向原告达洋公司出具了退票说明，主要内容为：根据双方销售合同，达洋公司曾经背书转让一张票号为GA0101930426银行承兑汇票，作为支付的30万元货款；但该票据中的第三背书人鸿腾公司向法院申请公示催告，在法院作出了除权判决后，进行了公告，宣告该票据无效并确认鸿腾公司对该票据项下的30万元款项有权请求支付；该票据项下博西公司的后手从博西公司索回款项并退还该票据；博西公司决定从达洋公司预付款予以扣除30万元作为2010年销售合同项下的货款支付。达洋公司、博西公司由此产生纠纷。

另查明，博西华公司已确认被告博西公司退还了30万元货款，博西公司也已实际从原告达洋公司预付款中扣除30万元。

【问题思考】

1. 银行在公示催告期间未申报票据权利，导致法院对该银行承兑汇票作出除权判决，银行可否向公司追索贴现所得？

2. 票据、票据行为、票据权利、票据关系具有哪些特征？企业在经营管理活动中应该注意金融法律制度的哪些规定？

3. 博西公司将该银行承兑汇票退还给达洋公司并从预付款中扣除30万元是否损害了达洋公司的合法权益？

一、金融法概述

金融，即资金的融通，亦称货币资金的融通，具体是指商品生产和商品交换中所产生的以银行等金融机构为中心的各种信用活动的总和，包括货币的发行、回笼，存款的吸收和提取，银行代客户办理承付、汇兑、结算、贴现、保险、信托、租赁、期货、投资、担保，有价证券的发行、认购与转让，黄金、白银的开采和买卖等。

根据是否有作为信用中介的金融机构参与融资活动，金融可分为直接金融与间接金融。资金的供求双方直接作为同一法律关系主体双方进行相关融资交易的为直接金融。如证券市场上的股票、债券融资。直接金融中作为同一法律关系主体的供求双方联系紧密，由于没有过多的中间环节的消耗，使得其筹资成本小而资本收益相对大；其缺点是融资额度、期限、利率等会受较多限制，同时资金供给方的债权最终能否实现，直接决定于资金需求方的信用程度，因此对于资金供给方而言会承担较大风险。

在间接金融中，金融机构以吸收存款和发行金融债券等方式筹集资金，而后对有资金需要的社会经济主体发放贷款或进行投资。间接金融中的经济主体除了资金的最初供给方和最终需求方外，还有参与该融资活动居于桥梁地位的金融机构，在同一融资活动中，该金融机构分属于不同的法律关系之中。间接融资中金融中介机构具有优势的专业知识，可以较好地化解信息不对称带来的风险；多样化的融资工具可以灵活方便地满足融资需求；金融机构可通过多样化的策略降低风险；有利于提高规模效益。[1] 其缺点是真正的资金供求双方的直接联系被割断，不利于资金供给方对需求方在资金使用方面的监督和约束，同时由于中间环节的消耗，致使资金使用方使用资金的成本加大，资金供给方利用资金的收益减少。

金融法，是指调整各种金融关系的法律规范的总称。所谓金融关系，是指各经济主体之间因参与各种金融活动而发生的社会关系。作为金融法的调整对象，金融关系具体包括以下几类：

1. 金融交易关系，即各经济主体基于平等自愿、等价有偿的原则，进行存款、贷款、证券买卖、金融信托、融资租赁、保险及其他资金交易等金融活动时而发生的关系，主要包括间接金融交易关系，即商业银行等金融机构向其他经济主体吸收存款、发放贷款而形成的经济关系；直接金融交易关系，即筹资方与投资方之间因证券发行、交易和产权交易等而生之关系；金融中介服务关系，即金融机构为其他经济主体提供结算、信托、咨询、代理等中介服务而发生的关系。

2. 金融监管关系，即国家金融监管机构对金融市场、金融机构以及金融活动实施监督和管理而产生的关系。该种关系通常包括以下类型：金融监管部门对各类

---

〔1〕何立慧主编：《金融法原理》，兰州大学出版社2004年版，第1页。

金融机构的设立、变更或终止等主体资格的变动而形成的监管关系；金融监管部门对金融活动进行监督而与金融活动的参与者之间形成的关系；金融监管部门对非法从事金融活动的相关组织和个人进行查处而产生的关系。处于金融监管关系之中的主体双方的关系是纵向的、非平等的。

3. 金融调控关系，即为了稳定金融市场促进经济增长，国家金融主管机关对金融领域的各环节实行直接或者间接的调节和控制而产生的关系。直接调控是国家金融主管机关不以市场机制为手段，而是直接以行政命令对对象进行调控。如信贷计划、额度规模等。间接调控是国家金融主管机关利用市场机制对金融变量进行调整，从而达到调控金融市场的目的。如存款准备金率、贴现率等。

金融是商品经济高度发展的产物，同时也为商品经济得以活跃与繁荣所必需。规范、有序的金融活动是市场经济健康发展的标识和保障，同时健全的金融法律制度是保证金融活动规范开展的制度前提。我国现阶段正处于一个发展社会主义市场经济的关键时期。缘于市场经济发展的需要，我国当前各种类型的金融活动正呈现出日益活跃甚至繁荣的趋势。为了延续这种活跃与繁荣，为了使市场经济条件下这一资源配置手段充分发挥其功效，科学的金融制度的创设和健全，已成为我国现阶段到将来特定时间段内立法工作的主要任务之一。

二、有关银行业监督管理法的主要规定

银行业监督管理，是指国家为了防范和化解银行业风险，保护存款人和其他客户的合法权益，设立银行业监督管理机构，赋予其监督管理职责，采取相关的监督管理措施，以加强对全国银行业金融机构及其业务的监督管理工作。银行业监督管理法是指调整银行业监督管理机构和银行业金融机构之间所发生各种金融管理关系的法律规范。

（一）我国银行业监督管理立法概况

1995 年以前，我国在银行业监管方面的立法相对滞后，许多监管行为均缺乏具体明确的法律依据。迫于金融业快速发展而至金融风险不断增加的紧迫现实，我国在 1995 年先后颁布了《中国人民银行法》、《商业银行法》等，这些立法在特定时期对于规范金融监管、促进我国银行业的健康发展发挥了重要作用。随着经济全球化和金融市场一体化步伐的加快，我国银行业面临的生存和发展环境也在不断地变换，特别是 2001 年我国加入世界贸易组织后，国内的金融业进一步深化了对外开放的程度，银行业的经营管理和监管工作因此面临着许多新的问题和挑战。如何提高我国银行业金融机构的风险管理水平，如何增强我国金融机构在国际竞争中的实力从而在如此汹涌的国际化大潮中立于不败之地，已经成为我国社会经济与金融发展面临的重大问题。鉴于上述原因，2003 年的第十届全国人民代表大会第一次会议决定，对我国的金融监管体制进行改革，成立中国银行业监督管理委员会，统一监管银行、金融资产管理公司、信托投资公司及其他存款类金融机构。同年的第十届全国人大常委会第六次会议通过了《全国人大常委会关于修改〈中华人民共

和国中国人民银行法〉的决定》以及《全国人大常委会关于修改〈中华人民共和国商业银行法〉的决定》。《中国人民银行法》和《商业银行法》修改后，为了保证银监会对政策性银行、金融资产管理公司、信托投资公司等金融机构履行监管职责时于法有据，2003 年第十届全国人大常委会第六次会议通过了《中华人民共和国银行业监督管理法》[1]（以下简称《银行业监督管理法》），从而在法律层面赋予了银监会对银行业金融机构的监管职责。此外，国务院及相关部门还制定了相当数量的行政法规和部门规章，与《银行业监督管理法》共同构成了一个相对完备的银行业监督管理法律体系。如国务院的《中华人民共和国外资金融机构管理条例》（2011 年 12 月发布，已失效）和银监会的《商业银行资本充足率管理办法》（2004 年 2 月公布，已失效）、《金融机构衍生产品交易业务管理暂行办法》（2004 年 4 月颁布，2006 年 12 月修正）、《商业银行内部控制评价试行办法》（2004 年 12 月发布，已失效）、《信托投资公司信息披露管理暂行办法》（2005 年 1 月实施）、《信托公司管理办法》（2006 年 12 月通过）、《汽车金融公司管理办法》（2007 年 12 月通过）、《固定资产贷款管理暂行办法》（2009 年 7 月公布）、《流动资金贷款管理暂行办法》（2010 年 2 月实施）、《个人贷款管理暂行办法》（2010 年 2 月实施）等。同时，为了建立和规范存款保险制度，依法保护存款人的合法权益，及时防范和化解金融风险，维护金融稳定，2014 年 10 月 29 日国务院第 67 次常务会议通过了《存款保险条例》，于 2015 年的 5 月 1 日正式开始实施。

（二）我国银行业监督管理的目标

根据我国《银行业监管法》的相关规定，我国银行业监督管理的目标有两个：

1. 促进银行业的合法、稳健运行，维护公众对银行业的信心。这是我国银行业监督管理的主要目标。在市场经济条件下，银行业金融机构在国民经济中居于中枢的位置。它在一国经济机体中的核心地位，在客观上决定了其必须稳定，否则将会严重危及经济的稳定和发展。然而追逐利益又是作为经济部门的金融机构之本性使然，逐利过程本身风险重重，这种风险存在于银行业金融机构经营的始终。准确、有力的金融监管会在一定程度上将上述风险予以防范和化解，从而达到维系一国经济稳定的目的。

同时，由于银行业是高负债的行业，其资金来源主要在于本系统的外部，如果储户或投资者认为银行业金融机构经营不善，其对储蓄或投资安全性丧失信心时，就会发生挤兑或者转移全部投资，严重时同样可以引起一国经济的动荡。所以，通过准确、有力的金融监管，保证银行业的稳健运行，以此保持公众对银行业的信心，最终也是维系一国经济稳定之必须。

2. 保护银行业公平竞争，提高银行业竞争能力。与老牌的市场经济国家及一些

[1] 2006 年 10 月 31 日第十届全国人大常委会第 24 次会议通过了对该法部分条文的修改。

新兴工业国家的银行业相比，我国银行业的国际金融竞争力相对较差。由于银行业金融机构的治理结构和约束机制的不健全，不公平竞争甚至恶性竞争的现象还在一定范围内存在。如果不能有效地解决这些问题，将严重影响我国金融机构在国际金融市场中的竞争以及我国金融业的长远发展。我国加入 WTO 以后，国际、国内的金融竞争愈加激烈，要想在这种激烈的金融竞争中站稳脚跟甚至拥有自己的一片天地，最为关键的要素就是要有真实雄厚的金融竞争实力。这种实力只能通过在公平、公开、公正的金融竞争环境中历练才能真正获得。通过银行业监管使银行业金融机构及其活动在合法、安全与稳定的基础上，形成公平竞争的良好环境。也只有这样才能使银行业金融机构外有提高自身金融效率的压力，内有增强金融竞争实力的动力。

（三）银行业监督管理原则

1. 依法、公开、公正、效率原则。依法监管原则是指监管职权的设定、监管职能的履行，必须依据法律、行政法规的规定进行。该原则主要体现在两方面：①在制定规章及其他规范性文件时，不得与法律、行政法规等上位法的规定相抵触；②在市场准入、日常监管和市场退出等过程中，实施相关具体行政行为时，必须按照法律、行政法规所规定的标准和程序进行。公开监管原则的基本含义是除依法应当保密的监管行为均应一律公开进行，相关政策法规以及银行业监督管理机构作出的影响行政相对人相关权益的行为标准、程序等均应依法公布。公正原则是指银行业金融机构的法律地位平等，其平等地参与金融竞争，银监会应当平等对待之。效率原则是指银行业监督管理机构在行使监管职权时，应本着高效率低成本的原则，严格遵循行政程序和相关时限要求。

2. 独立监管原则。银行业监督管理机构及其工作人员依法独立履行监管职责，地方政府、各级政府部门、社会团体和个人不得干涉。

3. 信息共享原则。国务院银行业监督管理机构应当和中国人民银行、国务院其他金融监督管理机构建立监督管理信息共享机制。

4. 国际合作原则。国务院银行业监督管理机构可以和其他国家或者地区的银行业监督管理机构建立监督管理合作机制，实施跨境监督管理。

（四）银行业监督管理机构

银行业监督管理机构，是指国务院依法设立的银行业监督管理委员会（简称银监会），是对全国银行业金融机构及其业务活动进行全面监督管理的专门机构。2003 年 3 月第十届全国人民代表大会第一次会议批准的国务院机构改革方案，确定了国务院应设立中国银行业监督管理委员会。同年 4 月 26 日第十届全国人大常委会第二次会议通过了《全国人大常委会关于中国银行业监督管理委员会履行原由中国人民银行履行的监督管理职责的决定》。同年 4 月 28 日中国银行业监督管理委员会正式履行职责。银监会根据《银行业监督管理法》和国务院的授权，对在中华人民共和国境内设立的商业银行、城市信用合作社、农村信用合作社等吸收公众存款的金融机构以及政策性银行实施监督管理，同时还对在中华人民共和国境内设立的金融资产管理公司、信托投资公司、财务公司、金融租赁公司以及经国务院银监会批准设立的其他金融机构、经其依法批准在境外设立的金融机构实施监督管理。

1. 银监会总部的机构设置。银监会设主席1人，副主席4人，同时设办公厅、政策法规部（研究局）、银行监管一部、银行监管二部、银行监管三部、银行监管四部、非银行金融机构监管部、合作金融机构监管部、业务创新监管协作部、银行业案件稽查局（银行业安全保卫局）、融资性担保业务工作部、统计部、财务会计部、国际部、监察局、人事部、宣传工作部、群众工作部、监事会工作部等职能部门。银监会主要业务部门的职责分工是：监管一部负责对国有商业银行和资产管理公司的监管：监管二部负责监管股份制商业银行、城市商业银行和城市合作信用社；监管三部负责对外资银行的监管；银行监管四部负责监管资产管理公司、政策性银行和邮政储蓄银行；非银行金融机构监管部负责对信托投资公司、财务公司和金融租赁公司等非银行金融机构的监管；合作金融机构监管部负责对农村信用社和农村商业银行的监管；业务创新监管协作部的主要工作职责是协调银监会内部各监管部门在法定职权范围内，制定统一的业务创新审慎监管标准，为银监会内其他监管部门提供专业化的监管咨询和协助，为银监会内部监管部门对业务创新活动的持续监管提供技术指导和支持等。除上述职能部门外，银监会还设置了信息中心、培训中心、机关服务中心等事业单位。

2. 银监会的派出机构设置。目前，银监会在全国31个省、自治区、直辖市以及大连、青岛、厦门、深圳、宁波等五个计划单列市设银监局，在地、市设银监分局，在部分县、市设监管办事处。派出机构在银监会的授权范围内对本辖区内的银行业金融机构进行监管，承办银监会交办的其他事项。

（五）银行业监督管理对象

根据《银行业监督管理法》的相关规定，银行业监督管理机构的监管对象主要有两类：①银行业金融机构，即在中华人民共和国境内设立的商业银行、城市信用合作社、农村信用合作社等吸收公众存款的金融机构以及政策性银行；②非银行业金融机构，即在中华人民共和国境内设立的金融资产管理公司、信托投资公司、财务公司、金融租赁公司以及经国务院银行业监督管理机构批准设立的其他金融机构。此外，国务院银行业监督管理机构依法批准在境外设立的金融机构以及上述金融机构在境外的业务活动也是银监会的监管对象。

（六）银行业监督管理机构的监督管理职责

根据《银行业监督管理法》第三章的规定，银行业监督管理机构的监督管理职责主要有：

1. 依照法律、行政法规制定并发布对银行业金融机构及其业务活动进行监督管理的规章、规则。

2. 依照法律、行政法规规定的条件和程序，审查批准银行业金融机构的设立、变更、终止以及业务范围。

3. 对银行业金融机构的董事和高级管理人员实行任职资格管理。

4. 对银行业金融机构的业务活动及其风险状况进行非现场监管，建立银行业金融机构监督管理信息系统，分析、评价银行业金融机构的风险状况。

5. 对银行业金融机构的业务活动及其风险状况进行现场检查，制定现场检查程序，规范现场检查行为。

6. 对银行业金融机构实行并表监督管理。

7. 会同有关部门建立银行业突发事件处置制度，制定银行业突发事件处置预案，明确设置机构和人员及其职责、处置措施和处置程序，及时、有效地处置银行业突发事件。

8. 负责统一编制全国银行业金融机构的统计数据、报表，并按照国家有关规定予以公布；对银行业自律组织的活动进行指导和监督。

9. 开展与银行业监督管理有关的国际交流、合作活动。

10. 对已经或者可能发生信用危机，严重影响存款人和其他客户合法权益的银行业金融机构实行接管或者促成机构重组。

11. 对有违法经营、经营管理不善等情形银行业金融机构予以撤销。

12. 对涉嫌金融违法的银行业金融机构及其工作人员以及关联行为人的账户予以查询。

13. 对涉嫌转移或者隐匿违法资金申请司法机关予以冻结。

14. 对擅自设立银行业金融机构或非法从事银行业金融机构业务活动予以取缔。

15. 负责国有重点银行业金融机构监事会的日常管理工作。

（七）银行业监督管理机构的监督管理措施

这里的监督管理是指银行业监督管理机构依法履行监管职责时所采取的持续性监管方法。《银行业监督管理法》借鉴了《有效银行业监管的核心原则》[1]的相关内容，对银行业金融机构的监管措施作了具体规定。这些措施主要包括非现场监管、现场检查、并表监管、强制性信息披露以及相关处置措施。

1. 非现场监管。我国《银行业监督管理法》第33条规定："银行业监督管理机构根据履行职责的需要，有权要求银行业金融机构按照规定报送资产负债表、利润表和其他财务会计、统计报表、经营管理资料以及注册会计师出具的审计报

---

〔1〕为了提高各国银行监管的有效性，维护国际金融体系的稳定，巴塞尔银行监管委员会于1997年9月颁布了《有效银行业监管的核心原则》（该原则已于2006年被修订）。包括中国在内的9个新兴市场国家的代表参加了文件的起草工作。该文件涵盖了银行业机构准入、人员准入、资本充足率监管、风险管理、并表监管等，其内容涉及银行监管的各个方面。该文件是指导各国实施银行监管的国际标准。

告。”该规定即是银行业监督管理机构开展非现场监管的重要措施。非现场监管又称非现场监测、非现场监控、非现场检查，是指银行业金融监管机构按照风险为本的监管理念，全面、持续地收集、监测和分析被监管机构的风险信息，针对被监管机构的主要风险隐患制定监管计划，并结合被监管机构风险水平的高低和对金融体系稳定的影响程度，合理配置监管资源，实施一系列分类监管措施的周而复始的过程。

非现场监管对于商业银行风险评级、风险预警以及指导现场检查均发挥着重要作用。通过非现场监管，及时、连续地监测银行的经营和风险状况，从而实现对银行风险状况的持续监控和动态分析。非现场监管能否成功实现，关键是看有无广泛、真实的资料来源。因此为了进行有效的非现场监管，监管机构应建立起完整高效的监管信息系统，并要求银行业金融机构报送全面真实的资产负债表、利润表、其他财务会计报表、经营管理资料、审计报告等各种报表。

2. 现场检查。所谓现场检查，是指银行业金融监管机构派员直接进入实地，按照法定的程序和方式对被检查金融机构进行全面或者专项的检查。现场检查是非现场监管的有效补充，其可分为全面现场检查和专项现场检查。全面检查涉及银行金融机构的管理层的工作情况、内部控制机制的有效性、内部风险管理的实施情况等各方面内容。专项检查则只针对金融机构的某一项或几项业务进行。

根据《银行业监督管理法》、《中国银行业监督管理委员会现场检查规程》等规范性文件的规定，现场检查包括检查准备、检查实施、检查报告、检查处理和检查档案整理五个阶段。其具体措施一般包括：进入银行业金融机构进行检查；询问银行业金融机构的工作人员，要求其对有关检查事项作出说明；查阅、复制银行业金融机构与检查事项有关的文件、资料，对可能被转移、隐匿或者毁损的文件、资料予以封存；检查银行业金融机构运用电子计算机管理业务数据的系统。必要时，监管部门可与银行业金融机构董事、高级管理人员进行监督管理谈话，要求其对金融机构的业务和风险管理的重大事项作出说明。

进行现场检查时，应当经银行业监督管理机构负责人批准。检查人员不得少于2人，并应当出示合法证件和检查通知书，否则银行业金融机构有权拒绝检查。如果银行业监管机构在对银行业金融机构进行现场检查的过程中，需要对与涉嫌违法事项有关的银行业金融机构以外的单位和个人采取询问、查阅或者复制有关文件、登记保存相关文件等措施时，必须经设区的市一级以上银行业监督管理机构负责人批准，调查人员不得少于2人，并应当出示合法证件和调查通知书，否则有关单位或者个人有权拒绝。

3. 并表监管。并表监管是指在单一法人监管的基础上，对银行集团的资本、财务以及风险进行全面和持续的监管，识别、计量、监控和评估银行集团的总体风险状况。并表监管是相对于单一法人监管而言的，二者相辅相成，互为补充。同时并表监管在跨境银行监管方面具有重要意义，为有效银行监管的核心原则之一。

目前，随着我国大型银行的持续性改革，其规模不断扩充，股权结构日益复杂，逐步形成了实质意义上的银行集团。这种银行集团所包含的企业通常除了银行，还有保险公司、基金公司、证券公司等附属单位。上述附属公司的经营状况对母银行风险状况所产生的潜在风险是绝对不可忽视的，为了避免银行集团的风险的传染和蔓延，在对银行集团整体风险状况进行衡量时，应当更加重视并表因素。

我国银监会已于2008年2月发布了《银行并表监管指引（试行)》，针对资本充足性、大额风险暴露、内部交易、流动性风险、市场风险以及声誉风险等并表监管的主要风险要素作了详细的规定，同时也对并表范围、具体要求、关注重点、跨业、跨境风险以及监管措施等几个方面做出了具体的规定。

4. 强制信息披露。强制信息披露是指银行业金融监管机构依法责令银行业金融机构按照规定真实、完整地向社会公众披露财务会计报告、风险管理状况、董事和高级管理人员的变更等重大事项信息的银行业监管措施。这一措施有助于保护存款人、投资人的利益，同时对加强银行的外部监督和市场竞争的公平性也大有裨益。

5. 对银行业金融机构的其他监管措施。

（1）对银行业金融机构违反审慎经营规则的，银行业监督管理机构有权责令限期改正，逾期未改正的，或者其行为严重危及该银行业金融机构的稳健运行、损害存款人和其他客户合法权益的，经批准可以区别情形，采取下列措施：责令暂停部分业务、停止批准开办新业务；限制分配红利和其他收入；限制资产转让；责令控股股东转让股权或限制有关股东的权利；负责调整董事、高级管理人员或者限制其权利；停止批准增设分支机构。

（2）对银行业金融机构已经或可能发生信用危机，严重影响存款人和其他客户合法权益的，依照有关法律和国务院的规定对该机构实行接管或促成机构重组；对银行业金融机构有违法经营、经营管理不善等情形，不予撤销将严重危害金融秩序、损害公众利益的，有权予以撤销。对被接管、重组或被撤销的，有权要求该机构的董事、高级管理人员和其他工作人员履行职责；在清算期间，对直接负责的有关人员，可以采取下列措施：直接负责的董事、高级管理人员和其他直接责任人员出境将对国家利益造成重大损失的，通知出境管理机关依法阻止其出境；申请司法机关禁止转移、转让财产或对其财产设定其他权利。

（3）经批准查询涉嫌金融违法的银行业金融机构及其工作人员以及关联行为人的账户；对涉嫌转移或隐匿违法资金的，经银行业监督管理机构负责人批准后，可以申请司法机关予以冻结。

三、有关银行法的主要规定

（一）有关中国人民银行法的主要规定

1. 中国人民银行法。1995年3月18日，第八届全国人民代表大会第三次会议审议并通过了《中华人民共和国中国人民银行法》(以下简称《中国人民银行法》)。该法由总则、组织机构、人民币、业务、金融监督管理、财务会计、法律责任和附则等8章51条组成。《中国人民银行法》的颁布实施标志着中国人民银行作为我国的中央银行的法律地位，第一次以法律形式得到了确认。2003年4月国务院设立了银行业监督管理委员会，由该委员会统一监管银行、金融资产管理公司、信托投资公司等银行业金融机构。至此人民银行不再履行上述金融监管职责。基于上述情况的变化，2003年12月27日，第十届全国人大常委会第六次会议通过了《全国人大常委会关于修改〈中华人民共和国中国人民银行法〉的决定》，对《中国人民银行法》进行了修改。其中修改原法19条，删去2条，增加了4条。修改后的《中国人民银行法》淡化了人民银行对金融机构的监管职能，确定其职能主要是制定和执行货币政策，不断完善有关金融机构的运行规则，从而更好地发挥作为中央银行在宏观调控和应对金融风险中的作用。

2. 中国人民银行的性质及地位。中国人民银行是中华人民共和国的中央银行。所谓中央银行是指在一国金融体系中居于主导地位，负责制定和执行国家货币政策，调节和控制全国的货币流通和信用活动，依法实施金融监管和金融调控的特殊的金融机构。[1] 作为我国的中央银行，中国人民银行在金融机构体系中居于主导地位，是国家的银行，是发行的银行，是银行的银行，在国务院领导下依法独立执行货币政策，履行职责，开展业务，不受地方政府、各级政府部门、社会团体和个人的干涉。中国人民银行的全部资本由国家出资，属于国家所有。

3. 中国人民银行的职责。中国人民银行的职责主要有：发布和履行其职责有关的命令和规章；依法制定和执行货币政策；发行人民币，管理人民币流通；监督管理银行间同业拆借市场和银行间债券市场；实施外汇管理，监督管理银行间外汇市场；监督管理黄金市场；持有、管理、经营国家外汇储备、黄金储备；经理国库；维持支付、清算系统的正常运行；指导、部署金融业反洗钱工作，负责反洗钱的资金监测；负责金融业的统计、调查、分析和预测；作为国家的中央银行，从事有关的国际金融活动；国务院规定的其他职责。

此外，修改后的《中国人民银行法》还对组织机构、人民币、业务、金融监督管理、财务会计及法律责任等内容作了的具体规定，使其在国家宏观调控、货币政策制定和调整中发挥重要作用。

(二) 有关商业银行法的主要规定

1. 商业银行的性质、地位及经营范围。根据我国《商业银行法》第2条的规定，我国的商业银行是指依据《公司法》和《商业银行法》设立的、吸收公众存款、发放贷款、办理结算等业务的企业法人。它包括国有商业银行、合作银行、外资银行、中外合资银行、外国银行分行和其他商业银行。商业银行以营利为目的，

---

〔1〕 何立慧主编：《金融法原理》，兰州大学出版社2004年版，第15页。

并以吸收存款、发放贷款为其主体业务，是独立自主的金融企业法人。依据《商业银行法》的规定，商业银行可以经营下列部分或全部业务：①吸收公众存款；②发放短期、中期和长期贷款；③办理国内外结算；④办理票据承兑和贴现；⑤发行金融债券；⑥代理发行、代理兑付、承销政府债券；⑦买卖政府债券、金融债券；⑧从事同业拆借；⑨买卖、代理买卖外汇；⑩从事银行卡业务；⑪提供信用证服务及担保；⑫代理收付款项及代理保险业务；⑬提供保管箱服务；⑭经国务院银行业监督管理机构批准的其他业务。经营范围由商业银行章程规定，报国务院银行业监督管理机构批准。商业银行经中国人民银行批准，可以经营结汇、售汇业务。

2. 商业银行经营原则。依据《商业银行法》第4～10条的规定，我国的商业银行的经营应遵循以下原则：

（1）商业银行以安全性、流动性、效益性为经营原则。

（2）商业银行与客户的业务往来，应当遵循平等、自愿、公平和诚实信用的原则。

（3）商业银行的经营应以自主经营、自担风险、自负盈亏、自我约束为原则。

（4）商业银行开展业务，应当遵守法律法规，不得损害国家利益和社会公共利益。

（5）商业银行开展业务，应当遵守公平竞争的原则，不得从事不正当竞争。

（6）商业银行应当依法接受监督。

3. 商业银行的设立及组织机构。

（1）商业银行的设立。根据《商业银行法》第11条、第12条的规定，设立商业银行，必须经国务院银行业监督管理机构审查批准。未经国务院银行业监督管理机构批准，任何单位和个人不得从事吸收公众存款等商业银行业务，任何单位不得在名称中使用“银行”字样。

设立商业银行，应当具备下列条件：有符合《商业银行法》和《中华人民共和国公司法》规定的章程；有符合《商业银行法》规定的注册资本最低限额（设立全国性商业银行的注册资本最低限额为10亿元人民币。设立城市商业银行的注册资本最低限额为1亿元人民币，设立农村商业银行的注册资本最低限额为5000万元人民币。注册资本应当是实缴资本。）；有具备任职专业知识和业务工作经验的董事、高级管理人员；有健全的组织机构和管理制度；有符合要求的营业场所、安全防范措施和与业务有关的其他设施。

根据《商业银行法》第12条的规定，设立商业银行，还应当符合其他审慎性条件。根据中国银监会颁发的《外资银行管理条例实施细则》第3条的规定，外资银行设立的审慎性条件至少包括下列内容：具有良好的行业声誉和社会形象；具有良好的持续经营业绩，资产质量良好；管理层具有良好的专业素质和管理能力；具有健全的风险管理体系，能够有效控制关联交易风险；具有健全的内部控制制度和有效的管理信息系统；按照审慎会计原则编制财务会计报告，且会计师事务所对申请前3年的财务会计报告持无保留意见；无重大违法违规记录；具备有效的资本约束与资本补充机制；具有健全的公司治理结构。

设立商业银行，申请人应当向国务院银行业监督管理机构提交下列文件、资料：申请书，申请书应当载明拟设立的商业银行的名称、所在地、注册资本、业务范围等；可行性研究报告；国务院银行业监督管理机构规定提交的其他文件、资料。上述申请经国务院银行业监督管理机构审查后，符合《商业银行法》第14条规定的，申请人应当填写正式申请表，并提交下列文件、资料：章程草案；拟任职的董事、高级管理人员的资格证明；法定验资机构出具的验资证明；股东名册及其出资额、股份；持有注册资本5%以上的股东的资信证明和有关资料；经营方针和计划；营业场所、安全防范措施和与业务有关的其他设施的资料；国务院银行业监督管理机构规定的其他文件、资料。

经批准设立的商业银行，由国务院银行业监督管理机构颁发经营许可证，并凭该许可证向工商行政管理部门办理登记，领取营业执照。

（2）商业银行的组织机构。根据《商业银行法》第17～23条的规定，商业银行的组织形式、组织机构适用《中华人民共和国公司法》的规定。国有独资商业银行设立监事会，对国有独资商业银行的信贷资产质量、资产负债比例、国有资产保值增值等情况以及高级管理人员违反法律、行政法规或者章程的行为和损害银行利益的行为进行监督。监事会的产生办法由国务院规定。

商业银行根据业务需要，可向国务院银行业监督管理机构提出在我国境内外设立分支银行的申请。申请人在向国务院银行业监督管理机构提出设立申请时应提交下列文件和资料：申请书，申请书应当载明拟设立的分支机构的名称、营运资金额、业务范围、总行及分支机构所在地等；申请人最近两年的财务会计报告；拟任职的高级管理人员的资格证明；经营方针和计划；营业场所、安全防范措施和与业务有关的其他设施的资料；国务院银行业监督管理机构规定的其他文件、资料。经国务院银行业监督管理机构审查批准后，申请人可以在我国境内外设立分支机构。在我国境内的分支机构，不按行政区划设立。经批准设立的商业银行分支机构，由国务院银行业监督管理机构颁发经营许可证，并凭该许可证向工商行政管理部门办理登记，领取营业执照。经批准设立的商业银行及其分支机构，由国务院银行业监督管理机构予以公告。商业银行及其分支机构自取得营业执照之日起无正当理由超过6个月未开业的，或者开业后自行停业连续6个月以上的，由国务院银行业监督管理机构吊销其经营许可证，并予以公告。

商业银行在中华人民共和国境内设立分支机构，应当按照规定拨付与其经营规模相适应的营运资金额。拨付各分支机构营运资金额的总和，不得超过总行资本金总额的60%。商业银行对其分支机构实行全行统一核算，统一调度资金，分级管理的财务制度。商业银行分支机构不具有法人资格，在总行授权范围内依法开展业务，其民事责任由总行承担。

4. 商业银行存贷款和其他业务规范。

（1）对存款人的保护。根据《商业银行法》的规定，商业银行办理个人储蓄存款业务，应当遵循存款自愿、取款自由、存款有息、为存款人保密的原则；对个人储蓄或单位存款，商业银行有权拒绝任何单位或者个人查询、冻结、扣划，但法律另有规定的除外；商业银行应当按照中国人民银行规定的存款利率的上下限，确定存款利率并予以公告；商业银行应按规定向中国人民银行交缴存款准备金，留足备付金。保证存款本金和利息的支付，不得拖延、拒绝支付存款本金和利息。

（2）贷款和其他业务的基本原则。规定商业银行根据国民经济和社会发展的需要，在国家产业政策指导下开展贷款业务；商业银行贷款，应当对借款人的借款用途、偿还能力、还款方式等情况，进行严格审查，并应实行审贷分离、分级审批的制度；商业银行贷款，应当与借款人订立书面合同。借款人应当提供担保。商业银行应当对保证人的偿还能力、抵押物、质押物的权属和价值以及实现抵押权、质押权的可行性进行严格审查。经商业银行审查、评估、确认借款人资信良好，确能偿还贷款的，可以不提供担保；商业银行应当按照中国人民银行规定的贷款利率的上下限，确定贷款利率。商业银行货款，应当遵守《商业银行法》资产负债比例管理的规定，以利银行的安全、稳定运行；商业银行办理票据承兑、汇兑、委托收款等结算业务，应按规定的期限兑现，收付入账，不得压单、压票或违反规定退票，违者应承担必要的法律责任；同行拆借，应当遵守中国人民银行的有关规定，拆借的期限最长不得超过 4 个月。禁止利用拆入资金发放固定资产贷款或者用于投资；拆出资金限于交足存款准备金、留足备付金和归还中国人民银行到期贷款之后的闲置资金；商业银行不得违反规定提高或者降低利率，以及采用其他不正当手段，吸收存款，发放贷款。

（3）商业银行的工作人员应当遵纪守法，不得有下列行为：①利用职务上便利，索取、收受贿赂或者违反规定收受各种名义的回扣、手续费；②利用职务上的便利，贪污、挪用、侵占本行或者客户资金；③违反规定徇私向亲属、朋友发放贷款或者；④在其他经济组织兼职；⑤违反法律、行政法规和业务管理规定的其他行为。

四、有关票据法的主要规定

（一）票据及票据法

票据通常有广义和狭义之分。广义的票据是指包括股票、债券等在内的各种以证明或设定权利为目的的书面凭证；狭义的票据即票据法上的票据，是指出票人依法签发的，承诺自己或者委托的付款人在见票时或规定的日期向收款人或持票人无条件支付一定金额款项的特种有价证券，包括汇票、本票和支票。票据有支付、汇兑、融资、流通、结算、信用等多项经济功能，它是市场经济主体参与经济活动的重要工具。票据能在现代民商事活动中特别是商业交往中被普遍运用，不仅因为其功能的多样，还在于它本身所具有的充分迎合现代商业需求的一系列内在特质，即它具有要式性、独立性、无因性及流通性等特征。

票据法亦有广义、狭义之分。广义的票据法是指一切规范票据关系及其他与票据关系有关的社会关系的法律规范。狭义的票据法，是指调整票据关系的专门立法。本书是在狭义层面使用“票据法”这一语词。《中华人民共和国票据法》（以下简称《票据法》）于1995年5月10日由第八届全国人大常委会第十三次会议通过，后又于2004年8月28日由第十届全国人大常委会第十一次会议修正。

（二）关于汇票的主要规定

汇票，是指由出票人签发，并委托付款人在见票时或者指定日无条件支付一定金额给收款人或者持票人的票据。汇票按签发人身份的不同，可分为商业汇票和银行汇票。银行汇票，是指由出票银行签发，并由其在见票时按照实际结算金额无条件支付给收款人或者持票人的票据；商业汇票，是指由非银行出票人签发，并委托付款人在指定日期无条件支付确定的金额给收款人或者持票人的票据。汇票一般涉及三方基本当事人：出票人，即签发汇票的人；付款人，即是受出票人委托而付款的人；收款人，即是持汇票向付款人请求付款的人。

1. 出票。出票又称汇票的发票，是指出票人签发票据并将其交付给收款人的票据行为。根据《票据法》第21条的规定，汇票的出票人须与委托人有真实的委托付款关系且有可靠的资金来源，不得签发无对价汇票。

（1）绝对必要记载事项。所谓绝对必要记载事项，是指票据法规定必须在票据上记载的内容，如果欠缺这些内容，则汇票归于无效。依据《票据法》第22条的规定，所签汇票若无以下任何一项内容，则该汇票绝对无效：表明“汇票”的字样；无条件支付的委托；确定的金额；付款人名称；收款人名称；出票日期；出票人签章。

（2）相对必要记载事项。相对必要记载事项亦是汇票上应当载有的内容，但如果这些事项如在汇票上没有记载，其并不影响汇票本身的效力，汇票仍然有效。《票据法》第23条规定：“汇票上记载付款日期、付款地、出票地等事项的，应当清楚、明确。汇票上未记载付款日期的，为见票即付。汇票上未记载付款地的，付款人的营业场所、住所或者经常居住地为付款地。汇票上未记载出票地的，出票人的营业场所、住所或者经常居住地为出票地。”

（3）出票的法律效力。《票据法》第26条规定，出票人在出票行为完成后即成为汇票的债务人，其应当担保其所签发的票据能够获得承兑和付款。若出票人所签发的汇票得不到承兑或者付款，则其应向持票人清偿法定的金额和费用。

2. 背书。背书是指在票据背面或粘单上记载有关事项并签章的票据行为。

（1）关系主体。将票据背书后并将其交付于他人持有的人称为背书人，接受被背书交付的汇票的人为被背书人。

（2）背书方式。《票据法》第30条规定：“汇票以背书转让或者以背书将一定的汇票权利授予他人行使时，必须记载被背书人名称。”由此可以断定，我国《票据法》所确认的背书仅限于记名背书。记名背书又称为完全背书或特别背书，它是相对于空白背书而言的，指持票人在汇票背面或粘单上详细记载被背书人的姓名或商号，并签上自己的名字，然后将汇票交付被背书人的行为。

（3）背书的效力。背书所产生的法律效力主要包括：权利转让的效力，记名票据的持有人可以通过背书并交付票据，向他人转让其票据权利；权利担保的效力，背书人对其后手负有担保票据载有的权利得以实现的责任，当持票人得不到承兑或付款时，背书人必须支付票据款项或承担追索责任；权利证明的效力，经连续背书的票据的持有人，法律推定其为票据的权利者。连续背书中的“连续”，是指在票据转让中，转让汇票的背书人与受让汇票的被背书人在汇票上的签章依次前后衔接。

（4）背书的绝对记载事项。根据我国《票据法》第 29 条和第 30 条的规定，背书的绝对记载事项包括被背书人的名称和背书人签章两项。此两项内容一般应由背书人记载，但《最高人民法院关于审理票据纠纷案件若干问题的规定》第 49 条规定：“……背书人未记载被背书人名称即将票据交付他人的，持票人在票据被背书人栏内记载自己的名称与背书人记载具有同等法律效力。”

3. 承兑。承兑是指汇票付款人承诺在汇票到期日支付汇票金额的票据行为，这是汇票所特有的一种票据行为。承兑过程包括提示承兑与承兑表示两个阶段。提示承兑是指持票人向付款人出示汇票，并要求付款人承诺付款的行为。依据《票据法》的规定，定日付款或者出票后定期付款的汇票，持票人应当在汇票到期日前向付款人提示承兑；见票后定期付款的汇票，持票人应当自出票日起 1 个月内向付款人提示承兑；汇票未按照规定期限提示承兑的，持票人丧失对其前手的追索权；见票即付的汇票无需提示承兑。承兑表示是付款人对提示作出承兑与否的表示。付款人对向其提示承兑的汇票，应当自收到提示承兑的汇票之日起 3 日内承兑或者拒绝承兑。付款人收到持票人提示承兑的汇票时，应当向持票人签发收到汇票的回单。回单上应当记明汇票提示承兑日期并签章。付款人承兑汇票的，应当在汇票正面记载“承兑”字样和承兑日期并签章；见票后定期付款的汇票，应当在承兑时记载付款日期。汇票上未记载承兑日期的，以付款人收到提示承兑的汇票之日起的第三日为承兑日期。付款人承兑汇票，不得附有条件；承兑附有条件的，视为拒绝承兑。付款人承兑汇票后，应当承担到期付款的责任。如果承兑人承兑汇票后又拒绝付款，持票人可以直接对其起诉，持票人即使是原出票人，也可直接对承兑人行使权利。

4. 保证。汇票的债务可由汇票债务人以外的保证人承担保证责任。保证人行使保证责任时须在汇票或粘单上载明“保证”字样、保证人名称和住所、被保证人名称、保证日期和保证人签章。保证人在汇票或粘单上未记载被保证人名称的已承兑的汇票，承兑人为被保证人；未承兑的汇票，则出票人为被保证人。保证人对合法取得汇票的持票人的汇票权利承担保证责任。被保证人的汇票，保证人应当与被保证人对持票人承担连带责任。两人以上保证人之间承担连带责任；保证不得附有条件，保证人清偿汇票债务后可行使追索权。

5. 付款。承兑人或付款人应收款人或者持票人的请求，向收款人或持票人支付一定金额，以消灭票据债权债务关系的行为。付款必须经过付款提示、审查与付款三个阶段：①付款提示。这是指持票人向付款人在规定期限内提示付款，或委托收款银行及通过票据系统向付款人提示付款。若未按期提示付款，在作出说明后承兑人或付款人仍应承担付款责任。②审查。对于提示的汇票，在付款前，付款人应审查汇票背书的连续、提示付款人合法身份证明或有效证件。③支付票款。汇票付款人付款时，应要求持票人交出汇票并记载收清字样。汇票金额为外币的，除当事人约定外，一律按付款日市场汇价以人民币支付。持票人如不记载并收回票据，付款人可拒绝付款。④收回汇票。付款人付款后，有权要求持票人交回汇票。持票人获得付款的，应当在汇票上签收，并将汇票交给付款人。持票人委托银行收款的，受委托的银行将代收的汇票金额转入持票人账户，视同签收。付款人依法足额付款后，全体汇票债务人的责任解除。

6. 追索权。追索权又称为偿还请求权，是指持票人所享有的在出现法定情况时，向汇票的背书人、出票人以及汇票的其他债务人请求偿还票据金额、利息及其他法定款项的票据权利。追索权是票据法给予持票人的最后一项保护票据利益的权利。根据《票据法》第 61 条的规定，当出现下列情况之一时，持票人便可行使追索权：汇票到期被拒绝付款；汇票到期日前被拒绝承兑；汇票到期日前承兑人或付款人死亡、逃匿；汇票到期日前承兑人或付款人依法破产或因违法被责令终止业务活动的。持票人行使追索权时，应当提供被拒绝的有关证明。持票人行使追索权不能提供合法证明则丧失对其前手追索权，但承兑人和付款人仍对持票人承担责任；持票人应在收到有关证明之日起 3 日内将被拒绝事由书面通知其前手或全体债务人，否则虽可行使追索权但须自行承担由此造成损失的赔偿责任；持票人对所有债务人均有追索权，被追索人清偿债务后亦可享有追索权。汇票的出票人、背书人、承兑人和保证人对持票人承担连带责任；行使追索权不必按债务人顺序；被追索人依法清偿债务后其责任解除。

（三）关于本票的主要规定

本票是出票人签发的，承诺自己在见票时无条件支付确定的金额给收款人或者持票人的票据。本票可以分为银行本票和商业本票，《票据法》所称的本票特指银行本票。

1. 出票人。本票的出票人资格由中国人民银行审定并由其管理。银行本票的出票人，为经中国人民银行当地分支行批准办理银行本票业务的银行机构，银行机构之外的企业、事业单位机关和社会团体都不能成为本票的签发主体。出票人须有可靠的资金来源并保证支付。

2. 票面内容。本票票面应记载："本票"字样；无条件支付的承诺；确定的金额；收款人名称；出票日期；出票人签章。缺少上述任何一项记载，则本票无效。本票上记载的付款地和出票地应清楚、明确，若未载明，出票人营业场所为付款地和出票地。

3. 法律效力。本票的出票人在持票人提示见票时，须在法定期限内承担付款的责任；持票人未按规定期限提示见票的，丧失对出票人以外的前手的追索权。本票的背书、保证、付款行为和追索权的行使适用关于汇票的法律规定。

（四）关于支票的主要规定

支票是出票人签发的，委托办理支票存款业务的银行或者其他金融机构在见票时无条件支付确定的金额给收款人或者持票人的票据。支票的基本当事人有出票人、付款人、收款人三方，就出票人委托第三人向持票人或指定人付款而言，支票与汇票有相似之处，但支票上的付款人资格是特定的，即必须是银行或其他金融机构。同时支票都是即期的，而无远期支票。

1. 出票。出票人必须要和付款人之间存在资金关系，才可签发支票。根据《票据法》第82条的规定，出票人开设支票存款账户和领用支票应有可靠资信并存入一定的资金；申请时须使用本名并提交合法的身份证明、预留其本名的签名式样和印鉴。此外，《证券法》还规定，出票人签发的支票金额不得超过其在付款人处的存款金额；不得签发空头支票；出票人不得签发与预留签名及印签不符的支票。

2. 绝对必要记载事项。支票票面上须载明：“支票”字样；无条件支付的委托；确定的金额；付款人名称；出票日期和出票人签章。现金支票与转账支票应分别制作并在正面注明，现金支票只能用于支取现金，转账支票只能用于转账。缺少上述任何一项记载则为无效支票。

3. 相对必要记载事项。支票上未记载付款地的，付款人的营业场所为付款地。支票上未记载出票地的，出票人的营业场所、住所或者经常居住地为出票地。出票人可以在支票上记载自己为收款人。

4. 责任和权利。出票人向持票人承担按其签发支票金额付款的责任并在存款人处存足支付金额；对超过提示付款期限的持票人，出票人仍应承担票据责任。付款人应在持票人提示付款当日足额付款；超过提示付款期限的支票，付款人可不予付款；除付款人恶意或有重大过失付款外，付款人支付支票金额后不再对出票人和持票人承担付款责任。持票人应在10日内提示付款，异地使用另有规定。

五、有关证券法的主要规定

（一）证券及证券法

证券是指以某种符号设定并证明一定权利的书面凭证。学界通常对其有广义和狭义之分。广义的证券一般是指有价证券，其包括商品证券、货币证券以及资本证券，其中商品证券是代表权利主体对相应商品所享有的请求权的证券，如各种提货单、购货单等；货币证券是表彰权利人对一定数额的货币享有请求权的证券，如支票、汇票等；资本证券是指代表一定资本所有权益与一定收益分配请求权的证券，主要类型包括股票和债券。狭义的证券也即证券法上所称之证券，专指资本证券。

所谓证券法，是指调整证券发行、证券交易的法律规范的总称。《中华人民共和国证券法》（以下简称《证券法》）于1998年12月29日第九届全国人大常委会第六次会议通过，1999年7月1日施行。此后分别于2004年8月28日第十届全国人大会常委会第十一次会议、2005年10月27日第十届全国人大常委会第十八次会议、2013年6月29日第十二届全国人大常委会第三次会议和2014年8月31日第十二届全国人大常委会第十次会议通过《关于修改〈中华人民共和国证券法〉的决定》，先后对《证券法》进行了修正和修订。修订过后的《证券法》共设12章240条，规定了证券的性质、证券发行和交易活动的原则、证券发行、证券交易、上市公司收购、证券机构以及法律责任等内容。《证券法》的实施，对规范我国证券市场活动，保障投资者的合法权益，维护和促进我国市场经济的稳定与发展，起到了重大的积极作用。

《证券法》中所涉及的证券类型主要有股票、债券、证券投资基金券以及证券衍生品等。股票是股份公司签发给股东的证明其持有股份及股东权利义务的要式有价证券，它是股东权的凭证，具有不可返还性、流通性、收益性、风险性等特征。债券是公司或者国家等为了筹集资金，依照法定程序向社会公众发行的，约定到期后向权利人还本付息的一种借款凭证。债券作为一种证明债权、债务关系的特殊凭证，其具有期限性、流通性、收益相对稳定以及发行主体多元等特征。目前在我国存在的债券主要有政府债券、公司债券、企业债券、金融债券等。证券投资基金券是指证券投资基金发起人向社会公众发行的，表明其按比例对基金财产享有所有权、收益分配权等权利的有价证券。

（二）有关证券发行的主要规定

证券发行是发行人以募集资金为目的按照法定的条件和程序向投资者发售证券的法律行为。对于证券发行的划分，往往因其标准的差异而至类型各异。例如以是否通过承销机构进行证券发行为标准，证券发行可分为直接发行与间接发行。直接发行是发行人不通过承销商而直接将证券发售给投资人；间接发行是发行人通过证券承销机构将证券销售给投资者。又如以发售对象是否特定，又可将证券发行分为私募发行和公募发行。私募发行即非公开发行，是发行人仅向特定的投资者发售证券；公募发行即公开发行，是指发行者向不特定的社会公众或者达到一定数量的特定公众进行的证券发售。除此之外证券发行还可以分为平价发行、溢价发行与折价发行；初次发行、再次发行等。

1. 证券发行人。证券发行人是指为筹措资金而发行证券的组织，主要有政府和符合法定证券发行条件的公司、金融机构及企业。证券发行人是资金的原始供给者，同时也是资金的需求者。证券发行人的多少和所发行的证券数量的多少，决定了发行市场的规模和发达程度。

2. 证券发行的申请和审核。依据《证券法》的相关规定，我国对证券的公开发行监管采取核准制。所谓核准制，又称实质审查制，是指证券发行者不仅要向认购者完全公开其真实的可资判断的信息和资料，而且还要符合法律所规定的实质性条件，方可获得证券监督管理机构准予其发行的管理体制。该种审查制度在一定程度上确保了证券发行公司的基本质量，有利于保护投资者的利益。因此，证券发行人公开发行股票的，必须依照《公司法》、《证券法》等规定的条件，报经我国证券监督管理机构核准，必须向证券监督管理机构提交《公司法》、《证券法》等规定的申请文件和证券监督管理机构规定的有关文件。发行公司债券的，也必须依照《公司法》、《证券法》等规定的条件，报经国务院授权的部门审批，向国务院授权的部门提交法律规定的申请文件和国务院授权的部门规定的其他有关文件。

3. 证券承销。证券承销是指具有证券承销资格的证券公司基于证券承销协议，在法律规定或约定的时间内，将证券发行人的证券发售出去，并收取一定费用的行为。承销分为代销与包销。证券代销是指证券公司代发行人发售证券，在承销期结束时，将未售出的证券全部退还给发行人的承销方式；证券包销是指证券公司将发行人的证券按照协议全部购入或者在承销期结束时将售后剩余证券全部自行购入的承销方式。证券代销与证券包销的最大不同在于，前者为委托代理关系，在法定或约定的期限内不能完成证券发售任务时，余额退还发行公司，同时收费也较低；在证券包销中，证券公司在合同规定的时间内不能全部售出证券的，须自己买下全部余额，对证券公司而言风险较大，故收取费用也较高。根据《证券法》第 28 条和第 29 条的规定，公开发行证券的发行人有权依法自主选择承销的证券公司；证券公司不得以不正当竞争手段招揽证券承销业务；证券公司承销证券，应当同发行人签订代销或者包销协议。

4. 证券发行程序。证券发行必须严格按照法律规定的程序进行，如此方可在一定程度上保证发行审核制度以及其他相关制度得以实施，从而保障证券市场运行的公平、有序、稳定。这为对投资者权益进行有效保护，提供了一定条件和可能。〔1〕

（1）股票发行程序。依据我国法律法规及其相关规定，股票发行的主要程序可以归纳为：

第一，股票发行申请与核准。具体包括上市辅导、准备公开招股文件、申请发行、发行审核等过程。

第二，签署股票承销协议。依我国证券法律法规的规定，公开发行股票一律由证券经营机构承销，发行人不能自行销售。

---

〔1〕 对于整个证券发行程序的分解，由于学者们思考角度的个体差异，从而导致其被分解出不尽相同的组成阶段。本书只是参照其中之一，即何立慧主编的《金融法原理》（兰州大学出版社 2004 年版，第 334 ~ 335 页）。

第三，公告招股说明书。招股说明书是股票的公开发行人为了募集股份，向公众投资者介绍发行人及其他与发行证券有关的基本情况的法律文件。依《合同法》之规定，招股说明书是发行人向公众发出的认购其股份的要约邀请。

第四，股票的认购。认购者通过填写认股书来认购股票。为了保证认股者按时交纳股款，发行人通常规定认购者预交一定的保证金。当认购超过公开发行总量时，承销商应当按照公平原则，采用抽签、比例配售、比例、累退配售等方式进行销售。

第五，向证监会报告。承销商应当在承销期满后的法定时间内向证监会提交承销情况的书面报告。

(2) 公司债券的发行程序。

第一，作出发行公司债券的决议或决定。股份公司由董事会制订方案，由股东会作出决议；国有公司由国家授权投资的机构或者国家授权的部门作出决定。

第二，制作公司债券募集办法。它的作用相当于股票发行中的招股说明书。

第三，提出申请。决议或决定作出后，提交公司登记证明、公司章程、公司债券募集办法、资产评估报告和验资报告，向证券监管部门申请批准。

第四，主管部门批准。

第五，公告债券募集办法。

第六，签署债券承销协议。

第七，公司债券认购。

第八，置备公司债券存根簿。

(三) 有关证券交易的主要规定

证券交易又称证券买卖或者证券转让，是指证券投资者在证券交易市场依法买卖已经依法发行并已被认购的证券的法律行为，一般包括场内交易和场外交易。场内交易又称集中竞价交易，是指在依法设立的证券交易所内以公开集中竞价方式进行的挂牌交易。在我国，证券交易主要采用场内交易形式。场外交易又称为非集中竞价交易，指在证券交易所以外进行的证券交易。

1. 证券交易的一般规定。

(1) 证券合法。非依法发行的证券，不得买卖；法律对证券转让期限有限制性规定的，在限定期限内，不得买卖。

(2) 证券须挂牌交易。经依法核准同意上市交易的股票、公司债券及其他证券，应当在证券交易所挂牌交易。

(3) 禁止有关人员参与交易。规定证券公司不得从事向客户融资或者融券的证券交易活动。法律、行政法规禁止参与股票交易的人员，在任期或者法定期限内，不得直接或者以化名、借他人名义持有、买卖股票，也不得收受他人赠送的股票。

(4) 证券交易的其他规定：①证券交易所、证券公司、证券登记结算机构必须依法为客户开立的账户保密。②为股票发行出具审计报告、资产评估报告或者法律意见书等文件的专业机构和人员，在该股票承销期内和期满后6个月内，不得买卖该种股票。③证券交易的收费必须合理，并公开收费项目、收费标准和收费办法。

2. 证券上市的主要规定。证券上市是指经证券发行人的申请，证券交易所承认并接纳已经满足法定条件和要求的证券在证券交易市场交易，并允许其在交易市场进行公开且自由的买卖。

(1) 股票上市。《证券法》规定，股份有限公司申请其股票上市交易，应当向证券交易所提出申请，由证券交易所依法审核同意，并由双方签订上市协议。国家鼓励符合产业政策同时又符合上市条件的公司股票上市交易。股份有限公司申请股票上市，应当符合下列条件：①股票经国务院证券监督管理机构核准已公开发行。②公司股本总额不少于人民币3000万元。③公开发行的股份达到公司股份总数的25%以上；公司股本总额超过人民币4亿元的，公开发行股份的比例为10%以上。④公司最近三年无重大违法行为，财务会计报告无虚假记载。证券交易所可以规定高于前款规定的上市条件，并报国务院证券监督管理机构批准。向证券交易所提出股票上市交易申请时，应当提交下列文件：①上市报告书；②申请上市的股东大会决议；③公司章程；④公司营业执照；⑤依法经会计师事务所审计的公司最近三年的财务会计报告；⑥法律意见书和上市保荐书；⑦最近一次的招股说明书；⑧证券交易所上市规则规定的其他文件。股票上市交易申请经证券交易所审核同意后，签订上市协议的公司应当在规定的期限内公告股票上市的有关文件，并将该文件置备于指定场所供公众查阅。上市公司丧失《证券法》规定的上市条件的，其股票依法暂停上市或终止上市。

(2) 公司债券上市。公司申请债券上市交易，应当向证券交易所提出申请，由证券交易所依法审核同意，并由双方签订上市协议。公司申请其公司债券上市交易必须符合下列条件：①公司债券的期限为1年以上；②公司债券实际发行额不少于人民币5000万元；③公司申请其债券上市时符合法定的公司债券发行条件。向证券交易所提出公司债券上市交易申请时，应当提交下列文件：①上市报告书；②申请公司债券上市的董事会决议；③公司章程；④公司营业执照；⑤公司债券募集办法；⑥公司债券的实际发行数额；⑦证券交易所上市规则规定的其他文件。公司债券上市交易申请经证券交易所审核同意后，签订上市协议的公司应当在规定的期限内公告公司债券上市文件及有关文件，并将其申请文件置备于指定场所供公众查阅。

3. 持续信息公开的主要规定。信息公开，又称信息披露，是指证券发行人依法将自身的财务状况、经营情况等向证券监督管理部门报告，并向社会投资者公告的活动。在我国，负有信息公开义务的主体是公开发行证券的发行人、上市公司等。信息公开不仅是衡量申请上市的公司是否符合上市条件的重要手段，同时也是保护投资者利益的重要手段。因此，发行人、上市公司披露信息，应当本着真实、准确、完整的原则进行，不得有虚假记载、误导性陈述或者重大遗漏。

（1）证券发行公告。依《证券法》的规定，证券发行申请经核准，发行人应当依照法律、行政法规的规定，在证券公开发行前，公告公开发行募集文件，并将该文件置备于指定场所供公众查阅。发行证券的信息依法公开前，任何知情人不得公开或者泄露该信息。发行人不得在公告公开发行募集文件前发行证券。公司公告的股票或者公司债券的发行和上市文件，必须真实、准确、完整，不得有虚假记载、误导性陈述或者重大遗漏。

（2）中期、年度报告与公告。中期报告与年度报告是上市公司信息持续公开的最主要形式。上市公司和公司债券上市交易的公司，应当在每一会计年度的上半年结束之日起2个月内，向国务院证券监督管理机构和证券交易所报送记载以下内容的中期报告，并予公告：①公司财务会计报告和经营情况；②涉及公司的重大诉讼事项；③已发行的股票、公司债券变动情况；④提交股东大会审议的重要事项；⑤国务院证券监督管理机构规定的其他事项。上市公司和公司债券上市交易的公司，应当在每一会计年度结束之日起4个月内，向国务院证券监督管理机构和证券交易所报送记载以下内容的年度报告，并予公告：①公司概况；②公司财务会计报告和经营情况；③董事、监事、高级管理人员简介及其持股情况；④已发行的股票、公司债券情况，包括持有公司股份最多的前10名股东的名单和持股数额；⑤公司的实际控制人；⑥国务院证券监督管理机构规定的其他事项。

（3）临时报告与公告。如果发生可能对上市公司股票交易价格产生较大影响、而投资者尚未得知的重大事件时，上市公司应当立即将有关该重大事件的情况向国务院证券监督管理机构和证券交易所提交临时报告，并予公告，说明事件的起因、目前的状态和可能产生的法律后果。根据《证券法》第67条的规定，重大事件主要有以下情形：公司的经营方针和经营范围的重大变化；公司的重大投资行为和重大的购置财产的决定；公司订立重要合同，可能对公司的资产、负债、权益和经营成果产生重要影响；公司发生重大债务和未能清偿到期重大债务的违约情况；公司发生重大亏损或者重大损失；公司生产经营的外部条件发生的重大变化；公司的董事、1/3以上监事或者经理发生变动；持有公司5%以上股份的股东或者实际控制人，其持有股份或者控制公司的情况发生较大变化；公司减资、合并、分立、解散及申请破产的决定；涉及公司的重大诉讼，股东大会、董事会决议被依法撤销或者宣告无效；公司涉嫌犯罪被司法机关立案调查，公司董事、监事、高级管理人员涉嫌犯罪被司法机关采取强制措施；国务院证券监督管理机构规定的其他事项。

4. 禁止的证券交易行为的主要规定。为了维护证券交易市场的公平与公正，为了保护证券投资者的合法利益，《证券法》特别禁止以下证券交易行为：

（1）禁止内幕交易。内幕交易又称知情证券交易，是指内幕信息的知情人员和非法获取内幕信息的其他人员，利用内幕信息进行证券交易及相关活动从而获得非法利益的行为。《证券法》禁止证券交易内幕信息的知情人员和非法获取内幕信息的其他人员，利用内幕信息进行证券交易活动，或者泄露该信息，或者建议他人买卖该证券。根据《证券法》第74条的规定，证券交易内幕信息的知情人包括：发行人的董事、监事、高级管理人员；持有公司5%以上股份的股东及其董事、监事、高级管理人员，公司的实际控制人及其董事、监事、高级管理人员；发行人控股的公司及其董事、监事、高级管理人员；由于所任公司职务可以获取公司有关内幕信息的人员；证券监督管理机构工作人员以及由于法定职责对证券的发行、交易进行管理的其他人员；保荐人、承销的证券公司、证券交易所、证券登记结算机构、证券服务机构的有关人员；国务院证券监督管理机构规定的其他人。内幕信息是指证券交易活动中，涉及公司的经营、财务或者对该公司证券的市场价格有重大影响的尚未公开的信息。根据《证券法》第75条的规定，证券交易内幕信息主要包括：《证券法》第67条第2款所列重大事件；公司分配股利或者增资的计划；公司股权结构的重大变化；公司债务担保的重大变更；公司营业用主要资产的抵押、出售或者报废一次超过该资产的30%；公司的董事、监事、高级管理人员的行为可能依法承担重大损害赔偿责任；上市公司收购的有关方案；国务院证券监督管理机构认定的对证券交易价格有显著影响的其他重要信息。内幕交易行为给投资者造成损失的，行为人应当依法承担赔偿责任。

(2) 禁止操纵市场。操纵证券市场，是指操纵行为人利用资金、信息或者职权优势，影响证券交易价格或者证券交易量从而制造出虚假价格或者虚假繁荣，致使投资者在不了解事实真相的情况下作出错误的投资决定，以期获得非法利益的行为。《证券法》第77条规定禁止任何人以下列手段操纵证券市场：单独或者通过合谋，集中资金优势、持股优势或者利用信息优势联合或者连续买卖，操纵证券交易价格或者证券交易量；与他人串通，以事先约定的时间、价格和方式相互进行证券交易，影响证券交易价格或者证券交易量；在自己实际控制的账户之间进行证券交易，影响证券交易价格或者证券交易量；以其他手段操纵证券市场。操纵证券市场行为给投资者造成损失的，行为人应当依法承担赔偿责任。

(3) 禁止传播虚假信息。证券投资者在参与证券交易活动的整个过程中，总是要借助多种与证券交易相关的信息来决策其投资活动，这些信息真实性的大小，将在相当程度上决定投资者决策的正确性，进而最终影响到投资者利益的得失。所以，《证券法》第78条规定，各种传播媒介传播证券市场信息必须真实、客观，禁止误导；禁止国家工作人员、传播媒介从业人员和有关人员编造、传播虚假信息，扰乱证券市场；禁止证券交易所、证券公司、证券登记结算机构、证券服务机构及其从业人员，证券业协会、证券监督管理机构及其工作人员，在证券交易活动中作出虚假陈述或者信息误导。

(4) 禁止欺诈客户。欺诈客户，是指在证券交易中，证券公司及其从业人员违背客户真实意愿，实施有损客户利益的行为。在证券交易活动中，证券公司作为客户的委托代理人，应当本着为了委托人的利益这一基本原则，尽到一个善良管理人的义务，诚实信用地实施相关代理行为。《证券法》第 79 条规定，禁止证券公司及其从业人员从事下列损害客户利益的欺诈行为：违背客户的委托为其买卖证券；不在规定时间内向客户提供交易的书面确认文件；挪用客户所委托买卖的证券或者客户账户上的资金；未经客户的委托，擅自为客户买卖证券，或者假借客户的名义买卖证券；为牟取佣金收入，诱使客户进行不必要的证券买卖；利用传播媒介或者通过其他方式提供、传播虚假或者误导投资者的信息；其他违背客户真实意思表示，损害客户利益的行为。欺诈客户行为给客户造成损失的，行为人应当依法承担赔偿责任。

（5）其他禁止规定。除了上述情形外，《证券法》及其他相关法律法规还做出了一系列其他禁止性规定。例如，禁止法人非法利用他人账户从事证券交易；禁止法人出借自己或者他人的证券账户；禁止任何人挪用公款买卖证券；禁止资金违规流入股市等。

思考题

1. 金融法包括哪些内容？其对政府实现宏观调控和企业实现经营目标有哪些重要意义？

2. 银行业监督管理法规定有哪些法律制度实现对银行业金融机构的监督管理？

3. 银行法有哪些主要规定？企业经营与信贷、结算及外汇管理有哪些关系？

4. 如何规范企业经营中的票据行为？怎样处理票据纠纷？

5. 证券法是一种什么样的法律制度？其对证券的发行和交易都作有哪些主要规定？

第十六章

财务管理法

导入案例

吕总经理离职时带走公司财务资料，构成犯罪吗？

公诉机关：周口市川汇区人民检察院

被告人：吕铜山，男，1967 年 10 月 10 日出生于山西省垣曲县。因涉嫌隐匿、故意销毁会计凭证、会计账簿、财务会计报告罪于 2012 年 5 月 24 日被周口市公安局决定刑事拘留后在逃，2012 年 6 月 13 日广西南宁市公安局机场派出所在南宁机场将被告人吕铜山抓获，现羁押于项城市看守所。

周口市川汇区人民检察院指控：

（一）隐匿会计凭证、会计账簿罪

吕铜山于 2009 年 9 月 22 日任周口市×医疗废物处置有限公司总经理。在 2011 年 4 月 19 日，公司免去其总经理职务后，吕铜山拒不办理交接手续，携带其任职期间的公司财务资料逃匿，涉案金额 257.12 万元。

（二）职务侵占罪

上述犯罪事实，公诉机关提供有被告人供述、证人证言、书证等相关证据予以证实，并认为，被告人吕铜山被公司免去总经理职务后，携带公司会计凭证、会计账簿逃匿，涉及金额 257.12 万元，严重影响了公司的正常经营管理活动，其行为已触犯《中华人民共和国刑法》第 162 条的规定，犯罪事实清楚，证据确实充分，应当以隐匿会计凭证、会计账簿罪追究其刑事责任；被告人吕铜山利用职务便利，侵占公司财物数额 177 300 元，其行为已触犯《中华人民共和国刑法》第 271 条第 1 款的规定，犯罪事实清楚，证据确实充分，应当以职务侵占罪追究其刑事责任。被告人吕铜山一人犯数罪，应依照《中华人民共和国刑法》第 69 条规定处罚，要求依法判处。

被告人吕铜山辩称没有带走周口市×医疗废物处置有限公司的记账凭证及账簿，带走的是没有入账的票据，因为周口市×公司免去其经理职务程序违法，周口市×公司不对拖欠他的钱进行结算，所以带走了公司的物品，其本人没有侵占公司的财物的故意和行为，未入公司账的钱都用于公司正常经营了。

辩护人辩称公诉机关指控被告人吕铜山犯隐匿会计凭证、会计账簿罪，职务侵占罪事实不清，证据不足。理由如下：①被告人吕铜山主观上无隐匿会计凭证、账簿的犯罪故意。因为周口市×医疗废物处置有限公司罢免程序不合法，双方账务未清算，未结清被告人吕铜山工资的情况下，被告人吕铜山有理由不履行工作移交，并且，被告人吕铜山离职后两次洽谈移交也说明其无犯罪故意。②《刑法》第271条规定的职务侵占罪……③被告人吕铜山任总经理期间，周口市×医疗废物处置有限公司账目管理混乱，公司收入及支出不记账的情况客观存在；④现有证据不能证明被告人吕铜山将10.7万元据为己有；⑤司法鉴定意见书存在严重错误。

辩护人当庭提供周口市人民检察院调取证据通知书、调取证据清单及周口市×医疗废物处置有限公司文件复印件，证明2010年9月30日，周口市人民检察院向×公司调取过账簿，时间为2006年12月至2009年11月，鉴定材料中也有2009年11月的记账凭证，二者相重复。

经审理查明：

（一）隐匿会计凭证、会计账簿罪

被告人吕铜山于2009年9月22日任周口市×医疗废物处置有限公司总经理。2011年4月底，在周口市×医疗废物处置有限公司决定免去其总经理职务后，被告人吕铜山拒不办理交接手续，擅自携带其任职期间的周口市×医疗废物处置有限公司的会计凭证、会计账簿离开周口，将上述会计凭证、会计账簿转移至其在江苏泗洪的家中，2012年6月13日被告人吕铜山在南宁机场被抓获，被告人吕铜山的妻子李×按照吕的安排将其带走的周口市×医疗废物处置有限公司的会计凭证、会计账簿交给侦查机关，经河南华颖会计师事务所有限公司出具司法鉴定意见书鉴定，2012年6月22日，李×移交公安机关的周口市×医疗废物处置有限公司的会计账簿5册、记账凭证36册，涉案金额95万。

上述事实，有被告人吕铜山的供述；证人龚×、李×、周×、贾×、陈×、沈×、郭×、杜×、李××的证言；书证：接受刑事案件登记表，周口市×医疗废物处置有限公司出具的《控告书》，李×于2012年6月24日向沈×移送的吕铜山带走的公司的有关文件资料登记25页，周口市公安局扣押物品文件清单和鉴定意见：河南华颍会计师事务所有限公司豫颍会（2013）会鉴字第021号《关于李×移交给公安机关账簿及记账凭证涉案金额、涉及内容的司法鉴定意见书》等证据予以证实，事实清楚，足以认定。

（二）关于公诉机关指控的职务侵占罪

…………

另查明：

1. 周口市×医疗废物处置有限公司罢免被告人吕铜山总经理职务时，采取的是电话传真的方式，由公司的法人股东和自然人股东在董事会决定上签字同意做出的，未采取召开董事会或股东会的方式，而被告人吕铜山作为该公司的董事也未参与。

2. 被告人吕铜山作为周口市×医疗废物处置有限公司的总经理的报酬问题，公司章程对此无规定，也无合同或其他书面约定。

3. 被告人吕铜山在任周口市×医疗废物处置公司经理期间，该公司的账目存在现任会计对上任会计的任职期间的账目进行记载，记载时间重叠、账目不完整的情况。首先，吕铜山任职期间经历申×、张×、周×等几任会计，最后一任会计是周×，任职时间为2010年12月份至2011年4月份，周×和上任会计交接时无票据及账目，仅有一张交接单，而吕铜山离开公司前几天让会计周×等人突击整账，突击整理出来的这些账包括记账凭证和会计账簿的记录时间是2009年11月至2011年4月。其次，河南华颖会计事务所豫颖会（2013）会鉴字第08号司法鉴定意见书对被告人吕铜山与周口市×医疗废物处置公司之间债权债务进行鉴定，该司法鉴定意见书的鉴定材料包括三部分，2010年9月至2010年12月张来生记录的记账凭证、账簿，2009年11月至2011年4月由周×、李×记录的记账凭证、账簿和一些未入账的票据、借条。

4. 周口市×医疗废物处置有限公司账目管理混乱，吕铜山个人与公司之间的债权债务尚未理清。

上述事实，有被告人吕铜山的供述；证人龚×、李×、吴×、郭×、杜×、张×、申×、杨×、李×的证言；书证：接受刑事案件登记表，周口市×医疗废物处置有限公司出具的《控告书》，周口市×医疗废物处置有限公司出具的《情况反映》，周口市×医疗废物处置有限公司的吕铜山出具的《证明》，周口市×医疗废物处置有限公司的吕铜山出具的《收条》，周口市×医疗废物处置有限公司的吕铜山出具的《承诺书》，周口市×医疗废物处置有限公司吴×于2006年9月12日出具的《收条》，宜昌市九天环保科技有限公司《关于变更周口市×医疗废物处置有限公司董事长法定代表人的函》，宜昌市九天环保科技有限公司《关于调整委派三名董事的函》，周口市×医疗废物处置有限公司董事会会议纪要，周口市公安局扣押物品文件清单；鉴定意见：周口市价格认证中心周价鉴字（2012）04号《关于对瑞风小客车和电脑主机的价格鉴定结论书》，河南华颍会计师事务所有限公司豫颍会（2012）会鉴字第06号《关于周口市×医疗废物处置有限公司收支情况情况的司法鉴定意见书》，河南华颍会计师事务所有限公司豫颍会（2013）会鉴字第08号《关于吕铜山与周口市×医疗废物处置有限公司之间的债权、债务情况的司法鉴定意见书》及《豫颖会（2013）会鉴字第08号司法鉴定意见书的补充说明》和侦查机关扣押被告人吕铜山带走的物品、账册的照片等证据予以证实。

综合证据：被告人吕铜山户籍证明；在逃人员信息登记表；周口市人民检察院指定管辖决定书；扣押物品清单；申瑞祥证言；公安局情况说明。

上述证据，经当庭举证、质证，查证属实，予以认定。

本院认为：被告人吕铜山在周口市×医疗废物处置有限公司决定免去其总经理职务后，擅自将公司的会计凭证、会计账簿隐匿，涉及金额95万元，严重影响了公司的正常经营管理活动，其行为已构成隐匿会计凭证、会计账簿罪，川汇区人民检察院指控罪名成立，本院予以支持。被告人辩称其没有带走公司账簿。经查，证人周×、李×、贾×、李×当庭所做的证言与在侦查机关所做的证言一致，证实，被告人吕铜山在离开公司之前，让会计周×、李×将公司的会计凭证、会计账簿交给他，吕铜山被抓后，由被告人吕铜山的妻子李×将其带走的公司的会计凭证、会计账簿交给侦查机关，侦查机关将上述会计凭证、会计账簿进行扣押，证据之间形成完整的证据链条，能够相互印证，故被告人的上述辩护意见与查明事实不符，本院不予采信；辩护人辩称，被告人没有隐匿会计凭证、会计账簿的主观故意，因为在周口市×医疗废物处置有限公司罢免程序不合法，双方账务未清算，未结清被告人吕铜山工资的情况下，被告人吕铜山有理由不履行工作移交，并且，被告人吕铜山离职后两次洽谈移交也说明其无犯罪故意。根据《会计法》、《刑法》的相关规定，公司的会计凭证、会计账簿应当依法予以保管，隐匿会计凭证、会计账簿罪侵犯的客体是财务会计管理制度，被告人吕铜山无论是作为周口市×公司的经理还是被免职后，都无权对公司的会计凭证、会计账簿进行保管，同时，本罪是行为犯，出于何种目的，不影响本罪的构成，所以，辩护人的上述辩护意见，本院不予采纳。

公诉机关指控被告人吕铜山犯职务侵占罪的第一起犯罪事实……

为此，依照《中华人民共和国刑法》第162条、第52条、第53条的规定，判决如下：

被告人吕铜山犯隐匿会计凭证、会计账簿罪，判处有期徒刑1年5个月，并处罚金人民币2万元。

（刑期从判决执行之日起计算，判决执行以前先行羁押的，羁押1日折抵刑期1日，即自2012年6月14日起至2013年11月13日止，罚金自本判决生效之日起30日内缴纳）。

【问题思考】

1. 吕铜山总经理带走公司财务资料，伤害了谁？为什么构成了财务犯罪？

2. 吕铜山被公司免去总经理职务后，其拒不办理交接手续，是否构成犯罪？

3. 结合本案，《会计法》对财务从业人员都提出哪些要求？有哪些经验教训值得记取？财务工作者应怎样搞好财务管理工作？

一、财务管理法概述

（一）企业财务管理与财务管理法

企业的财务管理，是指企业通过有关资金的筹措、调拨、使用、分配、偿还、结算等方面的业务，利用货币作为价值形式，结合企业日常生产经营活动而进行的综合性管理。企业财务管理包括对企业固定资金的管理、企业流动资金管理、成本管理、企业销售收入管理、专项资金管理以及财务收支管理等内容，它是现代企业科学管理的重要组成部分，是企业实现生产经营目标的重要手段之一。搞好企业财务管理，对于保证企业正常的生产经营活动，加强企业核算制度，实现企业经营目标，努力提高企业经济效益，正确地处理好国家、企业和职工三者之间物质利益关系，促使企业不断地提高生产经营管理水平，都具有十分重要的意义。

企业财务管理法，是指调整企业在财务管理活动中所发生各种财务管理关系的法律规范总称。它的调整对象包括国家财务管理部门、企业主管部门以及企业、企业财务管理部门、职工相互之间所发生的各种财务管理关系，使财务管理法不仅具有很强的综合性、专业性、技术性等特征，而且是包含有很多门类、层级的法律规范。党的十一届三中全会以来，为适应我国经济体制改革不断深化发展的要求，国家先后制定、颁行了不少有关财务会计管理方面的法律法规，特别是1985年1月21日第六届全国人大常委会第九次会议通过，并经1993年和1999年两次修正的《中华人民共和国会计法》（以下简称《会计法》）以及《中华人民共和国注册会计师法》（1993年颁布、2014年修正）、《中华人民共和国审计法》（以下简称《审计法》，1994年颁布、2006年修正）、《企业财务会计报告条例》以及《企业财务通则》、《企业会计准则》等一系列财务会计法律、法规，初步建立起比较完善、能够适应我国社会主义市场经济体制要求的财务会计管理制度体系。

（二）财务管理法基本原则

1. 坚持统一领导，分级管理相结合的原则。所谓统一领导，是指企业的财务管理法律制度，由国家立法机关和财务主管机关统一规定；所谓分级管理，是指企业的具体财务活动，由企业财务部门按照统一的财务管理制度的具体规定和企业负责人的具体决策认真贯彻和执行。在企业财务管理活动中，把统一领导和分级管理结合起来，既保证国家对企业财务管理的有效监督和控制，也有利于调动企业的积极性. 加强企业的横向联系和完善经济核算制，不断提高企业的经济效益。

2. 强调财务工作效益原则。经济效益是商品经济、市场经济对企业生存的第一要求。效益是企业的生命线，也是财经工作的出发点。因此，在企业财务管理中，不仅要求企业的财务人员应该时刻按照效益原则办理，加强经济核算，坚持增产节约，增收节流；而且要求国家和政府主管机关在制定财务管理制度时，也必须首先把提高企业经济效益放在首位，作为立法的出发点。

3. 贯彻兼顾三者利益的原则。兼顾国家、企业和职工三者利益关系，或处理好股东、经营者与职工的利益关系，成为各类企业做好财务管理的核心问题和关键问题，它既是保证企业财务管理工作合法化的重要标准、也是调动企业经营者和职工积极性的重要因素。兼顾和处理好各方利益，并保证其高度协调统一，更是促进企业不断提高生产经营水平和生产力水平的重要步骤。为此，修订后的《会计法》从规范会计行为，保证会计资料真实、完整目标出发，作出加重单位负责人会计工作责任和加大对会计违法违纪行为的处罚力度的新的立法规定。

4. 实行专业管理与群众监督相结合的原则。企业财务管理具有很强专业技术性的特征，要求使用独特的语言和管理方法。因此，法律对企业中从事财务管理人员应予以专门的规范，不仅要求提高企业财务管理队伍的业务素质，强化企业财务专业化管理，提高企业财务管理水平；而且要求企业全体从业人员加强对企业财务工作进行必要的监督，严肃企业财经纪律，维护企业、国家和劳动者、投资者权益不受侵害，把企业财务管理纳入法制轨道。

二、有关会计法的主要规定

（一）我国会计工作管理体制

会计工作是涉及全社会的一项工作，对这一工作的管理，自然是一项社会性管理工作。我国《会计法》第8条明确规定：国家实行统一的会计制度。国家统一的会计制度由国务院财政部门根据《会计法》制定并公布，国务院财政部门主管全国的会计工作。国务院有关部门可以依照《会计法》和国务院统一的会计制度制定对会计核算和会计监督有特殊要求的行业实施国家统一的会计制度的具体办法或者补充规定，报国务院财政部门审核批准。县级以上地方各级人民政府财政部门管理本行政区域的会计工作。《会计法》的上述规定改变了过去那种允许省、自治区、直辖市人民政府的财务部门制定会计制度的具体办法和补充规定的做法，对于国务院各业务主管部门，也仅限于对会计核算和会计监督有特殊要求的行业部门，例如金融、证券、期货、保险等特殊行业。充分体现了我国会计工作实行“统一领导，分级管理”的原则，既反映了市场经济对会计管理工作的客观要求，也集中体现了国家管理的效率。

（二）会计法的适用范围

会计法的适用范围，是指会计法的效力所及的社会主体范围。即哪些社会组织必须服从会计法的规范要求，遵循会计法的规定从事会计行为，并承担相应的法律责任。《会计法》第2条规定：国家机关、社会团体、公司、企业、事业单位和其他组织必须依照本法办理会计事务。为此《会计法》具体列举了五类组织单位。

1. 国家机关。这里所说的国家机关，包括各级权力机关、行政机关、司法机关、军事机关等。

2. 社会团体。社会团体包括各种人民群众团体、社会公益团体、文体工作团体、宗教团体以及其他按照法律规定而成立的团体。

3. 公司、企业。公司包括我国《公司法》规定的有限责任公司和股份有限公司。企业则包括国有企业、集体企业、合伙企业、中外合资经营企业、中外合作经营企业、个人独资企业、外资企业。

4. 事业单位。事业单位包括科技、文化、教育、卫生、体育等事业单位。

5. 其他组织。这是指除上述单位以外的组织，如农村集体经济组织，外国企业在我国的分支机构等。

（三）会计核算制度

1. 会计核算的特点和原则。会计核算是会计工作的首要职能，也是会计管理工作的基础，搞好会计核算是做好会计工作的基本要求，因此它是会计法所要调整和规范的核心问题之一，并作有新规定。

会计核算是指以货币为主要计量单位，依据有关的法律、法规和国家统一的会计制度的规定，应用会计原理，并采用专门的方法，通过确认、计量、计算、记录、分类、汇总等程序，对单位的经济活动进行连续、系统、完整的反映和经常性控制，以提供全面系统的会计信息的全过程。由此可知，会计核算主要以货币形式，从价值上反映各单位的经济活动；会计活动具有连续性、完整性和系统性的特点；是对已经发生的经济活动进行事中、事后核算的同时，预测未来的经济活动。

会计活动应当遵循的基本原则。由于我国国家机关以及事业单位与企业设立的目的、活动的方式都不相同，所以各单位在进行会计核算时也有所区别。其中国家机关及事业单位在进行会计核算应遵循的原则，主要有真实性、有用性、可比性、一致性、及时性、明晰性、收付实现原则、实际成本原则和重要性原则。而企业会计核算除了应遵循上述一般原则外（收付实现原则除外，采用权责发生制原则），另外还有三条原则应当遵守，即配比性原则、谨慎性原则和划分收益性支出与资本性支出原则。

2. 会计核算的对象。会计核算是会计法的核心内容，《会计法》第 10 条对此作出明确的规定："下列经济业务事项，应当办理会计手续，进行会计核算：①款项和有价证券的收付；②财物的收发、增减和使用；③债权债务的发生和结算；④资本、基金的增减；⑤收入、支出、费用、成本的计算；⑥财务成果的计算和处理；⑦需要办理会计手续、进行会计核算的其他事项。"《会计法》对会计核算对象用列举的方式，一共列出了七项内容，前六项基本上涵盖了会计核算的主要内容，考虑到会计业务的纷繁复杂，以及在我国市场经济体制改革中会计核算业务可能还会出现的一些新情况、新问题，如企业的终止清算、破产清算、无形资产的核算等，在第七项中用其他事项予以概括。

3. 会计年度，记账本位币，文字的使用。

（1）会计年度。为了便于国家的宏观调控和管理、要求会计年度与财政预算年度保持一致，而我国的财政预算年度实行的是公历年度，所以《会计法》规定我国会计年度自公历 1 月 1 日至 12 月 31 日止为一个会计年度。

（2）记账本位币。规定会计核算以人民币为记账本位币，业务收支以人民币以外的货币为主的单位，可以选定其中一种货币作为记账本位币，但是编报的财务会计报告应当折算为人民币。

（3）会计记录的文字应当使用中文。在民族自治地区，会计记录可以同时使用通用的一种民族文字。在中华人民共和国境内的外商投资企业、外国企业和其他外国组织的会计记录可以同时使用一种外国文字。

4. 会计凭证，会计账簿，会计处理方法，财务会计报告。《会计法》第 13 条第 1 款规定：会计凭证、会计账簿、财务会计报告和其他会计资料，必须符合国家统一的会计制度的规定。

（1）会计凭证。这是证明经济业务事项发生，明确经济责任，并具有法律效力的书面凭证。它包括原始凭证和记账凭证。《会计法》规定，凡是进行会计核算的经济业务事项，必须填制或者取得原始凭证并及时送交会计机构。会计机构、会计人员必须按照国家统一的会计制度的规定对原始凭证进行审核，对不真实、不合法的原始凭证，有权不予接受，并向单位负责人报告；对记载不准确、不完整的原始凭证予以退回，并要求按照国家统一的会计制度的规定更正，补充。原始凭证的记载的各项内容均不得涂改；原始凭证有错误的，应当由出具单位重开或者更正，更正处应该加盖出具单位的印章。原始凭证金额有错误的，应当由出具单位重开，不得在原始凭证上更正。记账凭证应当根据经过审核的原始凭证及有关资料编制。

（2）会计账簿。这是以会计凭证为依据，由一定格式并相互联系的账页组成的，对单位的全部经济业务进行全面、分类、系统、序时地登记和反映的簿册。会计账簿如按用途可分为三类，即分类账（包括总账和明细账）、日记账和辅助账簿；若按账簿的外表形式分，可分为订本式账簿，活页式账簿和卡片式账簿。《会计法》规定：各单位必须依法设置会计账簿，并保证其真实、完整。会计账簿登记，必须以经过审核的会计凭证为依据，并符合有关法律、行政法规和国家统一的会计制度的规定。应该做到：①登记会计账簿必须依据审核无误的会计凭证进行，并将会计凭证日期、编号、业务内容摘要、金额和其他有关资料逐项记入会计账簿内。登记完毕后，记账人员要在记账凭证上签名或者盖章，并注明该记账凭证已经登记入账的符号。②会计账簿应当按照连续编号页码顺序登记。会计账簿发生错误或者隔页、缺号、跳行的，应当按照国家统一的会计制度的规定的方法更正，并由会计人员和会计机构负责人（会计主管人员）在更正处盖章。③各单位应当定期将会计账簿记录与实物、款项及有关资料相互核对、保证会计账簿记录与实物及款项的实有数额相符，会计账簿记录与会计凭证的有关内容相符，会计账簿之间相对应的记录相符，会计账簿记录与会计报表的有关内容相符。④使用电子计算机进行会计核算的，其会计账簿的登记、更正，应当符合国家统一的会计制度规定。

（3）会计处理方法。这是指根据经济业务的性质和内容，运用复式记账原理和借贷记账法，确定对应的会计科目，编制会计分录，以反映经济业务的内在联系的特有的会计方法。

各单位采用的会计处理方法，前后各期应当保持一致，具体应做到：①会计指标的计算方法和口径应当力求一致；会计核算的计量单位、会计年度、会计核算方法应当保持一致；确定本期的收益和费用标准，应当有一致的规定，不得随时变动；确有必要变更的，应当按照国家统一会计制度的规定变更，并将变更的原因、情况及影响在财务会计报告中说明。②或有事项。这是指一种既存的状态、情势或者一些情况，致使单位可能在获得某些利益（或有债权）或者可能丧失某些经济利益（或有债务）的情况处于不确定状态，这种情况最后的确定有赖于一种或者多种未来事项的发生或者不发生。或有事项分为或有债权、或有债务。其中或有债权不需要入账，而或有债务通常要在财务会计报告中反映或披露，或有债务较为常见的有以下几种：单位提供的担保；未决诉讼；应收票据贴现；融通票据保证；保证；购货约束。

（4）会计报告。这是反映单位的财务状况和经营成果的书面文件。财务会计报告由会计报表、会计报表附注和财务情况说明书组成。财务会计报告应当根据经过审核的会计账簿记录和有关资料编制，并符合国家统一的会计制度关于财务会计的编制要求、提供对象和提供期限的规定。向不同会计资料使用者提供的财务会计报告，其编制依据应当一致。法律、行政法规规定会计报表、会计报表附注和财务情况说明书须经注册会计师审计的，注册会计师及其所在会计师事务所出具的审计报告应当随同财务会计报告一并提供。企业财务会计报告并应注意严格执行《企业财务会计报告条例》的有关规定。

财务会计报告应当由单位负责人和主管会计工作的负责人，会计机构负责人（会计主管人员）签名并盖章；设置总会计师的单位，还须由总会计师签名并盖章。单位负责人应当保证财务会计报告真实、完整。这是《会计法》首次在我国确立单位负责人对财务会计报告的最终负责制。

5. 公司、企业的特别规定。公司、企业由于其设立的目的、性质、活动的方式不同于国家机关和党群等社会组织，所以在进行会计核算时即存在有相同之处，也有其不同的地方。公司、企业除了应遵循《会计法》对会计核算的一般要求外，同时还应当遵循《会计法》关于公司、企业进行会计核算的特别规定。除此之外，实行企业化管理的事业单位以及其他社会经济组织进行会计核算，也应当遵循会计法有关公司、企业会计核算的专门规定。对此，《会计法》第25条规定：公司、企业必须根据实际发生的经济业务事项，按照国家统一的会计制度的规定确认、计量和记录资产、负债、所有者权益、收入、费用、成本和利润。并对公司、企业在进行会计核算中禁止性的行为作出明确规定，要求不得随意改变资产、负债、所有者权益的确认标准或者计量方法，虚列、多列，不列或者少列资产、负债、所有者权益；虚列或者隐瞒收入、推迟或者提前确认收入；随意改变费用、成本的确认标准或者计量方法，虚列、多列、不列或者少列费用、成本；随意调整利润的计算、分配方法，编造虚假利润或者隐瞒利润；以及违反国家统一的会计制度规定的其他行为。

（四）会计监督制度

会计监督是为了保证经济业务活动的安全有效进行，防止并发现和纠正错误与舞弊，保证会计资料真实、完整而制定的各种制度和规定。《会计法》对会计监督作了全面的规定，设立了内部监督、社会监督、中介组织监督、财政部门监督、有关部门的监督等监督制度，使会计监督形成了一个完整的监督体系。

1. 单位内部的监督。

（1）单位内部会计监督制度。《会计法》第 27 条规定，各单位应当建立、健全本单位内部会计监督制度。单位内部会计监督制度应当符合下列要求：①记账人员与经济业务事项和会计事项的审批人员、经办人员、财物保管人员的职责权限应当明确，并相互分离、相互制约。②重大对外投资、资产处置、资金调度和其他重要经济业务事项的决策和执行的相互监督、相互制约程序应当明确。③财产清查的范围、期限和组织程序应当明确。④对会计资料定期进行内部审计的办法和程序应当明确。

（2）单位负责人承担的会计监督责任。单位负责人对本单位的会计工作和会计资料的真实性、完整性负责。应当保证会计机构、会计人员依法履行职责，不得授意、指使，强令会计机构、会计人员违法办理会计事项；会计机构、会计人员发现会计账簿记录与实物、款项及有关资料不相符的，按照国家统一的会计制度的规定有权自行处理的，应当及时处理；无权处理的，应当立即向单位负责人报告，请求查明原因，作出处理；会计机构、会计人员对违反《会计法》和国家统一的会计制度规定的会计事项，有权拒绝办理或者按照职权予以纠正。

2. 社会监督。任何单位和个人对违反《会计法》和国家统一的会计制度规定的行为，有权检举。收到检举的部门有权处理的，应当依法按照职责分工及时处理；无权处理的，应当及时移送有权处理的部门处理。收到检举的部门、负责处理的部门应当为检举人保密，不得将检举人姓名和检举材料转给被检举单位和被检举人个人。

3. 中介组织的监督。根据有关法律、行政法规规定，须经注册会计师进行审计的单位，应当向受委托的会计师事务所如实提供会计凭证、会计账簿、财务会计报告和其他会计资料以及有关情况。任何单位或者个人不得以任何方式要求或者示意注册会计师及其所在的会计师事务所出具不实或者不当的审计报告。

4. 财政部门的监督。财政部门对会计监督是整个会计监督的重要内容。财政部门对各单位的下列情况实施监督：是否依法设置会计账簿；会计凭证、会计账簿、财务会计报告和其他会计资料是否真实、完整；会计核算是否符合会计法和国家统一的会计制度的规定；从事会计工作的人员是否具备从业资格。

5. 有关机关的监督。《会计法》除了规定上述监督形式外，专门还对有关机关对会计监督作了规定。即财政、审计、税务、人民银行、证券监管、保险监管等部门应当依照有关法律、行政法规规定的职责，对有关单位的会计资料实施监督检查。为了保证会计监督制度的全面落实，《会计法》还规定各单位在接受有关监督检查部门依法实施的监督检查，必须如实提供会计凭证、会计账簿、财务会计报告和其他会计资料及有关情况，不得拒绝、隐匿、谎报。

（五）会计机构和会计人员

1. 会计机构的设置。会计机构是指各单位依据会计工作的需要设置的专门负责办理本单位会计业务事项，进行会计核算，实行会计监督的职能部门。会计人员则是进行财务管理、会计核算、会计监督等工作的人员，包括总会计师、会计和出纳等。《会计法》第36条规定：各单位应当根据会计业务的需要，设置会计机构，或者在有关机构中设置会计人员并指定会计主管人员；不具备设置条件的，应当委托经批准设立从事会计代理记账业务的中介机构代理记账。国有的和国有资产占控股地位或者主导地位的大、中型企业必须设置总会计师。

2. 会计人员的管理。《会计法》不仅对单位负责人的会计工作责任作了严格规定，而且对会计人员的管理也作了明确的规定。

（1）会计人员资格管理。从事会计工作的人员，必须取得会计从业资格证书。担任单位会计机构负责人（会计主管人员）的，除取得会计从业资格证书外，还应当具备会计师以上专业技术职务资格或者从事会计工作3年以上经历。同时还要求从事会计工作的人员，因有提供虚假财务会计报告，做假账、隐匿或者故意销毁会计凭证、会计账簿、财务会计报告，贪污、挪用公款、职务侵占等与会计职务有关的违法行为被依法追究刑事责任的人员，不得取得或者重新取得会计从业资格证书。因违法违纪行为被吊销会计从业资格证书的人员，自被吊销资格证书之日起5年内，不得重新取得会计执业资格证书。

（2）会计人员调离任管理。会计人员调动工作或者离职，必须与接管人员办清交接手续。一般会计人员办理交接手续，由会计机构负责人（会计主管人员）监交；会计机构负责人（会计主管人员）办理交接手续，由单位负责人监交，必要时主管单位可以派人会同监交。

（六）违反会计法的法律责任

修订后《会计法》在“法律责任”一章中较原《会计法》规定得更加具体、明确和严格，主要包括有行政责任和刑事责任两种。

1. 违反会计管理制度的法律责任。有下列行为之一的，由县级以上人民政府财政部门责令限期改正，可以对单位并处3000元以上5万元以下的罚款；对其直接负责的主管人员和其他直接责任人员，可处2000元以上2万元以下的罚款；属于国家工作人员的，还应当由其所在单位或者有关单位依法给予行政处分；情节严重的，由县级以上人民政府财政部门吊销会计从业资格证书；构成犯罪的，依法追究刑事责任：①不依法设置会计账簿的；②私设会计账簿的；③未按照规定填制、取得原始凭证或者填制、取得原始凭证不符合规定的；④以未经审核的会计凭证为依据登记会计账簿或者登记会计账簿不符合规定的；⑤随意变更会计处理方法的；⑥向不同的会计资料使用者提供的财务会计报告编制依据不一致的；⑦未按照规定使用会计记录文字或者记账本位币的；⑧未按照规定保管会计资料，致使会计资料毁损、灭失的；⑨未按照规定建立并实施单位内部会计监督制度或者拒绝依法实施的监督或者不如实提供有关会计资料及有关情况的；⑩任用会计人员不符合《会计法》规定的。

2. 伪造、变造、故意销毁会计资料的法律责任。伪造、变造会计凭证、会计账簿，编制虚假财务会计报告的；隐匿或者故意销毁依法应当保存的会计凭证、会计账簿、财务会计报告；授意、指使、强令会计机构、会计人员及其他人员伪造、变造会计凭证、会计账簿，编制虚假财务会计报告或者隐匿、故意销毁依法应当保存的会计凭证、会计账簿、财务会计报告的，构成犯罪的，依法追究刑事责任。尚不构成犯罪的，由县级以上人民政府财政部门予以行政处罚和行政处分。

3. 单位负责人的法律责任。单位负责人对依法履行职责、抵制违反《会计法》规定行为的会计人员以降级、撤职、调离工作岗位、解聘或者开除等方式实行打击报复，构成犯罪的，依法追究刑事责任；尚不构成犯罪的，由其所在单位或者有关单位依法给予行政处分。

4. 财政部门及有关机关工作人员的法律责任。财政部门及有关行政部门的工作人员在实施监督管理中滥用职权、玩忽职守、徇私舞弊或者泄露国家秘密、商业秘密，构成犯罪的，依法追究刑事责任；尚不构成犯罪的，依法给予行政处分；将检举人姓名和检举材料转给被检举单位和被检举人个人的，由所在单位或者有关单位依法给予行政处分。

三、有关审计法的主要规定

（一）审计与审计法

审计是由专职机构和专业人员，依法对被审单位的财政财务收支及有关经济活动的真实性、合法性、效益性进行审查监督，以维护财经纪律，加强宏观调控的独立性经济监督活动。它是我国政府一项重要经济监督手段和形式。

审计法是指调整审计关系的法律规范的总称。它具有区别其他财务法的监督性、广泛性、强制性等特点。改革开放后，为了加强国家机关和企业的财政财务收支监督，第八届全国人大常委会第九次会议于1994年8月31日通过了《中华人民共和国审计法》（以下简称《审计法》），并于2006年2月28日第一次修正。1997年10月21日国务院颁布了《中华人民共和国审计法实施条例》（2010年修订），使我国审计制度逐步臻于完善。

（二）审计组织体系与管理体制

1. 审计组织体系。我国的审计体系是由国家审计、内部审计和社会审计三方面组成：其中国家审计居于主导地位，内部审计是基础，社会审计是整个审计组织体系中不可缺少的力量。

（1）国家审计机关。这是依照法律设立的，代表国家依法对本级人民政府各部门、下级人民政府、国家金融机构、全民所有制企业事业单位以及其他国有资产的单位的财政、财务收支的真实、合法和效益进行审计的机关，包括由国务院设立的国家审计署，县以上各级人民政府设立的审计厅局。根据需要，各级审计机关又可以在重点地区、部门设立派出机构。

（2）内部审计机构。对属于国家审计范围的，审计机关未设立派出机构的单位，可以根据需要设立内部审计机构或配备内部审计人员，实行内部审计制度。内部审计机构应当接受国家审计机关的业务指导和监督。

（3）社会审计组织。这是指由依法成立的审计事务所或会计师事务所接受委托从事法律规定的范围的审计。社会审计工作的管理机关为各级审计机关。

2. 审计机关管理体制。按宪法和审计法的规定，国务院设立国家审计署，在国务院总理领导下，主管全国审计工作。县以上各级审计机关分别在省长、自治区主席、市长、州长、县长、区长和上一级审计机关的领导下，组织领导本行政区的审计工作。审计机关根据工作需要，经本级人民政府批准，可以在其审计管辖范围内设立派出机构，派出机构根据审计机关的授权，依法进行审计工作。我国审计机关实行双重领导体制，对本级人民政府和上级审计机关负责报告审计调查结果，审计业务以上级审计机关领导为主。审计机关根据被审计单位的财政、财务隶属关系或国有资产监督管理关系，确定审计管辖范围。审计机关之间对审计管辖范围有争议的，由其共同的上级审计机关确定。上级审计机关可以将其审计管辖范围内的法定审计事项，授权下级审计机关进行审计；上级审计机关对下级审计机关审计管辖范围内的重大审计事项，可以直接进行审计，但是应当防止不必要的重复审计。

3. 审计机关的主要任务。

（1）审计监督的范围。这是指依照法律规定审计机关对哪些单位的财政、财务收支及其经济活动进行审计监督的范围，主要有：①财政审计。这是指国家审计机关对各级人民政府预算收支所进行的审计。它的任务是要对中央和地方各级政府的预算收支的真实性、合法性和有效性进行监督和评价。其中包括预算收入审计、预算支出审计、收入决算审计、支出决算审计、财政综合审计及预算外资金审计，等等。②财务审计。这是指国家审计机关对行政事业单位、国家金融机构、全民所有制企事业单位及其他国有资产的单位的财务收支所进行的审计，主要包括：对货币资金、结算资金、材料、生产费用与生产成本、产成品、税金、固定资产以及专用基金等的审计。③经济效益审计。这是指审计机构对被审计单位的可能的经济效益、现有的经济效益和校正经济效益作出预测、评价和建议，及其以最小劳动的消耗，取得最大的经济效益的审计，主要包括综合经济效益审计、资产计划审计、建设工程审计以及经济合同审计。④在任审计。审计机关按照国家有关规定，对国家机关和依法属于审计机关审计监督对象的其他单位的主要负责人，在任职期间对本地区、本部门或者本单位的财政收支、财务收支以及有关经济活动应负经济责任的履行情况，进行审计监督。这是国家考核、评价各级领导干部政绩的一个重要方面，也是加强廉政建设的一个重要措施。

（2）审计监督的对象，包括有：①人民政府及其各部门。审计机关对各级人民政府各部门和下级人民政府的财政、财务收支进行审计时，这些国家机关就成为审计监督的对象。②国有金融机构。审计署对中央银行的财务收支，审计机关对国有金融机构的资产、负债、损益进行审计监督时，国有金融机构成为审计监督对象。③国有企事业单位。审计机关对国有企业的资产、负债、损益及对国家的事业组织的财务收支进行审计监督时，国有企事业组织就成为审计监督的对象。④其他单位。依照审计法规定应当进行审计监督的其他单位，也是审计对象。如国有资产占控股地位的企业，管理社会保险基金、社会捐赠资金以及其他基金、资金的组织，接受国际组织和外国政府援助、贷款的单位或组织。

（三）审计关系的权利和义务

1. 国家审计机关的职权。

（1）监督检查权。审计监督检查权是指国家法律赋予审计机关依法对财政、财务收支及其所反映的经济活动进行监察和督导的权利，包括：①有权要求被审计单位按照审计机关的规定提供预算或者财务收支计划、预算执行情况、决算、财务会计报告，运用电子计算机储存、处理的财政收支、财务收支电子数据和必要的电子计算机技术文档，在金融机构开立账户的情况，社会审计机构出具的审计报告，以及其他与财政收支或者财务收支有关的资料；②有权检查被审计单位的会计凭证、会计账簿、财务会计报告和运用电子计算机管理财政收支、财务收支电子数据的系统，以及其他与财政收支、财务收支有关的资料和资产；③有权就审计事项的有关问题向有关单位和个人进行调查，并取得有关证明材料；④审计机关经县级以上人民政府审计机关负责人批准，有权查询被审计单位在金融机构的账户，审计机关有证据证明被审计单位以个人名义存储公款的，经县级以上人民政府审计机关主要负责人批准，有权查询被审计单位以个人名义在金融机构的存款；⑤审计机关可以向政府有关部门通报或者向社会公布审计结果；⑥对被审计单位正在进行的违反财经法律法规行为，有权予以制止，制止无效的，经县级以上审计机关负责人批准，通过财政部门和有关部门暂停拨付有关款项，已拨付的，暂停使用；⑦有权制止被审计单位违法转移、篡改、毁弃有关审计资料的行为；⑧有权制止被审计单位转移、隐匿违法取得的资产的行为。

（2）行政处罚权和处理建议权。审计处罚权是指法律赋予审计机关对违反审计法律法规的行为进行行政和经济制裁的权力，包括：①通报批评、警告；②对违反国家财政收支的行为依法作出处理；③责令限期缴纳应当上缴的收入，限期退还违法所得，限期退还被侵占的国有资产，按有关规定给予处罚；④审计机关认为对负有直接责任的主管人员和其他直接责任人员依法应当给予行政处分的，应当提出给予行政处分的建议，构成犯罪的，由司法机关依法追究刑事责任。

2. 国家审计机关及其工作人员的义务。

(1) 正确行使审计法赋予的职权，按审计法规定的职责、权限和程序进行审计活动。

(2) 及时揭发弊端，如实反映财政、财务收支情况，以利于国家经济管理和监督。

(3) 作为审计人员有权依法行使审计监督权，受法律保护，任何人不得打击报复，同时审计人员必须依法审计，应当客观公正、实事求是、廉洁奉公，依法保守国家秘密和被审计单位的商业秘密。

3. 被审计单位的权利和义务。被审计单位依法享有其职权范围内的权利，同时也应承担接受审计机关的审计监督，积极向审计机关提供财政预算、财务收支计划、决算、会计报表及有关资料，不得对其进行转移、隐匿、篡改和毁弃；不得转移、隐匿所持有的违反国家规定取得的财产；积极支持、协助审计机关工作，如实向审计机关反映情况；不得拒绝、阻碍审计人员执行职务，不得打击报复审计人员并负有认真执行审计机关所作的审计结论和决定等义务。

(四) 审计工作程序

这是审计机关在审计监督过程中必须遵循的法定顺序、形式、期限等要求，是审计监督活动的基本工作规程。《审计法》对审计工作程序作出规定，其目的是促使审计机关依法履行职责，提高审计质量，使被审计单位的合法权益得到保护，有利于实现审计工作的规范化。审计工作程序大体可分为准备阶段、实施阶段和终结阶段。

1. 准备阶段。审计机关根据国家政策及本级政府和上级审计机关的要求确定审计工作重点，编制审计项目计划；根据计划中的审计事项组成审计组；审计组人员应熟悉有关法律法规；制定审计方案，明确审计重点、范围、内容、时间、方式等。

2. 实施阶段。在实施审计 3 日前，应该向被审计单位送达审计通知书；对被审计单位进行审计，遇有特殊情况，经本级人民政府批准，审计机关可以直接持审计通知书实施审计。审计人员通过审查会计凭证、会计账簿、财务会计报告，查阅与审计事项有关的文件、资料，检查现金、实物、有价证券，向有关单位和个人调查等方式进行审计，并取得证明材料。

3. 终结阶段。这一阶段的主要工作有：①提出审计报告。审计结束后，审计组要提出审计报告；审计机关审定审计报告，对审计事项作出评价，出具审计意见书；需作出处理的，在其法定职权范围内作出审计决定或向有关部门提出处理、处罚意见。②征求审计结论意见。审计报告送审计机关前，应征求被审计单位的意见，被审计单位在接到审计报告 10 日内，将其书面意见送交审计组。审计组应当将被审计对象的书面意见一并报送审计机关。③送达。审计机关应当将审计机关的审计报告和审计决定送达被审计单位和有关主管机关、单位。审计决定自送达之日起生效。④行政终审。被审计单位对审计机关作出的审计具体行政行为不服，可以自审计决定送达之日起60日内，提请审计机关的本级人民政府裁决，本级人民政府的裁决为最终决定。

（五）内部审计与社会审计

1. 内部审计。

（1）内部审计机构的地位。内部审计机构是政府部门、全民所有制企事业单位实行内部控制，加强内部管理而设立的一个职能机构。内部审计机构与国家审计机关的关系是业务上的指导与被指导关系，国家审计署负责指导全国内部审计工作；地方各级审计机关指导本地区的内部审计工作；审计机关驻政府部门派出机构负责指导直属单位和行业的内部审计工作。

（2）内部审计机构的主要任务。内部审计机构审计监督的事项主要有以下几方面：①财务计划或单位预算的执行和决算；②与财务收支有关的经济活动及其经济效益；③内部控制制度是否健全、有效；④国家和单位资产的管理情况；⑤专项资金的提取使用情况；⑥国家财经法纪的执行情况；⑦承包、租赁经营的有关审计事项；⑧所在单位领导交办的和审计机关委托的其他审计事项。

（3）内部审计机构或内部审计工作人员的职权。具体规定有以下八项职权：①检查凭证、账表、决算、资金和财产，查阅有关的文件和资料；②参加有关会议；③对审计中的有关事项，进行调查并索取证明材料；④对正在进行的严重违反财经法纪、造成严重浪费的行为作出临时的制止决定；⑤对阻挠、破坏审计工作以及拒绝提供有关资料的，经单位领导人批准，可以采取必要临时措施，如封存账册、资产等，并提出追究有关人员责任的建议；⑥提出改进管理、提高效益的建议，以及纠正、处理违反财经法纪行为的意见；⑦对严重违反财经法纪和造成严重损失浪费的人员，提出追究责任的建议；⑧对审计工作中的重大事项，向对其进行指导的上级内部审计机构和审计机关反映。

2. 社会审计。

（1）社会审计机构的性质和业务。社会审计是我国审计体系的重要组成部分，是独立于国家审计之外的民间审计，社会审计组织不是国家审计机关，而是依法独立开业，并具有法人地位的社会组织，社会审计组织可以接受国家机关、全民所有制企事业单位、外商投资企业、城乡集体经济组织和个人委托，承办下列业务：①财务收支、经济效益、经济责任的查证事项；②经济案件的鉴定事项；③注册资金的验证和年检；④基建工程预、决算的验证；⑤建账建制、资产评估、清理债权债务；⑥经济管理咨询服务；⑦培训审计、财务、会计和其他经济管理人员；⑧担任审计、会计咨询顾问。

（2）社会审计组织的管理体制。社会审计组织是依法成立的，具有法人资格，实行有偿服务，自收自支，独立核算，依法纳税的社会组织，如审计事务所、会计师事务所。成立审计事务所应经当地审计机关同意，由省、自治区、直辖市以上审计机关审查批准。经批准成立的审计事务所，依照有关规定，向当地工商行政管理机关办理登记，领取营业执照，始得开业。审计事务所由各级审计机关负责管理和指导。成立会计师事务所应当由合伙人或者发起设立的单位向审计机关提出申请，并按规定报送有关文件，经由国务院财政部门或省、自治区、直辖市人民政府财政部门批准。会计师事务所依构成成分不同分为合伙会计师事务所和有限责任会计师事务所，并依照法律规定分别承担不同的财产责任。

（六）违反审计法的法律责任

1. 被审计单位及其有关人员的法律责任。《审计法》规定被审计单位和有关人员有以下行为之一的，审计机关给予警告、通报批评，并处以罚款；应给予行政处分的人员，移送监察机关或者有关部门处理；情节严重、构成犯罪的单位直接责任人员、单位负责人和其他有关人员，提请司法机关追究刑事责任。这些行为包括：①拒绝提供有关文件、账簿、凭证、会计报表资料和证明材料；②阻挠审计工作人员行使职权，抗拒、破坏监督检查的；③弄虚作假、隐瞒事实真相的；④拒不执行审计结论和决定的；⑤打击报复审计工作人员和检举人的。

2. 审计工作人员的法律责任。《审计法》规定审计工作人员有下列行为之一，审计机关可酌情处以罚款，并按干部管理的权限规定。给予行政处分或提出给予行政处分的建议；情节严重，构成犯罪的，提请司法部门依法追究刑事责任。这些行为包括：①利用职权，牟取私利；②弄虚作假，徇私舞弊；③玩忽职守，给国家或被审计单位造成较大损失；④泄露所知悉的国家秘密、商业秘密。

1. 《企业财务管理法》对企业经营管理有何重要意义？它应遵循哪些原则？

2. 《会计法》规定有哪些会计基本制度？

3. 《会计法》对企业领导人责任和会计人员责任有哪些重要规定？

4. 我国《审计法》规定了哪些基本审计制度？违反《审计法》应承担什么责任？

5. 企业应该如何搞好内部审计工作，以实现强化管理、促进经营管理目标的实现？

第十七章

环境资源和生产安全管理法

导入案例

泰兴市某化工有限公司1.6亿污染环境案

泰兴环境污染系列案件由刑事案件和民事案件两部分组成，其中刑事案件部分又可以分为14名被告人犯污染环境罪一案和2名国家工作人员涉嫌环境监管失职罪一案两部分。

污染环境罪：2011年起，戴卫国等5人专门成立泰兴市江中化工有限公司等4家公司，与泰兴经济开发区的11家化工企业联系，负责回收、处理企业在生产过程中产生的废酸，由企业给付20～100元/吨不等的费用。雇佣泰兴市江中化工有限公司驾驶员张建等人，先后多次将2万余吨回收的工业废酸直接倾倒入泰兴内河，导致两条内河河水大面积严重污染。

泰兴市人民检察院以14名被告人犯污染环境罪向泰兴市人民法院提起公诉。经开庭审理，泰兴市人民法院于2014年8月14日作出一审判决，判处2年3个月至5年6个月不等的有期徒刑。后戴卫国、姚雪元等13人不服一审判决，提出上诉。2014年12月31日，泰州市中级人民法院作出二审判决，认定14名被告人犯污染环境罪，判处1年6个月至5年6个月不等的有期徒刑。

民事环境公益诉讼：为追究相关单位对环境污染造成损害的民事赔偿责任，2014年8月3日，泰州市环保联合会作为原告，向泰州市中级人民法院提起环保公益诉讼。8月5日，泰州市检察院支持起诉。9月10日，泰州市中级人民法院公开开庭审理了泰兴“12·19”重大环境污染环保公益诉讼案件，法庭当庭判决原告泰州市环保联合会胜诉，江苏常隆农化有限公司（以下简称常隆农化）等6家单位赔偿环境修复费用1.6亿余元，用于泰兴市的环境修复。

一审宣判后，常隆农化等公司不服，向省高院提出上诉。

2014 年 12 月 30 日，省高院二审判决基本采纳了出庭检察员的意见。与一审判决相比，二审判决对赔偿款的履行方式和期限进行了调整，规定：判决生效之日起一年内，如常隆农化等 6 家公司能通过技术改造对副产酸循环利用，明显降低环境风险，且 1 年内没有因环境违法行为受到处罚，那么，这些企业已支付的技术改造费用可以凭环保行政主管部门出具的企业环境守法情况证明、项目竣工环保验收意见和具有法定资质的中介机构出具的技术改造投入资金审计报告，向泰州市中级人民法院申请在延期支付的 40% 额度内抵扣。

渎职犯罪查处情况：2013 年 4 月 19 日，泰兴市人民检察院依法对相关职能部门工作人员以涉嫌渎职犯罪案件以事立案侦查。6 月 18 日，依法确定泰兴市地方海事处泰兴海事所副所长程庆、周嵘 2 名犯罪嫌疑人。2014 年 1 月 10 日，泰兴市人民检察院对被告人程庆、周嵘向泰兴市人民法院提起公诉。泰兴市人民法院经开庭审理，于 2014 年 9 月 24 日作出一审判决，认定被告人程庆、周嵘犯环境监管失职罪，均判处有期徒刑 1 年。一审宣判后，二被告人不服，向泰州市中级人民法院提出上诉。2014 年 12 月 31 日，泰州市中级人民法院作出刑事裁定：驳回上诉，维持原判。

【问题思考】

1. 污染环境罪的构成要件是什么？
2. 泰州市环保联合会是否具备环境民事公益诉讼主体资格？
3. 环境监管失职罪的构成要件是什么？
4. 常隆农化等 6 家公司是否应当赔偿环境修复费用？

一、环境资源和生产安全管理法概述

环境资源和生产安全管理法是指环境资源法、生产安全管理法和清洁生产法的总称。随着社会的进步，文明程度的提高，环境问题给人类不断敲响警钟；解决环境污染与资源破坏的问题让社会付出了惨重的代价，在治理环境的过程中人类也开始认识到了解决环境问题的根本方法就是从源头抓起，这才是治本也治标的最佳方案；生活领域产生的环境问题没有在源头上得到解决，最终导致了许多社会问题的产生。时下举国正在进行和谐社会的建设，安全生产、清洁生产的问题也日益受到重视：不安全的生产方式会给社会带来大量的问题，而过去这些问题被留给政府解决，导致了社会财富的不公正分配，企业本应付出的生产成本被社会承担了。而且不安全的生产方式带来的问题极易导致社会秩序的动荡，进而影响到生产和生活的正常进行。

因此，企业管理法除了涉及劳动法与劳动合同法、税收法、金融法、财务管理法等国家宏观调控和管理各项法律（本篇已专章一一作了介绍）外，还有本章将主要介绍的环境资源法、安全生产法、清洁生产法等法律。

二、有关环境资源法的主要规定

（一）环境与环境法

环境，是指影响人类生存和发展的周围境况，即物质生活条件，包括自然环境和社会环境两大类。由于环境是以人类为中心划定的，随着科技的进步，人类对自然和社会的认识越来越深入，因而环境的范围也就越来越扩大。按照现阶段人类的认识，可以把环境大体划分为星际环境、地理环境、地质环境及聚居环境四个部分。环境中的各种自然因素，本身就处于相互联系、相互制约的动态平衡之中，否则就会产生“第一环境问题”；如果人类在生产生活中的失误造成环境平衡的破坏，就会进一步造成环境生态危机，这是“第二环境问题”。当前，全球经济发展中引发这两类环境问题已经引起人们极大关注。尤其是我国经济发展中产生的环境问题更是引起国家和全国人民高度的重视。这是因为，随着人口的不断增加和经济的迅猛发展，我国的环境恶化问题十分严重，并且仍有恶化趋势，对社会构成了巨大威胁。其具体表现为：①城市大气环境的形势十分严峻，空气质量超过国家三级标准的占43.5%，属于严重污染型城市，而且仍然有增无减；②号称“空中死神”的酸雨污染仍呈蔓延之势，成为继欧洲、北美洲之后世界第三大重酸雨区；③城市水污染仍呈发展趋势，严重影响着山川河湖海的生态安全；④城市垃圾污染状况惊人，使全国有200多个城市陷入了垃圾的包围之中；⑤环境噪音污染是我国除大气污染、水污染之外的第三大环境公害。在城市，大有上升为第一大环境公害的趋势。

在我国环境状况不容乐观的同时，我国生态破坏情况也十分严重，而且其范围在不断扩大，程度在进一步加剧，危害在不断加重，突出表现为：长江、黄河等大江大河源头的生态环境恶化，呈加速趋势；沿江沿河的重要湖泊，湿地日趋萎缩，特别是北方地区的江河断流，湖泊干涸，地下水位下降严重，加剧了洪涝灾害的危害和植被恶化，土地沙化，草原地区的超载放牧，过度开发和樵采，许多林地、林区的乱砍滥伐，致使林草植被遭到破坏，生态功能衰退，水土流失加剧；矿产资源的乱采滥挖，尤其是沿江、沿岸、沿坡的开发不当导致崩塌、滑坡，泥石流，地面塌陷沉降，海水倒灌等地质灾害频繁发生，全国野生动物栖息地环境恶化，珍贵药用野生植物数量锐减，生物资源总量下降；近岸海域污染严重，海洋渔业资源衰退，珊瑚礁、红树林遭到破坏，海岸侵蚀问题突出。生态环境继续恶化，严重影响我国经济社会的可持续发展和国家生态环境安全。

环境法，全称为环境保护法，也称为环境资源保护法，是指调整因保护自然和改善环境和所产生的各种生态社会关系的法律规范总称。其调整对象就是因保护和改善环境、保护自然资源和防止其他公害而产生的各种社会关系。这些社会关系多数都与企业生产经营管理活动有着密切关系，也是政府管理经济的重要法律依据，成为经济立法、行政立法的重点方向和内容。改革开放以来，随着经济的快速发展，我国也加强了环境资源立法。1989年12月26日第七届全国人大常委会第十一次会议通过了《中华人民共和国环境保护法》（以下简称《环保法》，2014年修订），成为环境保护的基本法律，之后，全国人大常委会和国务院围绕着环境资源保护又先后制定了一系列有关环境保护的法律法规，如《水污染防治法》、《大气污染防治法》、《海洋环境保护法》、《建设项目环境保护管理条例》、《工业"三废"排放试行标准》、《生活用水卫生标准》、《征收排污费暂行办法》，初步形成我国环境保护的法律体系。加上与环境法密切联系的资源立法，如《土地管理法》、《矿产资源法》、《水法》、《农业法》、《渔业法》、《森林法》、《草原法》、《野生动物保护法》等，成为资源开发、利用和保护的重要法律依据，也是环境保护法的特别法。2014年4月24日，全国人大常委会对《环境保护法》进行了修订，自2015年1月1日起施行。修订内容包括：加强环境保护宣传，提高公民环保意识；提出对大气污染特别是雾霾的治理和应对办法；明确环境监察机构的法律地位；完善行政强制措施；完善排污许可管理制度；明确提起环境公益诉讼的主体；加大环境违法责任；等等。

（二）环境保护法律制度的主要规定

1. 环境影响评价制度。环境影响评价制度（以下简称环评制度），是指在从事工程建设、开发行为或国家制定规划、政策、法律时，应当于计划阶段或正式实施前，就其可能造成的环境影响进行分析、预测和评估，并提出相应的预防或者减轻不良环境影响的对策和措施，采取跟踪监测的方法与制度。这是一项科学的社会性活动，但不是运用自然科学那种纯数字计算的活动，而是在法律框架内运用科学的方法结合经济、政治等多种因素而进行的一项科学活动，是具有前瞻预测性、科学技术性和内容综合性的一项活动。显然这是我国环境管理和环境立法的迫切任务。我国环评制度始于1979年颁布的《中华人民共和国环境保护法（试行）》，该法第6条规定：一切企业、事业单位的选址、设计、建设和生产，都必须充分注意防止对环境的污染和破坏。在进行新建、改建和扩建工程时，必须提出对环境影响的报告书，经环境保护主管部门和其他有关部门审批后才能进行设计。这是中国环评制度的开端，1982年5月，由国家计委、国家建委、国家经委和国务院环境保护领导小组联合发布的、《基本建设项目环境保护管理办法》；1982年颁布的《海洋环境保护法》；1984年颁布的《水污染防治法》和1984年国务院国发（1984）135号文件《国务院关于加强乡镇、街道企业环境管理的规定》和1987年颁布的《大气污染防治法》；1988年颁布的《水法》；1988年颁布的《野生动物保护法》和1988年国家环保局发布的《国家环境保护总局关于建设项目环境管理问题的若干意见》及1999年国家环保局修改和重新发表的《建设项目环境影响评价资格证书管理办法》都先后对环评制度作出了进一步的规定，2002年10月28日[1]通过并

---

〔1〕蔡守秋主编：《环境资源法学》，人民法院出版社、中国人民公安大学出版社2003年版，第178页。

于2003年9月1日施行的《环境影响评价法》标志着我国环评制度法制化地位正式确立。根据我国《环境影响评价法》的有关规定，环境影响评价制度已形成完善的法律制度体系，其内容十分丰富，主要包括规划的环境影响评价和建设项目的环境影响评价两个方面制度。《环境保护法》第19条规定："编制有关开发利用规划，建设对环境有影响的项目，应当依法进行环境影响评价。未依法进行环境影响评价的开发利用规划，不得组织实施；未依法进行环境影响评价的建设项目，不得开工建设。"根据该法的规定，建设单位未依法提交建设项目环境影响评价文件或者环境影响评价文件未经批准，擅自开工建设的，由负有环境保护监督管理职责的部门责令停止建设，处以罚款，并可以责令恢复原状。

2. "三同时"制度。"三同时"制度，是指对环境有影响的一切建设项目，其防治污染和生态破坏的设施必须与主体工程同时设计、同时施工、同时投产使用的法律制度。该制度是我国环保实践经验的总结，其与环境影响评价制度一起构成我国完整的建设项目环境保护管理制度，并对污染的预防起到了极其重要的作用，确保建设项目建成投产后能够达标排污或对项目周围环境质量不造成破坏。"三同时"制度是20世纪60年代国务院在防止矽尘危害的规定中首先提出来的，1972年国务院在批准《国家计委、国家建委关于官厅水库污染情况和解决意见的报告》中又提出"工厂建设和三废利用工程要同时设计、同时施工、同时投产"的要求，1973年在批准《关于保护和改善环境的若干规定（试行）》中进一步提出"一切新建、扩建和改建的企业，防治污染项目，必须和主体工程同时设计、同时施工、同时投产"。1979年《环境保护法（试行）》将其确定为一项主要的法律制度，1989年国务院发布的《建设项目环境保护管理条例》进一步完善了"三同时"制度。该制度适用于：①新建、改建、扩建项目；②技术改造项目；③一切可能对环境造成污染和破坏的开发建设项目；④确有经济效益的综合利用项目。国务院同时还对"三同时"制度在项目的设计阶段、施工阶段、竣工验收阶段提出了具体的要求并规定了违反"三同时"制度的法律后果。而且同时规定了环保部门、建设项目主管部门、建设单位、施工单位在执行"三同时"制度过程中的具体职责。《环境保护法》第41条规定："建设项目中防治污染的设施，应当与主体工程同时设计、同时施工、同时投产使用。防治污染的设施应当符合经批准的环境影响评价文件的要求，不得擅自拆除或者闲置。"

3. 排污收费制度。排污收费制度，是指国家环境保护行政主管部门依法对排污单位和个人征收一定数额的费用的制度。我国排污收费制度首现于1978年《环境保护工作汇报要点》，1979年《环境保护法（试行）》正式作出规定，1982年国务院颁布了《征收排污费暂行办法》，开始对排污费的征收目的、标准、范围、加收和减收的条件、费用的管理和使用等作出明确规定。1984年《水污染防治法》又作了进一步的规定。而后，《污染源治理专项基金有偿使用暂行办法》、《排污费征收使用管理条例》、《征收超标准排污费财务管理和会计核算办法》等法规、规章对排污收费制度进行了不断的补充和完善。

（1）排污费的征收对象。《排污费征收使用管理条例》第2条第1、2款规定，直接向环境排放污染物的单位和个体工商户（以下简称排污者），应当缴纳排污费。而对于非直接向环境排放污染物的，如排污者向城市污水集中处理设施排放污水、缴纳污水处理等费用的，不再缴纳污水排污费。另外，排污者建成工业固体废物贮存或者处置设施、场所并符合环境保护标准，或者其原有工业固体废物贮存或者处置设施、场所经改造符合环境保护标准的，自建成或者改造完成之日起，不再缴纳排污费。

（2）征收排污费的范围。征收排污费的范围是指哪些污染物需缴纳排污费。根据目前的法律法规规定，我国征收排污费的范围包括污水、废气、固体废物、噪声、放射性等五大类污染物。

（3）排污费征收标准。在目前的污染防治法中均规定按照污染物的排放种类、数量缴纳排污费，《水污染防治法》中规定超标准排放的按照污染物的种类、数量加倍缴纳排污费。

（4）排污费的管理和使用。排污单位缴纳的排污费分别解缴中央国库和地方国库，根据《排污费征收使用管理条例》的规定，排污费征收后必须纳入财政预算，列入环境保护专项资金进行管理，主要用于下列项目的拨款补助和贷款贴息：重点污染源防治；区域性污染防治；污染防治新技术、新工艺的开发、示范和应用；国务院规定的其他污染防治项目。2015年1月1日起施行的《环境保护法》规定排污费应当全部专项用于环境污染防治，任何单位和个人不得截留、挤占或者挪作他用。该法同时规定，将征收的排污费截留、挤占或者挪作他用的，应对地方各级人民政府、县级以上人民政府环境保护主管部门和其他负有环境保护监督管理职责的部门的直接负责的主管人员和其他直接责任人员给予记过、记大过或者降级处分；造成严重后果的，给予撤职或者开除处分，其主要负责人应当引咎辞职。

4. 限期治理与限期淘汰制度。限期治理制度，是指对长期超标准排放污染物且造成了严重环境污染的排污单位和超标准排污设施在环境保护行政主管部门的监督下限其在一定期限内进行治理并达到规定要求的一系列措施。在污染治理方面我国近年来已发展到对某个行业与区域环境的限期治理，而不再是原来的点源限期治理。这一制度经1973年全国第一次环保会议提出后于1978年成为一项环境资源管理政策，1979年被吸收进《中华人民共和国环境保护法（试行）》从而成为我国的一项环境法律基本制度。

限期治理主要包括限期治理项目、目标和期限。目前限期治理项目主要是产生重大污染源的项目和产生特别保护区域环境污染源的项目。治理的目标主要是浓度目标，但是对于实行总量控制的区域则另有总量目标的要求。治理期限依据具体情况而定，但最长不得超过3年时间。限期治理的决定由法律规定的市县以上人民政府依职权作出，对于逾期没有完成治理任务的单位，除依照国家规定征收超标准排污费外，还可以据其所造成的危害后果处以一定的罚款或责令其停业、关闭。

5. 环境污染事故强制应急制度。环境污染事故强制应急制度，是指当环境污染严重事故发生时，由于事故威胁人们的生命财产安全，必须立即采取应急措施以消除事故带来的危害的环境法律基本制度。《环境保护法》第47条规定："各级人民政府及其有关部门和企业事业单位，应当依照《中华人民共和国突发事件应对法》的规定，做好突发环境事件的风险控制、应急准备、应急处置和事后恢复等工作。县级以上人民政府应当建立环境污染公共监测预警机制，组织制定预警方案；环境受到污染，可能影响公众健康和环境安全时，依法及时公布预警信息，启动应急措施。企业事业单位应当按照国家有关规定制定突发环境事件应急预案，报环境保护主管部门和有关部门备案。在发生或者可能发生突发环境事件时，企业事业单位应当立即采取措施处理，及时通报可能受到危害的单位和居民，并向环境保护主管部门和有关部门报告。突发环境事件应急处置工作结束后，有关人民政府应当立即组织评估事件造成的环境影响和损失，并及时将评估结果向社会公布。"

6. 现场检查制度。现场检查制度，是指依法享有环境监督管理权的部门对其管辖范围内的排污单位及个人遵守环境保护法律法规的情况，执行环境行政处理决定情况及履行其相应的环境保护职责情况，进入现场进行直接的检查的环境行政监督制度。可见，这一制度执行得好坏直接关系到环境保护其他制度的执行情况。换言之，这一监督制度是其他环境保护制度的保障，因为通过这一制度的执行，可以及时发现并制止环境行政相对人的环境违法行为，督促环境行政相对人严格遵守环境保护法律法规的规定。《环境保护法》第24条规定："县级以上人民政府环境保护主管部门及其委托的环境监察机构和其他负有环境保护监督管理职责的部门，有权对排放污染物的企业事业单位和其他生产经营者进行现场检查。被检查者应当如实反映情况，提供必要的资料。实施现场检查的部门、机构及其工作人员应当为被检查者保守商业秘密。"关于检查内容的规定主要体现在各污染防单行法中。环境行政相对人对行政机关依法进行的现场检查有进行配合的义务，应当如实提供材料、反映情况，对弄虚作假和拒绝检查的，检察机关可以对其给予责令停止违法行为、限期改正、警告或罚款等处理。当然执行现场检查的行政机关在检查时应当出示相应证件并保守被检查单位的技术及业务秘密。

（三）资源保护法律制度的主要规定

1. 自然资源权属制度。自然资源权属制度，是由自然资源法律法规规定的，关于自然资源的所有权、开发利用权等权利的主体、范围以及流转等法律规范的总称。自然资源权属制度在整个自然资源法律制度安排中具有基础性作用，决定着其他自然资源法律制度的设计、安排。

我国的自然资源权属制度主要包括两个方面的内容：自然资源所有权制度和自然资源开发利用权制度。有关自然资源权属制度的规定散见于我国《宪法》、《民法通则》、《环境法》、各单行自然资源法以及相关的法律之中。需要特别指出的是，2007 年 3 月 16 日通过、2007 年 10 月 1 日开始生效的《中华人民共和国物权法》，对自然资源所有权和使用权制度作了一些总括性的规定，从而完善了我国现有的自然资源物权制度：自然资源所有权与自然资源开发利用权。

2. 自然资源规划制度。自然资源规划是行政规划的一种，是指国家机关依照法律规定，根据一国或地区的自然资源状况和特点以及国民经济发展的要求，并考虑到本国或本地区的生态环境保护的需要，而制定的有关各类自然资源的开发利用、保护和管理的总体布局和安排。自然资源规划制度，是指对有关自然资源规划的主体、对象、内容、原则及其法律效力等方面进行规定的一系列法律规范的总和。我国各单项自然资源法基本上都规定了对相应的自然资源应当进行规划，并明确了规划的目的、依据、程序等问题。

3. 自然资源调查制度。自然资源调查，一般是指法定机构为了查清自然资源数量、质量、权属、分布和利用现状而采取的技术的、行政的法律措施。

自然资源调查制度，是指有关自然资源调查的主体、对象、范围、内容、程序和调查结果的效力等问题的法律规范的总称。我国现行的各自然资源单行法大都对这一制度进行了规定。自然资源调查是人们开发利用自然资源，制定自然资源规划、建立自然资源档案以及管理和保护自然资源的基础。

4. 自然资源许可制度。自然资源许可制度，是指单位或个人在从事开发利用自然资源或者在从事某些特殊自然资源的进出口交易之前，必须按照法律规定向有关的管理机关提出申请，经审查批准，发给许可证之后，方可在许可的范围内进行该活动的一整套管理措施的总和。自然资源许可制度是国家为了保护自然资源免遭破坏和浪费，对人们开发和利用自然资源进行监督管理的重要行政手段。实施自然资源许可制度，可以使自然资源的开发利用行为得到宏观控制和规范，从而最大限度地实现人与自然、人与环境的协调发展。

5. 自然资源有偿使用制度。自然资源有偿使用制度，是指关于单位和个人按照法律规定支付一定费用，才能开发和利用自然资源的法律规范的总称。过去在计划经济时代，由于没有认识到资源的价值，国家对自然资源的使用都采取无偿划拨的形式，导致了资源浪费、配置不合理、利用效率低的弊病，而现在自然资源法则普遍采取资源的有偿使用制度。

自然资源有偿使用的形式基本上有两种：①征收自然资源税；②收取自然资源费。自然资源税是国家对我国境内从事资源开发利用的单位或个人，就其资源生产和开发条件的差异而形成的差异征收的一种税。自然资源费是指对各种自然资源开发、利用和保护管理收费的一个统称。[1]

---

〔1〕 陈泉生主编：《环境法学》，厦门大学出版社 2008 年版。

三、有关安全生产法的主要规定

(一) 安全生产与安全生产法

所谓安全生产，是指生产经营单位在从事生产经营活动中，遵守有关安全生产的法律、法规，坚持安全第一、预防为主的方针，加强安全生产管理，建立、健全安全生产责任制度，完善安全生产条件，确保安全生产、防止和减少生产安全事故，保障人民群众生命和财产安全，促进经济发展的一种生产制度。

随着社会生产的快速发展，生产中各种事故频频发生，严重危害着人们的生命、财产安全，严重影响着社会的安定和稳定，引起政府和社会各方面的极大关注。据有关统计表明：2009 年各类事故死亡人数为 83 196 人，其中工矿商贸企业死亡 11 532 人，生产经营性道路交通死亡人数为 30 014 人，火灾死亡人数为 1076 人，农业机械事故死亡人数为 262 人，重大事故 62 起，较大事故 1760 起。而这些生产事故主要发生在非公企业，对此，我国政府也曾采取多种措施力图防止和减少生产安全事故，保障人民群众生命和财产安全，促进经济发展，彻底改变非公企业安全生产过程中存在的“老板挣票子、百姓死孩子、政府当孝子、干部掉帽子”的不良状况，减少社会不稳定因素。为此，2002 年 6 月 29 日第九届全国人大常委会第二十八次会议通过了《中华人民共和国安全生产法》(《以下简称《安全生产法》)，并于 2009 年 8 月 27 日第十一届全国人大常委会第十次会议作了修正，使之成为调整和规范各类安全生产的基本法律，该法共 7 章 97 条，对各类生产安全问题作全面、基本规定。

由于《安全生产法》的贯彻实施，安全生产有了法律保障，全国生产安全事故人数呈下降趋势。2014 年 8 月 31 日，全国人大常委会法工委社会法室主任滕炜称：2005 年至 2013 年期间，全国生产安全事故人数下降近一半。目前，企业和员工成为生产安全事故发生的两个最薄弱环节。他介绍说，2005 年，全国生产安全事故死亡人数是 12 万多人，到 2008 年降到 10 万人，2009 年是 9 万人以下，到 2010 年又降到 8 万人以下，2013 年是 6.9 万多人。尽管这样，为了完善《安全生产法》的规定，第十二届全国人大常委会于 2014 年 8 月 31 日表决通过了关于修改《安全生产法》的决定。新《安全生产法》认真贯彻落实习近平总书记关于安全生产工作一系列重要指示精神，从强化安全生产工作的摆位、进一步落实生产经营单位主体责任，政府安全监管定位和加强基层执法力量、强化安全生产责任追究等四个方面入手，着眼于安全生产现实问题和发展要求，增加完善了 15 项法律规定，创新建立了 10 项法律制度，强化了 10 项法律规定。这样，加上其他有关安全生产单行法律、法规的具体规定，使我国安全生产法律制度体系日臻趋于健全和完善。

(二) 有关安全生产主要法律制度

1. 以人为本，推进安全发展。安全生产工作应当以人为本，充分体现了中央领导同志关于安全生产工作一系列重要指示精神，在坚守发展决不能以牺牲人的生命为代价这条红线，牢固树立以人为本、生命至上的理念，正确处理重大险情和事故应急救援中“保财产”还是“保人命”问题等方面，具有重大现实意义。为强化安全生产工作的重要地位，明确安全生产在国民经济和社会发展中的重要地位，推进安全生产形势持续稳定好转，新安全生产法将坚持安全发展写入了总则。

2. 安全生产方针和工作机制。“安全第一、预防为主、打非治违、综合治理”是安全生产工作的“十二字方针”，“安全第一”要求从事生产经营活动必须把安全放在首位，不能以牺牲人的生命、健康为代价换取发展和效益。“预防为主”要求把安全生产工作的重心放在预防上，强化隐患排查治理，“打非治违”，从源头上控制、预防和减少生产安全事故。“综合治理”要求运用行政、经济、法治、科技等多种手段，充分发挥社会、职工、舆论监督各个方面的作用，抓好安全生产工作。坚持“十二字方针”，总结实践经验，建立生产经营单位负责、职工参与、政府监管、行业自律、社会监督的机制，进一步明确各方安全生产职责。做好安全生产工作，落实生产经营单位主体责任是根本，职工参与是基础，政府监管是关键，行业自律是发展方向，社会监督是实现预防和减少生产安全事故目标的保障。

3. 安全监管部门的执法地位。按照“三个必须”（管行业必须管安全、管业务必须管安全、管生产经营必须管安全）的要求：①新《安全生产法》规定国务院和县级以上地方人民政府应当建立健全安全生产工作协调机制，及时协调、解决安全生产监督管理中存在的重大问题。②新《安全生产法》明确国务院和县级以上地方人民政府安全生产监督管理部门实施综合监督管理，有关部门在各自职责范围内对有关行业、领域的安全生产工作实施监督管理，并将其统称为负有安全生产监督管理职责的部门。③新《安全生产法》明确各级安全生产监督管理部门和其他负有安全生产监督管理职责的部门作为执法部门，依法开展安全生产行政执法工作，对生产经营单位执行法律、法规、国家标准或者行业标准的情况进行监督检查。

4. 乡镇人民政府以及街道办事处、开发区管理机构的安全生产职责。乡镇街道是安全生产工作的重要基础，有必要在立法层面明确其安全生产职责，同时，针对各地经济技术开发区、工业园区的安全监管体制不顺、监管人员配备不足、事故隐患集中、事故多发等突出问题，新《安全生产法》第 8 条第 3 款明确规定：乡、镇人民政府以及街道办事处、开发区管理机构等地方人民政府的派出机关应当按照职责，加强对本行政区域内生产经营单位安全生产状况的监督检查，协助上级人民政府有关部门依法履行安全生产监督管理职责。

5. 生产经营单位的安全生产主体责任。做好安全生产工作，落实生产经营单位主体责任是根本。新《安全生产法》把明确安全责任、发挥生产经营单位安全生产管理机构和安全生产管理人员作用作为一项重要内容，作出三个方面的重要规定：①明确委托规定的机构提供安全生产技术、管理服务的，保证安全生产的责任仍然由本单位负责。②明确生产经营单位的安全生产责任制的内容，规定生产经营单位应当建立相应的机制，加强对安全生产责任制落实情况的监督考核。③明确生产经营单位的安全生产管理机构以及安全生产管理人员履行的七项职责。

6. 预防安全生产事故的制度。新《安全生产法》把加强事前预防、强化隐患排查治理作为一项重要内容：①生产经营单位必须建立生产安全事故隐患排查治理制度，采取技术、管理措施及时发现并消除事故隐患，并向从业人员通报隐患排查治理情况的制度。②政府有关部门要建立健全重大事故隐患治理督办制度，督促生产经营单位消除重大事故隐患。③对未建立隐患排查治理制度、未采取有效措施消除事故隐患的行为，设定了严格的行政处罚。④赋予负有安全监管职责的部门对拒不执行执法决定、又发生生产安全事故现实危险的生产经营单位依法采取停电、停供民用爆炸物品等措施，强制生产经营单位履行决定的权力。

7. 安全生产标准化制度。安全生产标准化是在传统的安全质量标准化基础上，根据当前安全生产工作的要求、企业生产工艺特点，借鉴国外现代先进安全管理思想，形成的一套系统的、规范的、科学的安全管理体系。2010 年《国务院关于进一步加强企业安全生产工作的通知》（国发［2010］23 号）、2011 年《国务院关于坚持科学发展安全发展促进安全生产形势持续稳定好转的意见》（国发［2011］40 号）均对安全生产标准化工作提出了明确的要求。近年来，矿山、危险化学品等高危行业企业安全生产标准化取得了显著成效，工贸行业领域的标准化工作正在全面推进，企业安全生产水平明显提高。结合多年的实践经验，新《安全生产法》在总则部分明确提出推进安全生产标准化工作，这必将对强化安全生产基础建设，促进企业安全生产水平持续提升产生重大而深远的影响。

8. 注册安全工程师制度。为解决中小企业安全生产“无人管、不会管”问题，促进安全生产管理队伍朝着专业化、职业化方向发展，国家自 2004 年以来连续 10 年实施了全国注册安全工程师执业资格统一考试，21.8 万人取得了资格证书。截至 2013 年 12 月，已有近 15 万人注册并在生产经营单位和安全生产中介服务机构执业。新《安全生产法》确立了注册安全工程师制度，并从两个方面加以推进：①危险物品的生产、储存单位以及矿山、金属冶炼单位应当有注册安全工程师从事安全生产管理工作，鼓励其他生产经营单位聘用注册安全工程师从事安全生产管理工作。②建立注册安全工程师按专业分类管理制度，授权国务院有关部门制定具体实施办法。

9. 安全生产责任保险制度。新《安全生产法》总结近年来的试点经验，通过引入保险机制，促进安全生产，规定国家鼓励生产经营单位投保安全生产责任保险。安全生产责任保险具有其他保险所不具备的特殊功能和优势：①增加事故救援费用和第三人（事故单位从业人员以外的事故受害人）赔付的资金来源，有助于减轻政府负担，维护社会稳定。目前有的地区还提供了一部分资金用于对事故死亡人员家属的补偿。②有利于现行安全生产经济政策的完善和发展。2005 年起实施的高危行业风险抵押金制度存在缴存标准高、占用资金量大、缺乏激励作用等不足。目前，湖南、上海等省、直辖市已经通过地方立法允许企业自愿选择责任保险或者风险抵押金，受到企业的广泛欢迎。③通过保险费率浮动、引进保险公司参与企业安全管理，有效促进企业加强安全生产工作。

10. 安全生产违法行为的责任追究制度。新《安全生产法》加大了对安全生产违法行为的责任追究力度：

（1）规定了事故行政处罚和终身行业禁入。①将行政法规的规定上升为法律条文，按照两个责任主体、四个事故等级，设立了对生产经营单位及其主要负责人的八项罚款处罚规定。②大幅提高对事故责任单位的罚款金额：一般事故罚款20万元~50万元，较大事故50万元~100万元，重大事故100万元~500万元，特别重大事故500万元~1000万元；特别重大事故的情节特别严重的，罚款1000万元~2000万元。③进一步明确主要负责人对重大、特别重大事故负有责任的，终身不得担任本行业生产经营单位的主要负责人。

（2）加大罚款处罚力度。结合各地区经济发展水平、企业规模等实际，新安全生产法维持罚款下限基本不变、将罚款上限提高了2~5倍，并且大多数罚则不再将限期整改作为前置条件，反映了“打非治违”、“重典治乱”的现实需要，强化了对安全生产违法行为的震慑力，也有利于降低执法成本、提高执法效能。

（3）建立了严重违法行为公告和通报制度。要求负有安全生产监督管理职责的部门建立安全生产违法行为信息库，如实记录生产经营单位的安全生产违法行为信息；对违法行为情节严重的生产经营单位，应当向社会公告，并通报行业主管部门、投资主管部门、国土资源主管部门、证券监督管理部门和有关金融机构。

四、有关清洁生产法的主要规定

（一）清洁生产与清洁生产法

清洁生产是一种有别于传统的污染控制法末端治理的一种新型生产模式，被称为现代社会“从摇篮到坟墓（CTOG原则）”的生产全过程控制。我国《清洁生产促进法》第2条明确规定：本法所称清洁生产，是指不断采取改进设计、使用清洁的能源和原料、采用先进的工艺技术和设备、改善管理、综合利用等措施，从源头削减污染，提高资源利用效率，减少或者避免生产、服务和产品使用过程中污染物的产生和排放，以减轻或者消除对人类健康和环境的危害的一种先进的生产模式和方法。

清洁生产方法的产生和发展，是现代科技经济发展的产物。20世纪90年代以后，发展知识经济和循环经济成为国际社会的两大趋势。我国从20世纪90年代引入了关于循环经济的思想，1998年学术界企业界接受德国循环经济概念、理论，确定“3R原则”的中心地位之后，1999年从可持续发展生产的角度对循环经济发展模式进行整合。2002年从新兴工业化的角度认识循环经济的发展意义。2003年将循环经济纳入科学发展观，确定物质减量化的发展战略，2004年，提出从不同的空间规模：城市区域、国家层面大力发展循环经济。中国环境与发展国际合作委员会在第二届期间（1997~2002年）成立了清洁生产工作组，在第三届期间

(2002～2003年）成立了循环经济课题组。2002年6月29日第九届全国人大常委会第二十八次会议通过了《中华人民共和国清洁生产促进法》（以下简称《清洁生产法》)，该法共设置6章42条，确立了以促进清洁生产，提高资源利用效率，减少和避免污染物的产生，保护和改善环境，保障人体健康，促进经济与社会可持续发展为立法宗旨，对清洁生产有关的基本原则、全面推行和具体实施、鼓励措施以及法律责任等制度都作了全面而具体的规定，是我国第一部以发展循环经济为目标的循环经济法律，这部法律标志着我国建立循环社会的开始，为促进企业全面开展清洁生产提供了基本法律依据。

（二）政府及其主管部门促进清洁生产的管理体制及相关职责

1、政府全面组织领导及其职责。国家鼓励和促进清洁生产。国务院和县级以上地方人民政府，应当将清洁生产纳入国民经济和社会发展计划以及环境保护、资源利用、产业发展、区域开发等规划。县级以上地方人民政府负责领导本行政区域内的清洁生产促进工作。其具体职责规定有：

（1）制定有利于实施清洁生产的产业政策、技术开发和推广政策。

（2）制定有利于实施清洁生产的财政税收政策。

（3）县级以上地方人民政府应当合理规划本行政区域的经济布局，调整产业结构，发展循环经济，促进企业在资源和废物综合利用等领域进行合作，实现资源的高效利用和循环使用。

（4）各级人民政府应当优先采购节能、节水、废物再生利用等有利于环境与资源保护的产品。并通过宣传、教育等措施，鼓励公众购买和使用节能、节水、废物再生利用等有利于环境与资源保护的产品。

2. 政府各部门促进清洁生产的职责。国务院经济贸易行政主管部门负责组织、协调全国的清洁生产促进工作。国务院环境保护、计划、科学技术、农业、建设、水利和质量技术监督等行政主管部门，按照各自的职责，负责有关的清洁生产促进工作。县级以上地方人民政府负责领导本行政区域内的清洁生产促进工作。县级以上地方人民政府经济贸易行政主管部门负责组织、协调本行政区域内的清洁生产促进工作。县级以上地方人民政府环境保护、计划、科学技术、农业、建设、水利和质量技术监督等行政主管部门，按照各自的职责，负责有关的清洁生产促进工作。其具体职责规定有：

（1）制定有利于实施清洁生产的产业政策、技术开发和推广政策。

（2）制定清洁生产的推行规划。

（3）合理规划本行政区域的经济布局，调整产业结构，发展循环经济，促进企业在资源和废物综合利用等领域进行合作，实现资源的高效利用和循环使用。

（4）组织和支持建立清洁生产信息系统和技术咨询服务体系，向社会提供有关清洁生产方法和技术、可再生利用的废物供求以及清洁生产政策等方面的信息和服务。

(5) 定期发布清洁生产技术、工艺、设备和产品导向目录。组织编制有关行业或者地区的清洁生产指南和技术手册，指导实施清洁生产。

(6) 制定并发布限期淘汰的生产技术、工艺、设备以及产品的名录。实行限期淘汰制度。

(7) 根据需要批准设立节能、节水、废物再生利用等环境与资源保护方面的产品标志，并按照国家规定制定相应标准。

(8) 指导和支持清洁生产技术和有利于环境与资源保护的产品的研究、开发以及清洁生产技术的示范和推广工作。

(9) 国务院教育行政主管部门，应当将清洁生产技术和管理课程纳入有关高等教育、职业教育和技术培训体系。组织开展清洁生产的宣传和培训，提高国家工作人员、企业经营管理者和公众的清洁生产意识，培养清洁生产管理和技术人员。

(10) 新闻出版、广播影视、文化等单位和有关社会团体，应当发挥各自优势做好清洁生产宣传工作。

(11) 各级人民政府应当优先采购节能、节水、废物再生利用等有利于环境与资源保护的产品。并通过宣传、教育等措施，鼓励公众购买和使用节能、节水、废物再生利用等有利于环境与资源保护的产品。

(12) 加强对清洁生产实施的监督，定期公布污染物超标排放或者污染物排放总量超过规定限额的污染严重企业的名单，为公众监督企业实施清洁生产提供依据。

3. 社会团体的促进和监督作用。国家鼓励开展有关清洁生产的科学研究、技术开发和国际合作，组织宣传、普及清洁生产知识，推广清洁生产技术。国家鼓励社会团体和公众参与清洁生产的宣传、教育、推广、实施及监督。

(三) 企业对清洁生产具体实施的规定

1. 新建、改建和扩建项目应当进行环境影响评价，对原料使用、资源消耗、资源综合利用以及污染物产生与处置等进行分析论证，优先采用资源利用率高以及污染物产生量少的清洁生产技术、工艺和设备。

2. 企业在进行技术改造过程中，应当采取以下清洁生产措施：①采用无毒、无害或者低毒、低害的原料，替代毒性大、危害严重的原料；②采用资源利用率高、污染物产生量少的工艺和设备，替代资源利用率低、污染物产生量多的工艺和设备；③对生产过程中产生的废物、废水和余热等进行综合利用或者循环使用；④采用能够达到国家或者地方规定的污染物排放标准和污染物排放总量控制指标的污染防治技术。

3. 产品和包装物的设计，应当考虑其在生命周期中对人类健康和环境的影响，优先选择无毒、无害、易于降解或者便于回收利用的方案。企业应当对产品进行合理包装，减少包装材料的过度使用和包装性废物的产生。

4. 生产大型机电设备、机动运输工具以及国务院经济贸易行政主管部门指定的其他产品的企业，应当按照国务院标准化行政主管部门或者其授权机构制定的技术规范，在产品的主体构件上注明材料成分的标准牌号。

5. 农业生产者应当科学地使用化肥、农药、农用薄膜和饲料添加剂，改进种植和养殖技术，实现农产品的优质、无害和农业生产废物的资源化，防止农业环境污染。禁止将有毒、有害废物用作肥料或者用于造田。

6. 餐饮、娱乐、宾馆等服务性企业，应当采用节能、节水和其他有利于环境保护的技术和设备，减少使用或者不使用浪费资源、污染环境的消费品。

7. 建筑工程应当采用节能、节水等有利于环境与资源保护的建筑设计方案、建筑和装修材料、建筑构配件及设备。建筑和装修材料必须符合国家标准。禁止生产、销售和使用有毒、有害物质超过国家标准的建筑和装修材料。

8. 矿产资源的勘查、开采，应当采用有利于合理利用资源、保护环境和防止污染的勘查、开采方法和工艺技术，提高资源利用水平。

9. 企业应当在经济技术可行的条件下对生产和服务过程中产生的废物、余热等自行回收利用或者转让给有条件的其他企业和个人利用。

10. 生产、销售被列入强制回收目录的产品和包装物的企业，必须在产品报废和包装物使用后对该产品和包装物进行回收。强制回收的产品和包装物的目录和具体回收办法，由国务院经济贸易行政主管部门制定。

国家对列入强制回收目录的产品和包装物，实行有利于回收利用的经济措施；县级以上地方人民政府经济贸易行政主管部门应当定期检查强制回收产品和包装物的实施情况，并及时向社会公布检查结果。具体办法由国务院经济贸易行政主管部门制定。

11. 企业应当对生产和服务过程中的资源消耗以及废物的产生情况进行监测，并根据需要对生产和服务实施清洁生产审核。污染物排放超过国家和地方规定的排放标准或者超过经有关地方人民政府核定的污染物排放总量控制指标的企业，应当实施清洁生产审核。使用有毒、有害原料进行生产或者在生产中排放有毒、有害物质的企业，应当定期实施清洁生产审核，并将审核结果报告所在地的县级以上地方人民政府环境保护行政主管部门和经济贸易行政主管部门。清洁生产审核办法，由国务院经济贸易行政主管部门会同国务院环境保护行政主管部门制定。

12. 企业在污染物排放达到国家和地方规定的排放标准的基础上，可以自愿与有管辖权的经济贸易行政主管部门和环境保护行政主管部门签订进一步节约资源、削减污染物排放量的协议。该经济贸易行政主管部门和环境保护行政主管部门应当在当地主要媒体上公布该企业的名称以及节约资源、防治污染的成果。

13. 企业可以根据自愿原则，按照国家有关环境管理体系认证的规定，向国家认证认可监督管理部门授权的认证机构提出认证申请，通过环境管理体系认证，提高清洁生产水平。

14. 根据《清洁生产法》第 17 条的规定，被列入污染严重企业名单的企业，应当按照国务院环境保护行政主管部门的规定公布主要污染物的排放情况，接受公众监督。

（四）对清洁生产鼓励措施的规定

1. 国家建立清洁生产表彰奖励制度。对在清洁生产工作中做出显著成绩的单位和个人，由人民政府给予表彰和奖励。

2. 对从事清洁生产研究、示范和培训，实施国家清洁生产重点技术改造项目和本法第 29 条规定的自愿削减污染物排放协议中载明的技术改造项目，列入国务院和县级以上地方人民政府同级财政安排的有关技术进步专项资金的扶持范围。

3. 在依照国家规定设立的中小企业发展基金中，应当根据需要安排适当数额用于支持中小企业实施清洁生产。

4. 对利用废物生产产品的和从废物中回收原料的，税务机关按照国家有关规定，减征或者免征增值税。

5. 企业用于清洁生产审核和培训的费用，可以列入企业经营成本。

此外，对于违反《清洁生产法》的法律责任也作了明确规定，以确保清洁生产法得到全面实施。

1. 为什么把环境法也称为环境资源法？环境与资源之间存在有什么关系？
2. 如何切实解决我国环境保护中“雷声大，雨点小”的问题？
3. 《安全生产法》是一部什么性质的法律？是属于行政法还是经济法？
4. 应当如何更好地减少、避免安全生产事故的发生？
5. 如何理解《清洁生产法》的属性及其立法宗旨？

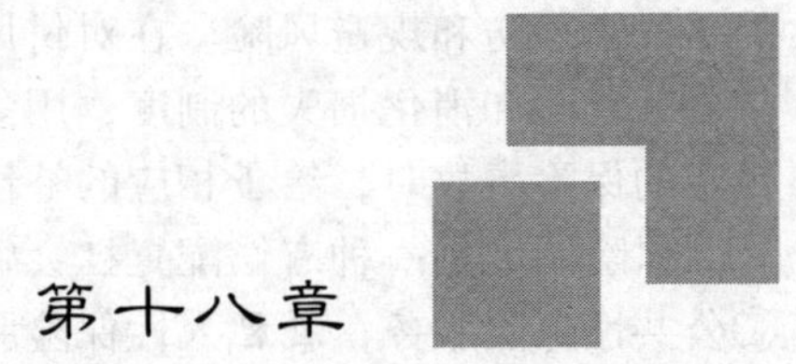

第十八章

社会保险法

劳动者可否获得民事赔偿和工伤保险的“双赔”?

2012 年 5 月 13 日，张某与某贸易公司签订劳动合同，约定合同期限为 4 年，该贸易公司按照规定参加工伤保险为本单位全部职工或者雇工缴纳工伤保险费。2015 年 3 月 2 日，张某因公出差途中，所乘客车与某运输公司的一辆大货车相撞，张某因此受伤，抢救无效于次日死亡。张某死亡后，张某之妻王某从运输公司获得 20 万元民事赔偿。经王某申请，张某被认定为因工死亡。据此，王某向社会保险经办机构申请工伤赔偿。社会保险经办机构以王某已经获得民事赔偿为由，拒绝给付。王某遂申请劳动仲裁。

【问题思考】

1. 民事赔偿和工伤保险的区别为何?

2. 因第三人侵权行为受伤的劳动者可否获得民事赔偿和工伤保险的“双赔”?

一、社会保险法概述

(一) 社会风险与社会保险

在社会生产和生活中，无论是家庭、个人，还是单位、地区乃至国家，都有可能因遭受灾害和意外事故而蒙受损失。从一个较长的时间和较大的空间维度来看，灾害或意外事故的发生是必然的，不可避免的，但从一个较短的时间和较小的空间维度来看，灾害或意外事故的发生并造成损失又是偶然的。这种必然性和偶然性的对立统一就构成了社会风险。

由于风险的客观存在对人们的生活构成巨大威胁，所以人们总是希望通过一定的手段来预防和规避风险。在对付风险的漫长过程中，保险产生了。所谓保险，就是分散危险和消化损失的制度，用集中起来的保险费建立保险基金，当投保人发生规定的保险事故时，给予相应的补偿或物质帮助。

保险制度是一种有偿配置社会资源的制度安排，它向社会提供两种保险服务：①公共性保险服务；②私人性保险服务。由此可以把保险区分为社会保险和商业保险两大类。各国立法无一例外地对两者分别立法，通常称前者立法为社会保险法，一般属社会法范畴，各国通常制定专门法律；称后者的立法为保险法，一般归商法范畴。

（二）社会保险的概念及特点

社会保险是指国家通过立法，建立对劳动者在其生、老、病、死、伤、残、失业以及发生其他生活困难时，给予物质帮助的制度。[1] 年老、疾病或丧失劳动能力的人获得物质帮助是公民的基本权利。

社会保险是社会保障体系的核心部分。它与社会保障体系中的社会救济、社会福利相比，具有强制性、互济性、福利性、社会性等特点。

1. 强制性。社会保险的强制性主要体现在：①要求立法规定范围内的所有社会成员必须参加社会保险；②受保险的社会成员与社会保险机构之间的保险关系直接依照法律而产生，无须通过合同而实现；③社会保险是通过具有强制效力的法律、法规和规章实施，当事人之间的权利义务直接根据法律而产生。社会保险相关的法律规范，大多为强制性的法律规范，相关各方在依法享有权利的同时，必须依法履行义务和职责。这也正是社会保险与自愿投保通过保险契约明确双方的权利义务关系的商业保险的明显区别。

2. 互济性。社会保险是政府为其社会成员提供的一系列基本生活保障。由于年老、失业、疾病、伤残等人员在社会分布不均，各地区和各单位的承受能力也是不同的，社会保险实行互济原则，集中资金在大范围内分散风险，保障劳动者在失去生活来源时能够获得物质帮助，以维持基本的生活水平。

3. 福利性。社会保险是一项福利保障事业，它是非营利性质的，主要以社会效益为目的，目标在于预防社会风险。在现代社会里，因生育、疾病、伤、残、失业和年老等情形的发生，公民收入可能减少、中断或丧失的风险始终存在。针对这些情况，设计出相应的社会保险项目，保障劳动者在任何情况下基本生活都能得到保障。

4. 社会性。社会保险的适用范围很广，只要是在法律规定的范围内，不同地区、不同行业中的人员乃至全体社会成员都必须参加，所以它具有稳定社会的功能。社会保险实行风险分担，目的在于保障社会成员的基本生活，是一种社会公益

---

〔1〕 参见王益英主编：《社会保障法》，中国人民大学出版社2000年版。

性事业，不以营利为目的。社会保险基金的来源也是来源于社会，由国家、单位和个人三方负担。社会保险之所以称为社会保险，最根本的一点就在于它的社会性。

（三）社会保险法的概念和体系

1. 社会保险法的概念。社会保险法是调整社会保险关系的法律规范。社会保险法调整的社会保险关系主要有：①社会保险管理机关与管理相对人之间的关系，主要是明确规范各自的权利与义务。②社会保险经办机构与用人单位和劳动者之间的关系，主要是规范征收社会保险资金和发放社会保险待遇，保证劳动者实现其社会保险权益，规范用人单位对劳动者的社会保险义务。③社会保险监督机构与社会保险管理经办机构、用人单位和劳动者之间的关系，包括监督机制的建立以及各种监督机构的职责、权限划分及其协调性等。

社会保险法的主体包括四个方面：①国家或政府。国家（通过政府）直接参与社会保险活动，并对社会保险的运行和实施给予财政上的支持，从而成为社会保险法制系统中的特殊主体。②社会保障的管理和实施机构。它们直接承担管理和实施社会保险的责任，即依法享有面向企业、个人等征收社会保险费等权力，又承担具体运作社会保险项目，向劳动者发放社会保险待遇的义务。③用人单位。它们承担向社会保险机构缴纳社会保险费的责任，是社会保险费的主要来源，因而对社会保险法律制度的正常运行和实施具有特别重要的意义。④劳动者及其家庭。劳动者及其家庭是社会保险的直接受益对象，劳动者本人也需要承担一定的缴纳社会保险费的责任，从而也是社会保险法律制度中的重要主体。

2. 社会保险法的体系。

（1）社会保险法的体系构成。由于社会保险项目通常都是根据社会风险的种类而设定的，一般而言，社会保险法律体系由养老保险法、医疗保险法、疾病保险法、失业保险法、工伤保险法、生育保险法和遗属保险法构成。

（2）中国的社会保险法律体系。探讨中国的社会保险法的体系，旨在从宏观上指导社会保险立法，从而使社会保险法具有最佳的结构和效能。目前，中国的社会保险制度尚处于创建之中，许多问题有待于进一步研究。但根据发展目标和社会实践，中国社会保险制度体系大致由养老保险、医疗保险、失业保险、工伤保险、生育保险五个子系统构成。按照法的体系构成理论和社会保险制度的发展目标，中国的社会保险法律体系则是以社会保险法为龙头，以养老保险法、医疗保险法、失业保险法、工伤保险法、生育保险法为基础建立起来的一个有机联系的统一整体。

（四）社会保险费的筹集

社会保险费是用于社会保险的专项资金。社会保险费的筹集涉及保险费的来源和保险费的分担两个问题。

1. 社会保险费的来源。社会保险费从总体上讲是来源于整个社会，具体说是由用人单位、劳动者和国家三方合理负担的。劳动者参加社会保险，缴纳合理的社会保险费，是享受社会保险权利和履行社会保险义务相统一原则的具体表现。但是，在劳动者尽了缴费义务，为社会保险金的支付提供了部分来源后，其所缴纳的保险费并不足以支付全部的社会保险待遇。因为社会保险保障的范围不仅包括劳动者本人，还包括其亲属，而且劳动者只有工作并得到劳动报酬时才能履行缴费义务，但能否找到工作及得到足以履行缴费义务的报酬并非劳动者自己能决定的。劳动者没有或不能工作时恰恰是其需要得到社会保险待遇的时候。因此，仅仅依靠劳动者个人缴费而形成的社会保险基金必然会小于社会保险待遇支付的总金额，导致支出大于收入。

作为社会保险对象的劳动者，在劳动和寻求工作中所面临的风险很大程度上取决于国家的产业政策和用人单位的经营管理。对于这些风险，因为劳动者本人不能控制，就不应该完全由劳动者自己来承担。因此，用人单位和国家都要承担一定的责任，社会保险的费用理应由三方共同负担。

劳动者的劳动不仅为用人单位创造了利益，也为国家的发展做出了贡献。社会保险制度为劳动者个人及其家属提供基本生活保障，使劳动者及其亲属不至于因保险事故的发生而生活困难，既有效地保证了劳动力的再生产，为社会经济的发展和用人单位经济效益的提高创造了条件，也维护了社会稳定，为国家的进一步发展创造了条件。从这个意义上说，用人单位、国家和劳动者一样，都是社会保险的受益者，为此承担相应的责任是合情合理的。

2. 社会保险费的分担方式。在我国目前实行的养老、失业、工伤、医疗和生育五项保险中，养老保险和医疗保险实行社会统筹和个人账户相结合，失业保险要求企业和职工都缴纳，这三项最重要的社会保险项目是国家、用人单位和劳动者个人三方负担的。而工伤和生育两项保险项目，劳动者个人不缴纳社会保险费。

二、养老保险法

（一）养老保险的概念及特征

1. 养老保险的概念。所谓养老保险，是指在劳动者达到法定老年年龄并从事某种劳动达法定年限后，由国家和社会依法给予一定物质帮助，以维持其老年生活的一种社会保险法律制度。劳动者只要达到法定年龄，并从事某种劳动达到法定年限，被依法解除法定劳动义务后，就可享受养老保险待遇。养老保险作为社会保险制度的重要内容，是人类社会发展到社会化大生产阶段和市场经济发展的产物。

2. 养老保险的法律特征。养老保险作为社会保险的组成部分，除具备社会保险的一般法律特征外，还有如下特有的特征：

（1）劳动者达到法定老年年龄并从事某种劳动达到法定年限是享受养老保险待遇的法定条件。这是养老保险区别于其他社会保险的主要特征。

（2）劳动者被依法解除法定劳动义务是享受养老保险待遇的前提。达到法定退休年龄并从事某种劳动达到法定年限，就符合了享受养老保险待遇的法定条件，实际享受养老保险待遇还须具备事实前提，即劳动者被依法解除法定劳动义务。实际生活中，有的劳动者虽已达到法定退休年龄并从事某种劳动达到法定年限，但尚未与用人单位解除劳动关系，因而仍负有劳动义务，不能享受养老保险待遇。这也可以说，对于在职职工而言，养老保险待遇只是一种期待权。

（3）养老保险的目的是为退出社会劳动领域后的劳动者提供稳定可靠的经济来源，以保障其退休后的基本生活，直至去世为止。养老保险有法定的享受条件和待遇标准，以养老保险金为物质基础，以国家为最后责任人，因而具有稳定性和可预见性。

（4）养老保险是适用范围最为广泛的社会保险项目之一。养老保险作为社会保险的一种，同医疗保险一样具有适用范围最为广泛的特点。众所周知，步入老年是每个劳动者无法回避的问题，所以养老保险保障的范围应为全体劳动者。

（5）国家和社会依法提供一定的物质帮助给被解除劳动义务的劳动者，以维持其老年生活是养老保险的宗旨。鉴于养老保险的惟一宗旨就是提供一定物质帮助给被解除劳动义务劳动者，以维持其老年生活，因此养老保险待遇的确定既非按劳分配，也非按需分配，而是以劳动者解除劳动义务后的基本生活需要、劳动者的劳动贡献和社会经济发展状况等作为基本依据。

（二）养老保险的适用范围

养老保险的适用范围，也就是养老保险的保障对象和保障的程度，是指养老保险适用于哪些人，即哪些人有权享受养老保险，以及享受养老保险的保障程度，即获得物质帮助以维持老年生活所应达到的水平。

养老保险的保障对象解决的是养老保险应适用于哪些人，即哪些人有权享受养老保险待遇。在社会保险制度中，养老保险保障对象最为广泛。从一般意义上而言，养老保险的保障对象为全体劳动者。换言之，每个劳动者都有权利获得他们年老时所需要的生活帮助和补偿。但由于受社会经济发展状况等多种因素的影响，并非全体劳动者都能一起享受到养老保险待遇。全体劳动者都享受到养老保险有一个渐进发展的过程。

作为养老保险适用范围的重要内容，养老保险的保障程度，是指获得养老保险待遇的人应获得何种程度的物质帮助以维持其老年生活并达到何种水平。养老保险的保障程度与一个国家的社会经济发展状况和人力资源状况紧密相关。养老保险待遇的提高，有赖于社会经济的发展和劳动力资源的充分利用。

（三）养老保险基金的筹集

养老保险制度是社会保险制度中基金数额最大、支付时间最长的一个项目。各国政府对于养老保险基金的筹集和费用负担问题，一般都通过养老保险立法来加以明确。但也有些国家对于养老保险基金问题由专门的社会保险基金管理立法来予以规定。

1. 养老保险基金的筹集。养老保险基金，在整个社会保障制度中占有相当重要的地位。养老保险基金在社会保险基金中的比重一般占到2/3以上，而且采用年金支付方式，一直支付到年金领取人死亡。从世界范围来看，随着各国政府实施的社会保障改革，各国都在探索如何能够更好地“开源节流”，摸索出几种不同的养老保险基金筹集模式。我国从1995年提出实行社会统筹和个人账户相结合，1997年明确社会统筹和个人账户相结合的模式。《中华人民共和国社会保险法》（以下简称《社会保险法》）第11条第1款规定：“基本养老保险实行社会统筹与个人账户相结合。”社会统筹与个人账户相结合是指将用人单位和劳动者参保个人的养老保险缴费，一部分记入社会统筹账户——实现社会互济，另一部分记入个人账户——多缴多得，可以继承，激励劳动者退休之前努力工作。

2. 养老保险的费用负担。建立养老保险基金就必须确定恰当的分担机制，以保证资金来源和分散风险。养老保险费用由政府、用人单位和被保险人三方筹集的分担机制，已成为一种国际性的趋势。目前全球已有一百多个国家和地区建立起由个人缴纳部分养老保险费的制度。我国城镇职工基本养老保险费用主要由企业和个人缴纳为主，政府只支付管理费和必要的补贴，也属于三方分担或共担制。农村的养老保险费以个人缴纳为主，集体给予适当补贴。此外，政府财政在基本养老保险出现收不抵支时承担最后的兜底责任。《社会保险法》第11条第2款规定：“基本养老保险基金由用人单位和个人缴费以及政府补贴等组成。”

三、医疗保险法

（一）医疗保险的概念及特征

1. 医疗保险的概念。这是指劳动者因患病或非因工负伤治疗期间，可以获得必要的医疗费资助和疾病津贴的一种社会保险制度。[1] 故又称为疾病保险或健康保险。

2. 医疗保险的法律特征。医疗保险是社会保险系统中的重要组成部分，与其他社会保险项目相比，具有自己的特征：

（1）医疗保险具有普遍性。医疗保险实施范围广，是社会保险所有项目中保障对象最广泛的保险项目。原则上，医疗保险应覆盖全体公民，因为疾病的风险是每个社会成员都无法回避的，而工伤、失业、养老保险的对象主要是部分社会成员。

（2）医疗保险具有复杂性。医疗保险涉及医疗机构、患者、保险机构、用人单位等多方之间的权利与义务关系，需合理引导和控制医疗服务提供者与享受者的行为，以确保医疗保险资源的合理利用，还涉及医疗保健服务的需求和供给，涉及面之广是其他社会保险项目所不能比的。

（3）医疗保险是短期的、经常性的保险。由于疾病的发生是随时的、突发性的，医疗保险提供的补偿也只能是短期的、经常性的，不像其他社会保险项目，如养老保险、工伤保险等，是长期的或一次性的。

---

〔1〕 参见林嘉：《社会保障法的理念、实践与创新》，中国人民大学出版社2002年版。

（4）医疗保险采用医疗给付的补偿形式。医疗保险资金的筹集和使用具有明确特定的目的。为确保医疗保险资金专款专用，对享受者的补偿形式主要是医疗给付，而且补偿多少，主要根据实际病情需要，而与参保人员所缴纳的费用多少联系不紧密。

（5）医疗保险发生率高，费用控制难。每个人都可能遇到疾病风险，部分人还会多次遇到疾病风险，每个患者的医疗开支不尽相同。因此，医疗保险的风险预测和费用控制是一大难题。

（二）医疗保险的对象和范围

1. 保险对象。随着经济体制改革的逐步进展，中国医疗保险的范围也随之不断扩大。

我国目前的医疗保险体系包括职工基本医疗保险、新型农村合作医疗保险和城镇居民基本医疗保险三大类型。三类医疗保险的覆盖范围分别为：

我国城镇所有用人单位，包括各种性质的企业、机关、事业单位、社会团体、民办非企业单位及其职工，都要参加基本医疗保险，而无雇工的个体工商户、未在用人单位参加职工基本医疗保险的非全日制从业人员以及其他灵活就业人员可以根据个人意愿决定是否参加基本医疗保险。

新型农村合作医疗制度是由政府组织、引导、支持，农民自愿参加，个人、集体和政府多方筹资，以大病统筹为主的农民互助共济制度。

城镇居民基本医疗保险是以大病统筹为主，针对城镇非从业居民的一项基本医疗保险制度。其以个人缴费为主，政府给予适当补助。参保居民按规定缴纳基本医疗保险费，享受相应的医疗保险待遇，有条件的用人单位可以对职工家属参保缴费给予补助。国家对个人缴费和单位补助资金制定税收鼓励政策。

2. 保险范围。医疗保险保障被保险人在自然生病时享受基本的医疗服务。具体项目包括：因病情需要的各种检验、诊断、治疗、用药、住院等所需医疗费用的支出。基本医疗服务以外的医疗服务，不属于基本医疗保险范围。非因自然伤病需要医疗服务的，不属于基本医疗保险范围，所需费用应当由本人支付或者由侵权行为人支付或者其他保险机构承担。这类情形有：打架斗殴、交通肇事、酗酒等原因造成伤病的医疗费用及因自杀、工伤或医疗事故等致伤病而造成的医疗费用。《社会保险法》第30条规定："下列医疗费用不纳入基本医疗保险基金支付范围：①应当从工伤保险基金中支付的；②应当由第三人负担的；③应当由公共卫生负担的；④在境外就医的。医疗费用依法应当由第三人负担，第三人不支付或者无法确定第三人的，由基本医疗保险基金先行支付。基本医疗保险基金先行支付后，有权向第三人追偿。"

（三）医疗保险资金的筹集

医疗保险资金的筹集，一般包括资金的来源、缴费比例和筹集办法等内容。根据医疗保险的范围不同，资金筹集的规定也内容迥异。很多国家的医疗保险同其他社会保险制度一样，为统一筹集资金。

1. 缴费义务人。通常各国对公务员的医疗由政府提供保险资金；而对雇员实施的医疗保险，一般资金来源有下列三种：雇主缴费；雇主和雇员缴费；国家、雇主和雇员三方负担。中国的城镇职工基本医疗保险的缴费义务人是：用人单位（雇主）和职工（雇员）。基本医疗保险基金由统筹基金和个人账户构成。职工个人缴费全部计入个人账户，单位缴费由统筹地区根据个人账户支付范围和职工年龄等因素确定比例，部分划入个人账户，部分划入统筹基金。

2. 缴费比例。社会医疗保险的缴费比例由政府规定和调整。方法主要有：固定保险费金额；与工资挂钩（按工资的百分比缴纳）；与收入挂钩（按个人收入的百分比缴纳）；按区域交纳（按照各区域内基本卫生设施条件，确定几种保险费的级别）等。

3. 统筹模式。医疗保险资金的筹集模式或办法与养老保险基本相同。大致可以分为现收现付制、积累制和混合制三种，但现收现付的筹集办法是最为传统也最为通用的。中国城镇目前实施的职工基本医疗保险实行“社会统筹与个人账户相结合”的方式。

（四）医疗保险待遇

关于医疗保险待遇，各国在立法中规定的内容主要有：享受医疗保险待遇的资格条件（津贴支付条件）、待遇标准和期限、医疗待遇支付项目、方法和比例。

1. 享受医疗保险待遇的资格条件。我国城镇职工享受医疗保险待遇，除完全丧失劳动能力外，只限于规定的医疗期内。此医疗期，即职工因患病或非因工伤停止工作治疗休息且不得辞退的期限，其长度根据职工本人连续工作时间和在本单位工作时间分档次确定，最短不可少于3个月，最长一般不超过24个月；难以治愈的疾病，经医疗机构提出，本人申请，劳动保障部门批准后，可适当延长医疗期，但最多不超过6个月。

2. 医疗保险待遇的支付项目和待遇标准。我国城镇职工一般可在与社会保险经办机构和用人单位签订的医疗服务合同中规定的多个定点医疗机构中选择就医。其保险待遇项目主要有：规定范围的药品费用、规定的检查费用、治疗费用、规定标准的住院费用。

3. 医疗保险待遇支付方式。医疗保险待遇支付方式主要有三种：①由公共卫生系统或社会保险机构直接将医疗费用支付给医疗照顾的提供者，病人一般与医疗照顾的提供者很少或者不发生经济关系。②偿还病人的治疗费用的方式。通常先由病人按其所得到的医疗服务向医生、药房或医院缴纳医疗费，然后由社会保险机构按规定的比例报销病人所缴的医疗费用。报销一般有最高限额的规定。③直接向病人提供医疗照顾。有些国家的社会保险机构或政府自己拥有并经办医疗设施，这些设施一般由领取薪金的人管理，由他们直接向受保人提供医疗服务，病人对大部分医疗服务项目不支付费用，只是他们缴纳的保险费的一部分要拨作医疗经费。我国城镇职工基本医疗保险的待遇支付方式属于上述第二种。对用统筹基金部分的支付设定起付标准和最高支付限额，实行“三段式支付”。起付标准原则控制在当地职工年平均工资的10%左右，最高支付限额原则上控制在当地职工年平均工资4倍左右。起付标准以下的医疗费用，从个人账户支付或由个人自付；起付标准以上、最高支付限额以下，主要从统筹基金支付，个人也要负担一定比例；超过最高支付限额的可以通过商业医疗保险等途径解决。具体的起付标准、最高限额和比例由统筹地区根据以收定支、收支平衡的原则确定。

四、失业保险法

（一）失业保险的概念及特征

1. 失业保险的概念。失业是指具有劳动能力并有劳动意愿的劳动者得不到劳动机会或者就业后又失去工作的状态。失业对劳动者而言，意味着失去职业，失去生计来源，生活陷入困境；对社会而言，则是劳动生产力的极大浪费，给社会带来不安定的因素，影响社会的稳定。因此，必须对之进行事先预防和事后救济，以限制其带来的负面影响，手段之一就是依法建立完善的失业保险制度。

失业保险是社会保险制度中的重要组成部分。它是指国家通过建立失业保险基金，对因失业而暂时中断生活来源的劳动者在法定期间内给予失业保险金，以维持其基本生活需要的一项社会保险制度。

2. 失业保险的特征。失业保险与其他社会保险制度相比，具有以下法律特征：

（1）失业保险的对象为失业劳动者。即失业保险只对有劳动能力并有劳动意愿但无劳动岗位的人提供保险。失业保险通常遵循非自愿失业原则，即只有非劳动者个人原因导致的失业，才可享受失业保险。我国对失业保险对象进一步限定为已经就业但非因本人意愿中断就业的、并办理失业登记的那部分劳动者，未曾就业者不在此列。

（2）享受失业保险待遇有一定期限。失业保险相对于养老保险、医疗保险、工伤保险等，属于短期支付的险种，亦即享受失业保险待遇一般有期限限制。一方面，这是因为劳动者失业通常与经济发展的周期性或经济的结构性调整有关，失业多表现为一种暂时的现象。另一方面，规定享受失业保险有一定的期限，也是为了促使劳动者积极寻找就业机会，实现再就业。

（3）失业保险更强调雇主和政府的责任。失业问题与劳动就业密切联系在一起，而解决劳动就业是各国政府重要的经济政策之一，各国政府对解决失业问题都给予了极大的关注，并投入了很大的财力。凡是开办失业保险的国家都十分注重失业保险的强制性，原因之一是失业保险与其他保险项目不同，劳动者缴费后，并不一定能直接享受利益，因为失业的风险并不都会降临在每一个劳动者身上，非失业者不能享受失业救济，而且所缴费用也不会返还，这就直接影响劳动者缴费的积极性。同样，雇员没有积极性，雇主的积极性也会受到影响。而失业问题又是各国政府所需要解决的，因此，失业保险制度需要政府更多的干预，采取必要的强制手段。

(4) 失业保险费由企业和劳动者缴纳。在各项社会保险中，工伤保险和生育保险的保险费由企业全部负担，劳动者个人不缴费。而对于失业保险来讲，劳动者要按其工资的一定比例缴纳保险费，之后才能享有相应待遇。

(二) 失业保险的对象和范围

根据国务院1998年12月26日通过的《失业保险条例》规定，中国的失业保险适用于城镇企业事业单位及其职工。由此确定了我国失业保险的对象及范围。

(三) 享受失业保险的资格条件

失业者要获得失业保险的权利，必须要有一定的资格条件。对此，为了保证将失业保险金支付给规定范围内的失业者，防止失业者产生依赖心理和不劳而获的观念，各国失业保险的资格条件规定得十分具体和严格。概括起来主要有：

1. 失业者必须符合劳动年龄条件，即必须是处于法定最低劳动年龄与退休年龄之间的劳动者才有可能享受失业保险。失业保险不包括未达到法律规定最低劳动年龄和超过法定退休年龄的人。

2. 失业者必须是非自愿失业。失业原因并非出于本人意愿，而是由于超出其所能控制各种社会或经济因素所造成的，各国对此均有一致的规定，这是为了防止故意失业以获取失业保险金。而非自愿失业的责任不在失业者本人，是由与失业者本人无关的非本人能力所能控制的一些原因造成的，理应提供失业保险。

3. 失业者必须满足一定的合格期条件。为了贯彻社会保险权利和义务对等原则，失业保险规定失业前必须达到一定的就业年限或缴足一定期限和数额的失业保险金，缴费期限和就业时间，大多数国家一般以失业前一年中的6个月为准。有些国家还规定，失业者失业前在有关国家居住一定期限，才具有享受失业保险给付的资格。

4. 失业者必须具有劳动能力和就业意愿。失业保险所保障的对象是那些具备劳动能力和有就业意愿的失业者。为了检查失业者的就业意愿和劳动能力，各国均规定，失业者在申请失业保险金之前，须先到就业辅导机构登记申请辅导就业，并在领取失业救济金期间定期向就业辅导机构报到。

《社会保险法》第45条规定："失业人员符合下列条件的，从失业保险基金中领取失业保险金：①失业前用人单位和本人已经缴纳失业保险费满1年的；②非因本人意愿中断就业的；③已经进行失业登记，并有求职要求的。"

(四) 失业保险基金的筹集

1. 失业保险基金的特点。失业保险基金是社会保险基金中的一种专项基金，是国家法定建立的用以保障失业人员失业期间的基本生活的资金，其特点如下：

(1) 强制性。即国家以法律规定的形式，向规定范围内的用人单位、个人征缴社会保险费。缴费义务人必须履行缴费义务，否则构成违法行为，承担相应的法律责任。也就是说，哪些单位、哪些人员要缴费，如何缴费都是由国家规定的，单位或个人没有选择的自由。

（2）无偿性。即国家征收社会保险费后，不需要偿还，也不需要向缴费义务人支付任何代价。

（3）固定性。即国家根据社会保险事业的需要，事先规定社会保险费的缴费对象、缴费基数和缴费比例。在征收时，不因缴费义务人的具体情况而随意调整。同时还表现在社会保险基金在使用上要实行专款专用。

（4）社会性。失业保险带有很强的社会性，它只能由社会筹集失业保险基金，由失业保险管理机构支付。

2. 失业保险基金的筹集。失业保险基金的来源为雇主和雇员缴纳的失业保险费和政府财政补贴。现行筹集失业保险基金的方式，有三方共担的，也有由其中的一方或两方负担的。负担方式及负担比例取决于政府、企业、劳动者个人对失业责任的认知；缴费方对费用负担的承受能力；就业政策的指导思想和原则。

我国失业保险制度建立以来，一直实行基金制，在基金制来源上采取用人单位缴费和财政补贴的方式。实践证明，基金制与我国当时经济发展水平是相适应的，可以为失业保险提供稳定的资金来源。但随着我国市场经济体制建立，劳动用人制度的改革，失业现象有所上升，过去那种只限于用人单位缴费，职工个人不缴费的失业保险金筹集方式就不适应形势发展的需要了。若要大幅度提高用人单位的征缴比例，势必增加用人单位的负担。在目前国家财力尚不充足和一些企业经营状况较为困难的情况下，适当提高用人单位缴费比例，并实行个人缴费较为可行，也有利于增强职工个人的保险意识。为此，我国颁布《失业保险条例》，对个人缴纳失业保险费作出了明确规定。

（五）失业保险待遇

1. 失业保险待遇的内容。我国规定的失业保险待遇主要有：①失业保险金。这是指社会保险经办机构按规定支付给符合条件的失业者的基本生活费，是失业者最基本的失业保险待遇。只要失业者符合享受失业保险待遇的条件，都有权申领失业保险金。②领取失业保险金期间的医疗补助金。这是指社会保险经办机构对失业者在领取失业保险金期间患病就医的医疗费给予的补助。由于我国医疗保险制度尚不健全，失业者的医疗费只能从失业保险基金中支出。③领取失业保险金期间死亡的失业人员的丧葬补助金和其供养的配偶、直系亲属的抚恤金。过去这项费用由职工生前所在单位负担，现在改为向社会保险经办机构申请。④领取失业保险金期间接受职业培训、职业介绍的补贴，包括失业者为接受职业培训所需的路费、住宿费、培训费等。

2. 失业保险待遇标准。

（1）失业保险待遇标准的确定。各国在确定失业保险待遇标准时，一般遵循确保失业者及其家属的基本生活需要、给付标准应适当低于失业者原有工资水平、失业保险权利和义务相对等的原则。中国失业保险待遇标准的确定与失业保险费的交纳年限挂钩。

（2）失业保险给付期限的确定。失业保险的给付期限为失业者享受领取失业保险金的最长时间，多数国家均有一定期限，通常为8～36周，一般为26周。国际劳工大会1952年规定失业保险的给付期限为12个月支付26周，1988年又规定为24个月内可支付30周，特殊情况下可支付52周。中国规定失业保险待遇的给付期限，按失业前缴费时间的长短划分不同档次，但最长不超过24个月，以后转入社会救济。

《社会保险法》第46条规定："失业人员失业前用人单位和本人累计缴费满1年不足5年的，领取失业保险金的期限最长为12个月；累计缴费满5年不足10年的，领取失业保险金的期限最长为18个月；累计缴费10年以上的，领取失业保险金的期限最长为24个月。重新就业后，再次失业的，缴费时间重新计算，领取失业保险金的期限与前次失业应当领取而未领取的失业保险金的期限合并计算，最长不超过24个月。"

（3）失业保险待遇给付的项目。世界各国失业保险待遇给付的项目大体一致，主要包括基本失业津贴、失业救济金、失业者家庭补助和为失业者提供的职业介绍及重新就业等服务。其中，基本失业津贴的给付形式大体有：工资比例制、均一制、混合制、一次性给付制。

中国失业保险待遇给付的项目主要包括用于维持失业者基本生活的失业救济金；领取失业保险金期间的医疗补助金；领取失业保险金期间的失业人员丧葬补助金和其供养的配偶、直系亲属的抚恤金；领取失业保险金期间的接受职业培训、职业介绍的补贴。

五、工伤保险法

（一）工伤保险的概念和法律特征

1. 工伤保险的概念。工伤是指职工在生产、工作中，因意外事故造成的伤、残、死亡或职业性疾病，又称为职业伤害。职业性疾病简称为职业病，它是指劳动者在生产劳动和职业性活动中，接触职业性有害因素而引起的疾病。

工伤保险，也称职业伤害保险，是指劳动者在职业劳动中或者在规定的特殊情形下，因遭受意外伤害、患职业病暂时或者永久丧失劳动能力或者死亡时，劳动者本人或者其遗属能够依法从国家或社会获得一定的物质补偿以保证其基本生活所需的社会保险制度。

2. 工伤保险的法律特征。工伤保险与其他社会保险项目有着明显不同的法律特征：

（1）保险待遇给付资格条件、待遇标准、费用渠道等严格以因工和非因工伤害为界限。因工伤事故产生的费用，应由工伤保险基金来承担，而且，医疗康复待遇、伤残待遇和死亡抚恤待遇均比因疾病和非因工伤亡的社会保险待遇优厚。这样做有助于对那些为国家或集体奉献者进行褒扬抚恤，也有利于生产发展和社会财富的积累。

(2) 采取无过失责任原则。所谓无过失责任，是指劳动者在各种伤害事故中只要不是受害者本人故意行为所致，就应该按照规定标准对其进行伤害赔偿。只要事故发生，不论雇主或雇员是否存在过错，无论责任在谁，原则上，受害者都可以受到赔偿，即无过错赔偿。

(3) 待遇给付遵循损害补偿原则。工伤保险应坚持损害补偿原则来给付待遇，即不仅考虑劳动者维持原来本人及其家庭基本生活、进行劳动力生产和再生产的最直接、最重要的费用来源的损失外，同时还要考虑伤害程度、伤害性质及职业康复和激励等因素进行适当经济补偿。工伤事故不同于一般民事责任事故，基于损害赔偿的原则对于既有工伤、又有民事责任的工伤事故，受害者不应享双重待遇。即受害者只能在享有工伤待遇和民事索赔权之间选择其一。

(4) 劳动能力鉴定是确定因工致残待遇标准的必经程序。工伤保险待遇是根据伤残和职业病等级而分类确定的。各国在制定工伤保险制度时，都制定了伤残和职业病等级，并通过专门设立的鉴定机构和人员，对受职业伤害的职工所受伤害程度予以确定。根据鉴定结果，决定给付与否和给付的标准。

(5) 预防、补偿和康复三位一体。工伤保险最直接的任务是经济补偿，保障伤残职工和遗属的基本生活；但同时还要做好事故预防和医疗康复，以保障职工安全与健康，真正达到工伤保险的目的。

(6) 具有补偿性（赔偿性）。这是工伤保险不同于其他社会保险的显著特性。即工伤保险费用不实行分担制，完全由用人单位（雇主）承担。

（二）工伤保险的适用范围、对象

工伤保险的适用范围可以定义为纳入工伤保险的行业、职业和企业的范围；工伤保险的对象可称为被保险人。工伤保险最初是在高风险的行业、职业和较大的企业实行，后来才在一般企业和单位中实行；工伤保险待遇最初只是支付给那些靠工资收入从事有危险工作的工人，主要是体力劳动者，后来才把注意力转移到非体力劳动者身上。在中国，新的工伤保险制度覆盖中华人民共和国境内的各类企业、有雇工的个体工商户及其雇员。

（三）工伤保险基金的筹集

我国的工伤保险费用，自20世纪50年代初起，即采取综合基金的模式，由企业按一定比例向主管部门上缴“总基金”，用于各项保险之间的调剂，而工伤保险支付仍由企业直接负责。后来，工伤保险改为采用前述的社会保险制下的第二种方法，由职工所在单位按照国家规定的统一标准直接支付保险待遇。《社会保险法》第33条：“职工应当参加工伤保险，由用人单位缴纳工伤保险费，职工不缴纳工伤保险费。”

（四）工伤保险待遇

工伤保险的内容由工伤的预防、赔偿和康复三部分构成，工伤保险待遇实际是对遭受职业伤害者的赔偿，也是工伤保险的传统和核心内容。它包括工伤认定及劳动能力鉴定、待遇标准、待遇项目、待遇给付。

1. 工伤鉴定。各国一般在支付工伤保险待遇之前，都要对受伤者进行工伤认定和劳动能力鉴定，即工伤鉴定，以确定其残废等级，然后按照残废等级支付保险待遇。

（1）工伤认定。工伤认定是由法律规定的机构对特定伤害是否属于工伤范围的确认。通常要建立专门的工伤认定机构，或者由劳动行政部门主管。

（2）劳动能力鉴定。世界上大多数国家在制定工伤残废等级时，都考虑了劳动能力的丧失程度。就工伤保险而言，丧失劳动能力必须是由工伤造成的，即在工作中或在与工作有关的场合中受到的伤害。丧失劳动能力的程度，一般有人身能力丧失、职业能力丧失、一般劳动能力丧失三种。工伤鉴定是工伤保险待遇给付的前提条件，评残工作应在医疗终结以后进行，如能恢复劳动即为暂时丧失劳动能力，再根据残废等级原则确定该受伤者属于哪个等级。中国的工伤鉴定分为工伤认定和劳动能力鉴定。根据《工伤保险条例》第 21 条的规定，职工受伤被认定为工伤的，经治疗伤情相对稳定后存在残废、影响劳动能力的，应当进行劳动能力鉴定。

2. 工伤认定的范围。根据 2010 年 12 月 20 日《国务院关于修改〈工伤保险条例〉的决定》的内容，工伤认定范围的法律依据如下：

《工伤保险条例》第 14 条规定，职工有下列情形之一的，应当认定为工伤：①在工作时间和工作场所内，因工作原因受到事故伤害的；②工作时间前后在工作场所内，从事与工作有关的预备性或者收尾性工作受到事故伤害的；③在工作时间和工作场所内，因履行工作职责受到暴力等意外伤害的；④患职业病的；⑤因工外出期间，由于工作原因受到伤害或者发生事故下落不明的；⑥在上下班途中，受到非本人主要责任的交通事故或者城市轨道交通、客运轮渡、火车事故伤害的；⑦法律、行政法规规定应当认定为工伤的其他情形。

《工伤保险条例》第 15 条规定，职工有下列情形之一的，视同工伤：①在工作时间和工作岗位，突发疾病死亡或者在 48 小时之内经抢救无效死亡的；②在抢险救灾等维护国家利益、公共利益活动中受到伤害的；③职工原在军队服役，因战、因公负伤致残，已取得革命伤残军人证，到用人单位后旧伤复发的。职工有前款第 1 项、第 2 项情形的，按照本条例的有关规定享受工伤保险待遇；职工有前款第3 项情形的，按照本条例的有关规定享受除一次性伤残补助金以外的工伤保险待遇。

《工伤保险条例》第 16 条规定，职工符合《工伤保险条例》第 14 条、第 15 条的规定，但是有下列情形之一的，不得认定为工伤或者视同工伤：①故意犯罪的；②醉酒或者吸毒的；③自残或者自杀的。

《最高人民法院关于审理工伤保险行政案件若干问题的规定》第 4 条规定，社会保险行政部门认定下列情形为工伤的，人民法院应予支持：①职工在工作时间和工作场所内受到伤害，用人单位或者社会保险行政部门没有证据证明是非工作原因导致的；②职工参加用人单位组织或者受用人单位指派参加其他单位组织的活动受到伤害的；③在工作时间内，职工来往于多个与其工作职责相关的工作场所之间的合理区域因工受到伤害的；④其他与履行工作职责相关，在工作时间及合理区域内受到伤害的。

《工伤保险条例》第5条规定，社会保险行政部门认定下列情形为“因工外出期间”的，人民法院应予支持：①职工受用人单位指派或者因工作需要在工作场所以外从事与工作职责有关的活动期间；②职工受用人单位指派外出学习或者开会期间；③职工因工作需要的其他外出活动期间。

职工因工外出期间从事与工作或者受用人单位指派外出学习、开会无关的个人活动受到伤害，社会保险行政部门不认定为工伤的，人民法院应予支持。

《工伤保险条例》第6条规定，对社会保险行政部门认定下列情形为“上下班途中”的，人民法院应予支持：①在合理时间内往返于工作地与住所地、经常居住地、单位宿舍的合理路线的上下班途中；②在合理时间内往返于工作地与配偶、父母、子女居住地的合理路线的上下班途中；③从事属于日常工作生活所需要的活动，且在合理时间和合理路线的上下班途中；④在合理时间内其他合理路线的上下班途中。

3. 工伤保险的待遇项目。

（1）因工负伤待遇。劳动者在生产过程中，由于发生不测受到伤害，暂时地部分地丧失劳动能力，给予相应的保险补偿。

（2）因工致残待遇。劳动者因受包括职业病在内的职业伤害后，虽经治疗休养仍不能完全康复，以致身体或智力功能部分或全部丧失的，给予相应的物质补偿。

（3）因工死亡待遇。劳动者在劳动过程中遭受伤害而死亡时，给予其遗属相应的物质补偿。由于工伤后果不同，所能享受的待遇也不尽相同。但是，工伤保险作为一种经济补偿，必须向劳动者提供两方面的补偿：①提供预防、治疗、护理、康复和疗养的全部费用；②保证其基本经济来源，使个人及其家庭生活不会因工伤或者职业病而有所下降。

六、生育保险法

（一）生育保险的概念和法律特征

1. 生育保险的概念。这是指女职工因怀孕和分娩所造成的暂时丧失劳动能力、中断正常收入来源时，从社会获得物质帮助的一种社会保险制度。

2. 生育保险的法律特征。

（1）生育保险的实施对象是女性。这是由生育这一特定的生理现象所决定的。在中国，还只是在达到法定结婚年龄、正式登记结婚，并符合国家计划生育规定的女职工生育时，才能享受生育保险待遇。

（2）给付项目多。在国外，生育保险的给付项目包括生育假期、生育收入补偿、生育医疗保健和子女补助金等项目。在中国，生育保险还配合国家的人口控制政策，对实行晚婚、晚育的生育妇女制定了一些奖励政策。

（3）待遇给付标准高。由于妇女生育是履行繁衍人类的重要天职，其社会意义超过了其他任何社会保险。为了保证新一代劳动力有较高的先天素质，同时又要保护履行繁衍人类天职的妇女的身体健康，对生育保险待遇的给付标准大多数国家都确定得比较高，妇女生育补偿一般相当于被保险人生育前基本工资的100%。

（4）生育保险实行“产前与产后都应享受的原则”，既善前又善后。在临产分娩前一段时间，由于行动不便，女职工已经不能工作或不宜工作；分娩以后，需要一段时间休假、恢复健康和照顾婴儿，这是生育保险不同于其他险种的又一特点，因为其他险种一般具有重在善后的特点。

（5）生育风险具有明显的阶段性。通常情况下，生育带来的劳动力缺失和收入中断是暂时的，不似其他风险带来的可能是劳动收入的长期甚至永久中断。

（二）我国生育保险的对象和范围

1994年12月14日，劳动部颁发《企业职工生育保险试行办法》，该办法规定，生育保险的对象和范围包括城镇各类企业及其职工。不少地方在实施中把生育保险的对象延伸到了乡镇企业、社办企业的女职工。

在我国，由于2/3以上的人口在农村，全国妇女的80%居住在农村和县属乡镇，因而农村生育保险的发展，对全国生育保险事业的发展影响极大。改革开放以来，农村面貌发生了巨大变化，乡镇企业的崛起和商品经济的发展使农村经济发生了历史性的进步，这为发展农村生育保险奠定了物质基础，提供了社会条件。

（三）生育保险基金

1. 生育保险基金的概念。这是为了使生育保险有可靠的资金保障，国家通过立法在全社会统一建立的、用于支付生育保险所需费用的各项资金。

2. 生育保险基金的筹集。中国原有的女职工生育保险制度规定，生育保险的费用是由各自的企业负担的，这种办法使女职工所占比重大的企业负担过重。改革后，目前中国生育保险基金来源于用人单位缴纳。1994年《企业职工生育保险试行办法》，对生育保险制度改革提出了原则性的意见。基本上肯定了采纳生育费用社会统筹的模式，提出由企业按照不超过职工工资总额的1%的比例缴纳生育保险费用，生育保险基金由当地人民政府根据计划内生育人数和生育津贴、生育医疗等费用的实际情况确定。

（四）生育保险待遇

1. 生育保险待遇的概念。这是指女职工在生育期间依法享有各种帮助和物质补偿。对此含义应按下述要点理解：①享受生育保险主体只能是女职工本人；②享受生育保险待遇的时间为女职工生育期间，生育期间包括怀孕、分娩、哺乳婴儿在内；③女职工享受生育保险待遇应符合法律、法规政策的规定；④生育保险待遇包括对女职工因生育需要的身体康复和物质上的补偿。世界各国生育保险待遇的高低，因受许多因素影响不尽相同，主要取决于每一个国家的经济发展水平、历史习惯和人口政策。

2. 生育保险待遇的享受条件。我国规定享受生育保险待遇的条件是以建立劳动关系为基础，同时，还要受计划生育政策的限制，女职工享受生育津贴的前提必须是单位为其缴纳了生育保险费，而且领取生育保险的时间要与生育产假相一致。

3. 生育保险待遇的内容。我国生育保险待遇的内容主要是：产假、生育津贴、生育医疗服务、生育期间的特殊劳动保护、生育期间的职业保障等。

（1）产假。女职工生育，享受不少于98天的产假，产假分为产前假和产后假两部分。产前假为15天，产后假为83天。难产的，增加产假15天。多胞胎生育的，每多生一个婴儿，增加产假15天。女职工怀孕流产的，根据医务部门的证明，给予一定时间的产假。

（2）生育津贴待遇。中国现行法律规定，企业生育保险实行社会统筹。企业女职工产假期间由生育保险基金支付生育津贴，津贴标准按照本企业上年度职工月平均工资计发。尚未参加生育保险社会统筹的单位，女职工生育产假期间，工资由原单位照发。

（3）生育医疗服务待遇。各国对于生育医疗服务待遇的规定基本相同，包括检查费、接生费、手术费、住院费、药费及其他与生育直接相关的医疗费用。中国现行法规定，女职工生育的检查费、接生费、手术费、住院费、药费及其他与生育直接相关的医疗费用由生育保险基金支出。超出规定的医疗服务费和药费（含自费药品和营养品的药费）由职工个人负担。

（4）生育期间特殊劳动保护。它是指为解决女职工孕期由于生理变化而在工作中可能遇到的特殊困难，保证女职工的基本收入和母子生命安全而制定的一项特殊政策，包括收入保护和健康保护两部分。收入保护的主要措施是国家立法保护女职工怀孕期间不降低其基本工资；健康保护主要是从劳动强度、工作时间等方面对孕期女职工予以照顾的措施。

（5）生育女职工的职业保障。各国制定了一些保障女职工不因怀孕、分娩、哺乳而失业的规定。我国《劳动合同法》第42条规定，女职工在孕期、产期、哺乳期内的，用人单位不得依照该法第40条、第41条的规定进行预告解除劳动合同和经济性裁员。

思考题

1. 社会保险法是一种什么性质的法律，其与商业保险法有何不同？

2. 社会保险法包含哪些内容？从立法上看，我国社会保险法在各国立法中所处状况如何？

3. 在社会保险发展和实施中，哪些问题最为突出？应如何发展和完善我国社会保险制度？

第六编 企业救济法

第十九章

企业民事纠纷救济

导入案例

仲裁委员会的裁决为什么没有被法院撤销?

申请人：优雅诗家居用品（东莞）有限公司

被申请人：浙江新地贸易有限公司

申请人优雅诗家居用品（东莞）有限公司不服广州仲裁委员会东莞分会(2006）穗仲莞案字第636号仲裁裁决，向法院提出撤销仲裁裁决的申请。

申请人优雅诗家居用品（东莞）有限公司申请称，广州仲裁委员会东莞分会(2006）穗仲莞案字第636号仲裁裁决书系枉法裁决：

1. 仲裁裁决书裁令申请人向被申请人支付律师费20 000元，系适用法律错误。根据《仲裁规则》第76条，仲裁庭有权在裁决书中裁定败诉方应当补偿胜诉方因为办理案件所支出的合理费用，但补偿金额最多不得超过胜诉方所得胜诉金额的10%。在本案中，被申请人向仲裁庭提出高达1 962 842. 2元（含反请求的律师费20 000元）的仲裁请求，申请人提出了1 265 917. 22元（含本请求部分律师费65 000元）的仲裁反请求，仲裁庭以被申请人的仲裁请求得到部分支持为由，裁令申请人支付其仲裁反请求部分律师费20 000元，违反了仲裁法及《仲裁规则》。首先，在仲裁反请求部分被申请人没有所得胜诉金额，因为仲裁庭没有支持申请人的反请求，并不意味着被申请人得到了胜诉金额，如果说反请求没有被支持，就可以裁令反申请人支付律师费，那么，在被申请人提出的1 962 842.2元仲裁请求中，仲裁庭仅支持了其中587 325元，还有高达1 375 517.2元没有被支持，仲裁庭是否应当裁决被申请人按未获得支持的金额比例支付申请人本请求部分律师费65 000元；其次，从仲裁费的承担比例上来看，被申请人承担本案仲裁费21 174元，申请人仅承担9070元，说明被申请人的申请仅得到少部分的支持，仲裁庭裁令申请人支付律师费也与《仲裁规则》不符。

2. 仲裁裁决未裁令被申请人返还申请人11 735.18元，系遗漏裁判事项。在仲裁庭开庭时，申请人与被申请人均确认申请人向被申请人送货价值711 735.18元，在被申请人预付的1 200 000元中，扣除500 000元的保证金后，被申请人实际仅付款700 000元，被申请人就应当返还申请人11 735.18元，仲裁庭未对此作出裁决，是遗漏裁项，依法应当纠正。

3. 仲裁裁决以双方没有约定保证金的性质，合同解除或终止后，保证金属于不当得利应当返还为由，裁令申请人返还保证金500 000元，适用法律错误。本案中，虽然合同双方没有约定保证金的性质，即便不能认定为定金之性质，但是保证金作为保证合同顺利履行的性质足以认定，在被申请人严重违约，单方终止合同，使合同无法正常履行的情况下，申请人有权利要求被申请人承担违约责任，并没收保证金，故该申请人占有保证金并非没有合同及法律依据，不属于不当得利。

4. 被申请人第一次向申请人订购1 412 642.40元的货物，违反约定，实际购货量低于其计划的60%，及其在合同期内存在向优雅诗以外厂商进货的行为构成根本违约。

被申请人浙江新地贸易有限公司未提供书面答辩，在听证会上提出答辩意见如下：

1. 关于律师费问题，仲裁庭就律师费的裁决是符合仲裁法和仲裁规则的，因为申请人的反请求没有得到支持，申请人并没有胜诉，这意味着被申请人胜诉。

2. 关于仲裁遗漏裁决事项的问题，按不告不理的原则，申请人没有提出返还款项的申请，仲裁庭没有对此作出裁决是正确的。

3. 关于保证金问题，按最高人民法院的司法解释，该保证金不具有定金的性质，裁令返还没有错误。

4. 关于合同的履行，被申请人在仲裁过程中已经提交了证据，不再详细陈述。

5. 申请人申请撤销仲裁裁决的同时，不能提供该裁决违反法律规定的证据，应当承担举证不能的责任。

本案审理过程中，法院调阅了广州仲裁委员会东莞分会（2006）穗仲莞案字第636号仲裁案全部卷宗材料，于2006年12月13日召开了听证会。经审理，法院就本案认定如下事实：

签订协议情况。本案申请人和被申请人于2004年9月26日签订《代理经销协议》及《补充协议》，《代理经销协议》约定由被申请人代理销售申请人的产品。

《补充协议》约定了授权经销有效期为2004年10月1日至2005年12月31日；经销商（本案被申请人）的经销范围为中国地区省级、二级城市，区域经销商在经销范围内独家经营；2004年10月1日至2005年12月31日期间本案被申请人购进合同产品至少1500万元；被申请人同意保留每月最低不少于人民币50万元的保证金；为协助被申请人开拓市场，申请人按开店面积每平方米补贴人民币250元，以50平方米为最高上限。

履行协议情况。上述协议签订后，被申请人于2004年10月13日向申请人支付了人民币100万元（其中保证金50万元、货款50万元），于2004年12月14日向申请人支付了货款人民币20万元。之后，被申请人在部分城市发展加盟商销售协议约定的产品。在履行协议过程中，被申请人认为申请人变更合同价格，发送的产品不符合协议的约定，影响了被申请人的销售业绩；申请人在报纸杂志上发表招商广告，另行发展代理商，违反了独家授权的协议。被申请人于2005年12月1日向申请人发出电报通知申请人解除《协议》。申请人认为被申请人未能按照协议计划完成销售任务，购货量低于计划的60%，违反了协议的约定。申请人至今未向被申请人退还保证金人民币50万元，亦未向被申请人支付装修补贴款。

仲裁情况。后被申请人向广州仲裁委员会东莞分会提出仲裁申请，广州仲裁委员会东莞分会于2006年6月14日受理该申请，并于2006年10月9日作出（2006）穗仲莞案字第636号裁决书。

法院认为，《中华人民共和国仲裁法》撤销仲裁裁决的六种情形，属程序违法问题或仲裁裁决违反公序良俗情形。申请人提出申请撤销仲裁裁决的第一点理由是对律师费裁令的适用法律问题、第三点理由是返还保证金问题的适用法律问题及第四点理由是对违约问题的认定问题，均属实体的认定和实体的处理问题，属于仲裁机构自主行使仲裁权的范畴。申请人提出的第一点和第三点理由认为裁决适用法律错误，法院认为，申请人未提供任何证据证明，而仅从裁决适用法律的正确与否来推定裁决为枉法裁决显然是不够的。第二点遗漏裁项问题，法院认为，在仲裁阶段中，申请人和被申请人均未就该款项提出请求或反请求，仲裁庭不对此作出裁决并无不当。法院经对本案仲裁裁决事项进行审查，认为该裁决并未违背社会公共利益，亦未损害第三人利益。申请人提出撤销广州仲裁委员会东莞分会（2006）穗仲莞案字第636号仲裁裁决的证据不足，理由不充分。法院依照《中华人民共和国仲裁法》第60条、《最高人民法院关于适用〈中华人民共和国仲裁法〉若干问题的解释》第17条的规定，裁定驳回申请人优雅诗家居用品（东莞）有限公司撤销广州仲裁委员会东莞分会（2006）穗仲莞案字第636号仲裁裁决的申请。

【问题思考】

1. 优雅诗家居用品（东莞）有限公司与浙江新地贸易有限公司发生合同纠纷，仲裁委员会的裁决，为什么被北京市第二中级人民法院撤销？

2. 什么是仲裁？它与诉讼各有哪些法律特征与法律要求？为什么本案只适用

仲裁而不适用诉讼？

3. 企业在市场经济活动中发生的各种纠纷应通过什么途径解决？各适用哪些法律规定？怎样才能有效地维护企业的合法权益？

一、企业民事纠纷救济概述

（一）企业民事纠纷的概念和特征

企业民事纠纷，是指企业与其他平等主体之间发生的、以民事权利义务为内容的一种由法律调整的社会纠纷。其特征表现为：

1. 企业民事纠纷主体之间法律地位平等。

2. 企业民事纠纷的内容是对民事权利义务的争议。

3. 企业民事纠纷形成的原因是违反了民事实体法的规定。

4. 企业民事纠纷具有可处分性。

5. 企业民事纠纷类型包括财产性的民事纠纷和人身性的民事纠纷。

（二）企业民事纠纷解决途径及救济方法

解决企业民事纠纷的途径和方法，主要有以下几种：

1. 协商解决。这是企业民事纠纷发生后，当事人双方在自愿互谅的基础上，作出一定的让步，在彼此都可以接受的条件下，达成和解协议，并自行协商解决所发生争议的一种解决方法。协商解决是解决企业民事纠纷的一个重要途径和方法。

2. 调解解决。这是企业民事纠纷发生时，当事人双方经协商不成，由第三人主持并从中调停排解，在双方互谅互让的基础上解决经济纠纷的一种解决方法。

3. 仲裁解决。仲裁也称为“公断”，是指双方当事人自愿达成仲裁协议，将其所发生的企业经济纠纷提交仲裁机构依法居中裁决的一种解决方法。仲裁虽属民间性质，但其裁决却具有法律强制效力，当事人必须自觉执行。

4. 诉讼解决。这是指发生企业民事纠纷的当事人双方没有达成仲裁协议，而将纠纷提请人民法院依照诉讼程序作出对当事人具有法律效力的判决的一种解决方法。

二、有关仲裁法的主要规定

（一）经济仲裁与仲裁法

经济仲裁，是指企业与其他企业、组织之间在经济争议发生之前或者争议发生后，达成仲裁协议自愿将争议交由仲裁机构作出具有法律效力的裁决，争议双方有义务执行该裁决，从而解决经济纠纷的法律制度。可见，经济仲裁作为解决经济争议的一种重要方式，具有不同于其他解决方式的特征：

1. 方式的灵活性。经济仲裁是一种灵活便捷的解决争议的方式。经济仲裁中，当事人有权选择仲裁员、有权协议约定仲裁程序、选择仲裁审理的形式，这样可以避免繁琐的程序，有利于及时处理争议，节省费用。

2. 性质的民间性。经济仲裁是当事人把经济纠纷提交第三人居中作出裁决。

国际上通常把这种仲裁定性为民间仲裁，过去我国的仲裁多为行政仲裁。在建立社会主义市场经济体制下，我国仲裁法明确规定，仲裁机构独立于行政机关，与行政机关没有隶属关系，仲裁机构相互之间也没有隶属关系。

3. 发生的自愿性。经济仲裁须以双方当事人自愿为前提，具体表现在仲裁协议上，无论当事人在发生争议前合同中已约定有仲裁条款，还是在争议发生后双方达成仲裁协议，这些都是当事人直接表明自愿将经济纠纷提交仲裁的意愿。

4. 程序的选择性。仲裁法对仲裁的申请和答辩、庭审方式、调查取证及司法协助等一般性程序都作有原则性的规定，而对许多方面内容未作有详细的规定，其目的是留给当事人自由决定。

5. 范围的法定性。经济仲裁的客体是当事人之间发生的一定范围的经济争议。但可申请仲裁的争议范围，不仅取决于当事人的意愿，而且还取决于法律的规定。我国仲裁法明确规定可申请仲裁的有合同纠纷和其他财产权益纠纷，而婚姻、收养、监护、扶养、继承纠纷以及依法应当由行政机关处理的行政争议不得仲裁；涉外仲裁规定适用于涉外经济贸易、运输和海事中发生的纠纷；劳动争议仲裁适用于劳动争议。

6. 效力的强制性。当事人一旦选择了仲裁方式解决经济纠纷，仲裁机构依法所作的仲裁裁决就具有法律的约束力和强制力，要求双方当事人都应自觉履行，否则，权利人有权申请法院强制执行。仲裁的这一特征显示了其“准司法性”的特点。

我国于1994年8月31日由第八届全国人大常务委员会第九次会议通过了《中华人民共和国仲裁法》（以下简称《仲裁法》，2009年修正），该法共设8章80条，全面规定了我国仲裁活动的适用范围与原则、仲裁协议、仲裁组织、仲裁程序、仲裁裁决及执行等内容，成为确立我国仲裁法律制度的基本依据。

（二）仲裁法的基本原则

1. 仲裁适用原则。规定平等主体的公民、法人和其他组织之间的合同纠纷和其他财产权益纠纷，可以仲裁；但规定婚姻、收养、监护、扶养、继承等身份权有关纠纷和依法应当由行政机关处理的行政争议案件不能仲裁，应当由其他解决方式处理。

2. 自愿原则。规定当事人采用仲裁方式解决纠纷，应当由双方自愿达成仲裁协议；没有仲裁协议，一方申请仲裁的，仲裁机构不予受理。这样，当事人双方自愿达成的仲裁协议便成为仲裁发生的前提条件，并且起着排除法院管辖的重要作用。

3. 合法公平原则。规定仲裁应当根据事实，符合法律规定，公平合理地解决纠纷。

4. 依法独立仲裁原则。规定仲裁依法独立进行，不受行政机关、社会团体和个人干涉。但该法又规定，人民法院可以依法对仲裁进行必要的监督。

5. 一裁终局原则。仲裁实行一裁终局的制度。裁决作出后，当事人就同一纠纷再申请仲裁或者向人民法院起诉的，仲裁委员会或者人民法院不予受理。

（三）仲裁机构和仲裁员

1. 仲裁机构。根据仲裁法规定，我国的仲裁机构是仲裁委员会。

（1）仲裁委员会设立范围和审批程序。仲裁委员会可以在直辖市和省、自治区人民政府所在地的市设立，也可以根据需要在其他设区的市设立，但不按行政区划层层设立。仲裁委员会设立时，由市人民政府组织有关部门和商会统一组建，然后经省、自治区、直辖市司法行政部门登记。仲裁委员会不划分级别和地区管辖。

（2）仲裁委员会设立的条件。设立仲裁委员会应当具备自己的名称、住所和章程；有必要的财产；有仲裁委员会的组成人员；有聘任的仲裁员等条件。

（3）仲裁委员会组成。仲裁委员会由主任 1 人，副主任 2 ~ 4 人和委员 7 ~ 11 人组成。主任、副主任（其中 1 人兼任秘书）和委员由法律、经济贸易专家和有实际工作经验人士担任。仲裁委员会组成人员中，法律、经济贸易专家不得少于 2/3。仲裁委员会独立于行政机关，与行政机关没有隶属关系。仲裁委员会之间也没有隶属关系。

（4）仲裁协会。中国仲裁协会是社会团体法人，是仲裁委员会的自律性组织，全国的各个仲裁委员会均为中国仲裁协会的会员。中国仲裁协会由全国会员大会制定中国仲裁协会章程；依照仲裁法和民事诉讼法的有关规定制定仲裁规则，并根据章程对全国的仲裁委员会和仲裁员的违纪行为进行监督。

2. 仲裁员。仲裁委员会根据仲裁工作情况聘任和组织仲裁队伍，并按照不同专业的要求设立仲裁员名册。仲裁委员会聘任的仲裁员应当是公道正派的各专业人员。仲裁法规定，仲裁员应当符合下列条件之一：①从事仲裁工作满 8 年的；②从事律师工作满 8 年的；③曾任审判员满 8 年的；④从事法律研究、教学工作并具有高级职称的；⑤具有法律知识、从事经济贸易等专业工作并具有高级职称或者具有同等专业水平的，经仲裁委员会聘任即可担任仲裁员。

（四）仲裁协议

1. 仲裁协议的性质。仲裁协议是指双方当事人达成的将已发生或可能发生的一定法律关系的争议提交仲裁，并服从裁决约束的一种契约。仲裁协议包括合同中订立的仲裁条款和以其他书面方式在纠纷发生前或者纠纷发生后所达成的请求仲裁的协议。它是建立仲裁制度的基础。

2. 仲裁协议的订立。仲裁协议是双方民事法律行为，因此应适用民事法律行为有效条件的规定。《仲裁法》规定仲裁协议订立应具有下列内容：①请求仲裁的双方意思表示；②仲裁事项；③选定的仲裁委员会。同时，还规定发生有下列情形之一的，仲裁协议无效：①约定的仲裁事项超出法律规定的仲裁范围的；②无民事行为能力人或者限制民事行为能力人订立的仲裁协议；③一方采取胁迫手段，迫使对方订立仲裁协议的；④在仲裁协议中应该达成补充协议而没有达成补充协议的。

根据规定，仲裁协议对仲裁事项或者仲裁委员会没有约定或约定不明确的，当事人可以补充协议；达不成补充协议的，仲裁协议无效；仲裁协议具有一定独立性，合同的变更、解除、终止或者无效，不影响仲裁协议的效力。仲裁委员会的仲裁庭有权确认合同或者仲裁协议的效力。

3. 仲裁协议的效力。①仲裁协议一经双方当事人签字即依法成立，产生法律约束力。一是为当事人设定了权利义务，当事人将争议提交仲裁而不能任意变更、撤销仲裁协议；二是对当事人诉权产生限制，当事人对争议只能提交仲裁，而不能向法院起诉。②仲裁协议具有独立性，即使附在合同上的仲裁条款，也具有相对独立性。仲裁法规定，合同的变更、解除、终止或者无效，不影响仲裁协议的效力。③当事人对仲裁协议的效力有异议的，应当在仲裁庭首次开庭前提出，可以请求仲裁委员会作出决定或者请求人民法院作出裁定。一方请求仲裁委员会作出决定，而另一方请求法院作出裁定的，由人民法院作出裁定。

（五）仲裁程序

1. 申请和受理。

（1）申请。当事人申请仲裁，必须符合以下条件：①有仲裁协议；②有具体的仲裁请求和事实理由；③属于仲裁委员会的受理范围。当事人申请仲裁，应当向仲裁委员会递交仲裁协议、仲裁申请书及副本。

（2）受理。仲裁委员会从收到仲裁申请书之日起5日内，认为符合受理条件的，应当受理，并通知当事人；认为不符合受理条件的，应当书面通知当事人不予受理，并说明理由。仲裁委员会受理仲裁申请后，应当在仲裁规则规定的期限内将仲裁规则和仲裁员名册送达申请人，并将仲裁申请书副本和仲裁规则、仲裁员名册送达被申请人。被申请人收到仲裁申请书副本后，应当在仲裁规则规定的期限内向仲裁委员会提交答辩书。仲裁委员会收到答辩书后，应当在仲裁规则规定的期限内将答辩书副本送达申请人。被申请人未提交答辩书的，不影响仲裁程序的进行。

2. 仲裁庭的组成。仲裁庭可以由3名仲裁员或者1名仲裁员组成。由3名仲裁员组成仲裁庭的，设首席仲裁员。当事人约定由3名仲裁员组成仲裁庭的，应当各自选定或者各自委托仲裁委员会主任指定1名仲裁员，第3名仲裁员由当事人共同选定或者共同委托仲裁委员会主任指定。第3名仲裁员是首席仲裁员。当事人约定由1名仲裁员成立仲裁庭的，应当由当事人共同选定或者共同委托仲裁委员会主任指定仲裁员。仲裁员有下列情形之一的，必须回避，当事人也有权提出回避申请：①是本案当事人或者当事人代理人的近亲属；②与本案有利害关系；③与本案当事人、代理人有其他关系，可能影响公正仲裁的；④私自会见当事人、代理人，或者接受当事人、代理人请客送礼的。当事人提出回避申请，应当说明理由，在首次开庭前提出。回避事由在首次开庭后知道的，可以在最后一次开庭终结前提出。仲裁员是否回避，由仲裁委员会主任决定；仲裁委员会主任担任仲裁员时，由仲裁委员会集体决定。

3. 开庭和裁决。

（1）开庭。仲裁应当开庭进行。当事人协议不开庭的。仲裁庭可以根据仲裁申请书、答辩书以及其他材料作出裁决。一般情况下，仲裁不公开进行；当事人协议公开的，可以公开进行，但涉及国家秘密的除外。申请人经书面通知，无正当理由不到庭或者未经仲裁庭许可中途退庭的，可以视为撤回仲裁申请。被申请人经书面通知。无正当理由不到庭或者未经仲裁庭许可中途退庭的，可以缺席裁决。

（2）证据。仲裁庭开庭仲裁期间，当事人应当对自己的主张提供证据，仲裁庭认为有必要收集的证据，可以自行收集。仲裁庭对专门性问题认为需要鉴定的，可以交由当事人约定的鉴定部门鉴定，也可以由仲裁庭指定的鉴定部门鉴定。根据当事人的请求或者仲裁庭的要求，鉴定部门应当派鉴定人参加开庭。当事人经仲裁庭许可，可以向鉴定人提问。证据应当在开庭时出示，当事人可以质证。在证据可能灭失或者以后难以取得的情况下，当事人可以申请证据保全。当事人申请证据保全的，仲裁委员会应当将当事人的申请提交证据所在地的基层人民法院。

（3）辩论。当事人在仲裁过程中有权进行辩论。辩论终结时，首席仲裁员或者独任仲裁员应当征询当事人的最后意见。

（4）和解。当事人申请仲裁后，可以自行和解。达成和解协议的，可以请求仲裁庭根据和解协议作出裁决书，也可以撤回仲裁申请。当事人达成和解协议，撤回仲裁申请后反悔的，可以根据仲裁协议申请仲裁。

（5）调解。仲裁庭在作出裁决前，可以先行调解。当事人自愿调解的，仲裁庭应当调解。调解不成的，应及时作出裁决。调解达成协议的，仲裁庭应当制作调解书或者根据协议的结果制作裁决书。调解书与裁决书具有同等法律效力。

（6）裁决。裁决应当按照多数仲裁员的意见作出，少数仲裁员的不同意见可以记入笔录，仲裁庭不能形成多数意见的，裁决应当按照首席仲裁员的意见作出。裁决书自作出之日起发生法律效力。仲裁庭应当将开庭情况记入笔录。当事人和其他仲裁参与人认为对自己陈述的记录有遗漏或者差错的，有权申请补正。如果不予补正，应当记录该申请。笔录由仲裁员、记录人员、当事人和其他仲裁参与人签名或者盖章。

（六）仲裁裁决的执行及仲裁监督

1. 仲裁裁决的执行。仲裁法规定实行非讼即裁、非裁即讼以及一裁终局的制度，裁决书自作出之日起发生法律效力。因此，当事人应当履行裁决。一方当事人不履行的，另一方当事人可以依照民事诉讼法的有关规定向人民法院申请执行，受申请的人民法院应当执行。但是，人民法院对仲裁裁决仍然存在着一定的制约关系。

2. 人民法院对仲裁的支持和监督。根据仲裁法规定的精神，人民法院对仲裁并不进行干涉，而是依法给予积极支持和必要监督。其支持主要表现在依法进行财产保全、证据保全及对裁决的强制执行方面，其监督主要表现在以下几个方面：

（1）撤销裁决。当事人提出证据证明裁决有下列情形之一的，可以向仲裁委员会所在地的中级人民法院申请撤销裁决：①没有仲裁协议的；②裁决的事项不属于仲裁协议的范围或者仲裁委员会无权仲裁的；③仲裁庭的组成或者仲裁的程序违反法定程序的；④裁决所根据的证据是伪造的；⑤对方当事人隐瞒了足以影响公正裁决的证据的；⑥仲裁员在仲裁该案时有索贿受贿，徇私舞弊，枉法裁决行为的。当事人申请撤销裁决，应当自收到裁决书之日起6个月内提出。人民法院受理撤销裁决申请后，应当组成合议庭进行审查。经审查核实有上述六种情形之一的，应当从受理日起2个月内作出裁定撤销裁决；经审查不符合事实的，亦应从受理日起2个月内作出裁定驳回申请。在审查中，人民法院认定该裁决违背社会公共利益的，亦应当裁定撤销。

（2）裁定不予执行。被申请的当事人提出证据证明仲裁裁决有《民事诉讼法》第217条第2款规定的以下情形之一的，经人民法院组成合议庭审查核实，裁定不予执行：①当事人在合同中没有订有仲裁条款或者事后没有达成书面仲裁协议的；②裁决的事项不属于仲裁协议的范围或者仲裁机构无权仲裁的；③仲裁庭的组成或者仲裁的程序违反法定程序的；④认定事实的主要证据不足的；⑤适用法律确有错误的；⑥仲裁员在仲裁该案时有贪污受贿，徇私舞弊，枉法裁决行为的。

（3）裁定中止执行。一方当事人申请执行裁决，另一方当事人申请撤销裁决的，人民法院应当裁定中止执行。

（4）裁定终结执行或恢复执行。人民法院裁定撤销裁决的，应当裁定终结执行。撤销裁决的申请被裁定驳回的，人民法院应当裁定恢复执行。

三、有关民事诉讼法的主要规定

企业经济诉讼程序适用于民事诉讼法有关规定，我国于1991年4月9日由第七届全国人大第四次会议通过、于2007年10月28日由第十届全国人大常委会第三十次会议第一次修正、于2012年8月31日由第十一届全国人大常委会第二十八次会议第二次修改的《中华人民共和国民事诉讼法》（以下简称《民事诉讼法》）。

（一）经济诉讼的基本原则和经济审判的基本制度

我国民事诉讼法规定进行民事诉讼活动应遵循的基本原则，除《民事诉讼法》与其他诉讼法规定相同的，如审判权由法院行使，法院依法独立审判，以事实为依据、以法律为准绳，合议，诉讼当事人在法律上一律平等，辩论，公开审判，两审终审，回避，使用本民族语言、文字进行诉讼等共同原则外，民诉法还规定了特有的原则：①当事人诉讼权利平等原则；②诉讼权利义务同等原则；③对等原则；④调解原则；⑤处分原则；⑥人民检察院对民事诉讼实行法律监督原则；⑦支持起诉原则；⑧诚实信用原则等。同时，民事诉讼法还具体规定了经济审判应实行合议、回避、公开审判、两审终审等四大制度。企业进行经济诉讼应严格遵守以上原则和制度。

（二）管辖

企业参加经济诉讼活动，应首先解决管辖问题。根据我国《民事诉讼法》的规定，管辖分为三类：

1. 级别管辖。基层人民法院管辖的第一审民事案件，除法律规定由中级人民法院、高级人民法院和最高人民法院管辖的第一审民事案件外，其余民事案件均由基层人民法院管辖；中级人民法院管辖的第一审民事案件为重大的涉外案件，在本辖区内有重大影响的案件以及最高人民法院确定由中级人民法院管辖的案件；高级人民法院管辖本辖区内有重大影响的第一审民事案件；最高人民法院管辖在全国有重大影响的案件以及认为应当由本院审理的第一审案件。

2. 地域管辖。①一般实行“原告就被告”原则，即原告向被告住所地的法院起诉，但对不在我国领域内居住的人及对下落不明或宣告失踪的人提起身份关系的诉讼，或对被采取强制性教育措施或被监禁的人提起的诉讼，由原告所在地法院管辖。②特别管辖。因合同纠纷提起诉讼，由被告住所地或合同履行地法院管辖；因保险合同纠纷提起的诉讼，由被告住所地或保险标的物所在地法院管辖；因票据纠纷提起诉讼，由票据支付地或被告住所地法院管辖；因铁路、公路、水上、航空运输和联合运输纠纷提起诉讼，由运输始发地、目的地或被告住所地法院管辖；因侵权行为提起诉讼，由侵权行为地或被告住所地法院管辖；因铁路、公路、水上和航空事故请求损害赔偿提起诉讼，由事故发生地或车辆、船舶最先达到地、航空器最先降落地或被告住所地法院管辖；因船舶碰撞或其他海事损害事故请求损害赔偿提起诉讼，由碰撞发生地、碰撞船舶最先到达地、加害船舶被扣留地或被告住所地法院管辖；因海难救助费用提起诉讼，由救助地或被救助船舶最先到达地的法院管辖；因共同海损提起诉讼，由船舶最先到达地、共同海损理算地或航程终止地法院管辖。③协议管辖。合同的双方当事人可以在书面合同中协议选择被告住所地、合同履行地、合同签订地、原告住所地、标的物所在地等与争议有实际联系的地点的人民法院管辖，但不得违反本法对级别管辖和专属管辖的规定。④专属管辖。不动产纠纷提起诉讼，由不动产所在地法院管辖；因港口作业中发生纠纷提起诉讼，由港口所在地法院管辖；因继承遗产纠纷提起诉讼，由被继承人死亡时住所地或主要遗产所在地法院管辖。⑤共同管辖。两个以上法院都有管辖权的诉讼，原告可以向其中一个法院起诉；原告向两个以上有管辖权的法院起诉的，由最先立案的法院管辖。

3. 指定管辖和移送管辖。法院受理的案件不属于本院管辖的，应当移送有管辖权的法院，受移送的法院应当受理。受移送的法院认为受移送的案件依照规定不属于本院管辖的，应当报请上级法院指定管辖，不得再自行移送。有管辖权的法院由于特殊原因，不能行使管辖权的，由上级法院指定管辖。法院之间因管辖权发生争议，由争议双方协商解决；协商解决不了的，报请它们的共同上级法院指定管辖。

（三）审判程序

1. 第一审程序。第一审程序包括普通程序、简易程序和特别程序。普通程序是民事诉讼审判活动最重要的程序。根据《民事诉讼法》的规定，普通程序应包括有三个阶段：①起诉和受理。起诉是原告为维护自身的民事权益向法院提起诉讼的行为。规定起诉须具备四个条件，即原告须是与本案有直接利害关系的公民、法人和其他组织，有明确的被告，有具体的诉讼请求、事实和理由，属于法院受理和管辖范围，并按规定要求递交起诉状。受理是法院收到起诉状后，经审查认为符合条件的，应当在7日内立案并通知当事人，认为不符合条件的，作出不予受理的裁定，当事人不服裁定可以依法上诉。②审理前准备。主要是法院要按规定时限发送起诉状副本和答辩状副本，审阅诉讼材料，调查收集证据，如发现起诉人或应诉人不合格，应更换当事人；而作为当事人，应做好出庭应诉的各项准备工作，特别是举证准备。③开庭审理和判决。主要有准备开庭、法庭调查、法庭辩论、法庭调解、合议庭评议、宣判六个程序，这些都是法院要做的工作，而企业作为当事人要根据这些程序，遵循以事实为根据、以法律为准绳的司法原则，做好陈述、辩论、举证、质证等各项工作，为维护自身的合法权益，进行有理、有利、有节的庭审活动。

简易程序是基层法院和它的派出法庭审理的事实清楚、权利义务关系明确、争议不大的简单民事案件所适用的程序。特别程序是人民法院审理选民资格案件，非讼案件等特殊类型案件的一种审判程序。

2. 第二审程序，又称上诉审程序。这是第二审法院审理上诉案件所适用的程序。《民事诉讼法》规定，当事人不服一审法院判决或裁定的，有权在判决书或裁定书送达之日起15日内或10日内向上一级法院提起上诉。二审程序最主要特点是：①一律采取合议制。②二审判决、裁定均为终审制。③二审案件经审理分别情况作出处理：原判决、裁定认定事实清楚，适用法律正确的，以判决、裁定方式驳回上诉，维持原判决、裁定；原判决、裁定认定事实错误或者适用法律错误的，以判决、裁定方式依法改判、撤销或者变更；原判决认定基本事实不清的，裁定撤销原判决，发回原审人民法院重审，或者查清事实后改判；原判决遗漏当事人或者违法缺席判决等严重违反法定程序的，裁定撤销原判决，发回原审人民法院重审。④二审案件对判决的审限规定为3个月，有特殊情况经院长批准可以延长，对裁定的上诉案件，应在二审立案之日起30日内作出终审裁定。

3. 审判监督程序，又称再审程序。这是指由有审判监督权的法定机关和人员提起或因当事人申诉，由法院对发生效力的判决、裁定、调解进行再次审理的程序。当事人对已经发生法律效力的判决、裁定，除解除婚姻关系的判决外，认为有错误的，可以在判决、裁定发生法律效力后6个月内向原审法院或者上一级法院申请再审。当事人的申请符合下列情形之一的，人民法院应当再审：有新的证据，足以推翻原判决、裁定的；原判决、裁定认定的基本事实缺乏证据证明的；原判决、裁定认定事实的主要证据是伪造的；原判决、裁定认定事实的主要证据未经质证的；对审理案件需要的主要证据，当事人因客观原因不能自行收集，书面申请人民法院调查收集，人民法院未调查收集的；原判决、裁定适用法律确有错误的；审判组织的组成不合法或者依法应当回避的审判人员没有回避的；无诉讼行为能力人未经法定代理人代为诉讼或者应当参加诉讼的当事人，因不能归责于本人或者其诉讼代理人的事由，未参加诉讼的；违反法律规定，剥夺当事人辩论权利的；未经传票传唤，缺席判决的；原判决、裁定遗漏或者超出诉讼请求的；据以作出原判决、裁定的法律文书被撤销或者变更的；审判人员审理该案件时有贪污受贿，徇私舞弊，枉法裁判行为的。当事人对已经发生法律效力的调解书，提出证据证明调解违反自愿原则或者调解协议的内容违反法律的，也可以申请再审。经法院审查属实的，应当再审。法院对不符合上列情况的申请，予以驳回。

4. 执行程序。当事人拒绝履行发生法律效力的民事判决、裁定的，可以由对方当事人向法院申请执行，也可以由审判员移送执行员执行。当事人拒绝履行调解书和其他应当由法院执行的法律文书的，则只能由对方当事人向法院申请执行。受申请的人民法院应当执行。申请执行的期间为 2 年。申请执行时效的中止、中断，适用法律有关诉讼时效中止、中断的规定。

思考题

1. 企业民事纠纷解决有哪些途径？

2. 企业如何运用民事纠纷救济法律制度实现对企业的损害的救济目的？

3. 企业怎样打仲裁官司？

4. 企业怎样打经济官司？

5. 案例分析：太阳公司经营房地产开发，在有偿取得某幅土地的使用权之后，由于资金困难，与月亮公司签订了合作开发合同，约定由双方共同投资并分享该开发项目的利润。但双方未实际履行。此后，环球公司就同一幅土地以更优惠的条件与太阳公司签订了一份合作开发合同并开始实际履行。三方之间由此发生纠纷。环球公司根据其与太阳公司签订的合同中的仲裁条款申请仲裁，请求裁决确认其与太阳公司签订的合同有效，并裁决太阳公司继续履行。双方在仲裁委员会受理后自行达成了继续履行合同的和解协议，请求仲裁委员会根据和解协议制作裁决书。仲裁庭 3 名仲裁员中 1 名认为应当否定和解协议，1 名认为应当制作调解书，首席仲裁员认为应当制作裁决书，最后按仲裁庭首席仲裁员的意见，根据和解协议的内容作出了裁决书并送达给了双方当事人。此后月亮公司向法院起诉，请求确认本公司与太阳公司签订的合同有效并履行该合同。

(1) 月亮公司在得知环球公司申请仲裁后，能否申请参加太阳公司与环球公司正在进行的仲裁程序？为什么？

(2) 环球公司在仲裁裁决书生效后，能否在太阳公司与月亮公司的诉讼中成为当事人？为什么？

(3) 仲裁委员会制作裁决书在程序上是否合法，为什么？

(4) 在仲裁裁决已确认太阳公司与环球公司的合同有效的情况下，法院能否判决太阳公司与月亮公司之间的合同有效？为什么？

(5) 月亮公司是否有权以仲裁的程序违反法定程序为由申请法院撤销仲裁裁决？为什么？

(6) 对仲裁裁决中已经认定的事实，太阳公司在诉讼中能否免除举证责任？为什么？

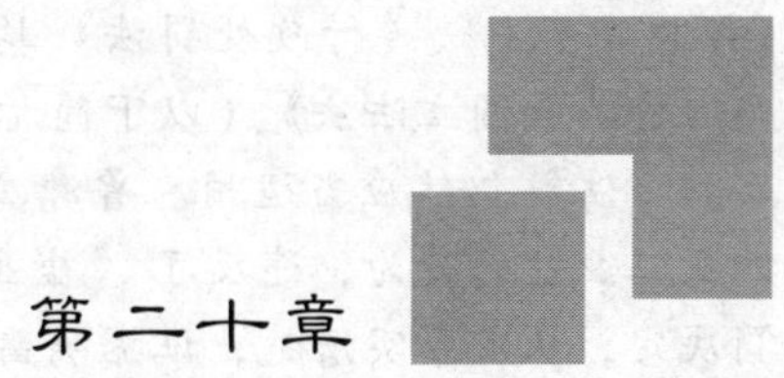

第二十章

企业行政纠纷救济

导入案例

鲁潍（福建）盐业进出口有限公司苏州分公司诉
江苏省苏州市盐务管理局盐业行政处罚案

原告：鲁潍（福建）盐业进出口有限公司苏州分公司（简称鲁潍公司）

被告：苏州盐务局

原告诉称：被告江苏省苏州市盐务管理局（以下简称苏州盐务局）根据《江苏省〈盐业管理条例〉实施办法》（以下简称《江苏盐业实施办法》）的规定，认定鲁潍公司未经批准购买、运输工业盐违法，并对鲁潍公司作出行政处罚，其具体行政行为执法主体错误、适用法律错误。苏州盐务局无权管理工业盐，也无相应执法权。根据原国家计委、原国家经贸委《关于改进工业盐供销和价格管理办法的通知》等规定，国家取消了工业盐准运证和准运章制度，工业盐也不属于国家限制买卖的物品。《江苏盐业实施办法》的相关规定与上述规定精神不符，不仅违反了国务院《关于禁止在市场经济活动中实行地区封锁的规定》，而且违反了《中华人民共和国行政许可法》（以下简称《行政许可法》）和《中华人民共和国行政处罚法》（以下简称《行政处罚法》）的规定，属于违反上位法设定行政许可和处罚，故请求法院判决撤销苏州盐务局作出的（苏）盐政一般［2009］第001－B号处罚决定。

被告辩称：根据国务院《盐业管理条例》第4条和《江苏盐业实施办法》第4条的规定，苏州盐务局有作出盐务行政处罚的相应职权。《江苏盐业实施办法》是根据《盐业管理条例》的授权制定的，属于法规授权制定，整体合法有效。苏州盐务局根据《江苏盐业实施办法》设立准运证制度的规定作出行政处罚并无不当。

《行政许可法》、《行政处罚法》均在《江苏盐业实施办法》之后实施，根据《中华人民共和国立法法》（以下简称《立法法》）法不溯及既往的规定，《江苏盐业实施办法》仍然应当适用。鲁潍公司未经省盐业公司或盐业行政主管部门批准而购买工业盐的行为，违反了《盐业管理条例》的相关规定，苏州盐务局作出的处罚决定，认定事实清楚，证据确凿，适用法规、规范性文件正确，程序合法，请求法院驳回鲁潍公司的诉讼请求。

法院经审理查明：2007 年 11 月 12 日，鲁潍公司从江西等地购进 360 吨工业盐。苏州盐务局认为鲁潍公司进行工业盐购销和运输时，应当按照《江苏盐业实施办法》的规定办理工业盐准运证，鲁潍公司未办理工业盐准运证即从省外购进工业盐涉嫌违法。2009 年 2 月 26 日，苏州盐务局经听证、集体讨论后认为，鲁潍公司未经江苏省盐业公司调拨或盐业行政主管部门批准从省外购进盐产品的行为，违反了《盐业管理条例》第 20 条、《江苏盐业实施办法》第 23 条、第 32 条第 2 项的规定，并根据《江苏盐业实施办法》第 42 条的规定，对鲁潍公司作出了（苏）盐政一般［2009］第 001 - B 号处罚决定书，决定没收鲁潍公司违法购进的精制工业盐 121.7 吨、粉盐 93.1 吨，并处罚款 122 363 元。鲁潍公司不服该决定，于 2 月 27 日向苏州市人民政府申请行政复议。苏州市人民政府于 4 月 24 日作出了［2009］苏行复第 8 号复议决定书，维持了苏州盐务局作出的处罚决定。

裁判结果：江苏省苏州市金阊区人民法院于 2011 年 4 月 29 日以（2009）金行初字第 0027 号行政判决书，判决撤销苏州盐务局（苏）盐政一般［2009］第 001 - B 号处罚决定书。

【问题思考】

1. 盐业管理的法律、行政法规没有设定工业盐准运证的行政许可，地方性法规或者地方政府规章能否设定工业盐准运证这一新的行政许可？

2. 盐业管理的法律、行政法规对盐业公司之外的其他企业经营盐的批发业务没有设定行政处罚，地方政府规章能否对该行为设定行政处罚？

3. 地方政府规章违反法律规定设定许可、处罚的，人民法院在行政审判中是否适用？

一、企业行政纠纷救济概述

（一）企业行政纠纷救济含义与特征

企业行政纠纷救济是指企业作为行政相对人因受某一国家行政机关或法律、法规授权组织的违法或不当行政行为，而使其合法权益遭受损害时，依据法律的规定向有关国家机关提出救济的程序。它主要有以下特征：①以行政争议的存在为前提；②其产生是因为企业认为其合法权益受到了行政行为的侵害；③实行不告不理原则，只能依企业的申请而进行，企业是救济程序的发动者；④目的是保护企业的合法权益，实质在于通过矫正违法或不当的行政行为，对企业受损害的合法权益进行补救，为企业的合法权益提供法律保护。

（二）企业行政纠纷救济途径

1. 诉讼救济。企业认为行政主体的具体行政行为侵犯其合法权益，向人民法院提起诉讼，由人民法院依法对具体行政行为的合法性进行审查并作出裁判的一种制度。

2. 诉讼外救济。①行政监察。这是指国家行政监察机关检查、督促行政机关公务员遵守法纪、履行法定职责并实行惩戒的一种监督制度。②行政复议。根据企业的申请，由该行政主体的上级机关或者法律规定的机关对引起争议的具体行政行为进行复查的一种制度。③行政申诉。这是指企业认为行政机关的行为侵犯了其合法权益的，不受管辖等级和期限的限制，向国家有关行政机关请求救济的一种制度。行政复议和行政诉讼都有管辖的限制，而行政申诉并没有管辖的限制，只要向有关行政机关申请，该机关就要注意相关问题。④立法救济。这是指企业认为行政主体的行政行为侵犯了自己的合法权益，向各级权力机关或者通过人大代表向各级权力机关提出申诉，请求救济的一种途径。

二、行政复议法的主要规定

（一）行政复议的概念、特征

1. 行政复议的概念。行政复议是指公民、法人和其他组织认为行政机关或其他行政主体的具体行政行为侵犯其合法权益，依法向上级行政机关或法律法规规定的特定机关提出申请，由受理申请的行政机关对原行政行为再次进行审查并作出裁决的制度。

2. 行政复议的特征。行政复议主要具有以下特征：

（1）行政复议主要解决的是行政争议。这种争议是由于行政机关作出行政行为而引起的，因而必然发生在行政机关与公民、法人或者其他组织之间。这种争议一般称为行政争议。

（2）行政复议的审理和决定机关是行政机关。

（3）行政复议必须由不服行政行为的利害关系人依法提出申请才能启动，非利害关系人不能申请行政复议。

（4）行政复议既审查行政行为的合法性，又审查行政行为的合理性；既审查具体行政行为，又审查规章以下的抽象行政行为。

（5）行政复议必须依照法定程序进行，必须保证整个复议活动合法、公开、公平、公正。

（二）行政复议的范围

行政复议范围是指行政复议机关受理行政争议案件的范围。

1. 具体行政行为的行政复议范围。《行政复议法》第6条规定，公民、法人或者其他组织对下列具体行政行为不服可以申请行政复议：①对行政机关作出的警告、罚款、没收违法所得、没收非法财物、责令停产停业、暂扣或者吊销许可证、暂扣或者吊销执照、行政拘留等行政处罚决定不服的。②对行政机关作出的限制人身自由或者查封、扣押、冻结财产等行政强制措施决定不服的。③对行政机关作出的有关许可证、执照、资质证、资格证等证书变更、中止、撤销的决定不服的。④对行政机关作出的关于确认土地、矿藏、水流、森林、山岭、草原、荒地、滩涂、海域等自然资源的所有权或者使用权的决定不服的。⑤认为行政机关侵犯合法的经营自主权的。⑥认为行政机关变更或者废止农业承包合同，侵犯其合法权益的。⑦认为行政机关违法集资、征收财物、摊派费用或者违法要求履行其他义务的。⑧认为符合法定条件，申请行政机关颁发许可证、执照、资质证、资格证等证书，或者申请行政机关审批、登记有关事项，行政机关没有依法办理的。⑨申请行政机关履行保护人身权利、财产权利、受教育权利的法定职责，行政机关没有依法履行的。⑩申请行政机关依法发放抚恤金、社会保险金或者最低生活保障费，行政机关没有依法发放的。⑪认为行政机关的其他具体行政行为侵犯其合法权益的。

2. 抽象行政行为的行政复议范围。抽象行政行为是指行政机关制定行政法规、规章或其他针对不特定对象发布、能反复适用的具有普遍约束力的规范性文件的行为。根据《行政复议法》第 7 条的规定，我国对抽象行政行为进行复议具有以下两个特点：

（1）纳入行政复议范围的抽象行政行为包括国务院各部门、县级以上地方各级人民政府及其工作部门和乡镇人民政府的规定，但不包括国务院部门规章和地方人民政府规章。

（2）行政相对人对规章以下的规定不服申请行政复议，只能在对具体行政行为不服申请复议时一并提出，而且该规定必须是该具体行政行为作出的依据。

3. 行政复议的排除范围。根据《行政复议法》第 8 条的规定，下列两类事项不属于行政复议的范围：

（1）不服行政机关作出的行政处分或者其他人事处理决定的。对此类行为不服，可依照有关法律、行政法规的规定提出申诉。

（2）不服行政机关对民事纠纷作出的调解或者其他处理。对此类行为不服，可依法申请仲裁或者向人民法院提起诉讼。

（三）行政复议的申请

行政复议申请是指公民、法人或者其他组织依法向行政复议机关提出请求，要求撤销或改变原具体行政行为，以保护其合法权益的行为。

1. 申请的条件。行政复议的申请应当具备以下条件：①申请人是认为具体行政行为直接侵犯其合法权益的公民、法人或者其他组织。②有明确的被申请人。申请人申请行政复议，要明确是谁侵犯了其合法权益。③有具体的复议请求和事实根据。④属于复议范围和受理复议机关管辖。申请人申请复议的案件必须是属于行政复议机关有权主管和管辖的行政复议案件。⑤法律、法规规定的其他条件。如在法定的期限内提出申请，不属于人民法院已经受理的行政案件等。

2. 申请的期限。《行政复议法》第 9 条规定："公民、法人或者其他组织认为具体行政行为侵犯其合法权益的，可以自知道该具体行政行为之日起 60 日内提出行政复议申请；但是法律规定的申请期限超过 60 日的除外。因不可抗力或者其他正当理由耽误法定申请期限的，申请期限自障碍消除之日起继续计算。"

3. 申请的管辖。所谓复议申请的管辖，是指行政复议机关受理复议申请的权限和分工。

（1）一般管辖。行政复议申请的一般管辖，是指在通常情况下不服行政机关具体行政行为的复议申请管辖。它主要包括以下三种：①不服县级以上各级人民政府工作部门具体行政行为的复议申请管辖。《行政复议法》第 12 条第 1 款规定："对县级以上地方各级人民政府工作部门的具体行政行为不服的，由申请人选择，可以向该部门的本级人民政府申请行政复议，也可以向上一级主管部门申请行政复议。"《行政复议法》的这一规定，更多地体现了公正性和便于申请人申请复议的原则，但"对海关、金融、国税、外汇管理等实行垂直领导的行政机关和国家安全机关的具体行政行为不服的，向上一级主管部门申请行政复议"。对国务院部门的具体行政行为不服的，向作出该具体行政行为的国务院部门申请行政复议：对行政复议决定不服的，可以向人民法院提起行政诉讼，也可以向国务院申请作出最终裁决。②不服地方各级人民政府具体行政行为的复议申请管辖。《行政复议法》第 13 条第 1 款规定："对地方各级人民政府的具体行政行为不服的，向上一级地方人民政府申请行政复议。"《行政复议法》第 14 条对省、自治区、直辖市人民政府具体行政行为的复议申请管辖作出了例外规定，即对其行为不服的，向作出该具体行政行为的省级人民政府申请行政复议；对复议决定不服的，可以向人民法院提起行政诉讼或申请国务院作出最终裁决。③不服省、自治区人民政府依法设立的派出机关所属的县级人民政府具体行政行为的复议申请管辖。《行政复议法》第 13 条第 2 款规定："对省、自治区人民政府依法设立的派出机关所属的县级地方人民政府的具体行政行为不服的，向该派出机关申请行政复议。"《行政复议法》之所以规定这一新的管辖条款，是由于县级地方人民政府作出的具体行政行为越来越多，如果对其不服均向省、自治区人民政府申请复议，则省、自治区人民政府不堪重负，申请人和被申请人也十分不便；同时，地区行署作为省、自治区人民政府的派出机关，拥有代表其管理县级地方人民政府的权力和职责，理应作为上一级复议机关。

（2）特殊管辖。行政复议申请的特殊管辖，是指除一般管辖之外的特殊的管辖情形。根据《行政复议法》第 15 条的规定，特殊管辖主要有以下五种：

第一，不服地方人民政府派出机关具体行政行为的复议申请管辖。《行政复议法》第 15 条第 1 款第 1 项规定："对县级以上地方人民政府依法设立的派出机关的具体行政行为不服的，向设立该派出机关的人民政府申请行政复议。"

第二，不服政府工作部门设立的派出机构依法以自己名义作出的具体行政行为的复议申请管辖。《行政复议法》第 15 条第 1 款第 2 项规定："对政府工作部门依法设立的派出机构依照法律、法规或者规章规定，以自己的名义作出的具体行政行为不服的，向设立该派出机构的部门或者该部门的本级地方人民政府申请行政复议。”

第三，不服法律、法规授权组织的具体行政行为的复议申请管辖。《行政复议法》第15条第1款第3项规定：“对法律、法规授权的组织的具体行政行为不服的，分别向直接管理该组织的地方人民政府、地方人民政府工作部门或者国务院部门申请行政复议。”

第四，不服两个或两个以上行政机关以共同名义作出的具体行政行为的复议申请管辖。《行政复议法》第15条第1款第4项规定：“对两个或者两个以上行政机关以共同的名义作出的具体行政行为不服的，向其共同上一级行政机关申请行政复议。”

第五，不服被撤销的行政机关在撤销前作出的具体行政行为复议申请管辖。《行政复议法》第15条第1款第5项规定：“对被撤销的行政机关在撤销前所作出的具体行政行为不服的，向继续行使其职权的行政机关的上一级行政机关申请行政复议。”

（四）行政复议受理

行政复议的受理，是指复议申请人在法定期限内提出复议申请后，经有管辖权的行政复议机关审查，认为符合申请条件决定立案审理的活动。行政复议机关接到行政复议申请后，应当在5日内进行审查。对不符合《行政复议法》规定的复议申请，决定不予受理，并书面告知申请人；对符合《行政复议法》规定，但是不属于本机关受理的行政复议申请，应当告知申请人向有关行政复议机关提出。

（五）行政复议决定

行政复议决定，是指行政复议机构对案件进行审查，就有关具体行政行为是否合法、适当，或是否依申请人的请求责令被申请人作出某种具体行政行为的书面裁决。

行政复议原则上采取书面审理。行政复议机关通过对复议案件进行审理，应当根据不同情况分别作出如下复议决定：

1. 维持决定。对被申请的具体行政行为，复议机关认为事实清楚，证据确凿，适用法律、法规、规章和具有普遍约束力的决定、命令正确，符合法定程序和内容适当的，应当依法作出维持该具体行政行为的复议决定。

2. 履行决定。有如下两种情况之一的：①被申请的行政主体拒不履行法定职责；②被申请人拖延履行法定职责，行政复议机关责令被申请的行政主体在一定期限内履行法定职责。

3. 撤销、变更和确认违法决定。具有如下情形之一的，依法作出撤销、变更或者确认该行为违法的决定，必要时，可以附带责令被申请人在一定期限内重新作出具体行政行为的决定：①主要事实不清，证据不足的；②适用依据错误的；③违反法定程序的；④超越职权或者滥用职权的；⑤具体行政行为明显不当的。

为了防止行政复议机关受理案件后迟迟不作出复议决定，损害复议申请人的合法权益，《行政复议法》第 31 条第 1 款规定："行政复议机关应当自受理申请之日起 60 日内作出行政复议决定；但是法律规定的行政复议期限少于 60 日的除外。情况复杂，不能在规定期限内作出行政复议决定的，经行政复议机关的负责人批准，可以适当延长，并告知申请人和被申请人；但是延长期限最多不超过 30 日。"按此规定，复议机关受理复议申请后到作出复议决定，一般不超过 60 天；特殊情况可延长 30 天；但法律规定的复议期限少于 60 天的，从其规定。

三、有关行政诉讼法的主要规定

企业行政诉讼程序适用于行政诉讼法有关规定，我国于是 1989 年 4 月 4 日由第七届全国人大常委会第二次会议通过，并经 2014 年 11 月 1 日第十二届全国人大常委会第十一次会议通过修改了《中华人民共和国行政诉讼法》（以下简称《行政诉讼法》）。

（一）行政诉讼的基本原则

行政诉讼是我国三大诉讼制度之一，因而具有同其他诉讼制度相同的一般原则，也具有行政诉讼所独具的，专为行政诉讼确立的特有原则。

1. 复议前置原则。依照法律、行政法规规定某些行政争议必须先经过行政机关复议后始向法院提起诉讼。

2. 人民法院特定主管原则。行政诉讼法规定对行政处罚决定、行政强制措施、认为行政机关侵犯法律规定经营自主权等十二项行政行为不服的可以起诉。但规定对国防、外交等国家行为；行政法规、规章等抽象行政行为；行政机关对行政机关工作人员的奖惩、任免等决定；法律规定由行政机关最终裁决的行政行为等四项事项提起诉讼的，法院不予受理。

3. 合法性审查为主原则。人民法院在审理行政案件时，对具体行政行为是否合法进行审查，确立了人民法院对具体行政行为的司法的审查权限和范围。新《行政诉讼法》第 53 条第 1 款规定："公民、法人或者其他组织认为行政行为所依据的国务院部门和地方人民政府及其部门制定的规范性文件不合法，在对行政行为提起诉讼时，可以一并请求对该规范性文件进行审查。"

4. 在诉讼期间，行政决定不停止执行的原则。这是国家行政管理的特殊性所决定，为保证行政管理的效率和连续性要求，实行不停止执行原则是必要的，但法律明文规定因被告同意或法院认为需要停止执行的可作停止执行处理。

5. 行政机关负举证责任的原则。在行政诉讼过程，被告对作出的具体行政行为负有举证责任，应该提供作出该具体行政行为的证据和所依据的规范性文件，以保证行政诉讼活动正常进行。

6. 不适用调解和反诉的原则。人民法院审理行政案件，不适用调解原则，是由于国家行政机关的特殊法律地位，即国家行政机关依法行使权力和管理、被管理关系所决定，行政诉讼案件不适用调解，也不允许行政机关反诉。但是，对于行政主体行使自由裁量权的行为，新《行政诉讼法》规定可以适用调解作为例外规定。新《行政诉讼法》第60条第1款规定："人民法院审理行政案件，不适用调解。但是，行政赔偿、补偿以及行政机关行使法律、法规规定的自由裁量权的案件可以调解。"

7. 有限司法变更权原则。在行政诉讼中，法院对行政机关的具体行政行为，一般只能裁决维持或撤销，只有对行政处罚显失公正的，才判决变更。这样既有利照顾到行政机关自由裁量权不受司法过多干预，也赋予法院一定权限，以维护行政相对人的合法权益。

（二）有关行政案件受案的范围和管辖的规定

1. 行政案件的受理范围。我国行政诉讼法从保障行政相对人合法权益及处理好审判权与行政权的关系出发，规定人民法院对公民、法人及其他组织不服具体行政行为提起诉讼的范围主要有以下十二类：

（1）对行政拘留、暂扣或者吊销许可证和执照、责令停产停业、没收违法所得、没收非法财物、罚款、警告等行政处罚不服的。

（2）对限制人身自由或者对财产的查封、扣押、冻结等行政强制措施和行政强制执行不服的。

（3）申请行政许可，行政机关拒绝或者在法定期限内不予答复，或者对行政机关作出的有关行政许可的其他决定不服的。

（4）对行政机关作出的关于确认土地、矿藏、水流、森林、山岭、草原、荒地、滩涂、海域等自然资源的所有权或者使用权的决定不服的。

（5）对征收、征用决定及其补偿决定不服的。

（6）申请行政机关履行保护人身权、财产权等合法权益的法定职责，行政机关拒绝履行或者不予答复的。

（7）认为行政机关侵犯其经营自主权或者农村土地承包经营权、农村土地经营权的。

（8）认为行政机关滥用行政权力排除或者限制竞争的。

（9）认为行政机关违法集资、摊派费用或者违法要求履行其他义务的。

（10）认为行政机关没有依法支付抚恤金、最低生活保障待遇或者社会保险待遇的。

（11）认为行政机关不依法履行、未按照约定履行或者违法变更、解除政府特许经营协议、土地房屋征收补偿协议等协议的。

（12）认为行政机关侵犯其他人身权、财产权等合法权益的。

2. 行政诉讼管辖。行政诉讼法遵循便利、公正、执行的原则，规定了以下各种管辖要求：

（1）级别管辖。基层人民法院管辖第一审行政案件。中级人民法院管辖：对国务院部分或者县级以上地方人民政府所作的行政行为提起诉讼的案件；海关处理的案件；辖区内重大、复杂的案件；其他法律规定由中级人民法院管辖的案件。高级人民法院管辖：其辖区内重大、复杂的第一审案件。最高人民法院管辖：全国范围内重大、复杂的第一审案件。

（2）地域管辖。①一般地域管辖。行政案件由最初作出行政行为的行政机关所在地人民法院管辖；经复议的案件，复议机关改变原具体行政行为的，也可以由复议机关所在地人民法院管辖。②特别地域管辖。规定对限制人身自由的行政强制措施不服而提起的行政诉讼，被告所在地人民法院和原告所在地人民法院都有管辖权；因不动产提起的行政诉讼，由不动产所在地人民法院管辖。③选择管辖。规定两个以上人民法院都有管辖权的案件，原告可以选择其中一个人民法院提起诉讼；原告向两个以上有管辖权的人民法院提起诉讼的，由最先立案的人民法院管辖。

（3）指定管辖。这是指在某种特殊情况下，由人民法院作出指定而确定的管辖。我国行政诉讼法规定有三类：①移送管辖。人民法院发现受理的案件不属于自己管辖时，应当移送有管辖权的人民法院。受移送的人民法院不得再自行移送。②指定管辖。有管辖权的人民法院由于特殊原因不能行使管辖权的，由上级人民法院指定管辖。人民法院对管辖权发生争议，由争议双方协商解决。协商不成，报其共同上级人民法院指定管辖。③管辖权的转移。上级人民法院有权审判下级人民法院管辖的第一审行政案件；下级人民法院对其管辖的第一审行政案件，认为需要由上级人民法院审判的，可以报请上级人民法院决定。

（三）有关行政诉讼被告的规定

行政诉讼被告是指原告认为侵犯其合法权益，并由人民法院通知应诉的行政机关。因此，作为行政诉讼的被告不是所有行政机关，而只能是作出行政行为的行政机关，也不能是其他人或者行政机关内的工作人员。根据我国《行政诉讼法》规定，行政机关作为行政诉讼的被告有以下六种情况：

1. 公民、法人或其他组织直接向人民法院提出诉讼的，作出行政行为的行政机关是被告。

2. 经行政复议的案件，复议机关决定维持原行政行为的，作出原行政行为的行政机关和复议机关是共同被告；复议机关改变原行政行为的，复议机关是被告。

3. 复议机关在法定期限内未作出复议决定，公民、法人或者其他组织起诉原行政行为的，作出原行政行为的行政机关是被告；起诉复议机关不作为的，复议机关是被告。

4. 两个以上行政机关作出同一行政行为的，共同作出行政行为的行政机关是共同被告。

5. 行政机关委托的组织所作的行政行为，委托的行政机关是被告。

6. 行政机关被撤销或职权变更的，继续行使其职权的行政机关是被告。

（四）有关行政诉讼程序的规定

行政诉讼程序是由法律规定的人民法院处理行政案件的活动过程，自然也应成为作为行政诉讼原告的企业应当遵循的法定程序。根据行政诉讼法规定，行政诉讼程序包括起诉和受理、审理和判决、执行三个基本阶段。

1. 起诉和受理。

（1）起诉。当事人起诉的程序，可分为两种情况：①先向行政机关申请复议然后起诉；②不经申请复议而直接起诉。对于以上两种程序，当事人可选择其一。根据行政诉讼法规定，当事人提起行政诉讼，应当符合下列四个条件：①原告是认为具体行政行为侵犯其合法权益的公民、法人或者其他组织；②有明确的被告；③有具体的诉讼请求和事实根据；④属于人民法院受案范围和受诉人民法院管辖；

（2）受理。新《行政诉讼法》第51条第1款规定：人民法院在接到起诉状时对符合本法规定的起诉条件的，应当登记立案。

对当场不能判定是否符合本法规定的起诉条件的，应当接收起诉状，出具注明收到日期的书面凭证，并在7日内决定是否立案。不符合起诉条件的，作出不予立案的裁定。裁定书应当载明不予立案的理由。原告对裁定不服的，可以提起上诉。

起诉状内容欠缺或者有其他错误的，应当给予指导和释明，并一次性告知当事人需要补正的内容。不得未经指导和释明即以起诉不符合条件为由不接收起诉状。

对于不接收起诉状、接收起诉状后不出具书面凭证，以及不一次性告知当事人需要补正的起诉状内容的，当事人可以向上级人民法院投诉，上级人民法院应当责令改正，并对直接负责的主管人员和其他直接责任人员依法给予处分。

2. 审理和判决。审理和判决合称审判。我国行政诉讼法分别就第一审程序、第二审程序和审判监督程序作了规定。

（1）第一审程序。行政诉讼的第一审程序与民事诉讼的第一审普通程序，大体上是相同的，主要包括：

第一，审理前的准备。人民法院应当在立案之日起5日内，将起诉状副本发送被告。被告应当在收到起诉状副本之日起15日内向人民法院提交作出行政行为的有关材料，并提出答辩状。人民法院应当在收到答辩状之日起5日内将答辩状副本发送原告。

第二，审理行政案件的法律依据。人民法院审理行政案件，以法律和行政法规、地方性法规为依据。地方性法规适用于本行政区域内发生的行政案件。人民法院审理民族自治地方的行政案件，并以该民族自治地方的自治条例和单行条例为依据。

第三，审理期限。新《行政诉讼法》第81条第1款规定：人民法院应当在立案之日起6个月内作出第一审判决。有特殊情况需要延长的，由高级人民法院批准，高级人民法院审理第一审案件需要延长的，由最高人民法院批准。

第四，撤诉和缺席判决。经人民法院合法传唤，原告无正当理由拒不到庭的，或者未经法庭许可中途退庭的，视为申请撤诉；被告无正当理由拒不到庭的，或者未经法庭许可中途退庭的，可以缺席判决。人民法院对行政案件宣告判决或者裁定前，原告申请撤诉的，被告改变其所作的具体行政行为，原告同意并申请撤诉的，是否准许，由人民法院裁定。

第五，人民法院对第一审行政案件，经过审理，根据不同情况，分别作出以下判决：①行政行为证据确凿，适用法律、法规正确，符合法定程序的，或者原告申请被告履行法定职责或者给付义务理由不成立的，人民法院判决驳回原告的诉讼请求。②行政行为有下列情形之一的，判决撤销或者部分撤销，并可以判决被告重新作出具体行政行为：主要证据不足的；适用法律、法规错误的；违反法定程序的；超越职权的；滥用职权的；明显不当的。③人民法院经过审理，查明被告不履行法定职责的，判决被告在一定期限内履行。④行政处罚明显不当，或者其他行政行为涉及对款额的确定、认定确有错误的，人民法院可以判决变更。人民法院判决变更，不得加重原告的义务或者减损原告的权益。但利害关系人同为原告，且诉讼请求相反的除外。根据《行政诉讼法》规定，当事人不服人民法院第一审判决的，有权在判决书送达之日起15日内向上一级人民法院提起上诉。当事人不服人民法院第一审裁定的，有权在裁定书送达之日起10日内向上一级人民法院提起上诉。逾期不提起上诉的，人民法院的第一审判决或者裁定发生法律效力。

（2）第二审程序。新《行政诉讼法》第88条规定，人民法院审理上诉案件，应当在收到上诉状之日起3个月内作出终审判决。有特殊情况需要延长的，由高级人民法院批准，高级人民法院审理上诉案件需要延长的，由最高人民法院批准。

人民法院审理上诉案件，按照下列情形，分别处理：①原判决、裁定认定事实清楚，适用法律、法规正确的，判决或者裁定驳回上诉，维持原判决、裁定；②原判决、裁定认定事实错误或者适用法律、法规错误的，依法改判、撤销或者变更；③原判决认定基本事实不清、证据不足的，发回原审人民法院重审，或者查清事实后改判；④原判决遗漏当事人或者违法缺席判决等严重违反法定程序的，裁定撤销原判决，发回原审人民法院重审。当事人对重审案件的判决、裁定，可以上诉。

（3）审判监督程序。各级人民法院院长对本院已经发生法律效力的判决、裁定，发现违反法律、法规规定，认为需要再审的，应当提交审判委员会决定是否再审。上级人民法院对下级人民法院已经发生法律效力的判决、裁定，发现违反法律、法规规定的，有权提审或者指令下级人民法院再审。人民检察院对人民法院已经发生法律效力的判决、裁定，发现违反法律、法规规定的，有权按照审判监督程序提出抗诉。当事人对已经发生法律效力的判决、裁定，认为确有错误的，可以向上一级人民法院申请再审，但判决、裁定不停止执行。

3. 执行。当事人必须履行人民法院发生法律效力的判决、裁定、调解书。公民、法人或者其他组织拒绝履行人民法院发生效力的判决、裁定或者第三人的，行政机关可以向第一审人民法院申请强制执行，或者由行政机关依法强制执行。

行政机关拒绝履行人民法院发生效力的判决、裁定的，第一审人民法院可以依法行使司法执行权。新《行政诉讼法》第96条规定：行政机关拒绝履行判决、裁定、调解书的，第一审人民法院可以采取下列措施：①对应当归还的罚款或者应当给付的款额，通知银行从该行政机关的账户内划拨。②在规定期限内不履行的，从期满之日起，对该行政机关负责人按日处50~100元的罚款。③将行政机关拒绝履行的情况予以公告。④向监察机关或者该行政机关的上一级行政机关提出司法建议。接受司法建议的机关，根据有关规定进行处理，并将处理情况告知人民法院。⑤拒不履行判决、裁定、调解书，社会影响恶劣的，可以对该行政机关直接负责的主管人员和其他直接责任人员予以拘留；情节严重，构成犯罪的，依法追究刑事责任。

思考题

1. 企业与行政机关发生行政争议，如何维护自身的合法权益？

2. 案例分析：高某系A省甲县个体工商户，其持有的工商营业执照载明经营范围是林产品加工，经营方式是加工、收购、销售。高某向甲县工商局缴纳了松香运销管理费后，将自己加工的松香运往A省乙县出售。当高某进入乙县时，被乙县林业局执法人员拦截。乙县林业局以高某未办理运输证为由，依据A省地方性法规《林业行政处罚条例》以及授权省林业厅制定的《林产品目录》（该目录规定松香为林产品，应当办理运输证）的规定，将高某无证运输的松香认定为“非法财物”，予以没收。高某提起行政诉讼要求撤销没收决定，法院予以受理。

问题：

(1) 法院审理本案时应如何适用法律、法规？理由是什么？

(2) 依《行政处罚法》，法律、行政法规对违法行为已经作出行政处罚规定，地方性法规需要作出具体规定的，应当符合什么要求？本案《林业行政处罚条例》关于没收的规定是否符合该要求？

附录　国务院办公厅关于印发自由贸易试验区外商投资准入特别管理措施（负面清单）的通知

国办发［2015］23号

各省、自治区、直辖市人民政府，国务院各部委、各直属机构：

《自由贸易试验区外商投资准入特别管理措施（负面清单）》已经国务院同意，现印发给你们，请认真执行。实施中的重大问题，要及时向国务院请示报告。

国务院办公厅

2015年4月8日

自由贸易试验区外商投资准入特别管理措施（负面清单）

说　明

一、《自由贸易试验区外商投资准入特别管理措施（负面清单）》（以下简称《自贸试验区负面清单》）依据现行有关法律法规制定，已经国务院批准，现予以发布。负面清单列明了不符合国民待遇等原则的外商投资准入特别管理措施，适用于上海、广东、天津、福建四个自由贸易试验区（以下统称自贸试验区）。

二、《自贸试验区负面清单》依据《国民经济行业分类》（GB/T4754－2011）划分为15个门类、50个条目、122项特别管理措施。其中特别管理措施包括具体行业措施和适用于所有行业的水平措施。

三、《自贸试验区负面清单》中未列出的与国家安全、公共秩序、公共文化、金融审慎、政府采购、补贴、特殊手续和税收相关的特别管理措施，按照现行规定执行。自贸试验区内的外商投资涉及国家安全的，须按照《自由贸易试验区外商投资国家安全审查试行办法》进行安全审查。

四、《自贸试验区负面清单》之外的领域，在自贸试验区内按照内外资一致原则实施管理，并由所在地省级人民政府发布实施指南，做好相关引导工作。

五、香港特别行政区、澳门特别行政区、台湾地区投资者在自贸试验区内投资参照《自贸试验区负面清单》执行。内地与香港特别行政区、澳门特别行政区关于建立更紧密经贸关系的安排及其补充协议，《海峡两岸经济合作框架协议》，我国签署的自贸协定中适用于自贸试验区并对符合条件的投资者有更优惠的开放措施的，按照相关协议或协定的规定执行。

六、《自贸试验区负面清单》自印发之日起30日后实施，并适时调整。

自由贸易试验区外商投资准入特别管理措施（负面清单）

序号	领域	特别管理措施
一、农、林、牧、渔业		
（一）	种业	1. 禁止投资中国稀有和特有的珍贵优良品种的研发、养殖、种植以及相关繁殖材料的生产（包括种植业、畜牧业、水产业的优良基因）。 2. 禁止投资农作物、种畜禽、水产苗种转基因品种选育及其转基因种子（苗）生产。 3. 农作物新品种选育和种子生产属于限制类，须由中方控股。 4. 未经批准，禁止采集农作物种质资源。
（二）	渔业捕捞	5. 在中国管辖水域从事渔业活动，须经中国政府批准。 6. 不批准以合作、合资等方式引进渔船在管辖水域作业的船网工具指标申请。
二、采矿业		
（三）	专属经济区与大陆架勘探开发	7. 对中国专属经济区和大陆架的自然资源进行勘查、开发活动或在中国大陆架上为任何目的进行钻探，须经中国政府批准。
（四）	石油和天然气开采	8. 石油、天然气（含油页岩、油砂、页岩气、煤层气等非常规油气）的勘探、开发，限于合资、合作。
（五）	稀土和稀有矿采选	9. 禁止投资稀土勘查、开采及选矿；未经允许，禁止进入稀土矿区或取得矿山地质资料、矿石样品及生产工艺技术。 10. 禁止投资钨、钼、锡、锑、萤石的勘查、开采。 11. 禁止投资放射性矿产的勘查、开采、选矿。
（六）	金属矿及非金属矿采选	12. 贵金属（金、银、铂族）勘查、开采，属于限制类。 13. 锂矿开采、选矿，属于限制类。 14. 石墨勘查、开采，属于限制类。

续表

序号	领域	特别管理措施
三、制造业		
(七)	航空制造	15. 干线、支线飞机设计、制造与维修，3 吨级及以上民用直升机设计与制造，地面、水面效应飞机制造及无人机、浮空器设计与制造，须由中方控股。 16. 通用飞机设计、制造与维修限于合资、合作。
(八)	船舶制造	17. 船用低、中速柴油机及曲轴制造，须由中方控股。 18. 海洋工程装备（含模块）制造与修理，须由中方控股。 19. 船舶（含分段）修理、设计与制造属于限制类，须由中方控股。
(九)	汽车制造	20. 汽车整车、专用汽车制造属于限制类，中方股比不低于50%；同一家外商可在国内建立两家（含两家）以下生产同类（乘用车类、商用车类）整车产品的合资企业，如与中方合资伙伴联合兼并国内其他汽车生产企业可不受两家的限制。 21. 新建纯电动乘用车生产企业生产的产品须使用自有品牌，拥有自主知识产权和已授权的相关发明专利。
(十)	轨道交通设备制造	22. 轨道交通运输设备制造限于合资、合作（与高速铁路、铁路客运专线、城际铁路配套的乘客服务设施和设备的研发、设计与制造，与高速铁路、铁路客运专线、城际铁路相关的轨道和桥梁设备研发、设计与制造，电气化铁路设备和器材制造，铁路客车排污设备制造等除外）。 23. 城市轨道交通项目设备国产化比例须达到70%及以上。
(十一)	通信设备制造	24. 民用卫星设计与制造、民用卫星有效载荷制造须由中方控股。 25. 卫星电视广播地面接收设施及关键件生产属于限制类。
(十二)	矿产冶炼和压延加工	26. 钨、钼、锡（锡化合物除外）、锑（含氧化锑和硫化锑）等稀有金属冶炼属于限制类。 27. 稀土冶炼、分离属于限制类，限于合资、合作。 28. 禁止投资放射性矿产冶炼、加工。

续表

序号	领域	特别管理措施
（十三）	医药制造	29. 禁止投资列入《野生药材资源保护管理条例》和《中国稀有濒危保护植物名录》的中药材加工。 30. 禁止投资中药饮片的蒸、炒、炙、煅等炮制技术的应用及中成药保密处方产品的生产。
（十四）	其他制造业	31. 禁止投资象牙雕刻、虎骨加工、宣纸和墨锭生产等民族传统工艺。
四、电力、热力、燃气及水生产和供应业		
（十五）	原子能	32. 核电站的建设、经营，须由中方控股。 33. 核燃料、核材料、铀产品以及相关核技术的生产经营和进出口由具有资质的中央企业实行专营。 34. 国有或国有控股企业才可从事放射性固体废物处置活动。
（十六）	管网设施	35. 城市人口50万以上的城市燃气、热力和供排水管网的建设、经营属于限制类，须由中方控股。 36. 电网的建设、经营须由中方控股。
五、批发和零售业		
（十七）	专营及特许经营	37. 对烟草实行专营制度。烟草专卖品（指卷烟、雪茄烟、烟丝、复烤烟叶、烟叶、卷烟纸、滤嘴棒、烟用丝束、烟草专用机械）的生产、销售、进出口实行专卖管理，并实行烟草专卖许可证制度。禁止投资烟叶、卷烟、复烤烟叶及其他烟草制品的批发、零售。 38. 对中央储备粮（油）实行专营制度。中国储备粮管理总公司具体负责中央储备粮（含中央储备油）的收购、储存、经营和管理。 39. 对免税商品销售业务实行特许经营和集中统一管理。 40. 对彩票发行、销售实行特许经营，禁止在中华人民共和国境内发行、销售境外彩票。
六、交通运输、仓储和邮政业		
（十八）	道路运输	41. 公路旅客运输公司属于限制类。
（十九）	铁路运输	42. 铁路干线路网的建设、经营须由中方控股。 43. 铁路旅客运输公司属于限制类，须由中方控股。

续表

序号	领域	特别管理措施
(二十)	水上运输	44. 水上运输公司（上海自贸试验区内设立的国际船舶运输企业除外）属于限制类，须由中方控股，且不得经营以下业务：①中国国内水路运输业务，包括以租用中国籍船舶或者舱位等方式变相经营水路运输业务；②国内船舶管理、水路旅客运输代理和水路货物运输代理业务。 45. 船舶代理外资比例不超过51%。 46. 外轮理货属于限制类，限于合资、合作。 47. 水路运输经营者不得使用外国籍船舶经营国内水路运输业务，经中国政府许可的特殊情形除外。 48. 中国港口之间的海上运输和拖航，由悬挂中华人民共和国国旗的船舶经营。外国籍船舶经营中国港口之间的海上运输和拖航，须经中国政府批准。
(二十一)	公共航空运输	49. 公共航空运输企业须由中方控股，单一外国投资者（包括其关联企业）投资比例不超过25%。 50. 公共航空运输企业董事长和法定代表人须由中国籍公民担任。 51. 外国航空器经营人不得经营中国境内两点之间的运输。 52. 只有中国指定承运人可以经营中国与其他缔约方签订的双边运输协议确定的双边航空运输市场。
(二十二)	通用航空	53. 允许以合资方式投资专门从事农、林、渔作业的通用航空企业，其他通用航空企业须由中方控股。 54. 通用航空企业法定代表人须由中国籍公民担任。 55. 禁止外籍航空器或者外籍人员从事航空摄影、遥感测绘、矿产资源勘查等重要专业领域的通用航空飞行。
(二十三)	民用机场与空中交通管制	56. 禁止投资和经营空中交通管制系统。 57. 民用机场的建设、经营，须由中方相对控股。
(二十四)	邮政	58. 禁止投资邮政企业和经营邮政服务。 59. 禁止经营信件的国内快递业务。
七、信息传输、软件和信息技术服务业		
(二十五)	电信传输服务	60. 电信公司属于限制类，限于中国入世承诺开放的电信业务，其中：增值电信业务（电子商务除外）外资比例不超过50%，基础电信业务经营者须为依法设立的专门从事基础电信业务的公司，且公司中国有股权或者股份不少于51%。

续表

序号	领域	特别管理措施
（二十六）	互联网和相关服务	61. 禁止投资互联网新闻服务、网络出版服务、网络视听节目服务、网络文化经营（音乐除外）、互联网上网服务营业场所、互联网公众发布信息服务（上述服务中，中国入世承诺中已开放的内容除外）。 62. 禁止从事互联网地图编制和出版活动（上述服务中，中国入世承诺中已开放的内容除外）。 63. 互联网新闻信息服务单位与外国投资者进行涉及互联网新闻信息服务业务的合作，应报经中国政府进行安全评估。
八、金融业		
（二十七）	银行业股东机构类型要求	64. 境外投资者投资银行业金融机构，应为金融机构或特定类型机构。具体要求： （1）外商独资银行股东、中外合资银行外方股东应为金融机构，且外方唯一或者控股/主要股东应为商业银行； （2）投资中资商业银行、信托公司的应为金融机构； （3）投资农村商业银行、农村合作银行、农村信用（合作）联社、村镇银行的应为境外银行； （4）投资金融租赁公司的应为金融机构或融资租赁公司； （5）消费金融公司的主要出资人应为金融机构； （6）投资货币经纪公司的应为货币经纪公司； （7）投资金融资产管理公司的应为金融机构，且不得参与发起设立金融资产管理公司； （8）法律法规未明确的应为金融机构。
（二十八）	银行业资质要求	65. 境外投资者投资银行业金融机构须符合一定数额的总资产要求，具体包括： （1）外资法人银行外方唯一或者控股/主要股东、外国银行分行的母行； （2）中资商业银行、农村商业银行、农村合作银行、农村信用（合作）联社、村镇银行、信托公司、金融租赁公司、贷款公司、金融资产管理公司的境外投资者； （3）法律法规未明确不适用的其他银行业金融机构的境外投资者。 66. 境外投资者投资货币经纪公司须满足相关业务年限、全球机构网络和资讯通信网络等特定条件。

续表

序号	领域	特别管理措施
（二十九）	银行业股比要求	67. 境外投资者入股中资商业银行、农村商业银行、农村合作银行、农村信用（合作）联社、金融资产管理公司等银行业金融机构受单一股东和合计持股比例限制。
（三十）	外资银行	68. 除符合股东机构类型要求和资质要求外，外资银行还受限于以下条件： （1）外国银行分行不可从事《中华人民共和国商业银行法》允许经营的“代理发行、代理兑付、承销政府债券”、“代理收付款项”、“从事银行卡业务”，除可以吸收中国境内公民每笔不少于100万元人民币的定期存款外，外国银行分行不得经营对中国境内公民的人民币业务； （2）外国银行分行应当由总行无偿拨付营运资金，营运资金的一部分应以特定形式存在并符合相应管理要求； （3）外国银行分行须满足人民币营运资金充足性（8%）要求； （4）外资银行获准经营人民币业务须满足最低开业时间要求。
（三十一）	期货公司	69. 期货公司属于限制类，须由中方控股。
（三十二）	证券公司	70. 证券公司属于限制类，外资比例不超过49%。 71. 单个境外投资者持有（包括直接持有和间接控制）上市内资证券公司股份的比例不超过20%；全部境外投资者持有（包括直接持有和间接控制）上市内资证券公司股份的比例不超过25%。
（三十三）	证券投资基金管理公司	72. 证券投资基金管理公司属于限制类，外资比例不超过49%。
（三十四）	证券和期货交易	73. 不得成为证券交易所的普通会员和期货交易所的会员。 74. 不得申请开立A股证券账户以及期货账户。
（三十五）	保险机构设立	75. 保险公司属于限制类（寿险公司外资比例不超过50%），境内保险公司合计持有保险资产管理公司的股份不低于75%。 76. 申请设立外资保险公司的外国保险公司，以及投资入股保险公司的境外金融机构（通过证券交易所购买上市保险公司股票的除外），须符合中国保险监管部门规定的经营年限、总资产等条件。

续表

序号	领域	特别管理措施
（三十六）	保险业务	77. 非经中国保险监管部门批准，外资保险公司不得与其关联企业从事再保险的分出或者分入业务。
九、租赁和商务服务业		
（三十七）	会计审计	78. 担任特殊普通合伙会计师事务所首席合伙人（或履行最高管理职责的其他职务），须具有中国国籍。
（三十八）	法律服务	79. 外国律师事务所只能以代表机构的方式进入中国，在华设立代表机构、派驻代表，须经中国司法行政部门许可。 80. 禁止从事中国法律事务，不得成为国内律师事务所合伙人。 81. 外国律师事务所驻华代表机构不得聘用中国执业律师，聘用的辅助人员不得为当事人提供法律服务。
（三十九）	统计调查	82. 实行涉外调查机构资格认定制度和涉外社会调查项目审批制度。 83. 禁止投资社会调查。 84. 市场调查属于限制类，限于合资、合作，其中广播电视收听、收视调查须由中方控股。 85. 评级服务属于限制类。
（四十）	其他商务服务	86. 因私出入境中介机构法定代表人须为具有境内常住户口、具有完全民事行为能力的中国公民。
十、科学研究和技术服务业		
（四十一）	专业技术服务	87. 禁止投资大地测量、海洋测绘、测绘航空摄影、行政区域界线测绘，地形图、世界政区地图、全国政区地图、省级及以下政区地图、全国性教学地图、地方性教学地图和真三维地图编制，导航电子地图编制，区域性的地质填图、矿产地质、地球物理、地球化学、水文地质、环境地质、地质灾害、遥感地质等调查。 88. 测绘公司属于限制类，须由中方控股。 89. 禁止投资人体干细胞、基因诊断与治疗技术开发和应用。 90. 禁止设立和运营人文社会科学研究机构。

续表

序号	领域	特别管理措施
十一、水利、环境和公共设施管理业		
（四十二）	动植物资源保护	91. 禁止投资国家保护的原产于中国的野生动植物资源开发。 92. 禁止采集或收购国家重点保护野生植物。
十二、教育		
（四十三）	教育	93. 外国教育机构、其他组织或者个人不得单独设立以中国公民为主要招生对象的学校及其他教育机构（不包括非学制类职业技能培训）。 94. 外国教育机构可以同中国教育机构合作举办以中国公民为主要招生对象的教育机构，中外合作办学者可以合作举办各级各类教育机构，但是： （1）不得举办实施义务教育和实施军事、警察、政治和党校等特殊领域教育机构； （2）外国宗教组织、宗教机构、宗教院校和宗教教职人员不得在中国境内从事合作办学活动，中外合作办学机构不得进行宗教教育和开展宗教活动； （3）普通高中教育机构、高等教育机构和学前教育属于限制类，须由中方主导（校长或者主要行政负责人应当具有中国国籍，在中国境内定居；理事会、董事会或者联合管理委员会的中方组成人员不得少于1/2；教育教学活动和课程教材须遵守我国相关法律法规及有关规定）。
十三、卫生和社会工作		
（四十四）	医疗	95. 医疗机构属于限制类，限于合资、合作。
十四、文化、体育和娱乐业		
（四十五）	广播电视播出、传输、制作、经营	96. 禁止投资设立和经营各级广播电台（站）、电视台（站）、广播电视频率频道和时段栏目、广播电视传输覆盖网（广播电视发射台、转播台［包括差转台、收转台］、广播电视卫星、卫星上行站、卫星收转站、微波站、监测台［站］及有线广播电视传输覆盖网等），禁止从事广播电视视频点播业务和卫星电视广播地面接收设施安装服务。 97. 禁止投资广播电视节目制作经营公司。 98. 对境外卫星频道落地实行审批制度。引进境外影视剧和以卫星传送方式引进其他境外电视节目由新闻出版广电总局指定的单位申报。 99. 对中外合作制作电视剧（含电视动画片）实行许可制度。

续表

序号	领域	特别管理措施
（四十六）	新闻出版、广播影视、金融信息	100. 禁止投资设立通讯社、报刊社、出版社以及新闻机构。 101. 外国新闻机构在中国境内设立常驻新闻机构、向中国派遣常驻记者，应当经中国政府批准。 102. 外国通讯社在中国境内提供新闻的服务业务须由中国政府审批。 103. 禁止投资经营图书、报纸、期刊、音像制品和电子出版物的出版、制作业务；禁止经营报刊版面。 104. 中外新闻机构业务合作、中外合作新闻出版项目，须中方主导，且须经中国政府批准（经中国政府批准，允许境内科学技术类期刊与境外期刊建立版权合作关系，合作期限不超过5年，合作期满需延长的，须再次申请报批。中方掌握内容的终审权，外方人员不得参与中方期刊的编辑、出版活动）。 105. 禁止从事电影、广播电视节目、美术品和数字文献数据库及其出版物等文化产品进口业务（上述服务中，中国入世承诺中已开放的内容除外）。 106. 出版物印刷属于限制类，须由中方控股。 107. 未经中国政府批准，禁止在中国境内提供金融信息服务。 108. 境外传媒（包括外国和港澳台地区报社、期刊社、图书出版社、音像出版社、电子出版物出版公司以及广播、电影、电视等大众传播机构）不得在中国境内设立代理机构或编辑部。如需设立办事机构，须经审批。
（四十七）	电影制作、发行、放映	109. 禁止投资电影制作公司、发行公司、院线公司。 110. 中国政府对中外合作摄制电影片实行许可制度。 111. 电影院的建设、经营须由中方控股。放映电影片，应当符合中国政府规定的国产电影片与进口电影片放映的时间比例。放映单位年放映国产电影片的时间不得低于年放映电影片时间总和的2/3。

续表

序号	领域	特别管理措施
(四十八)	非物质文化遗产、文物及考古	112. 禁止投资和经营文物拍卖的拍卖企业、文物购销企业。 113. 禁止投资和运营国有文物博物馆。 114. 禁止不可移动文物及国家禁止出境的文物转让、抵押、出租给外国人。 115. 禁止设立与经营非物质文化遗产调查机构。 116. 境外组织或个人在中国境内进行非物质文化遗产调查和考古调查、勘探、发掘，应采取与中国合作的形式并经专门审批许可。
(四十九)	文化娱乐	117. 禁止设立文艺表演团体。 118. 演出经纪机构属于限制类，须由中方控股（为本省市提供服务的除外）。 119. 大型主题公园的建设、经营属于限制类。
十五、所有行业		
(五十)	所有行业	120. 不得作为个体工商户、个人独资企业投资人、农民专业合作社成员，从事经营活动。 121.《外商投资产业指导目录》中的禁止类以及标注有“限于合资”、“限于合作”、“限于合资、合作”、“中方控股”、“中方相对控股”和有外资比例要求的项目，不得设立外商投资合伙企业。 122. 外国投资者并购境内企业、外国投资者对上市公司的战略投资、境外投资者以其持有的中国境内企业股权出资涉及外商投资项目和企业设立及变更事项的，按现行规定办理。

图书在版编目（CIP）数据

新编企业经济法教程/林发新，许步国主编. —北京：中国政法大学出版社，2015. 8
ISBN 978-7-5620-6208-0

Ⅰ. ①新… Ⅱ. ①林… ②许… Ⅲ. ①企业法－中国－教材 Ⅳ. ①D922. 291. 91

中国版本图书馆CIP数据核字(2015)第174259号

出 版 者　中国政法大学出版社
地　　址　北京市海淀区西土城路 25 号
邮　　箱　fadapress@163.com
网　　址　http://www.cuplpress.com（网络实名：中国政法大学出版社）
电　　话　010-58908435(第一编辑部)　58908334(邮购部)
承　　印　保定市中画美凯印刷有限公司
开　　本　720mm×960mm　1/16
印　　张　24.75
字　　数　513 千字
版　　次　2015 年 8 月第 1 版
印　　次　2015 年 8 月第 1 次印刷
印　　数　1～3000 册
定　　价　46.00 元